한국
가족과
친족의
인류학

서울대학교 비교문화연구소 한국인류학총서 1

한국 가족과 친족의 인류학
이론·쟁점·변화

초판 1쇄 발행 2018년 12월 25일
초판 3쇄 발행 2022년 5월 20일

편저자 정향진

펴낸곳 서울대학교출판문화원
주소 08826 서울 관악구 관악로 1
도서주문 02-889-4424, 02-880-7995
홈페이지 www.snupress.com
페이스북 @snupress1947
인스타그램 @snupress
이메일 snubook@snu.ac.kr
출판등록 제15-3호

ISBN 978-89-521-1992-6 94380
978-89-521-2872-0 (세트)

서울대학교 비교문화연구소
한국인류학총서 1

한국 가족과 친족의 인류학

이론·쟁점·변화

정향진 편저

서울대학교출판문화원

An Anthropology of the Korean Family and Kinship

Edited by

Hyang Jin Jung

Seoul National University Press

책머리에

이 책이 나오게 된 시초는 2015년 10월에 서울대학교 인류학과와 비교문화연구소가 공동으로 개최한 국제학술대회 '송현 이광규 교수 추모학술대회: 글로벌 한국학과 가족친족 연구'다. 서울대학교 인류학과가 한국 인류학과 학문 후속세대 양성의 나아갈 바를 모색하기 위해 개최해 온 시리즈로서는 세 번째 학술대회에 해당하는 것이다. 2015년 가을의 학술대회는 두 해 전, 즉 2013년 10월에 타계하신 송현 이광규 교수의 추모를 겸하도록 학과 차원에서 결정되었다. 이광규 교수는 한상복 교수에 이어 두 번째로 인류학과에 부임하여 학과의 기초를 만드신 분으로 한국 전통사회의 문화적 특징이 무엇인가 하는 질문에 평생 천착하였다. 인류학과로서는 추모학술대회를 계기로 이광규 교수가 한국 인류학에 남긴 지적 유산은 무엇이며, 던지는 과제는 어떤 것인지 짚어보고자 하였다. 이에 학과에서 여러 방면으로 인적 · 물적 지원을 하는 가운데 학술대회의 조직과 준비는 비교문화연구소가 주축이 되었다. 2015년 10월의 학술대회가 있기까지 비교문화연구소 주관 아래 이광규 교수의 제자와 후학들을 중심으로 사전 세미나가 2014년 10월, 2015년 6월 두 차례 있었다. 1차 사전 세미나에서는 학술대회 및 책 작업의 범위와 기본 방향을 논의하였고, 2차 사전 세미나에서는 각자 초고를 발표하였다.

학술대회의 준비과정에서 '추모'의 의미는 그 학문적 성과에 대한 비판적인 성찰과 계승이라는 점이 일찌감치 공유되었다. 준비에 참여한 이들이 가장 먼저 논의한 것은 이광규 교수의 방대한 연구 업적 중에서 어떤 것을 중점으로 할 것인가의 문제였다. 이광규 교수의 업적을 시기별로 크게 나누면, 전반부에는 가족과 친족 연구, 후반부에는 해외동포 연구라고 할 수 있다. 가족과 친족 연구가 인류학의 기초 영역에 해당할 뿐만 아니라 이광규 교수의 학문에서도 더 큰 비중을 차지한다는 데 모두 의견을 같이하고 학술대회와 책 작업의 범위를 가족과 친족 연구로 좁혔다. 동시에 가족학 분야에서 이광규 교수의 영향이 컸지만 한국 인류학에서의 위치를 되새긴다는 점에서 인류학과 인류학자들을 중심으로 하기로 하였다. 또한 가족과 친족 연구의 신진학자들을 포함함으로써 후속 세대와의 연결을 적극적으로 도모하기로 하였다. 특히 책 작업에서 가족과 친족 연구의 중요성을 재확인하면서 변화하는 모습을 담아내어 '읽히는 책', '팔리는 책'을 만들기로 하였다. 요컨대, 한국 인류학에서 이광규 교수의 학문적 위치를 점검하고 가족과 친족 연구의 중요성을 되살림으로써, 궁극적으로는 한국 인류학 학문공동체를 더욱 풍부하게 하고 가족과 친족의 인류학을 후속 세대가 이어갈 수 있는 계기를 마련하는 데에 학술대회 및 책 작업의 목적과 의의를 두자는 것이었다.

두 차례의 사전 세미나에서는 강윤희, 권헌익, 김성례, 김성철, 김은희, 김주희, 박부진, 여중철, 왕한석, 임돈희, 로저 자넬리, 전경수, 한건수 등이 참여하여 학술대회와 책 작업의 방향을 논의하였다. 사전 세미나에 참석한 이들 중 대다수가 2015년 10월 학술대회에서 발표자 및 토론자 역할을 하였다. 추가로, 신진학자 중 사와노 미치코, 심일종, 양선아, 이상균, 카렌 프리만이 발표자로, 문경연, 오창현, 조숙정, 지은숙이 토론자로 참여하였고, 그 외 많은 분이 청중의 일원으로서 흥미로운 질문과 논평을 주었다. 이 책의 다수 장은 학술대회에서 발표되었던 원고를 수정, 보완한 것이고 김주희, 김창민, 전경수가 이미 출판된 논문을 싣도록 허락해 주었다.

이 책은 서울대학교 비교문화연구소가 새로이 간행하는 '한국인류학총서'의 첫 번째 책으로 나오게 되었다. 이 책이 가족과 친족 연구를 통해 한국 인류학의 지적 정체성을 탐색하기 위한 하나의 시도라고 볼 때 '비교문화연구소 한국인류학총서' 제1권으로 나오게 된 것은 크나큰 영광이라고 할 것이다. 서울대학교 비교문화연구소 및 인류학과의 지원에 저자들을 대표하여 감사를 표한다.

필자는 2014년 3월부터 2016년 2월까지 비교문화연구소의 소장을 맡았던 인연으로 준비단계를 거쳐 학술대회를 조직하였고, 이어서 이 책의 편집 작업까지 하게 되었다. 이른바 세부전공이 가족과 친족 연구가 아닌 터에 편저 작업을 할 수 있을까 하는 염려가 컸고, 지금도 그 점에서 매우 조심스럽다. 그런 중에도 학술대회와 책 작업을 통해 필자가 하는 인류학의 지적 뿌리와 정체성에 대해 돌아볼 수 있었고, 이광규 교수님과 여러 저자분께 더욱 큰 학문적 은혜를 입게 되었다. 그리고 책이 나오기까지 서울대학교출판문화원으로부터 여러 단계에서 많은 도움을 받았다. 학술대회와 책 작업에 함께해 주신 모든 분께 감사드린다.

2018년 11월

정향진

차례

서론

정향진

이 책은 한국의 가족과 친족에 관한 인류학적 연구를 재확립하고 재생시키는 데 하나의 계기를 제공하고자 하는 목적으로 기획되었다. 가족 및 친족 분야는 19세기 말 서구 인류학이 근대 학문으로 성립한 이래 가장 핵심적인 분야로의 지위를 차지해 왔으나 주지하다시피 1960년대 후반 이래 과거에 필적할 정도의 생산적인 논의를 펼치지 못하게 되었다. 초기 인류학의 주 대상이었던 이른바 단순소규모사회, 부족사회에서 친족이 사회적 · 정치적 조직의 주요 원리로 작동했던 데 반해 1960년대 이후 그러한 사회들이 국가 단위에 포섭되어 사회적 · 정치적 재편성을 거치게 된 것이 그 배경에 있다. 과거 식민지배를 받았던 비서구 사회에서 탈식민, 신생독립국가들이 세워지면서 가족 · 친족은 서구에서와 마찬가지로 사회의 타 영역과 분리되어 개인의 사적인 영역이 되어 간다고 간주되기에 이르렀다. 다시 말해 근대국가의 틀을 갖추게 된 이후 가족 · 친족은 비서구 사회에서도 해당 사회 전반의 토대로서 작용하지 않게 되었다고 인식되었고, 따라서 초기 인류학에서 가족과 친족 연구가 가지던 위상도 후퇴하게 되었다(이에 대한 비판적 논의로 이 책의 제3장과 제4장을 보라).

근대 이전 한국사회는 국가 단위의 정치적 조직이 오랜 역사가 있는 동시에 친족조직 역시 고도로 발달해 온 경우로서 가족과 친족 연구에 매우 흥미로운 지점을 차지한다(이 책의 제3장 참조). 더욱이 근대화 과정에서 전통적 가족 및 친족 관계는 변화, 변형되고 있을 뿐만 아니라 '가족주의'의 형식을 띠고 사회 전반의 조직 원리로, 국가의 동원체제로 작용해 왔다(예: 권헌익 · 정병호 2013; 김성철 2001; 이문웅 1989; 정향진 2014a, 2014b; 조혜정 1985; Kim 1992). 현대 한국사회를 이해하는 데 있어 가족과 친족이 가지는 함의와 중요성에도 불구하고 한국 인류학에서도 가족과 친족 연구는 부침을 겪어 왔다. 김성철(이 책의 제1장)이 지적하고 있듯이, 1970년대와 1980년대에 전성기를 이룬 이광규의 가족과 친족 연구는 그 규모와 범위에 있어 과연 독보적이라고 하겠고, 그의 영향을 받은 후배 학자들이 가족과 친족 연구의 성과물들을 내어놓았다. 그에 대해서는 학계 평가가 상당한 정도로 되어 있다(예: 김광억 2002).

그러나 1990년대 후반 이후 한국 인류학에서도 가족과 친족 연구는 그 인기가 크게 떨어졌고, 이광규와 일단의 후배 학자들 연구는 후속 세대로 제대로 이어지지 못하는 실정에 이르렀다. 이 책의 저자들이 공유하는 기본 취지는 다음의 두 가지를 확인하고, 한국 가족과 친족의 인류학을 후속 세대가 확장하고 발전시킬 계기를 마련하자는 것이다. 첫째, 한국의 사회와 문화 연구에서 가족과 친족 분야는 여전히 근본이며 핵심이라는 점이고 둘째, 한국의 가족과 친족에 관한 연구에서 인류학적 접근은 고유하게 기여할 바가 크다는 점이다. 송현 이광규가 이루어 놓은 연구 성과가 이러한 확인과 확장의 출발이 되는 것은 물론이다.

이 책은 크게 4부로 이루어진다. 제1부와 제2부는 이광규의 연구를 어떻게 비판적으로 계승할지에 관한 이론적 논의들이고, 제3부와 제4부는 사례연구들로 구성되어 있다. 제1부 '이광규의 가족과 친족 연구'는 한국 가족과 친족 연구의 초석인 이광규의 연구 성과를 한국학 및 한국 인류학의 학사적 맥락 속에 자리매김하고, 비판적으로 검토하는 두 편의 글로 구성된다.

먼저 김성철(제1장)이 이광규의 가족과 친족 연구를 전체적으로 개괄하고 있다. 김성철은 한국 가족과 친족 연구를 통해 이광규가 이룩하고자 한 것이 무엇인지, 그의 연구 전반에 일관되게 흐르는 기본 사상이 무엇인지를 소상히 밝힘으로써 그의 방대한 연구가 남긴 과제가 무엇인지를 성찰할 기회를 제공한다. 김성철은 이광규의 가장 핵심적인 성과 중의 하나로 한국 가족과 친족의 구조적 특징을 비교문화적으로 파악해 내었다는 것을 들고 있다. 당시까지 동아시아 3국 모두에서 유사하게 확대가족(extended family)이 지배적이라고 간주되고 있었으나 이광규는 한국 가족이 "직계의 원리"로 구성된다는 점에서 중국과 구분되는 반면 일본과는 유사한데, 가(家)의 계승에서 제사권이 기본이 되고 가장권과 가산권이 부수된다는 점에서는 일본과도 다르다는 점을 밝혔다. 김성철은 특히 이광규에게 있어 가족과 친족은 사회적 · 문화적 제도로서 중요할 뿐만 아니라 그 구성 원리가 한국 사회 및 문화 전체의 성격으로 직결되는 것이었음을 지적하고 있다.[1]

이어서 로저 자넬리와 임돈희(제2장)는 한국 친족에 관한 자신들의 연구와 이광규의 연구가 어떻게 연결되는지를 밝히고 있다. 자넬리와 임돈희는 한국학과 한국 인류학에서 가장 중요한 저작 중의 하나로 꼽

1 한국 가족과 친족 연구만 두고 본다면 이광규와 동시대에 활동한 사회학자 최재석의 일련의 작업을 빼놓을 수 없을 것이다. 최재석은 한국 가족의 제도사를 통해 부계직계가족의 역사적 성립 과정을 밝혔고, 또한 한국 가족과 친족의 특징이 현대 한국사회에서 '가족주의'로 발현되고 있음도 일찌감치 통찰한 바 있다(참조: 최재석 1977, 1982, 2008).

히는 『조상의례와 한국사회』의 공동 저자다(자넬리 · 임돈희 2000[1982]). 두 저자는 이광규와의 만남과 그의 연구로부터 받은 영향에 관해 회고하면서 이광규의 표준화 작업이 가지는 이론적 · 민족지적 의의를 되새기게 한다. 1970년대 농촌 마을에서 행한 조상의례와 친족집단에 대한 민족지적 작업에서 자신들이 관찰했던 다양한 혹은 "비표준적인" 실천 양상은 이광규가 제시했던 가족과 친족의 표준적인 모델이 있었기 때문에 그것과의 비교하에 제대로 이해될 수 있었다고 말하고 있다. 이 글에서는 입양 및 조상의례에 관한 흥미로운 사례들이 제시되고 있는바, 이를 통해 본격적인 산업화가 진행되기 전에 이미, 규범적 모델로서만 친족 실천을 말할 수 없었다는 점을 추론할 수 있다.

제2부 '이광규 이후: 한국 가족과 친족 연구의 방향 제안'은 이광규의 연구가 남겨놓은 이론적 쟁점과 민족지적 과제를 점검하고 후속연구의 방향을 제안하는 두 편의 글로 구성된다. 김은희(제3장)는 한국사회의 친족은 서구 인류학의 가족과 친족 연구가 가지는 기본적인 전제와 배치된다는 것에서 출발한다. 그 전제란 중앙집권적 국가체계를 갖추지 못한 사회에서 친족이 사회조직의 원리로 기능한다는 것인데, 한국의 경우에 적용되지 않는다. 한국에서는 전통적으로 중앙집권적 관료제도와 단계출계집단이 상호배타적이 아니라 상호양립적으로 발전해 왔기 때문이다. 김은희는 조선 중기 이후 특정한 형태의 부계친족체계가 유교적 관료제도와 맞물려 정치적 · 계급적 자원으로서 발달하게 된 경위를 살펴봄으로써 한국 친족의 특징이 친족이론에 가지는 함의를 밝힌다. 나아가서 21세기 현재 한국의 사회와 문화를 통찰하는 데 있어 친족조직의 역사적 성격과 그 특징에 대한 이해는 여전히 적실할 뿐만 아니라 필수적이라는 것을 주장한다. 특히 조선 후기에 이르러 공고히 된 특정한 사회구조가 한국 특유의 자본주의 및 민주주의 체제에서 어떠한 변용을 거치고 있으며, 또 후자의 형성과 작용에 어떠한 영향을 미치고

있는지를 살펴보아야 한다고 지적하고 있다.

김은희의 문제의식은 권헌익(제4장)에서도 읽힌다. 이 글에서 권헌익은 무엇보다도 친족과 정치의 상호규정에 주목한다. 그는 초기 사회인류학의 친족연구에서 친족을 사회의 타 영역, 특히 정치로부터 독립적인 영역으로 보지 않았던 기본 정신을 환기하면서, 친족을 '전통사회의 영역'이라고 보는 것은 근대적 환상일 뿐이라고 지적한다. 권헌익은 나아가서 한반도에서 전개된 탈식민의 역사는 곧 전쟁과 이산을 수반한 분단의 역사였던바, 한국 인류학의 친족연구가 탈식민 분단의 역사를 과연 어떻게 수렴해야 할 것인지에 대해 현실밀착적이고도 이론적인 성찰을 제시하고 있다. 예컨대, 월북 · 월남자 가족, 탈북자 가족 혹은 제주 4 · 3 사건의 유족들에게 가족과 친족의 일은 곧 정치적인 사안이 된다. 분단 및 이념의 정치적인 문제가 가족과 친족의 차원으로 환치되는 현실을 직시하는 데서 분단시대 가족과 친족의 인류학이 가능하다는 것이다. 그리하여 냉전과 탈냉전의 세계사적 흐름이 한반도에서 (폭력적으로) 전개되어 온 과정을 구체적인 인간 경험의 차원에서, 이 경우 가족과 친족의 차원에서, 조명하는 것은 실증적 엄밀성과 인문적 감수성을 동시에 갖춘 인류학이 고유하게 기여할 바이며, 더욱이 인류학은 친족연구에 있어 막대한 지적 유산을 가지고 있음을 상기시키고 있다.

제3부 '가족과 친족 실천의 다양성'은 이광규가 이른바 전통사회에서 표준적인 모델이라고 파악했던 부계직계가족의 원리와 그 계급적 · 지역적 성격에 관해 재고찰하도록 하는 세 편의 글로 구성된다. 왕한석(제5장)은 언어인류학적 측면에서 전통적 사회조직의 주축인 친족집단의 계급분화를 보여 준다. 저자는 경상북도 영해의 (양)반촌과 (상)민촌의 친척호칭체계와 혼인망을 연결시킴으로써 친족집단이 신분계급별로 상이한 언어공동체를 구축해 왔으며, 혼인관계를 통해 위계적 신분질서를 유지, 구축해 왔음을 예증한다. 신분질서상의 배경에 따라 변

별적인 친척호칭체계가 발달했다는 것으로부터 전통적 사회관계의 배타적인 성격을 읽을 수 있다. 이 사례를 통해 이광규가 표준이라고 파악해 낸 부계직계가족과 남계친 친족집단이 그 구성과 작용에 있어 특정한 역사적 · 신분정치적 성격을 가지고 있었음을 알 수 있다. 앞서 김은희(제3장)가 지적한 대로, 전통사회에서 친족집단이 계급적 차원과 긴밀하게 연결되어 발달해 왔다는 것을 일상적으로 사용하는 친척호칭을 통해 구체적으로 보여 주는 사례다. 왕한석이 이른바 계급적 변이에 주목한다면 이어지는 두 편의 글은 지역적 변이를 보여 준다.

김창민(제6장)은 흑산도의 사례를 통해 가족과 친족의 구성과 실천 자체가 생태적 · 경제적 조건과의 밀접한 관련 아래 이루어진다는 점을 논의한다. 흑산도의 경우 인구유출압력이 큰 조건에서 제사는 장자가 아니라 비(非)장자로, 친족관계는 부계직계혈통 중심이 아니라 인척관계를 포함한 보다 광범위한 연망으로 형성된다. 제사상속 및 친족집단의 구성과 관련해서 "큰집"과 "내롱", "작숙"이라는 독특한 문화적 범주가 발달하는 것이다. 이 민족지적 사례를 통해 저자는 이념적 모델만으로는 사람들이 실천하고 있는 친족관계의 양상을 제대로 파악할 수 없으며, 다양한 문화적 장치들이 친족관계의 구성에서 실제로 어떻게 사용되는지를 생태적 환경과의 관련 속에서 보아야 한다고 지적한다.

전경수(제7장)는 진도 특유의 인명 관습을 통해 부계직계의 원리로는 설명될 수 없는 친족관계적 실천, 특히 모변(母邊)의 상대적 중요성을 추론하고 있다. 남아의 이름에는 "-바"를, 여아의 이름에는 "-다니"를 붙여서 작명하는 진도의 토속명에서 어머니의 출신지명을 기조로 삼는 경우에 주목하고, 이를 "종모향명제(從母鄕名制)"라고 칭한다. 저자는 종모향명제를 종지명제(geononymy)의 일종으로 파악하고, 나아가서 조선 중기 이전까지 광범위하게 실천되었던 처거제와 그에 따르는 모변의 중요성이 토속명에 그 흔적을 남기고 있는 것으로 본다. 이들 이름은 토속명이라는 점에서뿐만 아니라 모변의 비중을 보여 준다는 점에서 부계, 부변 중심의 유교문화와는 다른 토착문화의 저류라는 것이다. 요컨대 경상북도와 전라남도 도서 지역의 이들 사례는 공통적으로 이광규가 표준이라고 파악해 낸 부계직계가족과 남계친 친족집단이 특정한 역사적 · 정치적 성격이 있음을 방증한다고 하겠다. 나아가서 친족관계가 계급적 배경, 사회경제적 조건, 인구 압력, 지역적 전통 등과 긴밀하게 관련되어 구성된다는 것은 현재 후기 산업의 전 지구화된 환경 속에서 한국인들이 가족과 친족을 실천하는 방식을 탐색하는 데 함의가 크다고 할 것이다. 이어지는 제4부에서 그러한 탐색의 일단을 본다.

제4부 '변화하는 가족과 친족'은 최근의 사회적 변화와의 관련 속에서 가족 및 친족 관계의 실천을 살펴보는 세 편의 글로 구성된다. 먼저 사와노 미치코(제8장)는 묘와 납골당에서 누가 추모 대상이 되는지를 살펴봄으로써 이광규의 표준모델에 흥미로운 도전을 던진다. 핵심 논지는 한국인들의 친족관계 실천이 계보 중심에서 친밀성 중심으로 옮겨 가고 있다는 것이다. 묘의 상석에 이름이 새겨지는 후손들이 누구인지를 조사한 결과 2000년대 이후 부계, 직계, 남계의 원리에서 벗어난 상석의 수가 많아지고 있는바, 이를 통해 저자는 계보의 원리가 과거와 비교하면 훨씬 더 유연하게 적용되고 있으며, 친밀성이 중요한 원리로 도입되고 있다고 본다. 또한 상석이 아니라 가족사진이나 인형, 꽃, 유품 등으로 장식되는 납골당의 경우 계보보다는 친밀성이 추모의 지배적인 프레임으로 작용한다는 점을 지적한다. 묘의 상석에서 읽히는 변화와 납골당의 추모 행위를 통해 한국 가족과 친족의 구성을 더는 계보와 혈통만으로 말할 수 없으며, 친밀성이 새로운 구성 원리로 도입, 적용되고 있다는 것이다. 이광규가 상대적으로 변화하지 않는 구조적 특징이라고 보았던 부계직계의 원리가 과연 근본적으로 변화하고 있는지에 대한 후속 논의를 촉발하고 있다는 점에서 이 글의 의의가 크다고 하겠다.

한편으로 김주희(제9장)는 최근 친족관계가 부계에서 양계로 변화하고 있다는 일각의 주장에 대해 반론을 펼친다. 저자는 결혼 10년 이내의 외동딸 여성들에 대한 면담을 통해 지리적 접근성, 경제적 지원, 그리고 일상생활 지원의 세 차원에서 친족관계의 실천을 살펴보았다. 외동딸의 경우 시가 및 친정과의 관계에서 양계화 경향이 발달될 것이라고 가정할 수 있다. 그러나 실제로 이들의 친족관계에서도 부계 및 남계 우선의 원리가 상당한 정도로 우선된다는 점을 밝히고 있다. 특히 지리적 접근성과 경제적 지원에서는 부계지향이 두드러지는 반면, 자녀양육을 비롯한 일상생활 지원에서는 모계지향이 압도적으로 나타난다. 저자는 모계지향이 주로 친정 부모 측의 양육 지원 부담으로 나타나고 있는 현실을 두고 양계화라고 볼 수는 없다고 주장한다.

마지막으로 강윤희(제10장)는 전 지구화와 초국가적 이주의 맥락 속에서 가족의 구성과 실천이 어떻게 변화하고 있는지를 싱가포르 교육이주 가정을 통해 살펴보고 있다. 전통적으로 모성의 영역으로 간주되는 자녀양육을 담당하게 된 아버지들의 사례를 통해 가족 구성 및 성역할 모델에 가해지고 있는 변화의 지점들을 드러낸다. 이들 기러기 아버지들의 경우 비관습적인 성별 역할에도 불구하고 담론의 차원에서는 전통적인 가족과 젠더 이데올로기가 강하게 작용하고 있으며, 따라서 저자는 이러한 변화가 또 하나의 "지연된 혁명"에 머물 가능성을 제기한다. 그런데도 이 사례는 가족, 아버지 됨, 어머니 됨 등이 고정된 것이 아니라 급변하는 세계화의 추세 속에서 맥락에 따라 다중적이고 유동적으로 구현되고 있음을 예시한다.

이상이 이 책 대강의 줄거리다. 앞서 밝힌 대로 이 책은 이광규와 이광규 이후를 이어 주려는 의도에서 쓰였다. 저자들은 날카로운 문제의식으로 이광규 이후를 기대하고 있으며, 가족과 친족에서 구조와 실천, 표준과 변이, 지속과 변화 간의 긴장과 역동에 공통으로 주의를 기울이고 있다. 이는 이광규가 기본 혹은 표준에 해당하는 것을 파악해 놓았다는 전제를 공유하는 데서 나온다. 이 책의 글들은 무엇보다 역사성과 현실성의 차원에서 이광규의 표준모델을 재검토함으로써 한국 가족과 친족의 인류학에서 다루어야 할 중요한 질문들을 제기하고 있다. 다시 말하건대, 이 책은 '표준 이후'를 위한 것이다.

참고문헌

권헌익 · 정병호. 2013. 『극장국가 북한: 카리스마 권력은 어떻게 세습되는가』. 파주: 창비.

김광억. 2002. 「국가와 사회, 그리고 문화: 가족과 종족 연구를 위한 한국 인류학의 패러다임 모색」. 『한국문화인류학』 35(2): 303-336.

김성철. 2001. 「한국 기업과 가족주의」. 한국정신문화연구원 편. 『동아시아 문화전통과 한국사회: 한 · 중 · 일 문화비교를 위한 분석틀의 모색』. 225-262쪽. 서울: 백산서당.

이문웅. 1989. 「북한의 가족과 친족제도: 연속과 변용」. 『평화연구』 14: 69-82.

자넬리, 로저 · 임돈희. 2000[1982]. 『조상의례와 한국사회』. 김성철 역. 서울: 일조각.

정향진. 2014a. 「담임학급제도에서 나타나는 가족비유와 가족주의: 지속과 변화」. 『비교문화연구』 20(1): 157-189.

정향진. 2014b. 「북한 가족주의 체제의 모성적 토대: 보건의료부문을 중심으로」. 『통일과 평화』 6(1): 81-117.

조혜정. 1985. 「한국의 사회변동과 가족주의」. 『한국문화인류학』 17: 81-98.

최재석. 1977[1965]. 『한국인의 사회적 성격』(2판). 서울: 개문사.

최재석. 1982[1966]. 『한국가족연구』(개정판). 서울: 일지사.

최재석. 2008[1983]. 『한국가족제도사연구』. 서울: 일지사.

Kim, Choong Soon. 1992. *The Culture of Korean Industry: An Ethnography of Poongsan Corporation*. Tucson. AZ: The University of Arizona Press.

제1부

이광규의 가족과 친족 연구

제1장

송현 이광규의 한국 가족친족론*

『한국가족의 사회인류학』, 『한국친족의 사회인류학』, *Korean Family and Kinship*을 중심으로

김성철

탈렌시족의 친족은 … 그들의 조직적인 사회생활의 근본이 되는 가장 기본적인 원칙이다.

- Meyer Fortes. 1949. *The Web of Kinship among the Tallensi*. p. 340.

사회 내지 문화의 기저에 그 사회 그 문화만이 갖는 사회구조 내지 문화유형이 있고 이것이 가족이나 친족제도를 통하여 표현된다.

- 이광규. 1998. 『한국가족의 사회인류학』. 233쪽.

1. 들어가는 말

이 글은 고 송현(松峴) 이광규(李光奎) 교수께서 정년을 전후하여 자신의 평생 주요 논문을 모아 한국인류학총서로 출판한 일곱 권의 편서(編書) 중 세 권, 즉 『한국가족의 사회인류학』, 『한국친족의 사회인류학』, *Korean Family and Kinship*을 중심으로 그의 한국 가족과 친족에 대한 기념비적인 연구 업적을 재조명하고자 한다.[1] 이를 위해 세 권 외에 같은 총서

* 이 글은 『사회과학논평』 18(1999), 199-215쪽에 실린 필자의 논문을 일부 수정한 것이다.

1 필자는 이광규의 평생 연구 분야가 크게 세 가지로 나누어진다고 본다. 이는

로 출판된 『한국문화의 구조인류학』 제3부 「친족과 구조」에 수록된 다섯 편의 논문도 이 글에 포함한다.

물론 이광규는 1975년 이래 출판한 『한국가족의 구조분석』, 『한국가족의 사적연구』, 『한국가족의 심리문제』 등 가족 · 친족과 관련한 단행본으로 된 역작도 다수 있다. 그런데도 이 글을 1960년대 이래 30여 년에 걸쳐 출판된 총 40편의 논문에 초점을 맞추려는 것은, 우선 단행본으로 출판된 저서는 한정된 주제를 두고 비교적 짧은 기간에 완성되었기에 이를 통해 이광규가 가족 · 친족 분야에서 평생 이룩하고자 한 바가 무엇인지 밝히기가 쉽지 않기 때문이다. 아울러 이러한 저서에 대해서는 그간 출판될 때마다 인류학, 사회학, 심리학, 가족학, 법학 등 다양한 분야의 학자들에 의해 충분히 평가, 논의, 비판되었다고 생각되므로 또다시 논의한다는 것이 일면 무의미한 작업으로밖에 생각되지 않기 때문이다.

따라서 이 글에서는 이광규가 30여 년에 걸친 가족과 친족 연구를 통해 근본적으로 이룩하고자 한 점이 무엇인지, 또 전체 연구의 바탕에 흐르고 있는 기본적인 사상이 어떤 것인지를 중심으로 살펴보고자 한다. 즉, 이광규가 이야기하는 가족과 친족에 대한 사회인류학적 접근이

'가족 · 친족 및 사회구조', '문화와 인성(人性)', '민족성(ethnicity)과 재외 한인'이며, 각각의 분야에 대해 많은 저서와 논문을 발표하였다. 하지만 필자는 이광규의 주 연구 분야는 '가족 · 친족 및 사회구조'라고 생각하고 있다. 이 글에서 설명되겠지만, 이광규가 궁극적으로 관심을 가졌던 영역은 한국의 사회구조 내지는 문화유형을 인류학적 방법으로 밝히고자 하는 것이었고, 이를 위해서는 가족과 친족의 연구가 근간이 되어야 한다고 생각하고 있었기 때문이다. 아울러 『한국가족의 심리문제』와 같은 저서의 제목에서 알 수 있듯이 '문화와 인성'이나 '민족성과 재외 한인'의 연구 분야도 상당한 부분이 가족 · 친족과 중첩되기 때문이다.

인접 학문의 접근법과는 어떠한 차별성이 있는지, 그가 대상으로 삼고 있는 전통적 가족이나 친족은 어떠한 실체를 의미하는지, 전통적 가족과 친족의 구조는 무엇인지, 그리고 이들 전통적 제도가 현대에 이르러 어떠한 변화를 겪고 있는지, 또 궁극적으로 가족과 친족의 연구를 통해 이야기하고자 한 바가 무엇인지를 이광규의 한국 가족과 친족에 관한 사회인류학적 연구사를 정리한다는 입장에서 재조명하겠다.

흔히 프리드만의 중국 종족(宗族)에 대한 연구(Freedman 1958, 1966)를 중국 친족이나 중국사회에 대한 현대 인류학적 연구의 신기원을 이루는 기념비적인 저서로 높이 평가하고 있고, 이를 출발점으로 하여 수많은 중국학 연구자가 그의 이론을 비판, 수정, 보완하면서 현재에 이르고 있다. 하지만 이광규의 한국의 가족과 친족 및 한국사회에 관한 인류학적 연구의 의의는 프리드만의 중국 연구를 훨씬 능가하는 것이다. 우선 연구의 폭과 양이 그러하며, 현지(native) 인류학자로서 한국사회에 대한 충분한 지식과 이해를 바탕에 두고 있기에 연구의 깊이 면에서도 다른 문화를 연구한 학자들의 추종을 불허하기 때문이다. 또한 1960년대 이래 성취한 이광규의 연구 업적은 단순히 개인의 연구 업적으로 그치지 않고 길지 않은 한국 현대인류학사에서 일가를 이루고 있다 해도 과언이 아니기 때문이다.

2. 편서의 구성

이 글의 대상이 되는 세 권 편서의 구성을 살펴보면 다음과 같다. 『한국가족의 사회인류학』(이하 『가족』)은 5부, 즉 '전통가족', '특성연구', '비교연구', '현대가족', '연구과제'로 나누어져 있으며, 총 13편의 논문을 싣고 있다. 『한국친족의 사회인류학』(이하 『친족』)은 4부, 즉 '사회인류학', '비교연구', '역사적 연구', '제도적 연구'로 나누어져 있으며, 총 11편의 논문을 싣고 있다. 그리고 국내외 학술지에 영어로 발표한 논문들로 편집된 *Korean Family and Kinship*(이하 *KFK*)은 4부, 즉 Kinship Terminology, Traditional Family, Family and Religion, Rural Family로 나누어져 있으며, 총 11편의 논문을 싣고 있다. 여기에 『한국문화의 구조인류학』(이하 『구조』) 제3부 '친족과 구조'에 실린 5편의 논문을 포함하면 전체 40편의 논문이 된다. 그중 1968년 『한국문화인류학』 제1집에 수록된 「모계사회에 관한 제 연구」가 가장 먼저 발표된 논문이고, 1996년 『가족연구의 학문별 접근방법』에 실린 「인류학에서의 가족연구」가 가장 나중에 발표된 논문이다. 1960년대 논문이 2편, 1970년대 12편, 1980년대 21편, 1990년대 5편으로 구성된다. 1990년대로 들어오면서 가족과 친족 분야의 출판이 상대적으로 적어진 이유는 1980년대 후반 이후 이광규가 주로 재외 한인에 관한 연구와 그간 행해진 가족과 친족의 연구를 바탕으로 가족과 친족을 넘어선 한국 문화 전반에 관한 연구에 집중해 온 사실을 반영하고 있으며, 동시에 1980년대 이래 한국사회의 급격한 변화로 인해 그가 관심을 두고 연구하고자 했던 "전통" 가족 및 친족의 모습을 더는 찾아보기가 힘들어졌다는 사실도 반영하고 있다.

전체 40편의 논문 중 가족과 관련한 것이 25편으로, 그중 전통가족의 구조 원리를 다룬 것이 5편(사료를 통한 역사적 연구 2편 포함), 은거(隱居)제도와 같은 전통가족의 제도적 측면을 다룬 것이 4편, 동양 3국 간 전통가족을 비교연구한 것이 3편, 현대사회에서 전통가족의 변화를 다룬 것이 9편, 가족을 중심으로 마을의 구조[2]를 다룬 것이 2편, 기타 인류

2 이광규가 사용한 "구조"의 의미는 크게 두 가지로 나누어 볼 수 있다. 그중 하나는 영미 사회인류학의 구조기능주의적 입장에서 사용하는 의미이고, 다른 하나는 레비스트로스(Levi-Strauss)류의 구조주의에서 이야기하는 구조다. 앞

학적 가족연구에 대한 논평이 2편이다. 한편 친족과 관련된 15편의 논문은 친족이론 소개가 1편, 전통 친족의 구조를 다룬 것이 2편, 친족명칭과 같은 전통 친족의 제도적 측면을 다룬 것이 4편, 동양 3국의 전통적 친족에 관해 비교연구한 것이 2편, 현대사회에서의 친족 변화를 다룬 것이 1편, 사료를 통한 역사적 연구를 한 것이 1편,[3] 친족을 중심으로 마을의 구조를 다룬 것이 4편이다.

위에서 분류한 40편의 논문 중 이론 소개와 논평을 제외하면 이광규의 가족과 친족 연구는 크게 두 가지 방향으로 나누어지는 것을 알 수 있다. 그 한 가지 방향은 영국과 미국 사회인류학의 구조기능주의 영향을 받은 전통 가족과 친족의 구조나 제도적 측면에 관한 연구다. 동양 3국의 비교연구나 현대사회에서의 변화에 관한 연구도 근본적으로는 각국의 전통 가족과 친족에 관한 연구를 근거로 하기에 동일한 범주로 묶을 수 있다. 이광규의 또 다른 연구 방향은 가족과 친족의 연구를 통해 이를 바탕으로 마을의 구조를 밝히려는 것으로, 이는 프랑스 구조주의, 특히 레비스트로스(Claude Levi-Strauss)의 영향을 많이 받은 것이다. 이광규의 말을 그대로 인용해 보면, 두 번째 연구 방향은 그가 "레비스트로스의 『구조주의 인류학』을 탐독하면서 갑자기 … 영감이 떠오르고"(『구조』, 4) 구조를 다른 차원에서 생각할 수 있게 되면서 한국의 전통

에서 한국 전통가족의 구조라고 할 때는 전자의 의미로 사용했지만, 여기서는 후자의 입장을 따르고 있으며, 이광규는 이를 "대립과 조화"의 구조원리라고 설명하고 있다.

3 이 논문(「한국고대사회와 친족제도」)은 『삼국사기』의 왕실 혼인 자료에 레비스트로스의 결연론(alliance theory)을 적용해서 신라 왕실의 혼인체계와 친족체계를 밝히고자 한 연구다. 따라서 이 연구는 근본적으로 "구조"에 대한 연구이지만, 영미 사회인류학류의 구조나 이광규가 이야기하는 "대립과 조화"의 구조 그 어느 쪽으로도 분류하는 것이 무리가 있기에 역사적 연구로 분류한다.

사회를 새로운 시각에서 바라보며 활발히 연구를 시작한 분야다.

시기적으로 볼 때 이광규의 두 가지 연구 방향 간의 전환이 나타나는 것은 대체로 1980년대 중반이다. 즉, 1980년 중반 이전에는 이광규의 거의 모든 연구가 영국 구조기능주의 입장에서 이루어졌고, 또 그의 가족 및 친족에 대한 전체 연구 업적의 절대다수를 차지한다. 반면 두 번째 연구 방향은 1980년대 중반에서 1990년대 초까지 약 7, 8년에 걸친 기간에 집중적으로 연구된 분야이며, 연구 업적의 수는 첫 번째 연구 방향에 비해 적다. 하지만 이광규의 두 번째 연구 방향은 가족과 친족의 연구를 통해 그가 궁극적으로 밝히고자 한 인류학적 관점에서 본 한국사회의 구조 원리를 밝히는 데 필수 불가결한 이론적 모형이 되고 있다.

3. 사회인류학적 연구

이광규는 가족과 친족 관련 자신의 연구가 사회인류학적 연구라고 이야기하고 있다. 인류학의 4개 분과[4] 중 사회문화인류학은 인간을 둘러싸고 있는 사회 · 문화 현상을 대상으로 하고 있는바, 이광규는 그중 사회인류학을 미국에서와같이 좁은 의미로 사용한다고 하며 "사회현상 특히 친족제도, 가족제도"(『친족』, 3)를 연구대상으로 삼아 사회구조를 밝히고, 이를 통해 궁극적으로 각 사회의 독특한 문화유형을 규명하고자 함을 목표로 삼고 있다. 따라서 이광규가 한국의 가족과 친족을 연구하

4 미국식 인류학 분류법에 의하면 인류학은 형질인류학, 고고학, 언어인류학, 사회문화인류학의 4개 분과로 나누어진다. 미국의 대학교에서는 대체로 인류학과가 형질인류학, 고고학, 사회문화인류학으로 세부전공이 나누어져 있으며, 언어인류학은 대부분 사회문화인류학과 공동으로 운영되고 있다.

는 목적은 일차적으로 가족 · 친족의 구조 원리를 파악하여 한국의 사회구조를 밝히고, 이를 타문화와 비교연구하여 한국의 독특한 문화 특색이 무엇인가를 규명하려는 것이다. 즉, 이광규는 "사회 내지 문화의 기저에 그 사회 그 문화만이 갖는 사회구조 내지 문화유형이 있다고 생각하고 이것이 가족이나 친족제도를 통해 표현"된다고 하며, 사회인류학자들이 궁극적으로 목표하고 있는 바는 "이러한 문화의 제 현상 뒤에 감추어진 사회구조나 문화유형을 찾는 데 있다"(『가족』, 233)고 천명하고 있다.

한국의 가족과 연관해서는 사회인류학 외에 다른 학문에서도 많은 연구가 있었다는 것을 이광규도 인정하고 있다(『가족』, 231-232). 즉, 법학에서는 혼인제도, 호주제도, 친자제도 등의 법제적인 연구와 이혼의 판례에 관한 연구가 이루어졌고, 심리학에서는 부부의 애정과 역할에 관한 연구가, 가정관리학(가족학)에서는 부부관계, 노인문제, 자녀의 육아양식 등이 연구되었고, 인류학과 가장 인접한 학문인 사회학에서는 가족의 형태와 유형, 가족의 기능, 가족 내 권력구조, 역할구조, 가족의 변화 등이 다루어졌으며, 동시에 문헌 자료를 통한 가족제도에 관한 연구도 이루어졌다. 하지만 "제 학문 분야들이 각기 자기들의 학문의 성격과 연구목적 및 방법론의 차이로 … 연구의 구체적인 대상도 달랐고 … 때로는 다른 결론을 갖기도 하였다"(『가족』, 232)고 말하며, 사회인류학의 한국 가족연구는 가족의 구조가 가장 많이 문제시되었다고 하고 있다.

이광규는 가족의 구조적 특색을 간파하기 위해 가장 적절한 방법이 자신이 취하고 있는 사회인류학적인 방법이라고 이야기하고 있다. 특히 양적인 연구로 대표 되는 사회학의 연구방법론의 한계를 지적하며 이광규는 사회인류학의 방법을 한마디로 "질적 파악"이라고 규정하고 있다. 즉, "가족연구에서 가족구성원이나 구성을 숫자적으로, 양적으로 처리하는 것이 아니라, 가족구성의 경우 현실적으로 그렇게 구성되는 조건, 이유 등을 올바르게 인식"(『가족』, 31)해야 한다고 하고 있다. 이러한 질적 연구를 위해서는 인류학의 대표적인 연구방법인 참여관찰법(participant observation)을 동원하여 실제로 문화 내에서 살며 총체적인 관점(holistic view)에서 자료를 수집해야 함은 두말할 필요가 없을 것이다. 또한 이광규는 참여관찰을 통해 모집된 질적인 자료로부터 유추되는 구조적 특색을 명백히 하기 위해서는 다른 문화와의 비교를 통한 연구가 유용하다고 하며(『가족』, 31), 질적 연구와 비교연구가 사회인류학의 독특한 연구방법임을 피력하고 있다.

이광규가 한국사회의 독특한 사회구조나 문화유형을 밝히기 위해 질적 연구의 방법으로 한국의 가족과 친족의 구조를 살피고자 할 때 과연 어떤 가족이나 친족을 연구해야 했을까? 이광규는 바로 전통 가족과 전통 친족이라고 이야기하고 있다(『가족』, 51-52; 『친족』, 37; *KFK*, 33-34). 즉, 1960년대 이후 산업화와 도시화에 따른 인구이동으로 현대의 가족과 친족은 그 사회경제적 기반이 변화했을 뿐만 아니라 서구화에 따른 가치관의 변화로 그 이념적 기반마저 와해되었기 때문에(『가족』, 196-197; *KFK*, 69-73) 한국사회의 독특한 사회구조를 간파하는 데는 부적절하다고 생각하고 있다.

이광규는 한국의 전통 가족 · 친족은 1960년대, 즉 우리나라가 산업화, 공업화로 진입하기 이전에 존재했다고 하며, "변화는 하여 왔으나 비교적 변화의 속도가 느리고 오랫동안 유사한 특징을 지속하여 온"(『가족』, 52) 가족 및 친족이라고 말한다. 이러한 전통 가족 · 친족의 사회경제적 · 이념적 기반은 농경과 유교라고 요약하고 있다. 즉, 전통사회에서는 생계 기반이 벼농사를 주로 하는 농업으로 가족의 노동력에 의존할 수밖에 없었기 때문에 사회의 기본 단위로 가족과 이의 연장인 친족은 더없이 중요한 사회집단이었고, 유교는 개인을 가족에 예속시키고 가족은 친족체계를 이루며 사회체계의 근간이 되어 전형적인 부계, 부권이 확립되고 성장, 발전해 왔기 때문이다(『가족』, 52-53; 『친족』, 37-38).

1960년대 후반에서 1980년대 중반까지 현지조사를 통해 한국의 가족과 친족에 대한 질적인 자료를 수집하려던 이광규는 주로 농촌의 가족과 친족에서 전통성을 찾고자 하였다(『가족』, 31-32; 『친족』, 347-350). 이는 앞서 말한 바와 같이 당시까지 한국의 농촌이 이광규가 이야기하는 한국 전통사회의 사회경제적 · 이념적 기반을 대체로 유지하고 있었다는 사실 외에도 인류학이 추구하는 총체적 관점에서 참여관찰하기 위해서는 소규모에, 인구의 이동성이 비교적 적은 농촌 마을이 유리했기 때문이다. 아울러 이광규가 현지조사를 하던 1980년대 중반까지만 해도 농촌에 일제시기 이전을 포함한 과거 전통적 상황을 이야기해 줄 제보자(informant)들이 남아 있었던 연유이기도 하다.

앞서 언급한 바와 같이 이광규의 편서에는 현대 도시 상황에서의 가족 · 친족에 관한 논문도 다수 있지만, 이 경우 참여관찰이 불가능했기 때문에 주로 설문지와 면접에 근거하여 질적인 자료를 모을 수밖에 없었다. 또한 친족의 경우 농촌에서와같이 영속집단(corporate group)으로 존재하는 것이 아니기 때문에 사회문화 현상의 총체적 분석을 통한 구조의 파악도 거의 불가능하여 현대 도시 상황에서의 연구는 주로 준거기준을 농촌의 가족 · 친족에 두고 그 변화 양상을 비교한 것이 주류를 이룬다고 할 수 있다. 따라서 이광규가 규명하고자 한 한국 전통 가족 · 친족의 구조는 산업화 이전 농촌 가족 및 친족을 대상으로 하고 있다고 할 수 있다.

4. 구조와 구조: 구조기능론적 구조와 "대립과 조화"의 구조

구조에 관한 연구는 이광규의 한국의 전통적 가족과 친족과 관련한 연구의 중심을 이루고 있고, 가장 돋보이는 부분이다. 더욱이 이광규는 가족과 친족의 구조에 대한 이해가 한 사회나 문화를 이해하는 기반이 된다고 하고 있어 그의 전통적 가족과 친족의 구조에 관한 연구는 단순히 한 사회나 문화의 제도로서 가족이나 친족에 관한 연구가 아니라 한 사회나 문화 전체에 관한 연구가 되는 것이다. 여기서는 이광규가 이야기하는 구조는 무엇이며, 한국의 전통적 가족과 친족의 구조 및 마을의 구조를 통해 본 한국 사회 · 문화의 구조는 어떠한 것인지를 살펴보기로 한다.

반스(Barnes 1971)는 머덕(G. P. Murdock), 레비스트로스, 포르테스 등 미국, 프랑스, 영국의 친족연구를 대표하는 인류학 대가들의 접근법을 비교하며 이들이 생각하고 있는 구조주의 혹은 사회구조를 다음과 같이 설명하고 있다. 포르테스는 영국 구조기능주의 학파의 시조가 되는 래드클리프브라운(Alfred Reginald Radcliffe-Brown)의 입장을 계승하여 사회구조를 사회현상에서 나타나는 개인 간에 실제 존재하는 제 관계에서 추론된 것으로 파악하고 있고, 머덕은 대체로 포르테스의 사회구조에 관한 입장을 동조하며 이러한 사회구조의 문화 간 차이를 어떻게 제시할 수 있느냐에 많은 관심을 가졌다. 따라서 머덕은 사회구조 자체의 인식론적인 문제에 대한 논의보다 사회구조를 유추할 수 있는 인간관계를 구체적으로 열거하고 이를 규격화하여 문화별로 어떠한 부분이 어떻게 다른지 혹은 같은지를 비교하여 실제로 그 유사성, 상이성을 가시화하고자 노력하였다. 이러한 그의 노력이 집대성된 것이 Human Relations Area Files다. 한편 레비스트로스는 실제 사회현상에서 추론될 수 있는 인간관계는 단지 사회관계일 뿐이며 사회구조란 이를 자료로 추상화하여 모형(model)으로 만든 것이라고 하고 있다.

이광규는 이처럼 두 가지로 대별되는 구조를 혼용하여 사용하고 있지만 대체로 가족과 친족의 구조를 설명할 때는 포르테스로 대표 되는 영국 구조기능주의 입장의 구조를, 가족과 친족을 바탕으로 마을의 구조를 설명할 때는 레비스트로스의 추상화한 모형으로서 구조를 사용하고 있다.

1) 이광규의 구조

이광규는 "사회인류학에서 말하는 구조는 엄밀히 말하면 사회구조(social structure)"라고(『가족』, 119) 한다. 또한 이러한 구조는 "일반적으로 널리 알려진 경제구조, 사회구조, 정치구조 등에서 사용되는 사회구조와는 그 개념이 다르다"(『가족』, 13)고 주장하고 있다.[5]

우선 이광규가 구조기능주의 입장에서 사용하는 구조를 살피기로 하자. 이광규는 사회인류학에서 사용하는 사회구조는 래드클리프브라운이 처음 사용했으며, "사회적 역할을 분담한 개인 간에 실제 존재하는 제 관계에서 파악되는 것"(『가족』, 119)을 지칭하는 것이라고 한다. 즉, 구조란 관찰자가 직접 관찰할 수 있는 개인의 행위나 사회적 현상에서 추론하는 것으로 "관찰할 수 있는 사회적 행위의 배후에 있는 것, 그래서 그렇게 행위하도록 만드는 것"(『가족』, 120)이라고 하며, 마치 "생물

5 이광규는 사회인류학을 제외한 사회학이나 정치학, 경제학 등에서 사용하고 있는 구조는 외부구조라고 설명하고 있다(『가족』, 127-128). 이광규는 이러한 외부구조는 외부에서 손쉽게 파악할 수 있는 영역이라는 의미에서 사용한다고 말하며, 가족과 관련해서는 가족 내 개별 성원의 지위에 따르는 권리, 의무, 역할 등이 어떻게 분배되어 있는가를 문제 삼는 것이라고 한다.

학자가 세포를 연구함으로써 생물체의 구조를 알 수 있듯이 … 사회인류학자는 사회현상을 분석함으로써 사회에 존재하는 사회구조"(『가족』, 121)를 연구하는 것이라고 이야기한다.

이와 같은 구조의 개념으로 이광규는 한국의 전통 가족과 친족을 연구하였고, 가족과 친족의 "구조를 추론하기 위해 대인관계의 모든 사회적 행위를 직접 관찰의 대상으로"(『가족』, 121) 하였다. 따라서 가족에 대한 이광규의 저서나 논문은 가부장권, 주부권, 부부관계, 부자관계, 형제관계, 고부관계 등을, 친족의 경우에는 당내(堂內), 소문중(小門中), 파문중(派門中), 대문중(大門中)과 같은 다양한 수준의 부계(父系) 친족 조직 내의 인간관계 등 실제 관찰할 수 있는 사회적 현상에 많은 지면을 할애하며 자료로서 제시하고 있다.

특히 이광규는 인간관계에서 파생한 행위규범을 내부구조라고 부르며(『가족』, 137), 이 내부구조가 가족이나 친족 구조의 정수를 이루는 부분이라고 주장한다. 즉, 가족의 경우 세대에 따라 혹은 성, 연령에 따라 할 수 있는 행위가 있고 할 수 없는 행위가 있는바 이를 규정해 주는 행위규범을 연구하면 한 사회나 문화에 존재하는 가족의 구조적 특색을 쉽게 파악할 수 있다고 하며, 이러한 구조가 그곳에 존재하는 가족을 유지하고 지속시킨 원동력이라고 한다(『가족』, 143).

이러한 영국 구조기능주의의 구조 외에도 이광규는 레비스트로스의 추상화된 모형으로서 구조의 개념도 사용하고 있다. 즉, 사회구조는 "사회를 분석하는 인류학자들이 사회적 현상을 설명하기 위한 이론적 토대로 삼는 추상적 모형으로서 '사회 내의 인간관계와 사고구조의 저변에 내재(內在)하는 기본원리'"라는 것이다(『가족』, 14). 다시 말하면 사회구조란 "직접 사회 내에서 관찰되는 것이 아니라 사회 내의 대인관계, 즉 인간의 행위(human behavior)를 관찰한 위에 추상해 내는 것"(『가족』, 14)이며, 경험적 실제로서 사회관계를 자료로 하여 "추상적으로 만든 모형"(『가족』, 120)이라는 것이다.

이광규는 레비스트로스류의 구조로는 가족과 친족의 구조를 넘어선 더 큰 사회적 실체의 구조를 파악하고자 하였다. 즉, 이광규는 마을과 같이 가족이나 친족보다는 그 범위가 넓은, 하지만 가족이나 친족을 포함하는 사회의 구조를 레비스트로스류의 구조를 사용하여 밝히고자 하였으며, 궁극적으로 이를 연장하여 한 사회나 문화의 구조를 설명하고자 하였다. 그러나 이러한 연구에서도 항상 출발점은 가족과 친족의 구조에 관한 연구로서 그 이유는, 가족과 친족은 "미개, 문명을 막론하고 모든 사회에 존재하는 인류사회의 보편적 제도"(『가족』, 14)이자 한 사회의 마이크로코즘이기에 가족과 친족을 이해함으로써 비로소 "인간이 상호 작용하는 행위를 이해할 수 있기 때문"(『가족』, 15)이라고 하고 있다. 이광규는 사회인류학에서 본 한국 문화의 구조 원리는 "대립과 조화"라고 말하고 있는바, 다음에서 구체적으로 한국의 전통 가족, 전통 친족, 전통 마을의 구조를 살펴보기로 한다.

2) 한국 가족의 구조

한국 전통 가족의 구조와 관련하여 이광규는 여러 가지를 언급하고 있지만 가장 핵심적인 것은 두 가지다. 우선 이광규가 가족의 구조와 관련하여 가장 강조하는 것은 "직계(直系)의 원리"다(『가족』, 36-40, 126-127). 이는 1970년대 초까지 팽배하던 학계의 인식에 대해 반론을 제기한 것이다. 즉, 동양 3국이 모두 유교 문화권에 속하고 부-자(父-子) 간의 관계 선을 가족 내 모든 인간관계 중 가장 중요한 관계로 인식하는 부계가족이므로 그 구조 원리가 비슷하리라는 인식 그리고 외형상 한국의 전통 가족은 그 구성원 수가 많기에 대가족(large family) 혹은 확대가족(extended family)이라고 치부해 왔던 사실에 반박하는 것이다. 한국의 가족은 아무리 구성원 수가 많더라도 그 가족 유형을 살펴보면 한 세대에 혼인한 부부가 둘 이상 되는 확대가족이 거의 없고 한 세대에 혼인한 부부가 하나만 있는 직계가족(stem family)의 형태를 가지며, 이는 한국 친족의 출계율(rule of descent), 거주율(rule of residence)을 따르는 필연적인 귀결이라는 것이다(『가족』, 126). 따라서 한국의 가족구조는 우선 직계의 원리를 따르기에 확대가족을 이루고 있는 중국과는 다르며, 차라리 일본과 비슷하게 보일 수 있다고 한다.

다음으로 이광규는 가(家)의 계승과 이에 수반되어 나타나는 현상을 분석하면서 한국의 전통 가족의 구조가 일본과도 그 내용이 다르다는 것을 보여 주고 있다. 가의 계승은 가장권, 제사권, 가산권으로 나누어지는바 "한국은 家의 계승 중 제사권이 기본이 되어 가장권과 가산권이 이에 부수되고, 일본에서는 가장권이 第一義的이고 제사권 · 가산권이 이에 부수"(『가족』, 40)되는 것이다. 이에 따라 일본의 경우는 주로 장자에게 단독으로 가장권을 넘기며 아울러 가산도 단독상속하기에 本家와 分家 사이에는 완벽한 지배 · 종속의 관계가 존재하지만, 한국의 경우는 제사권을 가장 중요하게 여겨 제사를 매개로 장자우대 불균등 상속을 하기에 일본의 경우와는 달리 큰집과 작은집 간에 독립적이고 평등한 관계가 유지된다는 것이다(『가족』, 39-40). 또한 이광규는 일본의 경우는 가장권을 가장 중요하게 여겨 장자가 혼인한 후 부모가 활동할 수 있는 나이에도 은거(隱居)하는 사례가 많은 점은(『가족』, 38) 한국과 전혀 다른 구조적 특색이 있다는 것을 보여 주는 것이라고 설명하고 있다.

이러한 직계의 원리에 덧붙여 이광규는 한국 가족의 내부구조도 설명하고 있다. 이광규는 가족 내에서 소극적 행위 유형과 적극적 행위 유형의 행위규범[6]을 분석하여(『가족』, 137-141) 父는 경제적인 면을 포함하는 사회적 안정의 축이 되고 母는 정서와 감정의 심리적 안정의 축이 된다는 것이다(『가족』, 142-143; *KFK*, 65-66). 또한 이러한 행위규범을 두고 볼 때 피상적으로 이야기되는 “가장의 전제적이고 독재적인 지배와 가족구성원의 절대 순종 부녀자의 예속적 지위”(『가족』, 142)는 한국 가족의 내부구조상 나타나지 않는다는 것이다. 한국에서 가장에게 권한을 부여하고 사회적인 대표권을 부여하는 것은 “그에게서 사회적 안정(social security)을 얻고자 하는 가장과 가족원 간의 상호작용에서”(『가족』, 142) 이루어지는 것이라고 한다. 이러한 가족 내의 내부구조에 대한 이광규의 생각은 뒤에 설명할 마을의 구조와도 일면 일맥상통한다고 할 수 있다(그림 1-1 참조).

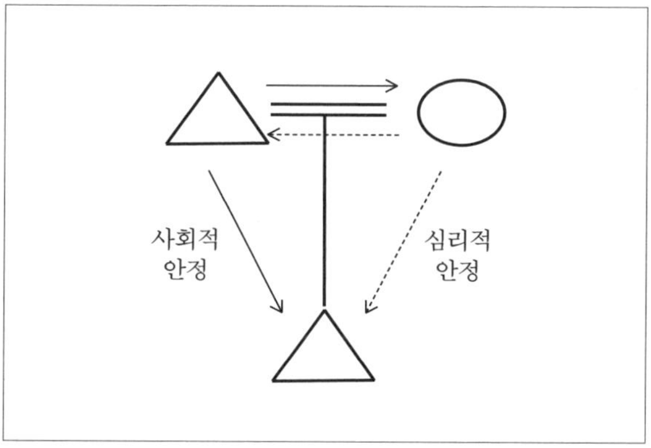

그림 1-1. 한국 가족의 구조 도식(*KFK*, p. 65)[7]

6 소극적 행위 유형의 규범이란 담배를 피운다든가 눕는다든가 등 금지사항에 해당하는 행위를 지칭하고, 적극적 행위 유형의 규범은 야단을 친다거나 충고하는 것으로 금지사항과는 구별되는 것이라고 저자는 말하고 있다(『가족』, 137-141).

7 이광규 교수의 저작 *Korean Family and Kinship*을 출판한 집문당의 허락을 얻어 여기에 재수록한다.

3) 한국 친족의 구조

한국의 전통 친족에 대한 이광규의 관심은 부계친(父系親)으로 구성된 종족(宗族, lineage)에 집중되고 있다. 가족의 경우와 마찬가지로 친족에 관한 연구도 종족 내의 인간관계를 포함한, 관찰할 수 있는 사회적 현상을 분석하여 "한국적 종족은 어떤 것이며, 이것은 어떠한 구조적 특성을 가지고 있고, 그 체계의 배후에 숨겨져 있는 이념이 무엇인가"(『친족』, 37)를 밝히고자 하는 것이 이광규의 목표다.

친족의 구조와 관련한 이광규의 연구도 크게 두 가지로 나눌 수 있다. 첫째는, 우리가 흔히 동족부락이나 동족집단으로 칭하는 종족을 현지조사할 때 부딪히는 종족체계와 종족조직의 개념을 명확히 한 것으로, 저자는 이를 "支派를 형성하는 원리와 宗中의 조직의 원리"(『친족』, 29)의 차이라고 한다. 즉, 1970년대 초반까지 종족의 구조를 이야기하며 문장(門長)과 유사(有史), 또 문중(門中)이 지닌 재산 등을 언급하고, 같은 맥락에서 당내(堂內)를 분석하고자 해 왔지만 실제로 이는 수준이 다른 종족의 조직에 지나지 않으며, 종족의 구조를 이해하기 위해서는 종족체계와 종족조직을 구분해야 한다는 것이다(『친족』, 29). 이광규는 종족체계란 "직계혈연의 원리와 형제분가에 따른 지파 작용이 끝없이 작용하여 형제의 수, 자식의 수만큼 무한대로 확산"(『친족』, 33)할 수 있지만, 종족조직은 "특정한 조상을 중심으로 하여 형성된 조상숭배를 목적으로 하는 제사집단"이라는 것이다. 이광규는 이 양자 간의 관계를 "체계가 조직을 이루는 기본이 되고 필요조건이 됨에 대하여 조직은 체계를 강화하는 충분조건"(『친족』, 33)이라고 한다.

이러한 개념적 구분으로 이광규는 당내와 문중으로 2대분 되는 한국 종족의 구조를 설명하고 있다. 당내는 후손 개인을 기점으로 "내적인 구조상 친속적[8] 성격"(『친족』, 49)을 가지며, "사망과 이에 따른 가계 계승이라는 현상을 통해 집단의 구성원이 변동되는 구조적 특성을 가진다." 따라서 한국의 당내는 "한편 후손이 있는 한 존재하는 것이며 모든 개인은 시간의 경과에 따라 부, 조부, 증조부, 그리고 고조부가 된다는 生得的 균일성으로 인하여 당내는 자연 발생적인 친족집단"(『친족』, 49-50)이다. 이렇게 당내에서 볼 수 있는 한국 종족집단의 특성을 일본의 동족(同族)과 비교해 볼 때 동고조 8촌이라는 분명한 범위가 있고, 당내를 구성하는 큰집과 작은집 간의 서열의식이 일본만큼 강하지 못하여 집 간의 관계는 종적 관계라기보다 횡적 관계를 갖는 것이라고 이광규는 설명하고 있다(『친족』, 49). 즉, 당내의 집안 간의 관계가 횡적이라는 것은 일본의 본가(本家)와 분가(分家)와 같이 사회적, 경제적으로 예속관계에 있는 것이 아니며, 다만 조상숭배 시에만 종손과 지차(之次)손이라는 친족체계의 거리와 서열관계가 인식될 뿐이라는 것이다.

둘째는, 이광규는 한국의 문중이란 종족적 성격[9]을 가장 잘 표현하는 종족집단으로 "후손들이 특정 조상을 인위적으로 시조로 정하고 그의 직계 후손으로만 구성된 집단"이며 "구성원의 정체성이 강하고 이에 따라 강한 상징성을 요구하는 집단"이라고 한다(『친족』, 50). 따라서 문중에서는 구성원 간에 상호부조와 같은 상징성이 약한 행위보다 제사와 같이 상징성이 강한 행위가 주축을 이룬다고 설명하고 있다. 이러한 문중은 중국의 종족집단 공청(公廳)과 비교되는바, 이광규는 조상을 임의로 분리할 수 있거나 조상의 복수적 귀속을 허용하는 중국과 달리 한국

---

8 친속(親屬, kindred)은 특정 개인을 중심으로 한 가까운 범위의 친족집단을 일컫는 용어로, 친속구성원은 특정 개인에 대해 특정의 권리, 의무 관계를 맺는다.

9 이광규가 사용하는 "종족적 성격"은 영국 사회인류학자들이 아프리카 부족사회의 종족집단을 연구하여 제시한 위계적이며 경제집단이며 영속집단적이라는 종족의 특징을 언급하는 것으로 추정된다.

의 문중은 그 문중에 포함된 조상만을 포함한다는 배타적인 성격을 가지고 이에 따라 후손들은 자신의 직계조상을 통해 자기를 정체화하는 경향이 크다고 한다(『친족』, 50). 또한 공청(公廳)의 제사가 합동적인 데 반해 한국의 시제는 개별제 성격을 가지며, 이러한 특성으로 문중의 운영도 달라 개별성과 직계를 존중하는 한국의 문중에서는 소속 후손들 간의 경쟁도 불가피하였고, 나아가서 대외적으로도 다른 문중, 특히 타성 문중과는 더욱 치열히 경쟁했던 것이라고 한다(『친족』, 51).

이러한 문중 간의 경쟁의식을 파악한 이광규의 관심은 더욱 광범위한 사회적 실체에서의 구조에 대해 옮아가게 되는바, 이는 다음에 설명할 마을의 구조다.

4) 한국 마을의 구조

이광규는 존재하고 있는 "모든 문화에는 그 문화 전반을 통합하는 원리로서의 구조가 존재하며 이러한 구조는 그 사회에 존재하는 모든 행동양식을 지배하는 기본원리"(『구조』, 67)라고 볼 수 있으며 "이러한 문화의 구조는 한 문화에만 고유한 것"이라고 설명하고, 한국의 경우에서는 이 구조가 바로 "대립과 조화의 원리"라고 주장한다. 이광규는 한국을 서구사회와 비교하며, 흔히 집단지향적 문화라고 알려져 있는바 이는 한국의 가족이나 종족에서 보듯이 집단이 개인을 위해 존재하는 것이 아니고 개인이 집단을 위해 존재하는 것을 일컫는다. 하지만 한 집단이 존재하기 위해서는 "집단구성원의 전폭적인 복종(total submission)에 따른 수직적 결속력(vertical solidarity)만이 유일한 방식이 아니며… 한 기회가 존재하기 위해서는 조화로운 대립(conflict)과 이것의 내적 기능으로서의 조화(harmony)"(『구조』, 68)로도 가능하며, 한국이 이러한 경우라고 하고 있다. 이광규는 이러한 구조를 "대립과 조화의 원리"라고 하며 이를 전통 마을의 구조에서 찾고자 하였으며, 이러한 해석이 가능한 것은 "마을 내의 생활원리와 마을의 구조적 특성을 이루는 원리들은 마을의 범위를 넘어선 한국 전통문화의 원리"(『구조』, 129)이기 때문이라고 설명한다.[10]

한국의 전통적 마을을 조사한 여러 학자, 특히 브란트(Brandt 1971)는 마을 내에 두 가지 구조 내지 원리가 있음을 인식하고 있었다. 즉, 이 두 가지 원리는 친족체계로 대표 되는 위계적 · 수직적 관계와 마을공동체로 일컬어지는 평등적 · 수평적 관계이며, 공식적이거나 친족의 경우는 수직적 원리를, 마을의 공동체적 행사에서는 수평적 원리를 따르는 것이라고 설명하고 있다. 하지만 이광규는 이러한 분류법은 서구에서 유래한 문화의 이분법으로 "모든 문화현상과 사회현상을 설명할 수 있기에 가장 기초적이고 기본적인 구조를 설명하는 틀이 되지만"(『구조』, 128) 한국 문화와 같이 특정 문화의 구조적 특성을 충분히 규명할 수는 없다고 보고 한 단계 높은 추상화를 시도하였다.

즉, 이광규는 마을 내에 대립하는 원리가 단순히 외형적으로 감지할 수 있는 수직적 원리와 수평적 원리가 아니라고 주장하고 있다(『구조』, 140-167). 앞서 언급했듯이 가족의 내부구조에서도 사회적 안정과 심리적 안정이라는 두 축이 있고, 친족의 경우에도 종족 내의 큰집과 작은집이 독립적이며, 이러한 연유로 친족 내의 경쟁이 불가피하다는 것은 두 수직구조 간의 갈등을 의미한다는 것이다. 이를 다시 말하면 "두 개의 수직구조가 대립하여 하나의 수직구조가 자원을 독점함으로써 야기하기 쉬운 권력의 극대화를 유사한 수직구조가 견제하고 미연에 방지

10 이광규는 한국의 전통적 마을이 유교라는 이념적 기반과 농업이라는 사회경제적 기반을 근거로 하기에, 전통사회에서 전체 사회나 문화의 마이크로코즘으로 생각하여 이와 같은 유추를 한 것으로 추정된다.

하여 나아가는 것이며 … 따라서 두 수직구조는 더 심층에서 수직이 아닌 구조, 즉 수평구조를 형성하는 것"(『구조』, 167)이다. 마을의 경우에 있어서 이 두 수직구조의 역할을 담당해 온 것이 대체로 친족집단이었으며, 이는 주로 양반에 대한 양반의 대립이었던 것이라고 한다. 이를 전체 사회에 연장했을 때 "서구사회는 가진 자에 대하여 못 가진 자가 대항을 하고 지배자에 대하여 피지배자가 대립하는 것이라면 … 우리나라의 원리는 가진 자에 대하여 가진 자가 대결하는 것이고 양반에 대하여 양반이 대결하는 것"(『구조』, 167)이라는 해석을 할 수 있다는 것이다.

5) 현대에서의 변화

이광규가 연구의 틀로 가지고 있는 구조분석 모형은 기본적으로 정태적(static) 모형이라 변화의 동학(dynamics)을 설명하기에는 다소 불리하다. 구조분석의 모형은 일반적으로 사회현상을 규범적인 측면에서 접근하여 언어의 문법과 같은 "변하지 않는" 구조의 발견을 목적으로 하기에 "변화"보다는 "변할 수 없는 것"에 더 많은 관심이 있다. 이광규의 경우도 궁극적으로는 한국사회, 한국 문화의 구조를 파악하는 것을 자신의 목적이라 천명하고 있고, 가족과 친족의 경우에도 내부구조의 연구와 같이 "변하지 않는" 부분에 연구를 집중해 왔다. 이에 따라 주된 연구의 대상도 변화가 거의 없었던 산업화, 공업화 이전의 전통 가족, 전통 친족, 전통 마을로 택해 왔던 것이다. 이러한 연유로 세 권의 편서에 수록된 이광규의 가족과 친족의 현대에서의 변화와 관련한 논문은 외형상의 변화를 다루고 있으며, 이광규는 현대와 같은 사회경제적 변동의 와중에서도 가족과 친족의 내부구조나 이념은 변하지 않을 뿐만 아니라 강조되고 있다고 주장하고 있다.

현대 가족의 외형적 변화를 이광규는 크게 세 가지로 나누어 생각하고 있는바, 이는 핵가족화, 소인수 가족화, 가족의 고립화(『가족』, 56-58, 197-198)로 이러한 변화의 주요 원인은 산업화에 따라 전통사회의 경제적 기반이 되던 농업이 쇠퇴하고 이에 따라 인구의 이동성이 요구되기 때문이라고 한다. 한편 이러한 외형적인 변화와 더불어 가족 내에서 주부의 외향적인 역할이 강조되는 등 부부간의 역할 분담이 바뀌었고, 가족의 주 기능이 전통사회의 경제적 기능에서 휴식의 기능으로 변화하였으며(『가족』, 59-61, 199-200), 이에 따라 전통사회에서는 흔히 볼 수 없었던 부부간의 갈등 문제나 노인 문제 등이 새로운 가족 문제로 나타나고 있다고 설명하고 있다.

이광규의 현대 도시에서의 친족 변화에 관한 연구는 종친회를 대상으로 하고 있다. 가족과는 달리 현대 도시 상황에서 친족은 전통 마을에서와같이 집단으로 존재하기가 불가능하다. 이광규도 종친회가 공동재산에 기반을 두고 제사를 봉사하고 구성원 간의 협력을 도모하는 문중과 꼭 같은 구조를 가지고 꼭 같은 기능을 수행하고 있다고 보지는 않는다(『친족』, 387-388). 따라서 종친회는 시조나 중시조 묘소의 성역화, 종보 발행, 장학 사업, 대동보 편찬 등 전통 친족보다 더 상징적인 사업을 하지만, 이러한 것은 모두 조상지향적 성격을 띠고 있다. 따라서 결국은 전통 친족의 대표적인 문중이나 현대 도시 상황에서 발견되는 종친회는 모두 사업과 행사를 통해 친족구성원 간의 협력과 친목을 도모하고, 조상과 친족을 외부에 과시하여 자신의 정체성을 찾으려는 종족이념(lineage ideology)이라는 측면에서는 일치하는 것이라고 하고 있다(『친족』, 388-389).

5. 구조 외의 연구

편서에서는 위에서 언급한 구조분석적 연구 외에도 다양한 연구 주제들을 다루고 있지만, 그중 두 가지는 특별히 언급이 있어야 하는 것이다. 하나는 친족명칭에 관한 연구이고, 나머지는 레비스트로스의 결연론으로 한국의 고대 친족을 설명한 것으로 두 영역 모두 한국의 자료로 친족체계와 연관시킨 최초의 연구라는 데 의의가 있다.

1) 친족명칭 연구

이광규의 친족명칭에 관한 사회인류학적 연구는 1971년 출판된 「한국의 친척명칭」(『친족』, 265-311)으로부터 시작된다. 이 논문에서 이광규는 한국의 친족명칭을 수집하고, 이를 역사적 자료에 나타난 명칭들과 비교하고, 더 나아가서 중국의 친족명칭과 비교하며 한국 친족명칭체계의 원리를 밝히고 있다. 즉, 한국의 친족명칭체계는 "첫째, 부계중심적인 체계이며, 둘째, 세대성원리, 분지성원리, 성별원리, 인척원리 그리고 자기 세대와 일대존속 부계에 연령별원리, 자기세대에 話者原理를 가졌고, 셋째, 시간과 더불어 … 연령별원리가 점차적으로 확대된 것이다"(『친족』, 310). 또한 친족명칭을 중국과 비교해 보면 여러 가지 면에서 차이가 나타나기에 이광규는 이를 한국에서의 중국문화 수용에까지 확대하여 "한국이 수천 년간 중국문화를 수용하였다 하더라도 수용의 과정과 양상과 영역은 … 한국문화를 핵심으로 하면서 한국문화가 許하는 限에서 한국문화에 편의상 수용되었으리라"(『친족』, 311)고 유추하고 있다.

이 연구 외에 친족명칭과 관련한 중요한 연구는 보조 친족명칭에 대한 연구로(*KFK*, 11-30) 1973년 미국의 인류학 저널 *Ethnology*에 게재한 "Teknonymy and Geononymy in Korean Kinship Terminology"다. 이광규는 이 논문에서 종자명제(從子名制)나 택호(宅號)와 같은 보조 친족명칭이 한국에서 많이 사용되고 있는 이유를, 한국에서는 연장자나 성인을 이름으로 지칭하는 것이 예절에 어긋나기에 대화를 포함한 의사소통에서 같은 친족 용어가 적용되는 다수의 친족원을 구분해야 할 필요성을 충족시키기 위한 기능 때문이라고 설명하였다(*KFK*, 30). 한편 이 논문에서는 혼입(婚入)한 여자에게 출신지명을 따서 부르는 택호를 그 가족에까지 확대하여 사용하는 것을 발견하고, 이를 지역명제(地域名制)라 칭하고 geononymy로 번역하여 세계 인류학계에 최초로 보고하였다.

2) 고대 친족 연구

편서에 수록된 이광규의 한국의 가족과 친족에 대한 다른 모든 논문이 출계(出系)를 중심으로 이루어진 데 반해 한국의 고대 친족에 관한 그의 논문은 레비스트로스로 대표 되는 결연론을 한국의 자료에 적용한 최초의 논문이었다. 이 논문은 원 출판 시기가 1981년인「한국고대사회의 친족제도」(『친족』, 137-167)를 일컫는다.

결연론은 혼인을 매개로 친족집단 간의 관계를 파악하고자 하는 이론으로, 소규모 부족사회에서는 혼인을 통한 집단 간의 결속을 분석함으로써 전체 사회의 구조를 알 수 있다는 전제를 두고 프랑스를 중심으로 활발히 연구되어 온 이론이다. 이광규는 결연론을 한국에 적용하기 위해 『삼국사기』에서 수집한 신라 왕실의 혼인관계를 분석하고, 이를 아시아 대륙의 타 지역과 비교하여, 한국의 고대사회에서는 어떠한 혼인체계와 친족체계가 존재했는가를 역구성하고 있다.

결연론의 관점에서 이광규는 "신라의 혼인체계는 일반교환형(一般交換型)의 전형적인 형태를 대표하는 모변교차사촌혼(母邊交叉四寸婚)에 의한 삼부체제(三部體制)를 유지하여 왔으며… 그 전형은 신라 상대인 박씨왕실시대, 석씨왕실시대에 잘 표현되었다"(『친족』, 166)고 설명한다. 또한 혼인집단의 분석을 통해 한국의 "고대사회는 양계(兩系)를 중요시 여기고 子와 女의 구별을 크게 하지 않는 양변적 사회이고 [혼인한] 남녀가 자유로이 거주를 결정하는 선처제(選處制)를 가진 것과 같이 남녀가 보다 자유롭고 평등한 사회였고 후계자 1인을 두는 직계가족을 가졌으며 후계자는 최우수자를 선정하는 능력위주의 사회였다"(『친족』, 167)고 주장한다.

아울러 한국의 고대사회를 아시아 대륙의 타 지역과 비교하여 한국은 레비스트로스의 분류에 따르면 부계적 친족과 한정교환형(限定交換型)의 혼인체계를 가진 아시아 내륙형의 중국과는 달리 아시아 외변형에 속하는 친족체계를 가졌다고 설명하고, "이러한 고대사회의 친족제도는 고려시대를 지나고 조선시대를 지나면서 중국형 친족제도의 영향을 받아 변모하여"(『친족』, 167) 오늘날과 같은 유형으로 정착하게 되었다고 결론짓고 있다.

6. 나가는 말: 연구 의의 및 후학들의 과제

30년에 걸친 이광규의 한국 가족과 친족에 관한 연구는 그 자체로 일개 학파를 형성한다고 할 수 있다. 더욱이 이광규는 한국에서 사회인류학적 방법으로 가족과 친족을 최초로 연구한 1세대 학자인데도, 그 연구의 폭과 양은 후학들이 읽고 따라가기에 벅찬 방대한 것이어서 도저히 일개인의 업적으로는 생각할 수 없을 정도다. 이렇게 방대한 업적은 후학들이 비판하며 가족과 친족에 대한 이론을 발전시킬 수 있는 근거로서 충분함에도 1980년대 초를 기점으로 가족과 친족의 연구는 인류학

자체 내에서도 소위 '고리타분하고' '매력 없는' 분야로 전락하여 현재는 연구자마저 몇 안 되는 실정이다. 그 이유는 극히 간단한데, 도대체 현대와는 맞지 않는다는 것이다.

하지만 요즈음도 한국에서는 혁신과 효율을 대표한다는 공리집단인 기업에서조차 소유주 가족 · 친족들이 최고 경영층을 독점하고 있고, 기업경영에까지 가족주의를 유추하여 사용하고 있으며(김성철 2001), 그렇지 않더라도 사람들이 만나면 나이, 고향, 출신 학교를 묻는 것에 덧붙여 본관까지 묻고 있다. 이는 모두 아직 한국사회에서는 가족과 친족의 이념이 그대로 유지되고 있다는 증거가 되겠다. 다만 가족과 친족에 관한 연구는 40여 년 전 이광규가 처음 가족과 친족에 대한 업적을 내었던 그 당시로부터 진일보하지 못하고 있기 때문에, 변화에 적응하지 못해 온 것으로 생각된다. 앞에서 언급한 바와 같이 이광규가 채용한 구조분석의 모형은 정태적인 모형이기에 한 사회나 문화의 규범적인 측면을 설명하는 데는 유리하지만, 실제적인 변화를 설명하는 데는 한계가 있을 수밖에 없기 때문이다.

인류학은 인간과 그를 둘러싸고 있는 문화를 이해하자는 학문이고, 이러한 문화의 이해는 실제 사회적 현상으로 나타나는 인간의 행위를 통해 가능한 것이다. 인간의 행위는 인간이 사회의 구성원으로서 학습해 온 문화적 규범에 의해서도 규정되고 또한 실제 그러한 행위가 일어나는 사회경제적 맥락(socioeconomic context)[11]에 의해서도 규정되는 것이며, 문화적 규범과 사회경제적 맥락은 상호 영향을 미쳐 각각의 변화를 초래하고, 이러한 변화로 인해 인간의 행위도 변화하는 것이다(Harrell

11 해럴은 사회경제적 맥락이란 특정의 문화적 규범을 보유하고 있는 사람들이 자신의 사회적 행동을 적응시키기 위해 고려해야 하는 외적인 요인들의 총합이라고 설명한다(Harrell 1982: 9).

1982: 10-15).

가족과 친족이라는 사회적 현상도 문화적 규범 및 사회경제적 맥락에 의해 규정을 받는 것이고, 또 규범과 맥락은 상호 영향을 미쳐 변화해 가는 것이기에 이 두 가지를 모두 고려한 연구가 되어야 할 것이다. 중국 친족과 관련해서는, 프리드만 이후 2, 3세대 인류학자들이 중국 여러 지역의 사회경제적 맥락을 고려하여 중국 친족에 대한 이해를 증진시켰다(Pasternak 1972; Potter 1970; Watson 1985 등). 아울러 부르디외(Bourdieu 1990)는 아프리카의 자료로 친족의 양면성을 논의하며, 공식적 친족(official kinship)과 실제적 친족(practical kinship)으로 나누어 규범에 입각한 공식적 친족은 'what people say about kinship'의 영역이고 실제적 친족은 'what people do with kinship'의 영역이라고 밝혔다. 실제적 친족에 대한 부르디외의 입장은 사회경제적 맥락을 고려해야 한다는 것과 일맥상통하는 것이다.

이광규는 우리나라 1세대 인류학자로서 한국 사회 및 문화의 구조를 밝힌다는 목표 아래 구조분석이라는 규범적인 모형을 선택하여 일가를 이루었고, 충분한 업적을 축적하였다. 따라서 한국의 가족과 친족을 연구하는 2, 3세대 후학들에게 주어진 과제는 사회경제적 맥락을 고려하는 연구라고 생각한다.[12]

---

12 한국의 가족과 친족을 사회경제적 맥락과 연관시킨 연구의 예로 졸고 몇 편이 있다(Kim 1998, 2001, 2014).

참고문헌

김성철. 1999. 「한국의 가족, 친족에 대한 사회인류학적 연구의 기념비: 이광규, 『한국가족의 사회인류학』, 『한국친족의 사회인류학』, *Korean Family and Kinship*에 대한 서평」. 『사회과학논평』 18: 199-215.

김성철. 2001. 「한국 기업과 가족주의」. 한국정신문화연구원 편. 『동아시아 문화 전통과 한국사회: 한 · 중 · 일 문화비교를 위한 분석틀의 모색』. 225-262쪽. 서울: 백산서당.

이광규. 1975. 『한국가족의 구조분석』. 서울: 일지사.

이광규. 1977. 『한국가족의 사적연구』. 서울: 일지사.

이광규. 1981. 『한국가족의 심리문제』. 서울: 일지사.

이광규. 1990. 『한국의 가족과 종족』. 서울: 민음사.

이광규. 1997a. 『한국친족의 사회인류학』. 서울: 집문당.

이광규. 1997b. *Korean Family and Kinship*. 서울: 집문당.

이광규. 1997c. 『한국문화의 구조인류학』. 서울: 집문당.

이광규. 1998. 『한국가족의 사회인류학』. 서울: 집문당.

한국가족학회 편. 1996. 『가족연구의 학문별 접근방법』. 서울: 하우기획.

Barnes, J. A. 1971. *Three Styles in the Study of Kinship*. Berkeley: University of California Press.

Bourdieu, Pierre. 1990. *The Logic of Practice*. Trans. by Richard Nice. Stanford: Stanford University Press.

Brandt, Vincent S. R. 1971. *A Korean Village: Between Farm and Sea*. Cambridge: Harvard University Press.

Fortes, Meyer. 1949. *The Web of Kinship among the Tallensi: The Second Part of an Analysis of the Social Structure of a Trans-Volta Tribe*. London: Oxford University Press.

Freedman, Maurice. 1958. *Lineage Organization in Southeastern China*. London: The Athlone Press.

Freedman, Maurice. 1966. *Chinese Lineage and Society: Fukien and Kwangtung*. London: The Athlone Press.

Harrell, Stevan. 1982. *Ploughshare Village: Culture and Context in Taiwan*. Seattle: University of Washington Press.

Kim, Song-Chul. 1998. "Kinship in Contemporary Korea: Normative Model versus Practice." *Korea Journal* 38(3): 128-147.

Kim, Song-Chul. 2001. "Weekend Couples among Korean Professionals: An Ethnography of Living Apart on Weekdays." *Korea Journal* 41(4): 28-47.

Kim, Song-Chul. 2014. "Who Are Venerated in Contemporary Domestic Ancestral Rites?: An Aspect of Ritual Change among Urbanites in Korea." *Korea Journal* 54(1): 85-104.

Levi-Strauss, Claude. 1963. *Structural Anthropology*. New York: Basic Books.

Pasternak, B. 1972. *Kinship and Community in Two Chinese Villages*. Stanford: Stanford University Press.

Potter, J. M. 1970. "Land and Lineage in Traditional China." In M. Freedman, ed. *Family and Kinship in Chinese Society*. Pp. 121-138. Stanford: Stanford University Press.

Watson, Rubie S. 1985. *Inequality Among Brothers: Class and Kinship in South China*. London: Cambridge University Press.

제2장

이광규 교수의 한국 친족의 표준화 연구[*][**]

로저 자넬리 · 임돈희

1. 들어가는 말

이광규 교수와 처음으로 진지한 대화를 나눈 것은 1973년 봄이었다. 아내 임돈희 교수와 필자는 친족과 조상의례에 대한 박사논문의 현지조사를 위해 대학원생 신분으로 한국에 와 있었다. 이광규 교수가 이 분야의 전문가라는 것을 알았던 우리는 그분의 연구실을 찾아가 우리의 계획을 설명하였다. 우리는 모리스 프리드만(Maurice Freedman), 아서 울프(Arthur Wolf), 그리고 사하라 이남 아프리카의 문중과 조상의례를 분석했던 영국 인류학자들의 연구에서 영감을 받아 한국 인류학에 그와 유사한 기여를 할 수 있기를 희망하였다. 연구 계획에 대한 설명을 들은 이광규 교수는 수납함으로 가더니 모든 집의 위치와 모양이 나와 있는

* 이 학술 작업에 초대되어 영광스럽고, 우리가 고 이광규 교수의 학문적인 도움에 빚지고 있음을 공개적으로 말할 수 있게 되어 기쁘다.

** 번역: 이수유(서울대학교 인류학과 박사과정)

어느 마을의 큰 지도를 꺼내어 보여 주었다. 또 다른 커다란 문서에는 건축가가 그린 것 같은 한국 농가가 나와 있었는데, 건물을 지지하는 기둥이며 바닥 아래의 온돌, 초가로 엮은 지붕 등 많은 것을 살펴볼 수 있었다. 이 만남에서 자신의 연구결과를 기꺼이 공유하려는 이광규 교수의 관대한 모습에 깊은 감명을 받았는데, 다른 한편으로는 조금 걱정이 되기도 하였다. 한국 인류학자들이 우리가 계획하는 연구 주제에 대해 이미 그렇게 많이 알고 있다면 과연 우리가 한국의 민족지학에 어떤 기여를 할 수 있을까 하는 의문이 들었던 것이다.

결국 임돈희와 필자는 오산 남쪽으로 연구지를 정하였다. 그곳은 대다수 주민이 논농사를 짓는 지역의 단일 문중 마을이었다. 우리는 1973년 9월 26일에 마을로 들어갔는데, 그때는 벼를 추수하는 시기여서 남자들이 새벽부터 논에 나갔다가 저녁 늦게 집으로 돌아온다는 것을 듣게 되었다. 여자들도 음식 준비를 하여 낮 동안 논에 있는 남자들에게 가져다주느라 무척 바빴다. 이처럼 주민들이 완전히 일에 매여 있었기 때문에, 곧바로 질문해서 그분들에게 부담을 주기보다는, 문중의 족보를 먼저 연구하기로 하였다. 감사하게도 마을 주민들의 이름이 나와 있는 씨족 족보 출판본을 받을 수 있었다. 문중의 도표 수기본도 받았는데, 이 수기본은 몇 년 전에 전체 씨족 족보가 갱신되고 나서 문중 성원들의 정보를 추가하기 위해 이웃에 사는 문중원이 작성한 것이었다.

인쇄본이건 수기본이건 모든 문서는 한자로 작성되어 있었다. 문중 성원의 성씨나 항렬자는 별문제가 없었으나 일부 개인명은 파악하기 어려웠다. 우리의 첫 번째 과제는 모든 이름을 한글로 바꾸어 우리 식의 주민 족보를 마련하는 것이었으며, 이 작업은 임돈희의 아버지인 임석재 교수의 도움으로 이루어졌다. 이렇게 나온 족보는 A4 용지 다섯 장에 달하였고, 우리는 가는 곳마다 이 족보를 가지고 다녔다. 이러한 초반의 노력 덕택에 족보를 제법 잘 알게 되었고, 남성 주민 대부분의 이

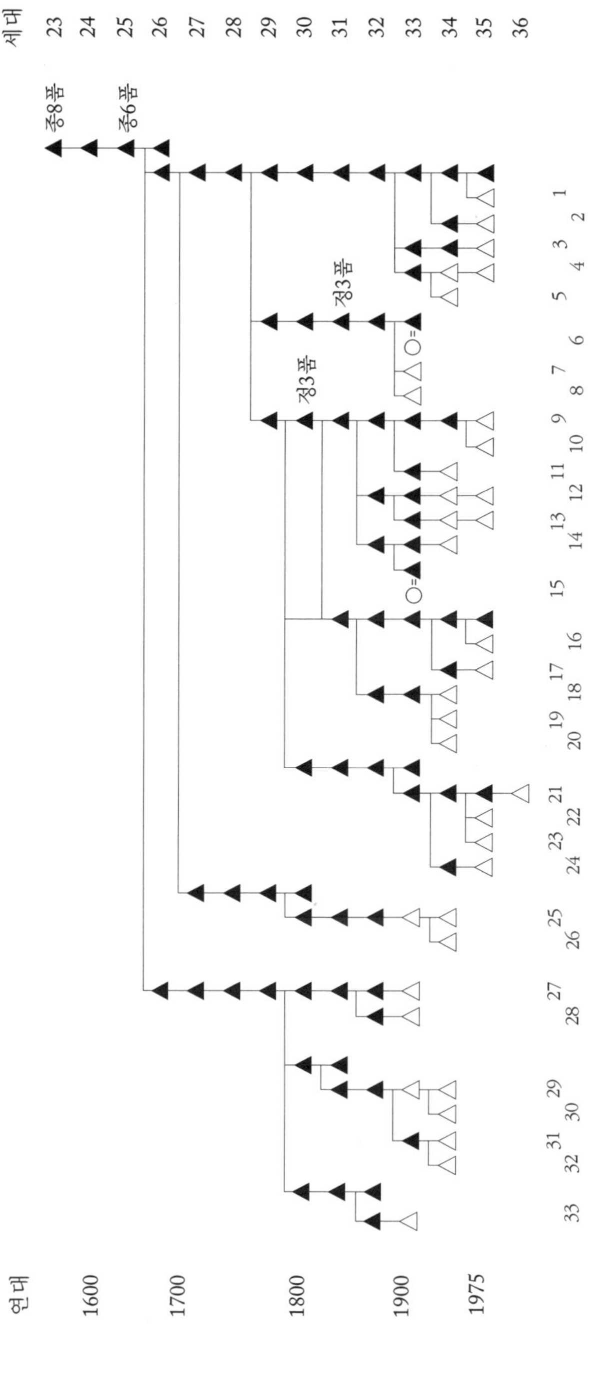
세대
23
24
25
26
27
28
29
30
31
32
33
34
35
36
종8품
종6품
정3품
정3품
연대
1600
1700
1800
1900
1975
▲ 남(사망), △ 남, ○ 여, = 혼인 관계

그림 2-1. 내아리 문중

름과 족보상의 지위를 외울 정도가 되었다. 〈그림 2-1〉은 모든 가구주가 표시된 이 문중 족보의 개략적인 모습이다.[1] 인류학 표기 방식의 관행과는 달리 계보상 높은 서열이 오른쪽에 나와 있는데, 이는 한국의 족보 문서가 그러한 방식으로 작성되었기 때문이다. 여성은 가장인 경우에만 나와 있다. 다른 사람들은 지면상의 문제 때문에 그리고 인쇄본이나 수기본 어느 쪽에도 포함되어 있지 않아서 누락시켜야 하였다.

2. 입양의 불안정성

가장 먼저 참석했던 한 의례는 우리가 마을에 들어가기 직전에 사망한 어느 여성의 백일 탈상이었다. 그 자리에 함께 참석한 우리는 먼저 제단에, 다음으로 상제들에게 절을 하였고, 그런 뒤 남성 주민들이 많이 모여 있는 방으로 안내를 받았다. 자리에 앉은 우리는 머리에 굴건을 쓴 한 남성(25번 가구, 33대)을 보게 되었다. 이광규 교수의 저작과 발표문, 일상적인 대화, 그리고 우리 자신의 족보 작업을 통해 그 사람이 굴건을 쓰기에는 너무 먼 친척이라는 것을 알았기 때문에 그에게 왜 굴건을 썼는지 물어보았다. 그는 자신이 6촌이라고 간단하게 대답하였다. 그 사람과 이 문제로 논쟁하는 것이 무례할 수 있을 것 같아서, 며칠 후에 족보 문제에 관해 잘 알고 있는 문중의 다른 성원에게 물어보았다. 그는 해당 남성의 조부가 문중 내 고인의 지파(branch)[2](27~33번 가구)에서 다른 지

1 〈그림 2-1〉은 필자들의 공저 *Ancestor Worship and Korean Society*(Stanford, CA: Stanford University Press, 1982), p. 12, Fig. 2에 실렸던 것으로, 출판사의 허락을 얻어 재수록한다.

2 주민들은 그들 자신의 지파(branch)를 "우리 집안", 다른 지파를 "파"라고 불

파로 입양된 것이라고 설명해 주었다. 이후 음력설이나 추석과 같은 명절에 이 작은 지파(25~26번 가구)가 공식적인 책임을 진 의례를 먼저 수행한 다음 조부의 원래 지파에 합류하여 그들과 함께 더 많은 의례에 참여한다는 것을 알게 되었다. 우리는 이를 다른 행사들과 함께 살펴봄으로써 입양이 불안정한 것까지는 아니더라도 융통성 있는 것이라는 점을 깨닫게 되었다.

다른 사례는 한 청년이 자기 아버지의 죽은 형에게 양자로 보내진 경우였다. 입양 당시 그는 군 복무 중이었으나 양부의 기일에 제사를 지내기 위해 마을로 돌아왔다. 그런데 4년 뒤 그는 더는 제사를 지내지 않고 있었다. 우리는 이유를 물었고, 아버지의 죽은 형이 재산을 남기지 않았으며, 재산이 없다면 양자를 들일 이유가 없다는 것을 알게 되었다. 또 다른 사례는 우리의 첫 번째 집주인 아주머니에게 들은 설화 형태의 이야기였다. 한 남자가 양부의 제사를 지내고 있었다. 그런데 질경이 씨앗으로 귀신을 볼 줄 아는 사람이 살펴보았더니 남자의 친부모가 제사 음식을 먹고 있었다. 친부모는 양부모를 내리눌러서 음식을 먹지 못하게 하고 있었다.

우리는 이광규 교수가 틀린 것이 아니라는 점을 강조하고 싶다. 오히려 그는 문중 성원들을 일반적 관행에서 일탈하도록 부추기는 우발적 상황이 제외된, 일반적인 한국 친족의 모형을 구축했던 것이다. 이는 *The Nuer*(누어인)(Evans-Pritchard 1947)나 *Argonauts of the Western Pacific*(서태평양의 항해자들)(Malinowski 1922)과 같은 대부분의 민족지가 이전에 작성되던 방식이었다. 이광규 교수는 매우 성공적으로 이 작업을 해냈고, 한국 친족에 대한 그의 일반화되고 표준화된 공식은 일반 규

렸다.

칙에서 벗어나는 개별 사례들에 주목하는 데 큰 도움을 주었다. 우리는 명백한 예외들에 대한 설명을 모색함으로써 그 "일탈(deviations)"을 좀 더 깊이 있게 다룰 수 있었다. 우리는 입양을 더 자세히 살펴봄으로써 그것이 족보에 명시된 것만큼 안정적이지는 않다는 점을 발견할 수 있었다.

3. 또 다른 문제 조상들

어떤 조상을 조상의례로 추모하느냐는 질문을 받았을 때, 주민들은 이광규 교수가 제시한 규칙에 부합하는 답변을 내놓았다. 그러나 그들이 설과 추석에 행한 명절 의례를 관찰한 결과 또 다른 조상들이 추모 된다는 것을 알 수 있었다. 항상 그렇지는 않았지만, 이는 대체로 결혼한 뒤 자손 없이 죽은 사람들에 대한 측은함(또는 간혹 두려움)에서 행해지는 것이었다.

우선 〈그림 2-1〉에 나와 있는 25번 가구를 살펴볼 수 있다. 이 가구주에게는 자신의 아버지, 조부, 그리고 증조부의 의례를 행할 의무가 있었다. 그런데 명절이 되면 그는 증조부의 형도 마찬가지로 추모하였다. 왜 증조부의 형에게도 의례를 행하는지 묻자 이를 기제사와 대조하며 "떡국 두 그릇 더 하는 것일 뿐"이라고 대답하였다. 그는 이 방계 부계친의 기제사는 지내지 않았다. 또 다른 사례는 19번과 20번 가구에서 볼 수 있다. 18번 가구주에게는 조상의례를 행해 줄 자손 없이 열차 사고로 죽은 남동생이 있었고, 그들은 그 사람의 명절 제사를 지냈다. 그들이 한 사람분의 제사만 지낸 것은 고인의 부인이 재혼했으므로 재혼한 남편의 집에서 추모 될 것으로 생각했기 때문이다. 이 남동생을 위한 의례에는 19번과 20번 가구주가 참여하였다. 고인의 형이었던 18번 가구주는 동생에게 절을 하지 않았다.

또 다른 사례는 29번과 30번 가구와 관련된다. 이 두 가구주(34대손)의 나이 차이는 거의 12년이나 되었다. 29번의 명목상 가구주의 장남은 그 12년 동안 여러 아이가 태어났지만, 성인이 되기 전에 모두 죽었다고 말해 주었다. 무당을 찾아가 이야기한 결과 가구주의 조부에게 미혼으로 죽은 누이가 있었음을 알게 되었다. 그녀를 명절 제사에 포함한 뒤에 30번 가구주가 태어났고, 그는 성인이 될 때까지 살아남았다. 해당 여성을 위한 의례는 명절마다 우선으로 행해졌지만, 누구도 그 사람이 조부의 누나인지 여동생인지, 그렇게 특별한 대접을 받을 만했는지는 알지 못하였다. 그녀의 이름이나 출생 및 사망 관련 세부사항은 지역 문중에서 태어난 다른 여성들의 경우와 마찬가지로 문중 족보에 나와 있지 않았다. 명목상 가구주의 장남은 이 의례를 위해 두 그릇의 떡국을 준비한다고 말했는데, 사실 그 여성은 결혼한 적이 없었다. 우리가 두 번째 떡국 그릇에 관해 묻자 "누가 혼자 삽니까?"라고 묻듯이 말하였다. 그에게 결혼하지 않은 사람에 대한 조상의례는 다소 부적절해 보였다.

이 마을에 살고 있는 비문중원의 경우는 부적격해 보이는 조상의 또 다른 사례를 보여 준다. 과부였던 그의 어머니는 자식 없는 홀아비와 재혼해서 그의 남동생을 낳았다. 여기에서 발생한 일련의 상황들에 대해서 우리의 정보제공자였던 문중원 중 아무도 조상의례와 관련하여 다른 사람들이 수긍할 만한 답을 내놓지 못하였다. 결국 친족 문제를 잘 아는 사람에게 조언을 구했는데, 그는 "이러한 경우는 어렵습니다. 자손들끼리 합의를 해야 합니다"라고 대답하였다. 그는 아마도 해당 주민이 자기 아버지와 어머니를 위한 의례를 행하고, 아버지가 다른 그의 남동생이 자기 아버지와 그 첫째 부인에 대한 의례를 행해야 할 것이라는 의견을 내놓았다. 만약 남동생이 아버지 첫째 부인의 기제사를 지내고 싶어 하지 않는다면 적어도 명절 제사는 지내야 한다는 것이었다.

4. 의례수행지파(ritual-performing segment)

표준적인 용어와 정의를 제시하려 했던 이광규 교수의 목적을 보여 주는 친족 형태 중 하나는 바로 당내(堂內)다. 그는 다음과 같이 말하였다(Yi 1975: 89).

> 여기에서 이 소규모 씨족(clan)은 출계집단(descent group)이라는 이름 아래 다루어질 것이다. 프리드만(M. Freedman)은 중국의 사례에서 이 소규모 씨족에 대해 "branch"라는 용어를 사용한다. 그러나 이 집단에 대해서는 "출계집단"이 더 적절한 용어일 수 있는데, 출계율이 이 집단의 기본 구조로서 기능하기 때문이다. 당내는 식자층에서 이 출계집단에 대해 가장 광범위하게 사용된 용어 중 하나로서, "집안" 또는 "같은 지붕 아래"를 뜻한다.[3] 당내와 소종 외에, 보통 사람들의 일상에서 더욱 널리 사용되는 일가(하나의 가구 그리고 집안)라는 용어가 있지만, 이것은 가족을 가리키는 용어와 혼동되거나 혼합된다.

위의 인용문에서 이광규 교수는 우리가 지칭하는 의례수행지파에 대한 다양한 용어가 있음을 인지하고 있다는 것을 보여 주고 있다. 이광규 교수의 한국 인류학에 대한 선구적인 공헌은 혼란한 상황을 정리 정돈한 점이라고 볼 수 있다. 이 교수는 당내라는 단일 용어를 채택하였다. 이광규 교수는 또 다른 논문에서 당내에 대해 좀 더 자세하게 그리고

3 여기서 이광규 교수는 주석을 달아 프리드만의 *Lineage Organization in Southeastern China*(N. Y.: The Athlone Press, 1956), p. 65에 대한 인용을 표시하였다.

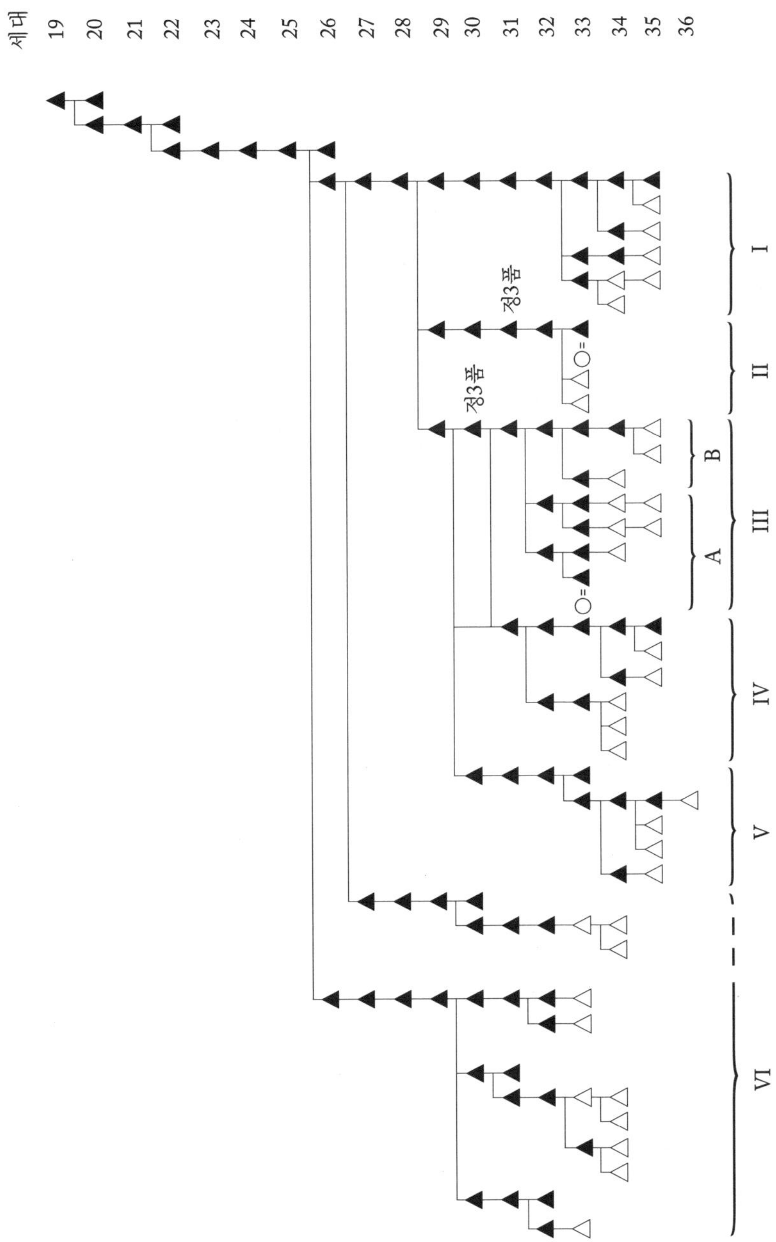

그림 2-2. 내아리 문중의 분파

명확하게 정의하였다. "당내란 8촌 내의 남계친과 그의 부인들을 포함한다"라고 하였으며 도표도 제공하였다(Lee 1987: 6).

앞서 우리는 입양의 불안정성이 어떻게 이광규 교수의 일반적 용어 및 기술에 관한 예외 사례들을 만들어 내는지 살펴보았다. 일부 주민들은 당내라는 용어 자체를 모르는 경우도 있었다. 우리가 의례수행지파에 관한 연구에서 실제로 발견한 것은 〈그림 2-2〉에 나와 있다.[4]

왼쪽 끝에서 두 번째 출계선 아래 점선을 그어 이 작은 집단이 어떤 경우에는 양조부의 자손으로, 다른 경우에는 조부의 생가 쪽 자손으로 행동한다는 것을 표시하였다. 세 번째 의례수행지파는 또 다른 비표준적 단위였다. 이 집단의 모든 성원은 4대의 조상들에 대한 의례를 행하기 위해 종손의 집에 모였다. 그런 다음 그들은 두 하위집단으로 나뉘어 각자의 의례를 행하였다. 집단의 성원들은 모든 사람이 모든 의례에 참석한다면 시간이 너무 많이 걸릴 것이라고 설명하였다.

5. 가제와 시제

이광규 교수가 구별한 가제와 시제 자격의 변이형들은 문중 내 대부분의 의례수행 집단에서 나타났다. 주민들은 한결같이, 4대까지의 부계 선조들은 가제를 받고 4대를 넘어서는 조상들은 문중 전체에서 비용을 부담하는 시제를 받는다고 설명하였다. 아마도 이러한 반응이 나온 것은 『가정보감』의 여러 저렴한 판본들이 마을에 보급되어 있었기 때문일 것

4 〈그림 2-2〉는 필자들의 공저 *Ancestor Worship and Korean Society*(Stanford, CA: Stanford University Press, 1982), p. 110, Fig. 15에 실렸던 것으로, 출판사의 허락을 얻어 재수록한다.

이다. 모든 의례수행지파(혹은 "당내")는 이 중 최소 한 권을 가지고 있었다. 그러나 우리가 질문했던 문중 성원 중 누구도 왜 그 경계가 4대이어야 하는지에 대해 준비된 설명을 내놓지 못하였다. 따라서 이 규칙이 실제로 적용될 때는 여러 변이형이 나타났다. 특히 고조까지 기제사를 모시는 집의 종손이 사망할 경우 문제가 생긴다. 이 경우 새 종손의 입장에서는 5대조(죽은 종손의 고조)의 조상을 4대가 넘었으므로 기제사로 모실 수 없으니 문중 시제로 모셔야 하다는 주장을 하고 있다. 그러나 문중의 입장에서는 새 종손의 삼촌들이 살아 있고 그들의 입장에서는 4대조이므로 그들이 기제사를 지내야 하며, 그 모든 삼촌이 사망할 경우 문중의 시제 대상이 된다는 논지다. 결과적으로 그 조상은 아무 의례도 받지 못하였다. 또 다른 사례에서는 이러한 중간적 위치의 조상에 대한 의례가 종손의 집에서 이루어졌지만, 4대손에 속하는 방계 부계친들이 의례를 행하였다. 이광규 교수는 이론적으로 그러한 조상의 위패가 4대 이내 자손의 집으로 옮겨져야 하고 의례도 그곳에서 이루어져야 한다고 지적하였다. 실제로 이러한 사례에 대한 현지 보고가 없다는 점은 설령 위패를 옮기는 일이 이루어졌다 하더라도 매우 드물었다는 것을 보여 준다(Lee 1987: 64).

6. 문제적인 시제

오래전에 서울로 이주한 문중 성원이 있었다. 그의 유일한 아들은 북한에 있었기 때문에 그는 선조들의 의례에 대해 우려하고 있었다. 그는 자신이 죽은 후에도 의례를 지속하도록 하기 위해 합동 제사를 지내 주는 대가로 문중에 토지를 기부하였다. 그러나 그가 죽은 뒤 두 딸은 그들의 조상이 문중에서 비용을 대는 시제의 자격을 곧 갖게 될 것이기 때문에 그 땅이 선물이 아니라 빌려준 것이라고 주장하며 반환을 요구하였다.

마을을 떠난 사람들의 조상에 대한 의례는 마을에 사는 문중 성원들 때문에 마지못해 행해졌다. 〈그림 2-1〉에 나와 있지 않은 최상위의 출계선은 그 유일한 성원이 사망한 것이다. 그의 부인은 두 아들을 데리고 곧 마을을 떠났다. 말할 것도 없이 이 자식들과 문중의 연결은 급격히 약화되었다. 어느 해에 합동 문중 의례가 시작될 때 그 집안의 자손들이 보이지 않자, 문중 성원들은 그 조상을 위한 의례를 행하지 않기로 하였다. 그날 아침 늦게, 의례가 한창 진행 중일 때 자손 중 한 명이 도착하였고, 그제야 문중에서는 해당 출계를 위한 의례를 집행하였다.

이광규 교수는 말년에 친족과 의례의 변화상에 더 주목하였고, 표준화 작업은 대부분 포기하였다. 이를테면 1987년에 나온 논문은 시간과 공간에 걸친 변이형들로 가득 차 있었다(Lee 1987: 64). 이는 아마 이광규 교수 스스로 표준화 작업을 충분히 했다고 느꼈기 때문일 것이다. 또한 해외에 있는 한국인 이주자와 그 자손에 관한 관심이 늘어난 것도 그러한 변화를 촉진시켰을 것이다.

7. 나가는 말

필자의 박사학위 논문이 완성되고 책으로 출판된 후, 한번은 이광규 교수와 편안한 자리에서 이야기를 나누게 되었다. 이광규 교수는 "내가 당신의 책에 많은 영향을 준 것 같지는 않다"고 이야기하였다. 이 말에 놀란 필자는 그 책에서 다른 누구의 것보다 당신의 저작을 훨씬 더 많이 인용했다고 말해 주었다.

돌이켜 보면 이광규 교수의 표준화 작업이 우리에게 현장에서 만난 것을 비교하게 하고, 비일관성과 그것을 촉진시킨 동기들에 주목하게 하는 귀중한 틀을 제공했음을 이제야 깨닫게 된다. 처음에 우리를 걱정하게 했던 그의 연구는 우리가 한국의 민족지학에 자그마한 기여를 할 수 있게 해 주었다. 그 기여는 미미한 것이었지만, 우리가 인류학자로서 길을 열어 갈 수 있는 시작이 되어 주었다. 우리는 이광규 교수에 대한 기억을 언제나 소중히 간직할 것이며, 늘 그분께 빚진 상태로 남아 있을 것이다.

참고문헌

Evans-Pritchard, E. E. 1947. *The Nuer: A Description of the Modes of Livelihood and Political Institutions of a Nilotic People.* Oxford: Clarendon Press.

Janelli, Roger and Dawnhee Yim Janelli. 1982. *Ancestor Worship and Korean Society.* Stanford, CA: Stanford University Press.

Lee, Kwang-Kyu. 1987. "Ancestor Worship and Kinship Structure in Korea." In Laurel Kendall and Griffin Dix, eds. *Religion and Ritual in Korean Society.* Institute of East Asian Studies, Korean Research Monograph 12, Berkeley: Berkeley Center for Korean Studies, University of California.

Malinowski, B. 1922. *Argonauts of the Western Pacific: An Account of Native Enterprise and Adventure in the Archipelagoes of Melanesian New Guinea.* New York: E. P.

Yi, Kwang-gyu[Lee, Kwang-Kyu]. 1975. *Kinship System in Korea.* New Haven, CT: Human Relations Area Files.

제2부

이광규 이후: 한국 가족과 친족 연구의 방향 제안

제3장 한국의 부계친족집단과 친족이론

김은희

1. 들어가는 말

인류학에서 친족연구는 중앙집권적 국가체계를 이루지 못한 단순사회와 부족사회가 친족에 기반을 둔 사회(kinship-based society)라는 대전제에 입각하여 1970년대까지도 사회인류학의 주류를 이루어 왔다. 그러나 1970년대 중반 이후 구조기능주의가 퇴조하고 기존의 친족이론을 뒷받침하고 있던 기본 전제들의 타당성이 문제시되면서 친족연구는 크게 쇠퇴하였다. 특히 슈나이더(Schneider 1984)는 인류학에서 사용되어 온 '친족'의 개념이 서구 인류학자들이 혈연에 대한 서구의 문화적 개념을 분석적 개념으로 이용한 것이라고 비판하고, 친족이론의 뿌리 깊은 '서구중심성'을 지적하였다. 그의 주장에 따르면 서구 인류학자들이 어느 사회에나 보편적으로 존재하고, 사회의 다른 영역으로부터 독립된 영역으로 상정하는 '친족'은 사실 어느 사회에도 존재하지 않는다. 또한 인류학자들의 연구대상이었던 비서구 사회들이 20세기 후반에 근대화 · 산업화 등으로 세계의 정치경제체제에 편입되면서 친족연구는 인류학에서 차지했던 중심적 위치를 상실하게 된다. 원주민 사회들을 더는 '친족에 기반한 사회'라는 이론적 틀 안에서 분석할 수 없게 된 것이다. 한국사회에 대한 국내외 인류학자들의 연구도 서구 인류학의 이러한 추세를 반영하여, 친족의 연구는 최근에 이르러서 거의 맥이 끊어졌다고 할 수 있다.

그러나 전통적으로 중앙집권적 관료 국가였던 한국에서 17세기부터 부계친족집단이 형성되고, 발전했던 것은 역사적 사실이다. 족보 등을 통해 보통 몇백 년 전의 부계 조상까지 추적해 올라가던 조선 후기 한국사회는 그 어느 사회보다도 친족/가족-지향적인(kinship/family-oriented society) 사회였다. 아직도 일상생활 속에서 본관이 어디인가를 따지며 같은 조상의 후손이 아닌지 확인하는 데서 알 수 있듯이, 한국인에게 조상이 누구인가는 매우 중요하다.

전근대 한국사회의 친족 · 가족은 이광규 교수를 비롯하여 한국사회를 연구하는 국내외 인류학자들의 많은 관심을 받은 분야이며, 인류학의 방법론과 현지조사를 통한 연구와 논의는 한국 친족의 이해에 많은 진전을 가져왔다. 그러나 이들 연구 또한 주로 구조기능주의적 친족이론의 틀 안에서 이루어졌기 때문에 한국 친족의 특징이 친족이론에 대해 가지는 함의가 무엇인가에 관해서는 최근까지도 거의 논의되지 않았다. 사실 중앙집권적 관료제도가 확립되었던 근대화 이전의 한국사회에서 본관제도나 종중 혹은 문중과 같은 큰 규모의 부계친족집단이 형성되었던 것은 기존의 친족이론뿐만 아니라 일반 사회과학 이론에 근본적인 문제를 제기한다. 중국의 동남부 지역의 부계친족집단을 연구하여 중국 친족 및 한국 친족 연구에 많은 영향을 끼쳤던 프리드만(Freedman 1958)도 그의 논저 *Lineage Organization in Southeastern China* 서문에서 중국과 같이 중앙집권화되고 계층화된 사회에서 어떻게 단계 친족집단이 형성될 수 있었는가 하는 문제가 연구의 출발점이라고 밝히고 있다. 중국의 친족에 대한 논의에서 프리드만은 출계집단을 중앙정부와 종종 대립하는 사회조직으로 취급하고 있다. 친족으로서의 역할과 중앙집권화된 정치조직에 참여하는 관료의 책임은 별개의 독립된 역할이며, 따라서 친족집단은 종국적으로 중앙정부와 충돌하게 될 것이라고 전제하고 있다(Freedman 1958: 138). 한국 친족의 연구에서도 일찍이 자넬리와 임돈희(Janelli and Janelli 1978)는 한국과 같은 중앙집권적 국가사회에서 어떻게 부계친족집단이 존재할 수 있었는가 하는 이론적 문제를 제기하고, 단계출계집단과 중앙집권적 국가조직이 양립할 수 없다는 이론을 반박하였다. 하지만 중앙집권적 국가와 출계집단이 공존할 수 없다는 서구의 사회과학 이론을 뒷받침하고 있는 기본 전제, 즉 단순사회는 친족사회라는 구조기능주의적 친족이론의 기본 전제에 대해 문제를 제기하지는 않았다.

이 글에서는 조선시대 중후반 이후 형성되었던 한국의 부계친족집단이 어떻게 조선시대의 중앙집권적이고 유교적인 관료제도와 맞물려 있었는가에 관해 기존의 역사적 · 인류학적 연구를 통해 살펴보고, 한국 친족이 친족이론에 대해 갖는 함의를 논의하고자 한다. 17세기 이래 조선사회에서 부계친족집단이 지역화되고 분절되어 가는 과정은 양반계급이 향촌사회에서 실제로 지배계층으로 확립되어 가는 역사적 과정과 따로 떼어놓고 생각할 수 없다. 그리고 이 과정은 한국사회에서 친족이 국가사회의 계급구조로부터 독립된 영역이 아니었다는 것을 보여 준다. 근대화 이전 한국사회에서 서구의 사회과학 이론에서 보편적이라고 상정하는 친족집단과 국가조직과의 경쟁관계는 존재하지 않았으며, 양반으로서의 신분을 유지하는 것과 '누구 자손'이라는 부계친족집단의 성원이 되는 것은 동일하였다. 한국의 친족집단과 중앙집권적 정치체제와의 이러한 관계는 한국사회 특유의 친족과 친족 밖의 공동체와의 관계, 중앙과 지방과의 관계, 공적인 영역과 사적인 영역과의 관계를 보여 준다. 이 글에서는 특히 유림과 같은 비친족 공동체가 친족집단의 형성에 중요한 역할을 했음을 강조하며, 친족을 다른 사회조직으로부터 독립된 별도의 영역으로 취급하는 접근방식의 유용성에 문제를 제기하고자 한다. 친족 밖의 사회 영역까지 아우르는 한국 친족의 연구는 과거뿐만 아니라 친족의 영역이 축소된 것처럼 보이는 현대 한국사회까지 이해할 수 있는 중요한 단초를 제공할 것이며, 나아가서 인류학 이론의 발전에 기여할 것이다.

2. 출계이론(lineage theory)과 그 비판

인류학에서 친족이론은 국가를 이루지 못하여 정부조직이 없는 '원시' 혹은 '단순' 사회가 어떻게 사회질서를 유지하는가를 설명하기 위해 만들어졌다고도 할 수 있다. 루이스 헨리 모건(Morgan 1877)과 같은 초기 인류학자부터 출계이론을 발전시킨 영국과 미국의 구조기능주의 인류학자들까지 이론의 출발점은 언제나 이들 '원시' 사회에서 사람들이 어떻게 질서 있게 살아가는가 하는 문제였다. 가령 래드클리프브라운(Radcliffe-Brown 1950)은 법제도가 없는 단순사회에서 사회가 안정되고 영속적으로 존재하려면 법인체(corporate group)가 존재해야 한다고 전제하고, 모계나 부계와 같은 단계 상속제도를 취해야 권리를 명확하게 규정할 수 있으며, 친족법인체가 형성될 수 있다고 주장하였다. 특히 출계이론은 원시 농경사회나 부족사회가 중앙집권적 정부가 없이도 영토를 차지하고 있는 집단 간의 정치적 관계를 유지해야 하는 문제에 직면하고 있다고 상정하였고, 단순사회는 이 문제를 출계율에 따라 출계집단을 형성함으로써 해결한다고 보았다.

에반스프리차드(Evans-Pritchard 1940)의 아프리카 누어 사회의 연구

역시 중앙정부와 법을 실행할 관료조직이 없는 사회에서 어떻게 영토 집단들이 사회질서를 유지하는가 하는 문제에서 출발하고 있다. 에반스 프리차드가 보기에 누어 사회는 중앙정부가 없음에도 불구하고 일종의 '질서 있는 무정부 상태'에 있었으며, 이 질서는 분쟁이 있을 때마다 대립하고 또 융합하는 종족체계(the lineage system)에 의하여 유지되고 있었다. 출계집단(a lineage)은 혈연적 계보에 따라 자동으로 분절되며 분파된 집단들은 특정 지역에 거주하면서 분쟁이 생길 때마다 융합하거나 대립하였다. 포르테스(Fortes 1969) 역시 국가 없는 사회에서는 행정 단위에 따라 영토조직이 나누어지지 않기 때문에 영토집단의 단위는 출계집단(a descent group)과 이에 어느 정도 대응하는 지역공동체라고 보았다. 그의 이론에 따르면 국가사회에서는 행정단위가 영토단위이며 정치적 권리와 의무는 영토에 따라 규정되는데, 정부가 중앙집권화될수록 단계집단(unilineal descent groups)의 법인체적 기능은 축소되거나 없어지게 된다. 동시에 국가사회에서 법률적 · 정치적 지위는 국가에 대한 충성심에 근거하여 주어지기 때문에 출계와 친족의 원칙에 따라 조직되는 가내 영역(domestic sphere)과 정치적 영역(politico-jural sphere) 사이의 구분이 뚜렷해진다. 즉, 포르테스에 따르면 출계 혹은 친족은 국가사회의 계층구조와 서로 경쟁하는 사회조직의 원칙이다.

대체로 출계이론은 출계집단을 경계가 분명하고 여러 가지 기능을 수행하면서 지역화된 구체적인(concrete) 집단으로 취급하고 있다. 그러나 인류학자들의 현지조사는 많은 단순사회에서 법인체(corporate group)가 친족과 같이 분명한 원칙에 의하여 형성되는 것이 아니며, 사회조직의 형태가 다양하다는 것을 보여 주었다. 특히 뉴기니와 멜라네시아 지역에서 현지조사한 인류학자들(예: Barnes 1962; Keesing 1970; Scheffler 1973)이 그 지역의 친족집단이 아프리카의 누어 사회나 티브 사회와 달리 출계율에 따라 질서정연하게 형성되지 않는다는 것을 보고하면서 출계이론은 현실과 맞지 않는다고 비판하였다.[1] 에반스프리차드도 자신이 세운 모델과 실제 간에 차이가 있다는 것을 인정하고 문화적 이데올로기와 실제를 구분하여 분절적인 종족 모델(lineage model)은 이데올로기를 표현한 것이라고 주장하였다(Evans-Pritchard 1940: 144). 그 외 많은 인류학자가 문화적 각본과 실제 사회구조와의 차이, 사회집단(social groups)과 사회범주(social categories)의 차이를 강조하기 시작하였다(Holy 1996: 84).

출계이론과 현실에서 볼 수 있는 지역화된 친족집단과의 이러한 괴리는 정부 없는 사회가 친족에 기반을 둔 사회라는 이론의 기본 전제, 즉 친족기반사회가 아니면 사회질서를 유지할 수 없다는 전제가 타당하지 않음을 보여 준다. 영속적으로 존재하는 영토집단이 사회의 존속에 필요하며 그 집단에 소속될 수 있는 기준이 분명해야 한다는 전제 자체가 근대 서구의 법치주의에서 볼 수 있는 사회질서의 개념이다(Holy 1996: 99). 그리고 국가를 이루지 못한 사회에서는 사회질서를 유지하기 위해 친족제도가 필요하다는 설명은 필요성에 의해 사회문화적 제도를 설명하는 기능주의적 설명이다. 무엇보다 슈나이더(Schneider 1984)가 지적한 대로, 단순사회를 친족기반 사회라고 보는 것은 친족을 자연히 형성되는, 어느 사회에나 보편적으로 존재하는 혈연집단으로 취급하는 것이다. 슈나이더에 따르면 전통적인 친족이론은 친족관계가 사회적 관계라는 것을 강조하지만 다른 사회적 관계와 어떻게 다른지 언급하지 않는다. 예를 들면 아버지와 자식 간의 관계는 어느 사회에나 존재하는 생물학적 관계이며 단지 사회적 역할에 있어서 차이가 있는 것으로 본다. 이러한 접근방식은 단순사회에서 다양한 기능이 있다고 보는 '친족' 집

1 뉴기니와 멜라네시아 지역의 친족에 관한 논문 리뷰는 홀리(Holy 1996: 90-101)와 쿠퍼(Kuper 1982) 참조.

단의 공동체적 유대가 궁극적으로는 이 집단의 생물학적 재생산의 기능에서 나온다고 보는 것이며, 사회문화 현상을 생물학적 본능의 결과로 설명하는 생물학적 환원주의라고 할 수 있다(Schneider 1984: 195).

조선시대 중기 이후 형성되었던 전통 한국의 부계친족집단들, 즉 동성동본, 파, 문중 등은 친족을 자연발생적인 집단으로 취급하는 종래의 출계이론적 접근방식의 문제점을 극명하게 보여 준다. 무엇보다 한국의 친족은 국가조직이 부재한 상태에서 '자연발생적으로' 형성된 것이 아니라 유교적 관료제가 발달한 왕조사회의 역사적 · 문화적 산물이기 때문이다.

3. 한국의 부계친족집단

1) 동성동본과 본관: '조상'의 탄생

동성동본집단과 본관을 밝히는 우리나라의 관습은 출계이론의 한계를 잘 보여 준다. 동성동본은 성이 같고 본관이 같은 사람들을 지칭한다. 이들은 까마득히 먼 조상이 같다고 믿고 있을 뿐 그 조상이 누구인지는 명확하게 추적할 수 없다는 점에서 학자들은 대체로 'clan'으로 취급하고 '씨족' 혹은 '종족'으로 불러왔다. 친족이론에 나오는 'clan'처럼 금혼의 원칙, 즉 동성동본끼리는 혼인할 수 없다는 원칙을 통해 혼인을 규제하는 기능 외에 뚜렷한 기능이 없어 동성동본집단은 문중이나 종중과 비교하면 한국 친족을 연구하는 국내외 인류학자들의 주목을 별로 받지 못하였다. 부계냐 아니면 모계냐를 주로 따지는 출계이론의 분석 틀 안에서 한국 친족을 연구한 인류학자들의 논의는 중국과 한국의 친족집단이 부계라는 점에서 비슷하지만, 중국에는 없는 본관제도가 왜 한국에 존재하는지의 문제는 거의 다루지 않았다.

한편 역사학자 송준호(1987)는 한국과 중국의 씨족제도를 비교함으로써 본관제도가 전 세계적으로도 한국에만 존재하는 독특한 습속임을 밝히고 있다. 인류학의 친족이론에서는 씨족(clan)이 '자연발생적으로' 형성된다고 본다. 그러나 송준호는 한국의 동성동본집단은 이러한 인류학적 개념의 씨족과는 근본적으로 성격이 다른 것으로 취급해야 한다고 주장하였다. 또한 본관을 밝히는 관습은 한국사회에서도 특정한 시기에 널리 퍼졌으며 근대화 이전 한국사회의 '문벌사회'적 특성을 드러내 준다고 보았다.

송준호에 따르면 본관은 언제나 역사상에 존재했던 지방행정구역을 가리킨다. 대부분의 사람에게 "出生地도 아니고 居住地도 아니며 평생 한 번도 가 본 적이 없는"(송준호 1987: 69) 그런 곳이다. 이러한 본관이 한국사회에서 전통적으로 얼마나 중요했는가는 우리나라 인명사전에서 어느 한 인물을 소개할 때 그 사람이 태어나고 성장한 곳은 거의 언급하지 않아도 그의 먼 조상이 살았던 본관만은 언제나 밝혔다는 데에 잘 드러난다. 이는 조선시대 또는 그 이전에 작성된 각종 전기자료(墓碑, 墓誌, 行狀 등) 대부분이 인물의 출신지는 기록하지 않아도 본관은 항상 기재했기 때문이다. 예를 들면 이순신 장군은 성장기에 한성과 아산을 오가며 살았는데 그의 전기자료에는 그의 본관인 덕수(德水) 출신이라는 뜻의 '德水人'으로 기록되어 있다(송준호 1987: 55). 이렇게 인명사전에서 어떤 사람이 태어나고 성장한 곳보다 그의 먼 조상의 본적지를 우선으로 밝히는 것은 전 세계에서 한국에서만 볼 수 있다. 서양은 물론이고 비슷한 문화권인 중국이나 일본에서도 인명사전에는 언제나 소개되는 인물이 태어나서 자란 출신지를 반드시 기록한다.

중국에서는 우리나라 본관과 비슷한 제도가 훨씬 일찍 발달했지만 송대 이후에 거의 사라졌다. 남북조 시대에는 높은 관직에 오르거나 국가적인 명예를 획득한 조상이 살던 지역을 본관으로 삼아 자신의 성에 추가하였다고 한다(김광억 1992: 128). 그러나 송대 이후 중국의 본관은 원칙적으로 조상 때부터 대대로 살아온 곳, 즉 본적지를 가리키며 본관과 거주지가 다를 때는 반드시 그 사실을 밝힌다. 그리고 다른 지역으로 이주하게 될 때는 본관을 바꾼다. 따라서 중국에서는 아주 가까운 조상이 서로 같아도 사는 지역이 다르면 본관이 다를 수 있다(송준호 1987: 78). 또한 중국에서는 자신을 포함하여 윗대 조상들이 대대로 살아왔던 지역에 처음으로 이주하여 개척한 사람, 즉 '입향조'를 부계친족집단의 시조로 받든다. 반면에 한국의 본관제도에서는 후손들이 다른 지방으로 이주하여 몇백 년을 살았어도 자신들의 출신을 말할 때 그들의 조상이 몇백 년 전에 살았던 행정구역의 명칭을 그대로 사용한다. 예컨대 신라가 망하고 고려가 건국되면서 경주에서 대대로 살았던 사람들이 고려의 수도 개성으로 이주하여 그곳에서 후손들이 500년을 살았고, 조선이 건국되자 다시 서울로 이주해 300년이나 살았어도 『택리지』 같은 조선시대의 지리서들은 그 후손들을 800년 전에 조상들이 살았던 경주 출신('慶州人')이라고 기록하였다(송준호 1987: 74-75). 말하자면 한국의 본관은 한 개인과 그의 가족과 친척, 그리고 가까운 조상들이 살아온 지역과 상관없이 아득히 먼 조상의 후손임을 밝히는 역할, 즉 "각 씨족의 고유적인 標識의 구실을 하는 符號"라고 송준호(1987: 76)는 지적한다. 반면에 중국에는 서로 다른 곳에서 대대로 살아도 같은 조상의 자손임을 나타내는 이러한 표지가 존재하지 않았다.

한국과 중국의 차이에 대한 송준호의 분석은 한국의 동성동본집단이 인류학의 출계이론에서 상정했던 '씨족(clan)'과 근본적으로 다르다는 것을 보여 준다. 고전적 출계이론에서 씨족(clan)이나 종족(lineage)은 지역화된 친족집단(localized corporate kin group)으로 정의된다. 씨족은 일정한 지역에 거주하는 가장 범주가 넓은 출계집단으로 앞서 언급했듯이 시조와의 계보 관계는 정확히 알 수 없다.[2] 그러나 한국에서는 먼 조상의 본적지를 떠난 후손들이 다른 지역으로 이주하여 대를 이어 살면서도 본관을 바꾸지 않기 때문에 한국의 주요 동성동본집단은 전국적으로 분산되어 있다. 자넬리 · 임돈희(2000)가 현지조사한 경기도 평택 지역의 안동 권씨들은 1500년대부터 그 지역에서 살아왔어도 여전히 안동이라는 본관을 고수하였다. 송준호(1987)가 연구한 남원의 둔덕리와 그 일대에서 몇백 년 살던 전주 이씨들은 여전히 전주 이씨였다.

그렇다면 왜 실제 거주지가 아닌 먼 조상의 본적지를 자신의 본관 혹은 출신지로 고수하였을까? 송준호(1987)는 본관제도에 표현되는 '같은 조상의 후손'이라는 씨족의식은 조선시대에 들어와 16, 17세기경부터 크게 발달했다고 추정한다. 그의 주장에 따르면 고려시대에는 중국처럼 '본관'이 본적을 뜻하였다(송준호 1987: 73). 고려시대 '본관'이라는 용어의 정확한 의미와 별도로 적어도 고려시대에 동성동본불혼의 관습은 존재하지 않았으며, 오히려 동성근촌 간의 혼인이 흔했다는 데 한국 친족을 연구한 학자들은 일치된 의견을 보인다(김두헌 1969: 393-394; 이광규 1977: 66). 무엇보다 조선시대 초기의 대표적인 가계 기록인 '팔고조도(八高祖圖)'는 정점에 있는 한 사람의 부계 시조와 수많은 그의 남계 후손들을 상상하지 않았다. 팔고조도에서는 윗대로 올라갈수록 조상의 숫자가 많아진다. 왜냐하면 '나'를 기점으로 조상을 아버지 쪽과 어머니 쪽 모두 추적하기 때문이다. 고조 대에 가면 조상이 16명이 되는데 고조할머니들을 뺀 고조할아버지들의 수가 8명이기 때문에 팔고조도라고 불렀으며, 고조 윗대의 조상은 더는 추적하지 않았다. 팔고조도에 따라 조상을 아버지 쪽과 어머니 쪽 모두 찾아 올라가면 윗대로 올라갈수록

2 키싱(Keesing 1975) 참조.

조상은 무수히 많아지게 되며 이러한 조상의 개념은 부계로 끝없이 거슬러 올라가 도달하는 단 한 사람 시조의 개념과 정반대가 된다.

아득히 먼 부계 조상에 대한 지대한 관심은 16세기경부터 나타나기 시작한다. 이는 사대부 계층에서 시작된 일련의 '조상 찾기 사업'에서 볼 수 있다. 양반 문중의 고문서들은 유학자들이 16세기 중반부터 각 집안에서 전해 내려오는 기록들, 즉 호적, 묘비, 전설, 기타 각종 문헌 기록 등에 의거하여 자신들의 부계 시조가 누구인지 몇백 년 이상을 거슬러 올라가 확인하는 작업을 추진했음을 보여 준다. 안동의 의성 김씨 천전파의 시조인 청계는 1576년에 '조상 찾기 사업'을 통해 그때부터 300여 년 전에 살았던 의성 김씨의 중시조인 용비의 무덤을 발견하여 비석을 세우고 사당을 마련하였으며, 그 후에도 먼 조상을 추적하여 그들의 묘를 찾아 복원하고 제사를 지내며 행적을 발굴하는 숭조 사업을 벌였다(문옥표 · 김광억 2004: 57, 90-93). 이렇게 해서 찾은 조상들을 기본 자료로 하여 17세기 후반경에 이르면 동성동본집단 전체 또는 '파'에 대한 합동계보로서의 족보들이 편찬, 간행되기 시작하였다. 이들 족보 대부분이 계보가 비교적 뚜렷한 실질적인 시조(중시조)를 400년에서 500년 혹은 그 이상의 기간을 거슬러 올라가면서 추적하였다.

유학자들의 '조상 찾기'에서 주목할 것은 그들이 찾아 헤맨 조상이 계보를 확인할 수 있는 조상 중에서 가장 오래전에 살았던 시조가 아니라 가문을 일으킨 뛰어난 조상이었다는 사실이다. 주요 합동계보로서의 족보들이 계보가 확인되는 중시조 혹은 실질적인 시조로 내세우는 인물들은 한결같이 고려시대에 중앙의 관계(官界)에 진출하여 성공한 인물들이며 그들의 생존 연대는 대체로 고려시대 중후반인 12세기나 13세기경이다(송준호 1987: 84). 예를 들면 여흥 민씨의 경우 실질적인 시조 민영모는 명목상의 시조로 내세운 민칭도의 증손자임에도 불구하고 민영모의 후손들은 민칭도 대신 개성에서 관직자로 성공하여 여흥 민씨라는 씨족을 유명하게 만든 민영모를 실질적인 시조로 받들고 있다(송준호 1987: 82-85). 이는 개성을 떠나 다른 지역에 정착하여 대대로 살아온 후손들이 그 지역으로 처음 이주하여 개척했던 입향조가 아니라 그보다 훨씬 앞선 시대에 중앙의 관계에 진출해서 성공했던 조상을 자신들의 시조로 인정하고 그 시조의 후손임을 강조하기 위해 본관을 그대로 고수했다는 것을 보여 준다.

다시 말하면 한국의 본관제도는 자신들이 대대로 살던 지역으로 처음 이주했던 조상의 후손으로서의 정체성보다 그보다 훨씬 앞선 시대에 중앙의 관료로서 높은 지위에 오른 조상의 후손으로서의 정체성을 더 중요하게 생각했음을 보여 준다. 몇백 년 전에 중앙에 진출하여 성공한 조상의 후손이라고 생각함으로써 국가사회의 한 구성원으로서의 자신을 인식할 수 있었다. 따라서 먼 과거에 생존했던 '공통의 조상'을 상정하는 것은 그의 후손이라는 씨족의식을 통해 좁은 지역사회의 범위를 벗어나 더 큰 공동체, 즉 국가에 기여한 먼 조상의 정체성을 공유하는 것이 된다. 이러한 인식체계에서 중앙집권적 국가에 대한 충성과 친족집단에 대한 충성은 전혀 배치되는 것이 아니었다. 그리고 본관에 대한 이러한 개념은 '자연발생적으로' 형성되지 않았다. 16세기의 조상 찾기 운동을 거쳐, 또 17세기 이후의 족보 발간을 통해 지역사회에 뿌리를 내렸다.

2) '派(파)': 종중 혹은 문중

동성동본집단이 분파되어 간 과정 역시 중국의 친족집단과 일관된 차이를 보여 준다. 무엇보다 지역 중심이 아니라 뛰어난 조상[顯祖, 현조]을 중심으로 분절이 일어났으며, 이 뛰어난 조상은 후손들이 세거해 온 지역에서 중앙의 정치권력과 상관없이 독자적으로 지역 문제를 해결한 영웅이거나 정치세력을 구축한 인물이 아니다. 부계친족집단의 분파는 언제나 중앙의 관료체제에 참여하여 높은 관직에 올랐거나 국가의 유교적 통치 이데올로기의 가치를 구현했다고 널리 알려진 뛰어난 인물의 직계 후손들이 자신들을 방계 후손으로부터 분리할 때 일어났다.

동성동본집단은 전국적으로 분산되어 있는데 이들은 산업화, 도시화가 이루어지기 전까지만 해도 특정 촌락과 인접 지역에서 대를 이어가며 살았다. 이 마을들을 학계에서는 동족 부락, 동성촌, 반촌 등으로 지칭해 왔다. 지역화된 부계친족집단은 동성동본집단 안에서 '아무개 자손'이라는 '파'를 형성하였고, 공동의 조상에게 제사를 지내기 위해 만들어지는 조직을 흔히 '문중' 혹은 '종중'이라고 불렀다. '파'는 후손들과 조상과의 계보가 명확하므로 친족이론에서의 '씨족(clan)'이라기보다 '종족(lineage)'이라고 할 수 있다. 그러나 파, 문중 등은 포르테스나 에반스프리차드 등의 구조기능주의 출계이론이 상정하듯이 동성동본집단이 혈연관계에 따라 자동으로 분파되면서 이루어지지 않았다.

'파'라고 불리는 지역화된 부계 종족은 조선시대 중기 이후 유교의 종법제도가 사대부 계층에 확산되면서 출현하게 된다. 종법제는 조상의 제사를 공동으로 지내는 친족집단을 구분하는 제도로 중국 周나라의 봉건제도하에서 성립되었다(김두헌 1969: 86). 종법제도에 따르면 부계친족집단은 조상의 제사를 지내기 위해 형성되며 이론적으로 남자 형제가 둘 이상 되면 4대가 지난 후에 분절하게 된다. 이는 유교에서의 생명관과 '魂(혼)'의 개념과도 관련이 된다. 유교에서는, 생명체를 이루는 기본 물질인 '기(氣)'는 아들이 아버지에게서 물려받으며 딸은 조상의 기를 물려받지 못하는 것으로 본다. 또한 사람이 죽는다고 하여 갑자기 사라지거나 다른 세계에 가지 않는다. 죽은 자의 혼은 공중에 떠돌다가 서서히 사라지게 되는데 이 떠도는 혼이 사라질 때까지 제사를 지내야 하며 그 기간이 대체로 4대손까지이고 그 후에는 제사를 폐지하게 된다(금장태 1996: 92). 제주(祭主)의 입장에서 보면 고조까지 4대의 제사를 지내게 되어 4대 봉사라고 일컬어 왔으며, 고조 위의 조상들은 남계 후손들이 1년에 한 번 묘소에서 시제를 지내게 된다. 시제를 지내는 남계 후손들은 당내친(8촌)의 범위를 넘어서기 때문에 서로 촌수를 따지지 않고 '종친'으로 부르며, 먼 조상의 같은 자손이라는 의식을 기반으로 하여 위토를 조성하게 되면 부계친족집단인 문중이 조직된다.

유교의 종법제에 따라 적장자(정실부인의 맏아들)가 제사를 지내는 관습은 조선시대 중기까지만 해도 민간에 확립되지 않았다. 불교를 숭상하던 고려시대에는 왕실이 아닌 민가에서 조상에게 제사를 지내는 관습은 존재하지 않았던 것으로 보인다. 조선 초기에는 문무관 6품 이상 3대, 7품 이하 2대, 서인(庶人)은 부모 제사를 지낼 것을 법으로 정하였고, 세종 2년에는 가묘시향제를 지내지 않는 관리는 논죄키로 했던 것으로 보아 4대 봉사는 사대부 계층에서도 잘 지켜지지 않았음을 추측할 수 있다. 『조선왕조실록』의 「중종실록」에 보면 1541년 6월에 "상제를 유교식으로 행한 효자 4명에게 정문을 세우고 복호를 했다"라는 기록이 나온다(문옥표 · 김광억 2004: 57에서 재인용). 단순히 제사를 유교식으로 지냈기 때문에 정문을 세워 주었다는 것은 16세기 중반까지도 유교식 제사가 자리 잡히지 않았다는 것을 추정하게 한다.

안동의 의성 김씨 청계파 문중이 보관해 온 분재기들은 조선시대 중기에서 후기에 이르는 시기에 종법제가 확립되면서 상속관행과 혼인 형태의 변화가 일어나고 부계친족집단이 지역화되는 과정을 잘 보여주는데, 몇 가지를 정리하면 다음과 같다. 우선 안동의 의성 김씨들은 1581년 당시만 해도 3대 봉사를 하였다(문옥표 · 김광억 2004: 55-56). 파시조인 청계는 1577년 분재기를 남기면서 불교식이나 무속에 의한 조상의례를 지내지 말 것을 자손들에게 당부하고 있는데 이는 당시 양반집에서도 흔히 무당을 불러 굿을 하거나 절에서 공양의례를 지냈기 때문으로 보인다. 자식들이 돌아가며 제사를 지내는 윤행봉사와 3, 4대 외손봉사도 대부분의 양반 가문에서 18세기 초까지 볼 수 있었다. 또한 사위가 아들이 없는 처가로부터 재산을 물려받고 처가살이하는 풍습도 의성 김씨 집안뿐만 아니라 의성 김씨 집안과 통혼하는 다른 양반 가문에서도 흔하게 볼 수 있었다. 16세기에 살았던 청계 자신이 처가로부터 많은 재산을 물려받았으며 그는 두 아들을 아들이 없는 집에 장가보내 외손봉사를 하게 하였다(문옥표 2004: 46). 그러나 17, 18세기에 걸쳐 적장자가 제사를 제대로 지낼 수 있도록 적장자에게 분배하는 재산이 꾸준히 늘어 갔으며 딸들은 제사와 상속에서 배제되어 갔다. 동시에 외손봉사와 혼인 후에 처가에서 오랫동안 기거하는 처거제(uxorilocal residence rule)의 풍습은 점차 사라져 갔다. 이는 재산의 대부분(주로 토지와 노비)을 물려받게 된 남계 자손들이 조상이 살던 지역에 대대로 눌러살게 되었음을 의미한다.

일정 지역에 정착한 부계친족집단이 하나의 독립된 '파'로 인지되는 것은 그들의 조상이 왕으로부터 불천지위를 하사받을 때다. 종법제에 따라 4대가 지나면 집에서 지내는 제사가 폐지되는 원칙에 예외가 있는데 국왕으로부터 사후에 시호를 하사받는 경우다. 시호를 받으면 신위는 不遷之位(불천지위)가 되고 그 조상의 제사는 4대로 끝나는 것이 아니라 영원히 지속되어야 하며 이를 위해서 국왕으로부터 신위를 모실 사당과 위토를 제수받는다. 불천지위는 지방유림의 청원으로 받을 수도 있는데 유림이 불천지위 조상의 사당을 건립하고 의례를 지낸다. 전자를 국불천이라 하고 후자를 향불천이라 한다(문옥표 · 김광억 2004). 조선시대 불천지위를 받은 조상들은 언제나 뛰어난 유학자이거나 효 또는 충절과 같은 유교적 덕행을 실천하여 나라에 큰 공헌을 한 사람 혹은 관직자로서 유교의 이상적인 인간상인 '군자'였다고 널리 인정받은 인물이다. 불천지위 조상이 되는 일은 드문 일이었다. 특히 왕으로부터 시호를 받는 일은 극히 드물었다. 양반 문중으로 잘 알려진 안동의 의성 김씨 청계파에서도 왕의 시호를 받은 조상은 학봉 김성일뿐이다(문옥표 · 김광억 2004; Song 1982: 349). 불천지위는 국불천이든 향불천이든 대부분 유림의 청원으로 주어졌는데 보통 사후 4대가 지난 후에 돌아가신 분의 일생을 엄격하게 평가하여 만장일치로 유림의 승인을 받아야 하였다(문옥표 · 김광억 2004; Song 1982: 376).

조상이 불천지위를 획득하는 것은 직계 후손들뿐만 아니라 방계 후손들에게도 명예였다. 특히 직계 후손들은 '아무개의 자손'이라고 하여 방계 후손들로부터 구분되었고 지역사회에서도 특별히 더 존경받고 대우받았으며 지방관들도 이들을 특별히 대우하였다(Song 1982: 375; 송준호 1987: 139). 불천지위 조상의 직계 후손들은 방계 후손들보다 서로 간에 긴밀한 유대관계를 가졌으며, 언제나 동성동본집단 내에서 독립된 '파'를 형성하였다(문옥표 · 김광억 2004; 송준호 1987; Song 1982). 안동의 천전동에 세거해 온 의성 김씨 천전파의 경우 입향조는 청계의 조부 만근이지만 그의 손자이며 불천지위를 받은 청계를 시조로 내세워 하나의 독립된 '파'로 분파하였다. 불천지위를 못 받은 조상의 후손들은 그 조상이 덕망이 뛰어난 유학자이고 고위 관직에 올랐어도 지역사회에서 독립된 '파'로 인정받지 못하였다(Song 1982: 378).

불천지위가 되는 일 이외에도 과거, 특히 문과에 급제하거나 높은 관직에 오르거나 문집을 내는 일, 사후에 국왕으로부터 관직을 제수받는 일, 서원과 향교에 배향(陪享)되는 일 등 중앙의 정계에서 활약하고 중앙의 통치이념인 유학에 정통하고 덕행이 뛰어났음을 보여 주는 조상의 행적들은 직계 자손들에게 높은 사회적 지위를 과시할 수 있게 하였다. 불천지위나 문과 급제자와 같이 뛰어난 유학자와 높은 관직에 진출한 조상이 많을수록 그 문중은 지역사회에서 소위 '지체 높은' 양반으로서 위세를 떨쳤으며 또한 내부적으로는 조상이 이룬 학문적 업적이나 관직의 높고 낮음에 따라 많은 지파와 소문중(소종)으로 갈라졌다. 대체로 학문적 명성이 높아 가문의 이름을 널리 알린 조상[顯祖, 현조]의 자손들 혹은 더 높은 관직에 있었던 조상의 자손들은 방계 후손들로부터 자신들을 분리하고자 하였다. 또한 아들이 더 명망 있는 유학자이거나 높은 관직에 올랐을 때 그 직계 자손들은 아들의 아버지가 아니라 아들의 호를 따라 자신들을 불렀다. 예컨대 안동의 의성 김씨 청계파의 하위 지파인 와계파의 시조는 와계라는 호를 가진 성흠이 아니라 그의 할아버지 방조이지만 별다른 행적이 없어서 사마시에 합격한 손자(성흠)의 호를 따서 그의 직계 후손들을 와계파라고 불렀다. 이렇듯 동성동본집단의 분파들은 더 큰 사회에 진출하여 가문의 이름을 널리 알린 가장 뛰어난 조상의 호를 따서 분류되었다.

한국의 지역 종족이 중앙의 관직에 오르고 중앙정부의 유교적 통치이념을 실천한 뛰어난 인물을 중심으로 분파되는 과정은 중국의 부계친족집단(종족)이 공동재산을 기반으로 하여 형성되고 지역에 따라 분파되는 과정과 대조적이다. 중국과 한국의 부계친족집단을 비교한 연구들은, 중국은 친족집단이 형성되는 데 있어 조상의 학문적 업적이나 관직의 지위는 별로 중요하지 않으며 실제 생활에서 '누구의 자손'이라는 개념은 찾아볼 수 없다는 것을 지적한다(김광억 1986, 1992; 송준호 1987; Song 1982). 한국과 달리 중국에서는 자손들이 대대로 살아왔던 지역을 처음 개척했거나 이주를 시작했던 입향조를 위해 후손들이 조묘(祖廟)를 세우고 위토를 마련할 때 부계친족집단이 만들어진다. 혹은 특정 조상이 공동재산을 남기면 그의 위패를 모시는 사당이 건립되고 남은 재산에서 나오는 수익은 후손들에게 분배되면서 그 조상을 제사 지내는 종족이 형성된다. 여러 세대가 지나면서 자손들 사이에 사회경제적 지위 차이가 나게 되고 더 잘사는 후손들이 자신들만의 조상을 정하여 그 조상의 위패를 모시는 조묘를 건립하고 위토를 장만하면서 기존의 부계친족집단으로부터 새로운 파가 갈라져 나간다(김광억 1992: 136). 중국과 한국의 조상숭배를 비교한 김광억(1986: 117)의 연구에 따르면 중국의 지역화된 종족집단의 공동재산은 조묘와 규모가 큰 농토로 이루어져 있으며, 공동재산의 수익금은 제사 비용으로 쓰고, 남은 금액은 출자액의 비율에 따라 후손들이 나누어 가지는데 이 분배금이 후손들의 경제생활에 적지 않은 도움이 된다. 이때 출자하지 못한 자손은 제사에 참여하지 못하며 공동재산에서 나오는 수익도 배분받지 못한다. 다시 말하면 자손이라는 이유만으로 부계친족집단의 성원이 되는 것도 아니며 친족집단의 공동재산에 대한 권리를 향유하는 것도 아니다. 따라서 일부 학자들은 중국의 부계친족집단을 '주식회사'와 비슷한 사회조직체로 보고 있다(김광억 1986: 115, 117; 김광억 1992: 132; Sangren 1984: 401).

한국의 경우에는 동성동본집단의 분파 과정에 있어 공동재산은 거의 영향력이 없다는 데에 학자들(김광억 1986; 문옥표 · 김광억 2004; 송준호 1987; 전경목 2001; Song 1982)의 의견이 일치한다. 안동지역의 종족에 관한 송선희(Song 1982: 448)의 연구에 따르면 '누구 자손'이라는 파가 형성되기 위해서는 조상에 대한 사회적 평판과 명망이 공동재산의 조성보다 더 중요하였다. 조상이 뛰어나거나 부유한 가문 출신일 때 위토가 많이 조성되었지만, 재산을 많이 남겼다는 이유만으로 그의 후손들이 '누구 자손'이라는 '파' 또는 하위 지파를 이루지 않았다. 공동재산이 없어도 지역 유림을 통해 나라에서 훌륭하다고 인정받은 조상의 후손들은 '누구의 자손'이라고 인식되어 독립된 '파'를 만들었다. 뛰어난 조상의 경우에는 반드시 위토가 조성되었는데 이는 뛰어난 조상이라고 먼저 인식되었기 때문이다. 즉, 조상의 유명도와 후손의 부에 따라서 위토가 마련되었다. 명망 높은 유학자의 경우 이미 생전에 위토가 마련되기 시작할 수도 있다. 이러한 경우 후손이든 아니든 가리지 않고 그를 흠모하는 사람들이 학계나 문계를 조직한다. 또한 한국의 종중이나 문중의 공동재산은 그 규모가 중국보다 훨씬 작아 후손들의 경제생활에 별로 보탬이 되지 않고 주로 제사와 여러 가지 종중 활동의 비용을 부담할 정도다. 사당을 건립하는 것은 불천지위와 같은 뛰어난 조상에게나 해당하는 드문 일이었다. 종중 재산이 많을 때도 후손들에게 배분되는 일은 없었다. 제사를 지내고 남은 수익 대부분은 묘지의 관리, 비석 세우기, 조상의 문집 발간, 족보 편찬, 종가의 보존 및 관리와 같이 훌륭한 조상의 업적을 기리고 문중 전체의 사회적 지위를 높이는 여러 종중 활동에 쓰였다.

내세울 현조가 없는 상민계층과 천민계층의 친족집단은 중국과 비슷한 양상이 발견된다. 송선희(Song 1982: 424-427)는 상민 혹은 천민계층에서 지역화된 종족은 주로 입향조를 시조로 받들고 있다고 보고하고 있다. 그러나 입향조에게 시제를 지내기 위한 위토가 있고 1년에 한 번 모여 시제를 지내고 회계를 보고해도 지역사회에서는 이들 부계친족집단이 '파'로 인정받지 못하였다. 뛰어난 조상이 없는 지역 종족은 주로 어느 지역에 대대로 살게 되었느냐에 따라 분절되어 지역의 이름을 따서 새로운 분파를 인지하였다. 이들 하위 계층에서는 고려시대까지 거슬러 올라가 이름 있는 조상을 추적하여 그 조상의 후손임을 주장하기도 하였다. 무엇보다 일반 상민계층에서는 대부분 조상의 계보를 알지 못하였고, 문중 의식이 희박하거나 거의 없어 후손이 가난하거나 잘 되지 않았을 때는 위토가 조성되지 않는 일도 흔했으며 그냥 잊히기도 하였다.

4. 양반제와 부계친족집단

'파'라고 하는 지역 종족집단의 형성과 분파 과정은 정점에 있는 조상과 그 후손들이 친족 가치보다 관직자로서 혹은 명망 있는 유학자로서 중앙정부의 정치 이념을 구현하는 과정에서 분파가 일어났음을 보여 준다. 이러한 과정은 당시 양반제가 지역사회에서 실제로 어떻게 작동했는가를 잘 보여 주고 있다. 조선시대 후기에 들어오면, '양반'은 특정 촌락을 중심으로 그 일대에서 집단을 이루어 세거하는 어느 한 유명 인물의 후손들을 지칭하게 된다.

족보연구를 통해 조선시대 양반제의 성격을 규명하고자 한 역사학자 송준호(1987: 37, 118-306)는 조선시대의 특권층이었던 '양반'은 중세 유럽이나 도쿠가와(德川)시대 일본의 특권층과 달리 어떤 객관적인 기준에 의하여 규정되는 법적인 개념이 아니라 "오랜 세월을 거쳐 사회관습을 통해 정착된 문화적 개념"이라고 지적한다. 흔히 양반이 되기 위해서는 3대 이내에 혹은 4대 이내에 문과급제가 있어야 한다는데 이러한 법적 규정은 존재하지 않았다는 것이다. 단지 "4祖(아버지, 할아버지, 증조할아버지, 외할아버지) 중에 현관이 없으면 군역을 부과시킨다"는 중앙정부의 정책이 있었으나 여론의 지지가 없었고 법적 규정은 잘 준수되지 않았다(송준호 1987: 140). 또한 양반만 과거시험에 응시할 수 있다는 법적인 규정도 없었다(송준호 1987: 451). 조선시대에는 이론적으로 누구나 유학을 공부하여 유학자가 될 수 있었고 과거를 통해 관직에 진출할 수 있었다. 신분상 하자가 없는 한 계층과 출신 지역에 상관없이 누구에게나 과거시험을 볼 기회가 주어지도록 운용하는 것이 조선시대 정부의 기본 방침이었다. 과거시험을 통해 관료를 선발했던 것은 주자학에서 누구나 유학을 공부하여 도를 닦고 덕을 쌓으면 유교에서 이상적 인간상인 '군자'가 될 수 있다고 보았기 때문이다. 이 원칙에 근거해 조선 건국 초기부터 중앙정부는 공신과 고위 관료들이 자신들의 자식이나 형제, 기타 가까운 친척을 관직에 임명하는 蔭敍制(음서제)를 제한하였고 (Lee 1984: 174), 능력 위주로 관료 후보자를 선발하는 과거시험 제도를 강화하였다. 또한 향교를 중심으로 하는 공교육 체제를 강화하여 누구나 교육받을 수 있도록 하였다(Yi 1985: 140; Ch'oe 1974: 616). 다시 말해, 일반 백성이 양반으로 계층 상승하는 것을 막는 법적 장애물은 없었다(송준호 1987: 198).

그러나 누구나 노력하여 자기 수양을 하고 학문을 연마하면 군자가 될 수 있다는 신유교의 통치 이념에도 불구하고 조선시대 후기에는 지역사회에서 양반계층이 학문과 덕행이 뛰어난 관직자 혹은 유학자의 남계 후손의 집단인 '파'와 거의 동일하게 된다. 이는 양반이라는 사회적 지위가 지역사회에서 거의 세습적인 지위가 되었음을 뜻한다. 고문서와 현지조사를 활용한 역사적 · 인류학적 연구들(문옥표 · 김광억 2004; 미야지마 히로시 1996; 송준호 1987; 126, 243; 전경목 2001; Song 1982)은 조선시대 누가 양반인가 하는 것을, 철저히 보학(譜學)적인 관점에서 평가했다는 것을 많은 사례를 통해 보여 준다. 무엇보다 양반이 되기 위한 가장 중요한 조건은 중앙에서 인정받은 뛰어난 조상[顯祖, 현조]을 갖는 것이었다. 동성동본집단의 중시조가 아무리 훌륭해도 그 씨족의 구성원이 다 양반이 되는 것은 아니었다. 송준호(1987: 136)는 조선의 양반제에 대한 논의에서 현조의 중요성을 다음과 같이 설명한다.

> '敬順王의 後裔'니 '首露王의 後裔'니 또는 '壯節公 申崇謙의 後裔'니 '戶長公 朴應珠의 後裔'하는 것만으로는(申崇謙은 平山申氏의 始祖요 朴應珠는 潘南朴氏의 始祖다.), 그들 始祖로부터 멀리 떨어지지 않았던 시대라면 몰라도, 朝鮮時代의 中期쯤 내려와서는 兩班임을 주장하기에 크게 부족하다. (중략) 兩班이란 같은 한 氏族員 내에서도 양반으로서의 전통과 지위를(즉, 시조로부터 내려오는 양반으로서의 전통과 지위를) 유지 또는 강화하기 위한 노력을 계속하고 그 과정에서 어느 정도 이상의 업적을 이룩하는 데에 성공한 사람들과 그러한 사람들의 후손만이 누릴 수 있는 지위다. (중략) 그래서

조선시대의 어느 씨족을 놓고 보더라도 그 안에는 양반도 있고 평민도 있으며 심지어는 천민도 섞여 있었던 것이다. (중략) 현조란 바로 그 "(시조로부터 내려오는) 양반으로서의 전통과 지위를 유지 또는 강화하기 위한 노력을 계속하고 그 과정에서 어느 정도 이상의 업적을 이룩하는 데에 성공한 사람들"을 가리킨다.

이 '현조'가 없이는 생원이나 진사 또는 문 · 무과 출신자나 관직자들도 향안과 같은 양반 유학자들의 모임에 참여하지 못하였다(송준호 1987: 147). 가계상의 의혹이나 하자가 있을 경우에는 아무리 국가에 혁혁한 공을 세웠어도 단지 '한미한 가문' 출신이라는 이유로 관직에 임명되지 못할 수도 있었다. 전라북도 부안군의 우반동에 세거했던 부안 김씨(전경목 2001: 175)의 인물이었던 김홍원이 정유재란 때 의병장으로 국가에 혁혁한 공을 세웠음에도 불구하고 조부의 기록이 족보에 한동안 빠져 있어 사헌부와 사간원은 그의 파직을 요구하였다. 반면에 가까운 조상 중에 문과급제자나 관직에 오른 자가 없어도 현조가 있는 지역 종족집단에 속하면 그 지역사회에서 양반으로 인정받았다. 그리고 현조가 더 훌륭할수록, 훌륭한 조상이 많을수록 그 후손들은 더 지체 높은 양반으로 지역사회에서 인정받았고, 그에 따라 자연히 분파가 일어났다. 중앙에서 '훌륭하다'고 인정받은 사람의 후손, 즉 '아무개의 후손'은 위로 4대 이내의 가까운 조상 중에 관직에 진출한 조상이 없어도 양반으로 대우해야 한다는 문화적 원칙은 국왕의 명령이나 정부의 정책도 바꿀 수 없었다(송준호 1987: 126; 전경목 2001: 154 참조).

현조가 양반 지위를 유지하는 데 중요해짐에 따라 누가 조상인가를 밝히는 합동계보로서의 족보가 17세기 후반부터 양반 문중에서 간행되기 시작하였다. 족보에 이름이 올랐다고 다 양반은 아니었지만, 조상이 누구인지 모르면 양반의 특권을 잃어버리게 되고 상민이나 심지어는 천민계층으로까지 전락하였다(Dix 1977: 382; Song 1982). 또한 서로 다른 정치적 붕당에 속해 있는 집안은 대대로 결혼하지 않았다(김두헌 1969: 123; Song 1982: 377). 특히 양반 중에서 집안에 과거급제자가 없거나 관직에 진출한 조상이 별로 없는, '지체가 떨어지는' 양반에게는 누구의 자손인가를 분명히 밝혀 주는 족보가 중요하였다. 양반은 군역에서 면제되었기 때문에 달리 양반임을 증명할 수 없는 사람들에게도 족보는 현실적으로 중요하였다. 안동의 임하에 세거하는 안동 권씨 이우당파 종손의 4대위의 조상이 어린 나이에 실종되어 군역을 지게 되었을 때, 당시 이우당파의 종손에게 호소하여 가계 기록을 살펴본 후 그가 이우당의 후손임을 입증할 수 있었고, 군역을 면할 수 있었다고 한다(Song 1982: 439). 19세기 말까지도 일반 상민계층에서는 상당수가 족보가 없었으며 누구의 자손이냐 하는 것을 따지지 않았다.

현조가 중요하다고 양반이라는 지위가 완전히 생득적인 것은 아니었다. 양반을 품정하는 데 있어 인물 다음으로 중요한 것이 후손들이 일상생활에서 봉제사 접빈객을 포함하여 유교적 학식과 예절을 갖추며 '양반답게' 살았는가 하는 것이다. 이는 구체적으로 과거급제하고 관직자가 되는 것, 학문에 정진하는 것, 문집을 남기는 것, 서원에 출입하는 것, 유교적 의례와 가르침을 실천하는 것, 다른 양반 집안과 혼인관계를 갖는 것 등을 말한다. 특히 한문을 알고, 묘소에서 초막을 짓고 삼년상을 지내는 것처럼 유교적 가례를 적극적으로 실행하는 것은 '지체 높은 양반'이라는 지위를 획득하는 데에 극도로 중요하였다. 송선희는 안동지역에서 드물긴 하지만 아전이나 일반 상민도 양반이 된 예를 보고하고 있다(Song 1982: 432). 안동에서 아전이었던 안동 권씨 중 일부는 안동에서 촌으로 이주하여 여러 세대에 걸쳐서 양반들처럼 유교적 예와 덕행을 실천하는 생활을 함으로써 안동지역의 유림에서 양반으로 인정받았다.[3]

문중의 중요한 역할 중의 하나는 후손들이 일상생활에서 유교적 덕행을 실천하도록 장려하고 문중을 망신시키지 않도록 하여 양반의 지위를 유지하는 것이었다(자넬리 · 임돈희 2000; Yi, Kwang-kyu 1975: 140-141). 가령 안동의 의성 김씨 청계파의 문중이 지난 16세기 후반부터 작성한 완의문(完議文)들은 제사에 대한 규범 확립, 종가의 역할, 유교적 예와 윤리의 실천 등에 대한 문중 성원들의 결의를 보여 준다(김광억 2004). 효성이 지극하고 충절을 실천한 문중의 효자와 효부, 열녀 등은 문중에서 표창하거나 하여 특별히 대우하였다(Yi 1975: 128). 반대로 문중의 명예를 훼손시키거나 양반답게 살지 못하는 후손은 그 집안을 축출하여 문중 전체의 양반으로서의 지위를 유지하고자 하였다(문옥표 · 김광억 2004: 58). 안동의 의성 김씨 운천파의 조상 김용의 여섯 번째 아들 시과는 임진왜란 때 어린 나이에 실종되었는데 충북 괴산에 살았던 그의 후손들은 200년 동안 조상이 누구인지 몰라 상민으로 취급받아서 양반답게 살지 못하였다. 이들은 조상이 누구인지 알게 되고 족보에 이름이 오른 후에도 청계파의 다른 후손들과 지역사회로부터 양반으로 인정받지 못하였다(문옥표 · 김광억 2004: 51; Song 1982: 416).

'파'의 형성에 부의 축적이 아무 역할을 하지 못했듯이 '양반답게' 사는 일에, 열심히 일하여 부를 일구는 것은 포함되지 않았다. 조선시대 후기로 갈수록 대부분 양반들은 노동을 천시하여 땅이 조금만 있어도 소작을 주거나 머슴을 고용하여 농사를 지었고, 주로 지대에 의존하여 살았다. 1964년 안동 하회에 세거하는 풍산 류씨들을 연구한 김택규는 양반들의 노동 회피 경향을 다음과 같이 보고하였다.

3 안동지역에서는 이들을 퇴촌아전(退村衙前)이라 부른다.

> 柳氏들은 土地 改革前까지만 하더라도 충분히 자작할 수 있는 적은 농지인데도 "남을 주어서 나누어 먹었으며" "農地가 洞內에 있는 것은 하인들이 농사를 지었고, 멀리 있는 農地는 小作을 내주었기 때문에 이러한 습관이 아직도 남아 있어서 "지게를 지고 농사를 짓는 사람"에 대해서는 같은 문중이라도 경시하는 경향이 있다고 한다(김택규 1979: 49).

김택규가 조사하던 당시에도 풍산 류씨들 중에는 농사를 지을 수 있음에도 불구하고 아무 일도 하지 않는 '자발적 실업인구'가 많았으며 이들 자발적 실업자들의 노동력을 대체하기 위해 외부로부터 농업노동자들이 유입되고 있었다(김택규 1979: 48-49). 또한 소작을 줄 때도 류씨들은 같은 종족이 아닌 사람에게 주었으며, 종중 소유의 묘지나 산림, 건축물, 위토 등을 관리하거나 경작하는 일 등도 같은 종족이 아닌 사람에게 맡겼다(김택규 1979: 327). 이렇게 양반이 아닌 비종족원에게 소작을 맡기는 일은 하회뿐 아니라 다른 양반 종족의 연구(김광억 2004: 365; Song 1982)에서도 언급되고 있다. 이는 생활이 어려운 같은 종족에게 우선으로 소작권을 주는 중국(Freedman 1958: 13-14)의 관습과 대조적이다. 물론 한국에서도 가난한 양반은 일반 상민처럼 농사를 지을 수밖에 없었다(김영모 1983: 165; Song 1982: 77). 그러나 아무리 가난해도 상공업 활동에 종사하는 일은 있을 수 없었다. 상공업 활동에 종사하게 되면 문중으로부터 쫓겨나는 것도 감수해야 하였다. 이는 조선시대 상공인들은 명 · 청 시대의 중국과 달리 과거시험을 볼 자격도 주어지지 않았던 것과도 관련된다. 명 · 청 시대의 사대부계층은 주로 도시나 읍에 거주하며 상공업에 종사하기도 하였다. 한국과 중국의 족보를 비교한 송준호(1987: 498-499)의 연구에 따르면, 중국 족보에는 어떤 개인의 행적을 서술하는데 있어 가난하여 공부하지 못하고 장사하여 돈을 많이 벌어 성공했다는 기사 혹은 장사에 성공하여 번 돈으로 사회사업을 많이 했다는 기사들을 볼 수 있다. 송준호가 지적한 것처럼 조선시대 족보에 이러한 기사를 올리는 것은 20세기 초까지는 상상조차 할 수 없는 일이었다. 또한 중국과 달리 양반 종족들은 교통과 교역의 중심지를 피하고 고립된 촌락에서 많이 살았는데 이는 고려시대에 지방의 통치업무를 담당하던 이족이 주로 읍에서 살았던 것과도 비교된다.[4]

김택규(1979: 327)는 양반 종족이 세거하던 촌락들의 고립적 위치가 양반 문중의 권위를 유지시켜 온 중요한 원인이라고 지적하고 있다. 양반 거주 지역의 이러한 특징은 양반들이 부의 축적을 목적으로 하는 일체의 경제활동과 멀리하고 그런 활동에 종사하는 상공인 계층으로부터 거리를 두고 멀리하였음을 보여 준다. 이들은 양반 문중에 속하는 한 가난해도 떳떳한 양반으로 당당하게 인정받았고 실제로 가난한 양반도 많았다(송준호 1987: 263). 송선희(Song 1982: 432)는 안동지역의 의성 김씨 중에서 인근에 사는 일반 상민들보다 훨씬 가난하지만, 알아주는 양반 집안은 많이 있었으며, 아무리 부자라 해도 상민은 그 지역의 가난한 양반과 동등하게 교유할 수 없었다고 보고하고 있다.

그러나 생산활동에 직접 참여하지 않고 과거를 준비하고 관직생활이나 학문에 정진하여 도를 닦고 자기 수양을 하는 일에만 집중하는 양반의 모습은 18세기 이후에 볼 수 있는 일이라고 추정된다. 양반 문중에 관한 연구들은 재지(在地) 양반층이 농촌지역에 정착하는 16, 17세기까지도 노비의 노동력을 사용하여 농장을 직접 경영했으며, 농업기술 발전과 농지개발에 큰 관심을 가졌음을 보여 주고 있다. 양반계층의 경제적 기반에 관한 미야지마(1996)의 연구에 따르면 조선시대 전기부터 보와 같은 관개시설이 급속히 보급되면서 많은 황무지가 개간되었으며,

4 조선시대 양반들의 거주 지역에 관해서는 미야지마 히로시(1996: 46) 참조.

재지양반층은 새로 정착한 지역에 보를 축조하여 농지를 적극적으로 개간하였다. 안동의 의성 김씨의 파시조인 청계는 16세기 농지의 개척과 개간을 통해 많은 재산을 증식하였고, 미야지마 히로시가 연구한 안동 유곡의 안동 권씨들의 입향조이며 현조인 권벌과 그의 자손, 그리고 전경목이 연구한 우반동의 부안 김씨의 선조들도 16세기에 '축보개간'(보를 쌓아 농지를 개간하는 것)을 하여 대농장을 경영하였다. 그러나 17세기 중반부터 농지개발은 정체되기 시작하였고, 18세기에 들어오면 양반 가문들의 토지소유 규모가 정체되거나 줄어드는 경향을 분재기를 통해 알 수 있다. 이러한 과정 중에 양반계층은 소유지 대부분을 소작 부치는 지주가 되고 농업경영의 주체는 소작농으로 바뀌게 된다(미야지마 히로시 1996).

노동하는 것이 천시되고 상공업 활동이나 부를 축적하는 일이 터부시되면서 조선시대 후기로 갈수록 양반의 지위를 유지하고 계층 상승을 하기 위해서는 오랜 기간 유학을 공부하고 과거에 급제하는 것에 노력을 기울일 수밖에 없게 되었다. 즉, 관료가 되는 것만이 양반으로서 재산을 증식할 수 있는 유일한 방법이 된 것이다(전경목 2001: 182). 하지만 후기로 갈수록 중앙의 관계에 진출할 기회는 제한되었으며 결과적으로 가난한 양반들도 늘어나게 되었을 것이라고 추정된다. 관직에 있었다 하더라도 비축해 놓은 재산이 없으면 가난하게 살 수밖에 없었다는 것을 당시 서간문이나 실록 등의 문헌 자료가 보여 준다. 전경목의 연구에 따르면 우반동 김씨가 내세우는 인물 김수종이 교유하던 서울 친구 박태관은 유명한 유학자였던 반남 박씨 박소(朴紹)의 5대손으로서 명문세족 출신이었지만, 부모에게 물려받은 땅이 부안 근처에 있어도 직접 농사를 짓지 않고 서울에서 관직 없이 가난한 선비로 살았다. 그는 매년 춘궁기마다 그리고 흉년이 들면 김수종에게 식량을 보내 줄 것을 부탁하는 서신을 보내곤 하였다. 또한 『조선왕조실록』에도 기근이 들면 가난한 양반들이 먹을 것이 없어 굶어 죽는 일이 허다했다고 기록하고 있다(전경목 2001: 203-207).

파와 문중이 친족집단이면서 동시에 양반 신분 집단임을 잘 보여 주는 예가 적서(嫡庶)의 분(分)과 양자를 들이는 관습이다. 조선시대 후기 종법 사상이 뿌리를 내리면서 적장자주의에 근거한 '적서의 분(嫡庶의 分)'의 관념은 서얼을 천대하는 관습으로 발전하게 된다. 고려시대에는 일부다처제가 널리 행해졌다. 왕실만 해도 왕들은 여러 왕비를 두었고, 이들 간 지위의 차별이 별로 없었다. 그러나 조선시대 초기부터 정처와 첩을 구분하는 법령을 만들었고, 성종 13년에는 서얼자손은 문무관리로 등용하지 않을 것을 법으로 정하였다. 이는 서자에게 제사를 물려받게 할 경우 그 집안의 자손이 대대로 관료로서 진출하지 못하게 되어 집안이 몰락하는 것을 의미한다. 따라서 적장자가 없을 경우 자신의 친자식인 서자보다 형제 혹은 다른 부계 친족의 정실 자식을 양자로 들여 대를 잇게 하는 관습이 조선시대 후기에 널리 퍼지게 되었다. 조선 전기에는 서자가 있을 경우 원칙상 양자를 들일 수 없었다. 또한 외손에게 재산과 제사를 물려줄 수 있었기 때문에 입양이 성행하지 않았다. 율곡 이이나 김집과 같이 문묘에 배향된 대유학자인 경우에도 서자로 하여금 가계를 잇게 했기 때문에 후손들은 다른 양반 집안과 혼인을 하지 못하였고 양반으로서 인정받지 못하였다(전경목 2001: 154-155). 후사가 없을 경우 첩을 얻어 자식을 얻기보다 20촌 이상이나 되는 먼 남계 친척을 자식으로 입양하기도 하였다(문옥표 · 김광억 2004: 86). 이렇게 양자하는 관습이 성행했다는 것은 집안의 대를 이어가는 데 있어 혈연보다 신분이 더 중요했음을 잘 보여 준다.

5. 지방유림과 남자의 '바깥출입': '조상'과 '양반'의 재생산

전통적인 친족이론의 견지에서는 특정사회에서 친족이나 가족이 중요하다는 것은 친족/가족 집단 이외에는 사회적 관계가 거의 없다는 것을 의미하였다. 중앙집권적 정치조직이 없는 단순사회는 친족기반사회(kinship-based society)라고 분류되었다. 따라서 한국의 촌락사회를 연구한 서구 인류학자들에게는 종족제도와 종족의 범위를 넘어서는 지역공동체의 사회관계망이 공존하는 것이 잘 이해되지 않았다. 예를 들면 미국 인류학자 브란트(Brandt 1971: 25-29)는 1960년대 한국에서 어업과 농업을 병행하던 한 촌락을 현지조사했는데, 그때 두 가지 상반된 사회조직의 원칙이 촌락사회에 공존하고 있다고 결론지었다. 하나는 "종족지향적인 가치관(lineage oriented value)"이고 다른 하나는 "공동체적 가치관(community oriented value)"이다. 브란트는 계층적 차이에 따라 두 가지 가치관의 공존을 설명하였다. 그의 주장에 따르면 일반 상민계층에서는 지역사회에서의 공동체적 관계를 더 중요시하였고, 양반계층에서는 친족 간의 유대를 더욱 중요시하였다. 종족의식이 양반계층에서 더욱 강했던 것은 사실이지만 양반이 같은 종족끼리만 교유했는지는 의심스럽다. 양반계층에서 일반 상민보다 훨씬 폭넓은 교유관계를 가졌다는 것은 양반 종족들에 관한 민족지적 그리고 역사적 연구들을 보면 쉽게 알 수 있다. 브란트의 결론은 그가 연구한 촌락을 폐쇄된 분석 단위로 취급한 결과라고 보여진다. 서원을 '출입'하는 양반의 교유관계와 혼맥은 보통 촌락의 범위를 넘어서서 서원과 향교가 소재한 관아(官衙)를 중심으로 형성된다(김광억 2004; 김택규 1979: 120; 정승모 1981; Dix 1977: 394; Song 1982: 206).

앞에서 살펴보았듯이 양반의 지위는 객관적인 기준에 의하여 규정되는 법적 지위가 아니라 비친족 공동체인 지역사회로부터 여러 세대에 걸쳐 인정받는 지위다(Song 1982). 집안의 사회적 지위는 조상과 후손의 도덕성에 대한 지역사회에서의 평판에 달려 있었다. 이 사회적 공인의 중요성 때문에 조선시대 후기 양반사회는 "초종족적 연망 사회"(김광억 2004: 274-276)가 되었고 양반 남자들의 활발한 '바깥출입'은 종족과 집안의 평판에 절대적으로 중요해졌다. 동시에 남자의 '바깥일'을 뒷받침하기 위한 '접빈객'이 '봉제사'와 함께 집안이 수행해야 할 가장 중요한 기능으로 인식되었다. 나아가 집안에서 남자의 '바깥출입'은 극도로 중앙지향적이 되었으며, 이 과정에서 부계 친족 이데올로기와 양반체제가 재생산되었다.

앞서 언급했듯이 집안과 문중이 양반의 지위를 유지하고 높이는 데 현조의 존재 못지않게 중요한 요소가 촌락의 범위를 넘어서는 더 넓은 지역사회로부터 인정받는 것이었다. 양반의 지위가 거의 세습적이라고 하여 뛰어난 조상의 후손이 자동으로 양반으로 인정받았던 것은 아니다. 파가 분절되는 것은 자동으로 혈연관계에 의하여 정해지지 않았으며, 가장 중요한 것은 조상이 중앙의 정계에서 만인이 흠모하는 훌륭한 정치가로 활약했거나 백성을 덕으로서 교화하는 뛰어난 유학자로서 평가받는 것이었는데, 이 평가의 주체는 일차적으로 지역 유림이었다. 조상이 국왕으로부터 불천지위를 하사받는 것 자체가 대부분 지역 유림이 불천지위를 받을 만한지 평가하고 만장일치로 정하여 국왕에게 청원하는 과정을 거쳐야 하였다. 불천지위 이외에도 조상이 사후에 국왕으로부터 관직을 하사받는 것[贈職], 서원과 향교에 배향되는 것 등 조상이 얼마나 뛰어났는가를 평가하는 지표를 획득하기 위해서는 지방유림의 승인과 지지가 있어야 하였다. 조상들뿐만 아니라 후손들이 이룬 정치적 · 학문적 · 도덕적 성취까지 종합하여 어느 집안이 더 지체 높은 양반이고 또 어느 집안이 격이 떨어지는지는 그 지역의 유림사회에서 정해졌다. 세대를 거듭하여 일정한 지역에 살아 서로의 집안에 대해 너무나 잘 아는 상황에서 집안과 문중 양반의 급수를 정하는 데에는 어느 정도 의견의 일치가 있었다. 조상의 업적과 명망, 현재 사는 후손들의 평판 등에 따라 문중과 집안이 얼마나 양반인가를 따지는 보학(譜學)은 선비들의 유교적 교양이었다. 양반의 지위는 적어도 격이 비슷한 양반 집안과 혼인을 맺어야만 유지되었기 때문에 '바깥출입'을 통해 보학적 교양을 습득하는 것 또한 양반으로서의 지위를 유지하는 데에 반드시 필요하였다.

지방유림이 지역사회의 실질적인 지배세력이 되는 시기는 조선시대 지역화된 종족이 형성되던 시기와 비슷하다. 16세기 전반에 대부분 유학자는 사화를 겪으면서 중앙정치에 참여하는 것을 포기하고 향촌에 내려가 서원을 설립하여 후학을 양성하고 향약을 실시하여 백성들을 교화하고자 하였다. 서원은 유학, 특히 신유학의 발전에 기여한 명망 높은 유학자의 제사를 지내고 유학을 가르치는 사립 고등교육기관으로 보통 지방의 유지와 유림으로부터 토지와 노비 등을 기증받아 설립되었다.[5] 조선시대 중후기에 설립된 서원은 인구와 대비해 볼 때 중국의 어느 왕조 때보다 많았다(Palais 1975: 114). 선조 때 100개가 넘는 서원이 설립되었고 숙종(1674~1720) 때는 거의 140개가 넘는 서원이 설립되었으며, 학생 수 역시 급증하였다(이태진 1989: 201; Ch'oe 1974: 629). 이에 숙종은 1714년에 서원 남설 금지령까지 내렸다[6](이태진 1989: 204). 서원이 급증한 이유 중의 하나는 지역 문중들이 자신들의 조상을 제향하기 위해 다투어 서원을 건립했기 때문이다. 서원에 조상이 봉향되는 것은 그 후손

5 일부 서원은 사립 교육기관임에도 불구하고 국왕이 서원의 명칭을 부여한 현판과 서적, 노비 등을 내려 지원하였으며, 이러한 서원을 사액서원(賜額書院)이라 한다.

6 서원이 남설된 상황에 관해서는 이태진(1989: 200-209) 참조.

들에게는 최고의 명예였으며 양반으로서의 격을 높이는 일이었다. 그래서 이미 설립된 서원에 문중의 인물을 추가로 모시는 경우도 많았다. 또한 서원에서 제향하는 인물과 동문수학하거나 사제 관계를 맺은 사람의 자손들(학맥)과도 혼인관계의 망(혼맥)으로 연결되면 중첩적인 인간관계 속에서 양반으로서의 지위를 확고히 하게 된다. 따라서 자신의 조상뿐 아니라 조상과 함께 공부한 유학자나 스승 혹은 제자를 위한 서원 건립에 유학자들은 적극적으로 참가하였다(김광억 2004: 276-277).

향약 역시 1600년대 말까지 대부분 촌락에 도입되었다. 향약의 주 내용은 지역사회에서 유교적 가례를 실천하고 상부상조할 것을 장려하는 것이었다. 구체적인 내용을 보면 부모에 불효하는 자, 형제간에 싸우는 자 등 예와 도리에 어긋나게 행동한 사람들을 처벌하는 것에 중점을 두고 있다. 서원은 향약을 실행하는 근거지로서 기능했으며 지역 유림에서 영향력 있는 인물이 향약의 시행을 주관하였다(Tadao 1985: 335). 향안은 양반 중에서도 학식과 덕망이 출중하다는 인물들만 가입할 수 있었는데 향약과 마찬가지로 지방의 풍속과 질서를 안정시키는 일을 주로 하였다.[7]

지역사회에서 서원과 향약, 향안 등을 발판으로 하여 조선시대 후기에 유림은 정치적 영향력을 증대시킬 수 있었고, 향론을 주도하는 지배 계층으로 확고한 위치를 갖게 된다. 중앙의 왕권은 지방유림을 왕권에 반대하는 세력으로 보지 않았다. 조선의 통치이념이었던 신유학은 향촌질서를 유지하기 위해서 관직이 없는 유학자들이 백성들을 학문과 덕행으로 교화하는 역할을 강조하였다. 국왕이 왕권을 전제적으로 행사

7 향안에 가입하기 위해서는 서얼이나 향리 출신이 아닌지 그리고 부계, 모계, 처계 모두 현관이 있는지 엄격한 심사를 받아야 하였다(미야지마 히로시 1996: 172-174; 전경목 2001: 233).

하는 것을 양반 관료가 견제할 수 있도록 한 것처럼 감사나 수령과 같은 지방관이 담당 지역을 왕권의 대리인으로서 통치하는 데 있어 지역 유림의 조언을 받도록 하였고, 실제로도 유림의 조언을 받는 것은 흔한 일이었다(Kawashima 1980: 117). 때로는 유림이 지역사회에서 가진 정치적 영향력이 중앙정부를 대리하는 지방관보다 클 수 있었다. 중앙에서 파견된 지방관은 임기가 짧고 자주 교체되었을 뿐만 아니라 자신의 출신지에 부임할 수 없었기 때문에 자신이 관할하는 지역의 사정에 밝지 못하였다. 특히 향안은 지역 사정을 잘 모르는 지방관 대신 향리를 감독하거나 직접 지휘하기도 하면서 지방행정에 깊이 관여하였다(미야지마 히로시 1996: 176). 지역사회에서 분쟁이 생겼을 때는 관에 가기 전에 양반 선비들이 중재하기도 하였으며, 때로는 중앙의 관직에 있는 인맥을 통해 향론을 반영시키는 형태로 유림은 지방정치를 이끌 수 있었다(이태진 1989).

지방 양반이 유림 활동의 중심이 되는 서원과 향교를 출입하며 유명한 학자나 권세 있는 다른 가문의 양반들과 친교를 맺는 것은 가문의 명성을 유지하고 높이기 위해 절대적으로 필요하였다. 김광억(2004: 276)은 안동의 의성 김씨 청계파의 문중에 보관된 통문[8]을 분석하며 양반사회에서 남자의 '바깥출입'이 얼마나 중요한가를 다음과 같이 설명한다.

> 한편 바깥출입은 종족마을 사이뿐만 아니라 다른 종족과의 교류도 포함되며 서원과 향교에의 출입도 중요한 바깥출입의 부문이다. 타 집안의 경조사에 참가하고 조상이 관련된 서원에 출입하는 것은 중요한 사회적 활동

---

8 통문(通文)은 "서원이나 향교, 문중 혹은 몇몇 개인이 여러 곳에 글을 돌려서 공론을 조성하거나 특별한 일을 통보하고 특정 문제에 대해 지지와 지원을 호소하는 것"(김광억 2004: 270)을 말한다.

이다. 서원을 중심으로 하는 출입활동은 곧 공동의 의례를 통한 감정적 유대의 강화뿐 아니라 학맥(學脈)과 혼맥(婚脈)에 기반한 사회적 관계와 정치적 동맹을 강화하고 유지하게 하는 기제가 된다.

김광억(2004: 273-274)은 조상이 불천지위 조상이 되는 것도 한편으로는 자손들이 세대를 걸쳐 서원을 출입하면서 혼맥, 학연, 중앙과의 인맥 등을 동원하여 유림의 천거가 있도록 노력했기 때문이라고 지적한다. 예컨대 안동의 의성 김씨 문중의 학봉 김성일의 불천지위는 그의 후손들이 80여 년에 걸쳐 문중활동과 유림활동을 하지 않았다면 이루어지지 않았을 것이다. 불천지위 이외에도 특정 인물의 사후에 관직을 높이거나 획득하는 일, 서원에 배향되는 일, 문집을 발간하는 일, 그리고 억울하게 죽은 조상의 누명을 벗기고 명예를 회복하는 일 등이 모두 유림의 동의와 지지를 얻기 위해 후손들이 폭넓은 교유관계를 동원해야 하는 정치적 활동이기도 하다. 반면에 지역 유림과 어울리지 않거나 유림에서 배제되거나 축출되는 것은 집안이 양반 신분에서 일반 상민으로 전락하는 것과 마찬가지였다. 안동의 의성 김씨 문중에서 지파들 사이에 묘자리를 놓고 분쟁이 생겼는데 분쟁에서 뜻을 관철하지 못한 지파는 안동 유림에서 배제되어 다른 양반들과 교유하지 못했고 혼인도 하지 못해 결국 상민으로 전락하였다(Song 1982: 440-441).

따라서 지역사회에서 분쟁이 있을 때는 활발한 바깥활동을 통해 자신의 목적을 위해서 지지자들을 동원할 수 있는 정치적 능력이 특히 중요해진다. 백성을 교화시키는 유학자들에게 사적인 이익의 추구는 금기시되기 때문에 분쟁과 갈등이 생길 때 당사자들은 자신들의 행위가 사적인 이익 추구를 위한 것이 아니라 공동체를 위한 것임을 강조하고, 분쟁의 상대방은 이기적 동기가 있다고 의심하며 지지자들을 동원하고자 한다.[9] 산업화 이전의 한국 촌락사회를 연구한 외국의 인류학자들

(Brandt 1971: 162; Dix 1977: 417; Janelli 1984)은 지역사회의 분쟁이 추상적인 규칙이나 도덕적 원리 원칙에 따라 해결되지 않았으며 인간관계와 평판이 더 중요했음을 한결같이 지적하고 있다. 딕스는 지역사회에서 평판이 얼마나 중요한가에 대해서 주목하고 있다.

> 공동체 안에서 평판은 자신의 이익을 위해서 그리고 분쟁에서 어떤 대우를 받는가에 아주 중요하다. 분쟁은 종종 숨겨진, 비공식적인 수준에서 평판에 근거한 뒷얘기의 형태로 이루어진다. 행동의 동기가 무엇이었는지가 분쟁 상황의 판단에 지극히 중요해서 공동체 성원으로서 살아온 지금까지의 내력이 연관이 있게 되며, 그러한 연관성은 다시 행동에 영향을 준다 (Dix 1977: 417).

나아가 지방 양반의 바깥출입 활동을 통해 중앙의 가치가 재생산되며 '바깥활동'은 끊임없이 중앙지향적이 된다. 중앙에서 높은 관직에 올라 가문을 빛내고 당쟁의 소용돌이 속에서 귀양 가서 죽은 조상의 신원을 회복하고 서원에 제향하는 일은, 단지 지방의 한 문중이 자체적으로 지방유림에 청원하고 지방유림이 자율적으로 결정하는 문제가 아니었다. 예컨대 안동의 의성 김씨 문중이 지촌 김방걸을 1860년에 서원에 제향할 것을 시도하는 작업은 그로부터 200여 년 전 중앙에서 일어났던 노론과 남인 간의 당쟁 역사를 기억하고 그 이후 중앙의 정치 구도가 어떻게 재편되었는가를 파악하면서 추진해야 하는 일이었다.[10] 정

9 부르디외(Bourdieu 1977: 38-43)는 이익추구를 금기시하고 공동체 의식을 강조하는 사회에서 사용하는 이러한 전략을 공식화 전략(officializing strategy)이라고 불렀다.

10 안동지역 유림의 지촌서원배향운동의 과정은 김광억(2004: 283-293) 참조.

조 후반기의 정국 변화와 정조의 죽음, 순조의 즉위와 노론에 속한 안동 김씨의 득세, 철종 때 풍양 조씨의 남인에 대한 지원 등과 같이 중앙정치권에서의 일련의 사건들에 대해 남인이 주도하던 안동 지방의 유림과 문중들은 끊임없이 촉각을 세우고 그 사건들의 정치적 영향이 무엇인지 계산해야 하였다(김광억 2004: 283-290). 결국 김방걸이 출중했던 인물이었음에도, 당시의 중앙정치권을 지배하고 있던 노론과 여전히 열세에 몰려 있던 남인과의 대결을 재연하고 싶어 하지 않았던 유림의 미온적인 태도로 서원에 배향되지 못하였다. 이러한 일은 안동지역의 한 서원에서 남인 계열의 조상을 제향하는 일이 중앙정치권의 당파 싸움의 연속선상에 있음을 잘 보여 준다.

지방의 명문세족만 중앙지향적이었던 것은 아니었다. 한미한 가문의 양반도 과거에 급제하고 중앙의 관직을 얻기 위해서는 서울에서 과거시험이 언제 있을 것인지 누가 관료로 임명되는지 등 왕실 정치의 동향에 대한 상세한 정보를 얻어야 하며 그런 정보를 전해 줄 인맥을 확보해야 한다. 또한 중앙의 권문세족과 친교관계를 갖는 것 자체가 양반으로서의 지체와 품위를 유지하는 데 도움이 되는 일이었다. 전라도 부안 현의 작은 마을 우반동에 세거해 온 부안 김씨의 역사를 추적한 전경목의 연구에 따르면 우반동 김씨의 인물 김수종(1671~1736)은 여러 번의 시도에도 불구하고 문과에 급제하지 못하고 진사시에만 합격하였다. 그는 음직(蔭職)이라도 얻고자 유명한 학자, 권세 있는 관리들과 교유하였고 서울의 명문세족 자제들과 통혼하여 가문의 지체를 높이고자 하였다. 김수종은 매년 명절 때마다 서울의 고위 관리와 지인(知人)들에게 여러 가지 선물을 보냈으며 부안 쪽으로 유배 온 사람들을 돌봐 주었다(전경목, 2001: 240). 그는 고을의 수령이나 감사에게 청탁할 일이 있으면 우선 서울의 가까운 지인에게 편지를 보내어 이들과 줄을 대어 달라고 요청하였다(전경목 2001: 270). 춘궁기에는 그 지인에게 거의 식량을 대출 만큼 돌봐 주었고 대신 '달력, 먹, 붓, 부채' 등의 선물을 받았다. 이보다 더 중요한 선물은 서울의 지인으로부터 서울의 정세와 궁중의 근황 등에 관해 상세한 소식을 듣는 일이었으며, 부탁한 '고관의 간찰(簡札)'을 얻는 일이었다.

안동의 의성 김씨 청계파나 전라도 부안현의 우반동 김씨의 김수종의 사례는 지방 양반들이 평생 자신이 태어난 고향을 벗어나지 못하더라도 '조상'과 바깥출입을 통해 끊임없이 중앙 정계에 관심을 쏟고 참여했던 모습을 잘 보여 준다. 서울에서 수백 리 떨어진 지방의 벽지에 사는 양반들이 서원이나 향교, 향안, 향약 활동에는 참여해도 정작 지역사회의 일에는 거의 관심이 없었으며, 이러한 중앙지향성은 명 · 청대의 중국 사대부 계층과의 차이점이라고 전경목은 지적한다.

> 조선의 양반에 해당하는 중국의 진신들은 자신들이 거주하는 지역의 각종 현안 사업에 대해 커다란 관심을 보여 도로와 교량을 건설하기 위해 자금을 모으고 시장의 물가를 감독하며 직접 조세를 징수하였다. 반면에 조선의 지방양반들은 이와 같은 지역사회의 일에 거의 무관심하였으며 이러한 일들은 모두 그 지방의 향리들이나 담당하는 '아주 하찮은 일'로 간주하였다(전경목 2001: 312-313).

6. 나가는 말: 한국 친족의 이론적 함의

조선시대 중기 이후에 형성되기 시작한 한국의 부계친족집단은 씨족이나 종족과 같은 친족집단을 국가의 중앙집권적 정치체제와 경쟁적인 관계에 있는 사회조직으로 보는 친족의 개념에 근본적인 문제를 제기한다. 서구 인류학뿐만 아니라 사회과학은 일반적으로 친족집단을 어느 사회에나 보편적으로 존재하는 혈연집단으로 취급하여 중앙정부로부터 독립적으로 형성되고 중앙정부와 경쟁하는 관계로 분석해 왔다. 이러한 분석 틀에서는 중앙정부가 없는 단순사회는 친족에 기반을 둔 사회이며, 중국과 같은 중앙집권적 국가사회에서 친족집단이 존재하는 이유는 중앙의 권력이 약해서 지방까지 미치지 못하기 때문이라고 설명되었다 (예: Freedman 1958, 1966).

그러나 동성동본, 파, 문중 등의 부계친족집단은 결코 혈연 간의 유대로 저절로 이루어진 것이 아니라 조선시대 후기라는 특정 시기에 출현하여 발전한 역사적 · 문화적 산물이다. 조상을 찾기 위해 엄청난 노력을 기울였으며, 족보를 발간하고, 중앙정부에 진출하여 유교적 가치를 실현하는 것을 삶의 목표로 삼는 유학자들에 의해 형성되었다. 이들 부계친족집단은 지방에서 조상 대대로 일정 지역에 세거해 온 세력이었으나 흔히 생각하는 '지방 호족'이나 '토착세력'처럼 그 지역에서 중앙정부와는 상관없이 독립적으로 형성되어 중앙의 권력과 경쟁하고 대치하는 그런 권력집단이 아니었다.

엄격히 말해 한국의 부계친족집단의 '조상'은 단지 혈연적인 조상을 의미하지 않았다. 아득히 먼 과거에 중앙에서 성공한 '뛰어난 조상'을 중시조로 내세울 때 그의 후손들은 평생 살아온 촌락이 아닌 국가사회의 '큰일'에 간접적으로 참여하게 되고 그 사회의 성원으로서의 정체성을 확인하게 된다. 또한 그 후손들이 중앙의 정계에서 맡은 관직에 따라 동성동본집단은 분파되었다. 중국의 부계친족집단과 달리 중앙의 정치권과 상관없이 지역사회에서 자기 힘으로 부를 축적한 조상은 '파'의 형성과 분절에 아무런 영향을 주지 못하였다. 뛰어난 조상의 불천지위, 문과 급제, 문집 발간 등은 중앙정부의 통치이념을 적극적으로 실천하는 것이었으며, 그 조상이 성취한 것을 지역공동체와 중앙으로부터 인정받게 되면 친족집단의 사회적 위상은 올라갔다. 서얼을 차별하고 입양이 성행했던 것에서 볼 수 있듯이 때로는 생물학적인 혈연보다 친족 밖의 더 큰 공동체, 즉 국가 내에서의 신분이 더 중요하였다.

나아가 이러한 '조상'의 개념은 역설적으로 친족집단 밖의 중앙지향적이고 '초종족적' 연망 사회를 발전시켰다. 남계 후손들은 집안을 대표하여 '바깥출입'을 하며 지방유림 활동에 적극적으로 참여하였다. 조상이 중앙의 정치권에서 높은 관직에 오른 훌륭한 유학자이며, 후손들도 대대로 중앙의 통치이념인 유학의 가르침대로 살아왔음을 친족 밖의 공동체로부터 인정받아야 했기 때문이다. 따라서 지방유림은 지역사회의 문제보다 중앙의 정치 이슈에 더 지대한 관심을 두었다.

조선 후기 중앙집권적인 한국사회에서 친족의 영역과 중앙정치의 영역은 분리될 수 없었다. 후손들은 조상을 통해서 순수한 혈연 간의 유대보다도 친족 밖의 더 큰 정치사회의 공동체 의식을 표현하였고, 관직자로 혹은 유학자로 국가에 기여했다고 인정받은 조상은 친족집단의 자부심의 원천이 되었다. 조상에 대한 제사를 포함한 가족 · 친족 의례는 사적인 영역이 아니었다. 관직을 중심으로 한 조상의 도덕적 행적이 지역사회에서 재확인되는 공적인 행사였다. 중앙의 정계에 진출하여 '군자'라고 인정받는 것('입신양명')은 친족으로부터 독립된 정치영역에서 활동하는 것이 아니라 문중과 가문의 이름을 널리 알리는 효의 덕목이었으며, 이는 가장 중요한 친족 가치였다. 따라서 조선 중기 이후 진행된 부계친족집단의 발현은 단지 친족제도의 변화가 일어난 것만을 뜻하지 않았다. 그것은 양반제의 확립을 포함하여 더욱 중앙지향적인 정치사회로 사회 전체가 재구성된 것을 의미하였다.

사실 이러한 사회가 조선 중기 이래 거의 300년 이상 역사적으로 존재했다는 것은 친족집단과 중앙집권적 관료제 간의 경쟁적이고 대항적인 관계를 자명하다고 보는 서구 인류학자의 입장에서는 모순되고 기이한 일이다. 그래서 중국과 한국, 그리고 일본의 친족제도를 비교한 미국의 인류학자 울프와 스미스(Wolf and Smith 1987)는 다른 지역으로 이주하고 몇백 년이 흘러도 이주하기 몇백 년 전 중앙에서 명성을 날렸던 유학자나 관직자를 여전히 실질적인 시조로 인정하며 그 시조의 후손임에 자부심을 느끼는 한국의 동성동본집단은 종족(lineages)이 아니라고 선언하였다. 나아가서 종족은 아니지만 신분 집단으로서 종족의 성격을 그대로 드러내 주고 있다고 정확히 꼬집어 말한다.

> 뻗어 나가는 연방제라고도 부를 수 있는 이들 집단(동성동본집단)은 어떤 의미에서도 종족은 아니었지만, 한국 종족조직의 목적을 드러내 준다. 그 목적의 핵심은 지위를 선언하고 보호하는 것이다. 아마도 가장 결정적인 증거는 종족에 속한 것 자체가 지위를 나타내는 것은 오직 한국에서뿐이라는 것이다(Wolf and Smith, 1987: 191, 필자의 첨가와 번역).[11]

한국 특유의 부계친족집단과 중앙집권적 정치체제와의 관계는 친족에 대한 이해 없이 한국사회의 특성을 이해하기 어렵다는 것을 시사한다. 예컨대 아직도 중고등학교 한국사 교과서(예: 주진오 외 2017: 151-153; 한철호 외 2018: 51)에는 조선시대 후기 상품화폐경제가 발달하여 상업 자본가가 등장하고 양반계급이 무너졌다는 주장이 나오는데, 이 글에서 논의한 '파'와 문중에 관한 연구 성과들은 지역사회에서 양반 신분이 '누구 후손'이라는 '파'의 개념과 거의 동일해지면서 양반계층은 조선 후기

11 원문: "These sprawling federations, if one may call them that, were in no sense lineages, but they reveal the purpose of Korean lineage organization. It was, in essence, to proclaim and protect rank. Perhaps the critical evidence is that it was only in Korea that membership in a lineage was itself a mark of rank."

에 오히려 지배계층으로 확고히 뿌리를 내렸음을 잘 보여 준다.[12]

또한 조선 후기 부계친족집단과 지방유림이 보여 주는 중앙지향성은 지방의 양반계층이 지방관이 대표하는 관권을 견제하고 지방자치를 이끌었다는 종래의 역사 해석(이태진 1989: 270-272)에도 이의를 제기한다. 부계친족집단이 형성된 과정은 오히려 중앙에 의해 지방이 철저히 식민지화되었고 의식의 중앙집권화가 심화되었던 과정이라고도 할 수 있다. 중앙정치권에서 활약하던 유학자들이 지방에 내려와 중앙정부의 가치관을 실천하는 식민지를 건설한 결과물이 '파'와 '문중'이라고 볼 수 있다. 다시 말하면 한국의 부계친족집단은 중앙정부의 권력이 미치지 않아서 형성되었던 것이 아니라 오히려 중앙정부의 권력과 위상이 강했기 때문에 형성되었으며, 그 권력은 행정력이나 경찰력을 동반한 무력에 의해 집행되는 권력이 아니라 의식구조를 바꾸는 교화에 의해서 집행되는 권력이었다. 유학자를 잠재적 관직자로 인정하는 신유학의 통치이념에서 지방유림은 중앙정부로부터 독립된 세력이 아니라 백성의 교화를 최고의 목표로 하는 정부의 '통치요원'이었으며 지방관과 함께 중앙의 권력을 나누는 동반자였기 때문이다. 그들이 백성들의 머릿속에 심어 주고자 했던 것은 지방의 가치가 아니라 중앙의 가치, 즉 유교적 종법제와 덕치의 가치였다. 그러므로 지방유림 사회는 한편으로는 철저하게 친족중심적이면서 다른 한편으로는 그전보다 훨씬 중앙지향적인 연망사회를 발전시켰다.

한국의 부계친족집단과 중앙집권적인 정치체제와의 이러한 관계는 친족과 정치의 영역이 각각 독립되어 있다고 전제하는 서구 인류학의 전

12 조선 후기 양반제가 붕괴한다는 이론에 대한 자세한 비판은 송준호(1987: 118-164) 참조.

통적 친족이론이 서구 근대 문화의 문화적 의미체계를 이론적 분석의 틀로 사용한 결과라는 슈나이더(1984)의 주장을 재확인해 준다. 당연히 문화가 다른 사회의 친족을 연구하는 데 있어 친족과 정치의 영역이 서로 독립되어 있다고 전제하는 출계이론적 접근방법을 지양해야 할 것이다.

한국의 친족집단이 모계, 부계 혹은 양계인가를 주로 따지는 전통적 출계이론은 연구의 범위를 정치영역이 아닌 혈연관계로서의 '친족'으로 제한하는 경향이 있으며, 결과적으로 친족 밖의 정치나 경제 영역에서 드러나는 한국 친족의 중요한 특성을 놓칠 수 있다. 출계이론의 틀 안에서 한국의 부계친족집단의 형성을 분석한 뛰어난 연구들(Deuchler 1992; Janelli and Janelli 1978; Song 1982)이 출계이론의 한계로 인해 중앙의 관직에 진출하는 것을 최고의 가치로 삼는 한국 친족의 중앙지향성을 친족과 상관없는 가치체계의 문제로 해석하고 있다. 반면에 역사학자 송준호는 아프리카의 출계집단(씨족)에 관한 이론을 한국의 경우에 적용할 수 없다고 단언하고(송준호 1987: 110), 그 대신 한국의 문화적 의미체계가 표현된 족보와 인명사전 등 고문헌 자료를 분석하여 본관제도가 "문벌을 숭상하였던 사회풍조의 산물"(송준호 1987: 82)이며 이 점에서 한국사회가 중국사회와 크게 다르다는 것을 보여 줄 수 있었다. 비슷한 논리로 양반 유림의 유난히 중앙지향적인 '바깥활동'은 문중과 가문의 지위 상승을 목표로 하는 친족활동과 떼어놓고 설명하기가 어려워진다. 그러나 남자의 '바깥일' 혹은 '바깥출입'은 집안의 가장으로서 해야 할 가장 중요한 역할로 한국 문화에서 인식되고 있음에도 불구하고 종래의 친족연구에서 친족활동으로 취급되지 않았다. 예외적으로, 김광억(1994, 2004)의 안동 유림사회에 관한 연구는 비친족 사회조직인 서원에 출입하는 일이 집안과 문중의 사회적 지위의 향상을 도모하고 지역사회의 양반문화를 재생산하는 친족활동이기도 한 점을 잘 보여 주고 있다.

앞으로의 친족연구는 사회 전체의 지배적 의미체계의 맥락 속에서 친족관계 밖의 정치 · 경제 · 사회 등의 영역과 관련지어 수행된다면 한국사회를 이해할 수 있는 주요 통로가 될 수 있을 것이다. 현대 한국사회에서도 전통적 친족이 어떻게 변화했느냐의 문제는 단지 핵가족화했는가 혹은 부계친족이 양계친족으로 변화했는가의 문제에 그치지 않는다. 현대 한국 친족의 변화는 조상숭배가 표현했던 중앙지향성과 친족의 범위를 넘어서는 공동체 의식이 어떻게 변환되었는가의 문제이기도 하다. 또한 양반 가문에 대한 도덕적 평판을 만들어 내던 '초종족적' 연망 사회가 어떻게 변화했는가도 현대 한국사회의 친족연구가 다루어야 할 문제가 될 것이다. 한국 특유의 자본주의 시장경제의 발달과 민주주의 정치체제가 어떻게 부의 축적과 상공업 활동을 억압했던 양반 친족체제와 맞물려 있는가도 친족연구의 영역이다. 요컨대 현대 한국사회 전체가 친족연구의 대상이 되어야 할 것이다.

참고문헌

금장태. 1994.『유교사상과 종교문화』. 서울: 서울대학교출판부.

김광억. 1986.「조상숭배와 사회조직의 원리」.『한국문화인류학』18: 109-128.

김광억. 1992.「중국의 친족제도와 종족조직」. 역사학회 편.『韓國親族制度研究』. 서울: 일조각.

김광억. 1994.「문화공동체와 지방정치」.『한국문화인류학』25: 116-182.

김광억. 2004.「통합과 결속의 문화적 장치」. 문옥표 외.『조선양반의 생활세계: 의성 김씨 천전파 고문서 자료를 중심으로』. 348-420쪽. 서울: 백산서당.

김두헌. 1969.『한국가족제도연구』. 서울: 서울대학교출판부.

김영모. 1983.「한말 농촌사회의 계층구조」. 서울대학교 사회학연구회 편.『한국사회의 전통과 변화』. 145-168쪽. 서울: 범문사.

김택규. 1979.『씨족부락의 구조연구』. 서울: 일조각.

문옥표. 2004.「분재기를 통해본 여성 재산상속권의 변화」. 문옥표 외.『조선양반의 생활세계: 의성 김씨 천전파 고문서 자료를 중심으로』. 207-266쪽. 서울: 백산서당.

문옥표 · 김광억. 2004.「종족조직과 생활문화」. 문옥표 외.『조선양반의 생활세계: 의성 김씨 천전파 고문서 자료를 중심으로』. 31-102쪽. 서울: 백산서당.

미야지마 히로시. 1996.『양반: 역사적 실체를 찾아서』. 노영규 역. 서울: 도서출판 강.

송준호. 1987.『조선사회사연구』. 서울: 일조각.

이광규. 1975.『한국가족의 구조분석』. 서울: 일지사.

이광규. 1977.『한국가족의 사적연구』. 서울: 일지사.

이광규. 1992.『가족과 친족』. 서울: 일조각.

이태진. 1989.『朝鮮儒教社會史論』. 서울: 지식산업사.

자넬리, 로저 · 임돈희. 2000[1982].『조상의례와 한국사회』. 김성철 역. 서울: 일조각.

전경목. 2001.『우반동과 우반동 김씨의 역사』. 서울: 신아출판사.

정승모. 1981.「마을공동체의 변화와 당제」.『한국문화인류학』13: 137-157.

주진오 · 구난희 · 김인호 · 신주백 · 백유선 · 조동근 · 박수성 · 경규칠 · 오정현. 2017.『고등학교 한국사』. 파주: 천재교육.

한철호 · 권나리 · 박지숙 · 이석현 · 전영준 · 조왕호 · 김경진. 2018.『고등학교 역사부도』. 서울: 미래엔.

Barnes, J. A. 1962. "African Models in New Guinea Highlands." *Man* 62: 5-9.

Bourdieu, Pierre. 1977[1972]. *Outline of a Theory of Practice*. Trans. by Richard Nice. Cambridge: Cambridge University Press.

Brandt, Vincent S. R. 1971. *A Korean Village: Between Farm and Sea*. Cambridge: Harvard University Press.

Ch'oe, Yong-ho. 1974. "Commoners in Early Yi Dynasty Civil Examinations: An Aspect of Korean Social Structure, 1392-1600." *Journal of Asian Studies* 33: 611-631.

De Bary, Wm. Theodore. 1991. *The Trouble with Confucianism*. Cambridge: Harvard University Press.

Deuchler, Martina. 1992. *The Confucian Transformation of Korea: A Study of Society and Ideology*. Cambridge: Council on East Asian Studies, Harvard Univeristy.

Dix, Mortimer Griffin. 1977. ""The East Asian Country of Propriety": Confucianism in a Korean Village." Unpublished Dissertation. University of California, San Diego.

Evans-Pritchard, E. E. 1940. *The Nuer*. London: Oxford University.

Fortes, Meyer. 1969. *Kinship and the Social Order. 1969*. London: Routledge and Kegan Paul.

Freedman, Maurice. 1958. *Lineage Organization in Southeastern China*. London: The Athlone Press.

Freedman, Maurice. 1966. *Chinese Lineage and Society: Fukien and Kwangtung*. New York: The Athlone Press.

Holy, Ladislav. 1996. *Anthropological Perspectives on Kinship*. London: Pluto Press.

Janelli, Dawnhee Yim. 1984. "Strategic Manipulation of Social Relationships in Rural Korea." *Korea Journal* 24(June): 27-39.

Janelli, Roger L. and Dawnhee Yim Janelli. 1978. "Lineage Organization and Social Differentiation in Korea." *Man (n.s.)* 13: 272-289.

Kawashima, Fujiya. 1980. "The Local Gentry Association in Mid-Yi Dynasty Korea: A Preliminary Study of the Ch'angnyong Hyangan. 1600-1838. *Journal of Korean Studies* 2: 113-137.

Kawashima, Fujiya. 1984. "A Study of the *Hyangan*: Kin Groups and Aristocratic Localism in the Seventeenth- and Eighteenth Century Korean Countryside." *Journal of Korean Studies* 5: 3-38.

Keesing, R. M. 1970. "Shrines, Ancestors. Cognatic Desent: The Kwaio and Tallensi." *American Anthropologist* 72: 755-775.

Keesing, R. M. 1975. *Kin Groups and Social Structure*. New York: Holt, Rinehart and Winston.

Kuper, Adams. 1982. "Lineage Theory: A Critical Retrospect." *Annual Review of Anthropology* 11: 71-95.

Lee, Ki-baik. 1984. *A New History of Korea*. Translated by Edward W. Wagner with

Edward J. Shultz. Cambridge: Harvard University Press.

Morgan, L. H. 1877. *Anient Society*. New York: Holt and Co.

Palais, James B. 1975. *Politics and Policy in Traditional Korea*. Cambridge: Harvard University Press.

Radcliffe-Brown, A. R. 1950. "Introduction." In A. R. Radcliffe-Brown and C. D. Forde, eds. *African Systems of Kinship and Marriage*. London: Oxford University Press.

Sangren, Steven P. 1984. "Traditional Chinese Corporations: Beyond Kinship." *Journal of Asian Studies* 43(3): 391-415.

Scheffler, H. W. 1973. "Kinship, Descent and Alliance." In J. J. Honigman, ed. *Handbook of Social and Cultural Anthropology*. Chicago: Rand McNally and Co.

Schneider, David. 1972. "What is Kinship All About?" In Priscillar Reinning, ed. *Kinship Studies in the Morgan Centenial Year*. Pp. 32-63. Washington, D. C.: The Anthropological Society of Washington.

Schneider, David. 1984. *A Critique of the Study of Kinship*. Ann Arbor: University of Michigan.

Song, Sun-hee. 1982. "Kinship and Lineage in Korean Village Society." Unpublished Ph.D. Dissertation. Indianna University.

Tadao, Sakai. 1985. "Yi Yulgok and the Community Compact." In Wm. Theodore de Bary and JaHyun Kim Haboush, eds. *The Rise of Neo-Confucianism in Korea*. Pp. 125-160. New York: Columbia University Press.

Wagner, Edward W. 1974. *The Literati Purges: Political Conflict in Early Yi Korea*. Cambridge: Harvard University.

Wolf, A. P. and Robert J. Smith. 1987. "China,Korea,and Japan." In Laurel Kendall and Griffin Dix, eds. *Religion and Ritual in Korean Society*. Pp. 185-199. Berkeley: Institute of East Asian Studies. University of California.

Yi, Eunhee Kim. 1993. "From Gentry to the Middle Class: The Transformation of Family, Community, and Gender in Korea." Unpublished Ph.D. Dissertation. University of Chicago.

Yi, Kwang-gyu. 1975. *Kinship System in Korea*. HRAFlex Books, AA1-002, Ethnography Series. New Haven: Human Relations Area Files.

Yi, Song-mu. 1985. "The Influence of Neo-Confucianism on Education and the Civil Service Examination System in Fourteenth- and Fifteenth-Century Korea." In Wm. Theodore de Bary and JaHyun Kim Haboush, eds. *The Rise of Neo-Confucianism in Korea*. Pp. 125-160. New York: Columbia University Press.

제4장 분단시대의 한국 친족연구*

권헌익

1. 들어가는 말

필자는 1991년 봄에 처음 송현 이광규 선생을 뵈었다. 그때 필자는 첫 현지조사의 장이었던 구소련 극동 시베리아 사할린 섬 최북단에서 일 년간의 체류를 마치고 학교로 복귀하던 중이었다. 이광규 선생은 당시 재외동포의 역사에 관심을 두고 계셨고, 특히 이제까지 조명받지 못하던 러시아 한인들의 이주 역사에 대한 저술을 구상하고 계셨다. 아마 그

* 이 글에 등장하는 전쟁과 이산에 관한 실증적 내용은 2010년도 대한민국 교육부와 한국학중앙연구원(한국학진흥사업단)을 통해 한국학 세계화 랩의 지원을 받아 수행된 연구(AKS-2010-DZZ-3104)에 근거한다. 친족연구의 역사에 관한 논지에 조언을 주신 이광규 선생 추모 학술대회의 참석자 여러분, 특히 임돈희, 정향진 선생님께 감사드린다. 교정을 보아 준 서울대학교 박물관의 박재형 연구원에게도 감사한다. 포르테스 저작 해석에 관한 내용 중 일부는 2015년 6월 영국 케임브리지대학교에서 열린 마이어 포르테스(Meyer Fortes) 추모 학술대회에서 발표한 것이다.

래서 한국 인류학의 원로인 당신과 새내기 학생이던 필자와의 만남이 가능했을 것이다. 그런데 유감스럽게도 필자는 선생과의 만남의 자리에서 딱히 드릴 말씀이 없었다. 당시 필자의 조사대상은 북사할린의 유목 · 수렵인들의 사회주의 경험이었고, 연구의 주된 관심은 소위 원시공산사회의 사회윤리와 현대 국가사회주의 조직 이념 사이의 괴리에 있었다. 그래서 연해주와 사할린, 그리고 중앙아시아의 한인들에 관심을 가졌던 선생께서는 조금 실망하셨을 것이다. 그렇다고 필자가 러시아의 한인사회에 관심이 전혀 없던 것은 아니었다. 필자의 석사논문은 중앙아시아 한인들의 「레닌기치」를 비롯한 그곳 매체들의 내용을 조사하여, 1980년대 이후 그 지역에서 국가농업경제의 영역 밖에 있는 비공식 농업경제의 성장을 들여다본 것이다. 사할린에 처음 갈 때도 러시아의 몇 학자들은 그 섬의 원주민 연구보다는 한인사회 연구를 필자에게 종용했었고, 실제로 사할린의 몇 지역 한인들로부터 큰 도움을 받았다. 나중에 알게 되었지만, 필자는 남한에서 그곳에 온 최초의 한국인이었는데, 필자와 동향이며 소련비밀경찰 간부인 어느 지역민이 필자의 비자 원서를 접하고 당시 군사통제 지역이었던 그 섬에 갈 수 있도록 암암리에 애를 써 주었다. 그렇지만 박사연구지원금에 "원시사회연구"라는 제약이 명시되어 있어 결국 원주민 사회 연구로 길을 잡아야 했었다. 그러므로 원론적인 지식 외에는 러시아 한인의 역사적 경험에 대해 아는 것이 없었고, 오히려 나중에 이광규 선생의 저술과 박현귀의 연해주에 관한 최근 저작을 비롯한 새로운 연구결과물들을 통해 이들의 어제와 오늘의 삶에 관해 배울 수 있었다(이광규 1998; Park 2017).

이후 선생께서 선도하신 해외동포연구는 성장을 거듭해서 지금은 탈북민 연구를 포함한 남한으로의 이주자 연구와 함께 독자적인 디아스포라 연구로 자리를 잡았다. 비록 우리의 첫 만남이 조금 어긋나긴 했지만, 그럼에도 접점들은 있었다. 선생의 재외동포연구는 당시 한국의 북방 정책과 이어 전개된 세계화 움직임과 관련이 있었다. 이 변화들은 전체적으로 탈냉전 시대를 추구하는 실천이었다는 의미에서 당시 필자가 참여하고 있던 사회주의권 민족지 연구와도 큰 틀에서 맥을 같이한다. 이제까지 정치적인 이유에서 접근이 불가능하던 지역에 실증적 현지조사가 가능해지는 의미에서도 그렇고, 소위 말하는 철의 장막이 걷히면서 새로운 교류와 이동이 가능하게 된 측면에서도 그렇다.

주지하듯이 1990년대 이후 재외동포연구 이전 이광규 선생의 주요 연구대상은 한국의 가족과 친족 조직이었다. 선생의 연구대상 이동은 1989년 11월 베를린 장벽이 무너지고 1991년 12월 구소련이 해체되는 역사적 전환점과도 맞닿아 있는바, 1990년대 이전과 이후 선생의 연구에 어떤 연결 지점들이 있을까 하는 질문을 제기할 수 있다. 한반도의 현실에서 재외동포연구는 식민주의 역사 및 분단의 역사와 함께 흩어진 가족, 단절된 친족관계를 필연적으로 수반한다는 의미에서 가족 · 친족 연구와도 긴밀하게 연결된다. 따라서 선생의 지적 관심의 전환을 생각할 때 분단국가라는 한국 인류학이 처한 특수한 입지를 염두에 두고자 한다. 그런데 이광규 선생으로 대표되는 한국의 가족과 친족 연구의 어제와 오늘을 생각할 때 탈냉전의 흐름과 함께 냉전의 형성기 역시 고려하는 것이 필요하다. 나중에 다시 언급하겠지만, 20세기 중반의 역사는 인류학의 친족연구 전반에 걸친 변화를 이해하는 데 있어 무척 중요하기 때문이다.

이광규 선생의 한국 친족연구는 내용 면에서도 그러하지만, 그 경향에서 마이어 포르테스(Meyer Fortes)로 대변되는 유럽, 특히 영국 사회인류학의 구조주의 친족연구와 소통하는 면들이 많다. 선생의 연구에서도 그러하듯이 포르테스도 초기의 사회구조로서의 친족연구에서 점차 윤리적 질서로서의 친족, 나아가서 친족관계의 심리적인 측면으로 그의 관심을 확장하였다. 두 선학 간 이러한 소통의 측면을 염두에 두고 한국 친족연구의 역사적 지평을 친족연구 전반에 보이는 일련의 지성사적 변화의 흐름과 대비해서 생각해 보겠다. 친족연구의 지성사에서 무엇보다 중요했던 것은 제2차 세계대전의 종식과 더불어 지구적으로 진행된 탈식민의 행보다. 개념적으로 말하자면 이 역사적 행보는 친족의 쇠퇴와 더불어 민족의 부상을 의미한다. 그렇다면 다음과 같은 질문을 할 수 있다. 첫째, 탈식민 시대 인류학의 친족연구는 어떠한 구조적 문제에 봉착하였는가? 둘째, 한반도에서의 탈식민의 역사는 곧 전쟁과 이산을 수반한 분단의 역사인데, 한국 인류학의 한국 친족연구는 이 역사를 어떻게 수렴하였는가? 마지막으로, 탈식민의 역사와 관련된 친족연구의 문제점들을 인지하고 분단과 이산이라는 형식으로 전개된 한반도에서의 탈식민 냉전의 역사를 고려하면, 한국의 가족과 친족 연구는 탈냉전 시대에 어떤 지향점을 가질 수 있을까?

2. 조상 아닌 조상들

친족연구는 인류학 역사에서 무척 중요한 자리를 차지한다.[1] 이는 한국

1 '친족'은 가족의 방계 조직이면서 가족과는 구분되는 친족집단을 의미하기도 하지만, 친족집단과 가족을 모두 포함하는 밀접한 (비록 때로는 행위자의 인식에서 전혀 밀접하게 느껴지지 않기도 하고 너무 밀접해서 이를 벗어나고자 하는 지향성도 있지만) 관계의 영역들을 지칭하기도 한다. 물론 주지하듯이 이 '관계'의 성격이 무엇인가에 대해서는 (예를 들어 혈연 중심의 생물학적 관계인가 아니면 문화적 혹은 이념적 현상인가) 논란이 있다. 특히 비교연구의 영역에서 그러하다. 따라서 이러한 물음이 함유된 의미에서, 즉 그 개념의 성격에 대한 꾸준한 질문이 포함된 의미에서의 친족이기도 하다. 그 형식이 너무나 다양해서 딱히 정의를 내리기는 곤란하지만 그렇다고 해서 미국의 인류학자 슈나이더(Schneider 1984)가 주장하듯이 '친족이란 것은 존재하지

인류학 역사에서도 마찬가지인데 먼저 최재석(1983)과 이광규(1990)의 산업화 이전 한국사회의 혈연과 통혼 관계에 관한 연구들을 꼽을 수 있다. 산업화와 도시화 과정에서 관찰되었던 가족관계를 포함한 공동체의 급격한 변화에 관한 여러 연구도 있고(한상복 2011), 여성학의 시각에서 조명한 전통 가족 · 친족 조직의 가부장적 이념과 구조에 대한 비판적 고찰 역시 무척 중요하다(여성한국사회연구회 편 1990). 나아가서 '전통적 관계의 현대적 실천'이라고 김광억이 명한 전통과 현대의 단절에 관한 재고찰과 함께(김광억 2000), 우리가 통상적으로 전통이라고 여기는 영역에 실은 엄청난 변혁의 역사가 숨어 있음을 보여 주는 연구도 있다. 마르티나 도이힐러의 조선의 유교혁명, 즉 친족조직의 혁명을 통해 이룩한 엄청난 정치적 · 사회적 혁명의 놀라운 역사에 관한 연구가 그 좋은 예다(도이힐러 2013). 친족연구가 정치체제연구와 밀접하다는 측면에서 보면, 18세기 또 다른 한국판 사회혁명에 관한 관심 역시 주목할 만하다(권용혁 2012). 전 인민의 양반화라고 불리기도 하는 이 획기적 사회변동은 개인의 자유, 즉 재산을 소유할 자유 그리고 재산을 소유한 자들의 정치적 자유를 강조하는 유럽의 부르주아혁명과는 형식이 크게 다른 계급혁명

않는다'라고 하기도 어렵다. 하나의 모습은 아니지만 그럼에도 불구하고 대부분의 경우 인간 존재의 토대를 상호적이고 사회적으로 구성하는 의미에서의 친족이다. 이러한 시각은 부분적으로 살린즈가 최근 저작에서 제시하고 있다(Sahlins 2013). 현대 문화인류학에서는 이렇게 생물학적 정의에 반하는 의미로서 문화적 다양성이 키워드이지만, 형질인류학 혹은 진화인류학에서 친족은 거의 종의 개념으로 쓰인다. 친족의 개념에 대해서는 아직도 이러한 논쟁이 진행 중인데, 이 장은 살린즈의 시도를 포함하여 자연과 문화의 이항대립의 구도에 갇혀서 생각하는 시도들에 의문을 던진다. 고전적인 의미에서의 친족연구는 친족을 독자적으로 존재하는 영역, 그 자체로 정의 가능한 영역으로 인식하지 않고 보다 넓은 관계적 세계의 부분으로 보고 접근하였다.

이었는데, 그 의미가 도이힐러가 논하는 유교혁명의 그것에 뒤지지 않는다. 모든 인민이 족보를 소유하고, 모든 인민이 제사를 지낼 권리를 획득하는 것이 주요 쟁점이었다. 나아가서 유교적인 전통 친족 윤리와 가부장적 이념이 20세기 사회주의 혁명에 의하여 재구성되는 과정에 대한 이문웅의 북한의 '가족국가'에 대한 서술도 있다(이문웅 1976). 앞서 제사를 지낼 권리를 언급했는데, 동아시아 가족과 친족 조직의 주요한 구조적 요소로서 조상의례가 있다. 조상의례는 친족관계의 중요한 윤리적인 표현 수단이기도 한데, 이광규가 지적했듯이 한국의 친족조직은 그 자체가 조상에 대한 예를 기본 이념으로 한 제사 집단적인 측면이 강하다. 이 영역에서도 괄목할 만한 연구들이 있었다. 로저 자넬리와 임돈희의 한국의 상례와 제례에 관한 연구가 대표작이다(자넬리 · 임돈희 2000).

로저 자넬리와 임돈희의 『조상의례와 한국사회』는 저자들이 1970년대에 경기도의 어느 동성마을에서 수행한 현지조사에 기반을 둔다. 이 책에는 많은 흥미로운 이야기들이 등장하는데 그중 몇 가지가 특히 주목된다. 한국전쟁의 와중에 희생된 집안 사람들에 관한 이야기들인데 조상으로서의 흔적은 있으나 어찌 된 일인지 제사에는 모셔지지 않는, 말하자면 조상 아닌 조상들에 관한 사연들이다. 이 인물들은 실제 역사적으로 존재하였고 집단에 의하여 기억된다는 의미에서 친족의 안에도 있지만, 동시에 제사라는 형식의 의례에 등장하지 않는다는 의미에서 친족조직의 밖에도 있는 모순적인 상황에 부닥친다. 공적인 의례를 통한 기억의 장에서는 제외되지만 그들의 흔적이 비공식적인 기억의 영역에서는 존재하는 것이다. 이러한 의미에서는 역사-기억연구 영역에서 종종 언급되는 기억의 장소(sites of memory)와 기억의 환경(milieus of memory) 사이의 차이로 이해할 수도 있다(Nora 1989). 나아가 있는 것도 아니고 없는 것도 아니라는 의미에서 의례이론에서 제시되는 경계적(liminal) 현상으로서의 이해도 가능하다. 유사한 현상들이 로렐 켄달

(Laurel Kendall)의 한국의 샤머니즘에 관한 대표적 저작에서도 언급된다(켄달 2016). 집안에 말 못할 사연들이 있고 이 사연들의 주인공인 인물들이 시대가 수상한 연유로 제사에 모셔지지 못하는 상황은 한국전쟁을 겪은 세대에게는 꽤 익숙한 일이었다. 비록 자신이 직접 그런 경험을 하지 않았다 하더라도 주위에 가까운 누군가의 경험을 통해서 말이다.

한국 현대문학에서도 이렇게 전쟁과 관련된 가족사의 복잡한 사연들과 제사 영역에 존재하는 관련된 어려움은 지극히 익숙한 테마다. 이를 두고 문학비평가들은 폭력과 이산의 문제를 제사의 형식을 빌려 담론화한다는 의미에서 '제사문학'이라고 명명하기도 한다. 제사집단으로서의 친족조직에 대한 이광규의 언급을 상기한다면 왜 이러한 장르가 생성되었는지 그리고 어떻게 이러한 장르의 작품들, 예를 들어 제주 4 · 3을 다룬 현기영의 『순이삼촌』 같은 작품이 대중성을 갖게 되었는지 짐작할 수 있다. 우리의 친족집단이 기본적으로 제사집단이라면 전자의 구조적 상처가 후자의 행위 영역에서 첨예하게 발현되는 것 혹은 의도적으로 숨겨지는 것은 당연하다. 그런데 이렇게 한국문학과 전후 한국의 많은 가족에게 너무나도 익숙한 조상 아닌 조상에 관한 사연들이 아직 한국 인류학의 연구 영역에서는 적절한 조명을 받지 못한 것이 사실이다. 위에서 소개한 두 저작에서도 마찬가지다. 자넬리 · 임돈희와 켄달은 각각 한국의 전통 조상의례와 한국의 샤머니즘이 가진 종교적 사회성에 집중하는데, 조상 아닌 조상들에 관한 이야기들은 그들의 저작에서, 저자들이 참여조사 도중에 마을 사람들로부터 전해 들은 내용으로서, 잠깐 소개된다. 다만 김성례의 제주 무속에 관한 저작은 여기서 중요한 예외인데, 그는 샤머니즘 의례를 공적 영역의 기억의 정치에서 상대적으로 자유로운 저항 문화의 시각에서 접근한다(Kim 2013).

역사적으로 사실적인 존재이지만, 사회적으로는 현실적인 존재가 아닌 이들, 형식적으로는 조상이면서 실제적으로는 조상으로 모셔지지 못하는 이들은 격동의 현대사에서 생성되어 친족의 의례적 삶에서는 공백으로 존재한다. 물론 완전히 비어 있거나 전적으로 잊힌 공간은 아니다. 이러한 친족의 삶에 존재하는 역사적 공백이 친족연구에서도 분석적인 의미에서 오랫동안 채워지지 않은 공간으로 존재해 왔다. 이 공간은 제사문학이라는 장르에서 제시되듯이 한국의 가족과 친족이 분단과 전쟁으로 대표되는 한반도 현대사의 격렬한 역사적 흐름과 만나고, 나아가서 이 역사적 흐름을 규정해 왔던 글로벌 정치와 만나는 영역이다. 최인훈이 그의 작품 『광장』에서 제시하듯이, 가족관계와 정치적 현실 사이에 형성된 또 다른 의미의 '관계'의 영역이다. 그런데 흥미로운 것은 정치와 친족의 이러한 접점들이 인류학 연구에서 소외되었던 것은 비단 한국인류학만의 문제가 아니라는 사실이다. 현대인류학의 친족연구 전반에 걸쳐 유사한 공백이 있었다.

3. 정치이론으로서의 친족연구

친족연구는 20세기 초중반 사회인류학연구 전반에 걸쳐 매우 중요한 영역이었다. 그런데 당시 친족조직에 대한 관심에는 일정한 아이러니가 있었는데, 이는 친족연구의 대상이 반드시 친족조직이 아니라 사회구조, 특히 정치적 구조였다는 것이다. 초기 친족연구는 국가제도가 부재한 소위 '무국가' 부족사회에서는 친족관계와 정치적 관계가 상호 긴밀하여 서로를 규정한다고 보았고, 따라서 친족을 이해하지 않고 정치를 논할 수 없다는 시각을 가지고 있었다. 동시에 국가를 중심에 두고 정치를 이해하는 현대인의 관점에 대해 문제를 제기하였다. 정치라는 것이 반드시 신문의 정치면에 나오는 국가의 입법 · 행정 · 사법 조직과 관련한 특정한 독자적 영역의 현상이 아닐 수 있고, 부족사회에서의 정치를 이해하자면 이러한 시각, 즉 현대에 갇힌 시각에서 벗어나 세상을 더 욱 넓은 시야에서 이해할 것을 주장하였다. 이러한 인식에서 정치를 사회관계 속에 내재된, 루이스 헨리 모건(Lewis H. Morgan)의 구분으로 말하면, 시비타스(civitas)가 아닌 소시에타스(societas)로서의 정치로 접근하였다. 소시에타스로서의 정치에는 나와 내가 소속한 집단이 누구와 가깝고 누구와 먼가를 규정하는 관계망의 모습과 그것을 지탱하는 도의적 질서의 문제 그리고 이러한 질서를 재현하는 의례행위가 중심 주제라고 이해하였다.[2] 포르테스가 모건을 인용하면서 "친족과 정치는 상호 규정하는 질서들이다"라고 주장했듯이 이러한 사회인류학의 초기 정치 이론으로서의 친족연구는 친족관계를 공적이고 정치적인 관계로 규정하였는데, 이는 가족 하면 사적 영역으로 이해하는 현대인의 관점에 반하는 것이었다. 하버마스의 주장을 빌리자면 이 현대인의 관점이란 18세기 이후 전개된 유럽의 부르주아 가족의 세계관과 사회적 이념이다(Habermas 1989). 이는 사유재산 및 사유재산을 소유한 자들의 법적·정치적 성역화 과정의 중심에 있었던 가족관계의 사유화 문제와 맞물려 있다. 이에 역행하는 경향은 1970~1980년대 "가장 친밀한 것이 가장 정치적이다"라고 주창한 당시 페미니즘 운동에서 강했는데, 인류학 초기 친족연구의 이론적 경향 역시 동일한 연장선상에 둘 수 있다. 물론 당시 페미니즘 운동에서 이 연속성은 예외적인 경우를 제외하고는 대체

2 모건은 정치 형식을 크게 둘로 구분했는데, 그중 하나는 영토와 사유재산을 근거로 하고 이를 보호하기 위해서 국가의 법과 강제력을 필요로 하는 civitas, 또 하나는 "전적으로" 사람과 사람 사이의 관계에 근거하고 법적 관행 역시 국가 등의 외적 장치가 아니라 그 관계 안에 내재한 관습적 규범을 의미하는 societas다(Morgan 1907: 65-67, 76). 포르테스는 '국가사회'와 '무국가사회'의 두 다른 정치를 논할 때 모건의 이 구분에 크게 의존하였다(Fortes 1969: 126).

로 인지되지 못했었다.[3] 유사한 관점이 한국인류학에서는 특히 이광규의 한국 가족과 친족의 구조 연구에서 구현되었다. 이광규는 통혼관계를 포함한 한국의 친족관계가 지방의 정치적 지평과 밀접함을 깊이 이해하고 있었고, 따라서 전통사회의 권력관계와 권력의 개념을 이해하는 시도(그가 종종 언급했던 대립과 조화의 이중구도 문제)에 친족연구가 중요함을 인지하고 있었다. 부르주아 사회의 중심 이념인 공적 영역과 사적 영역의 구분에 도전한 인류학 친족연구의 이러한 이론적 경향은 1940년 포르테스가 에반스프리차드(E. E. Evans-Pritchard)와 함께 출간한 『아프리카의 정치체계들(African Political Systems)』에서 정점을 이루었고, 이후 그 적실성에 많은 의문이 제기되면서 포르테스가 『친족과 사회조직(Kinship and the Social Order)』을 출간하는 1960년대 말에 이르면, 그 명맥을 더는 유지하기 어려운 상황에 처한다(Fortes and Evans-Pritchard 1940; Fortes 1969).

이상을 요약하자면, 사회인류학의 초기 친족연구의 이론적 핵심 의제는 사적 영역으로 이해되는 가족과 친족을 공적 관계로 재정의하고, 국가에 점유된 정치를 다시 사회화하면서, 나아가서 이를 통해 정치라는 현상 그 자체를 재개념화하려는 시도였다고 정리할 수 있다. 여기서 유의해야 할 점은 초기 친족연구에서 친족이란 그 자체로 독자적으로 존재하는 영역이 아니라, 타 영역과의 관계성 속에서 조명되어야 하는 현상(예를 들어 정치구조나 경제생활)으로 이해되었다는 점이다. 다시 말하면, 친족이라는 관계의 세계는 더 넓은 의미의 관계 지평에 위치 지어졌다. 그러므로 친족과 정치 문제에서 공적 · 사적 영역의 이분법이 항상 도

3 친족이론과 젠더이론을 통합적으로 접근하고 이를 구조주의 인류학의 교환이론의 비판으로 전개하는 스트레턴의 일련의 저작이 이 예외에 속한다(Strathern 1987, 1988).

마 위에 올랐고, 이후 1970년대부터 활발해진 친족과 경제 문제에서는 도덕과 윤리의 문제(친족의 나눔과 호혜 관계에 근거한 도덕 경제와 프로탄티즘의 윤리에 근거한 상업사회의 계약관계)가 언급되지 않을 수 없었다.[4]

4. 탈식민의 역사와 친족연구

정치이론으로서의 친족연구는 앞서 잠깐 언급했듯이 1960년대 중후반을 기점으로 급격히 사양화되고 궁극에는 거의 단절되다시피 하였다. 여러 이유가 있었겠지만, 무엇보다 초기 친족연구 자체의 구조적 문제, 즉 지나치게 부족사회의 특수성을 강조하면서 친족과 정치의 형식적 관계에 집중한 것을 지적할 수 있다. 초기 친족연구는 사회를 국가사회와

4 도덕적 질서로서의 친족은 포르테스가 그의 후기 저작인 『친족과 사회구조』에서 강조한 내용이다. 1970년대 친족과 정치의 구도에서 친족과 경제의 구도로의 전환은 흥미로운 현상이다. 최근 들어 사회적 경제에 대한 관심이 급증하면서 마르셀 모스(Marcel Mauss)의 증여이론을 비롯한 전근대 혹은 근대를 넘어서는 경제 관계에 관한 저작들이 많이 읽히고 있는데(김의영 외 2016), 이를 앞서 언급한 전환과정에 비추어 생각해 보면 이 역시 친족연구에 그 뿌리를 두고 있다. 친족과 정치에서 친족과 경제로의 전환에 대해서는 할 말이 많은데 두 가지만 지적하면 다음과 같다. (1) 이는 1970년대에 풍미했던 네오맑시즘을 비롯한 비판적 경제이론에 상당한 영향을 받았다는 것, (2) 친족과 정치에서 친족과 경제로 관심이 이동하는 배경에 레비스트로스의(모스의 증여이론에 대한 그 나름대로의 해석에 기반한) 교환이론적 친족이론이 있었다. 여성의 생식능력을 주요한 교환수단으로 제시하는 그의 친족이론은 이후 친족이론이 점차 경제이론과 접목되는 경향에 영향을 주었다. 다른 한편으로는 레비스트로스의 친족이론이 페미니즘과 후기구조주의의 비판 대상이 되면서 객체와 주체의 문제가 제기되었다. 교환이론에서 제시되는 여성은 교환의 대상, 즉 객체인데 어떻게 객체화된 이들을 주체화할 것인가가 중요한 화두로 전개되었다.

무국가(부족)사회로 구분하였고, 친족과 정치의 상호 관련의 주제를 후자에 국한된 것으로 이해하였다. 이러한 구분은 근대국가체제의 사회에서 가족관계는 사적 영역으로 이해되며, 친족관계가 정치구조를 규정한다는 것이 적용되지 않는다는 점에서 분석적으로는 필요하겠지만, 그것이 20세기 중반의 역사적 환경을 이해하는 데 큰 문제를 야기한 것은 사실이다.

이 시기는 제2차 세계대전 종전 후 기존의 식민지 지역에서 신생독립국가가 우후죽순처럼 생겨나는 탈식민의 공간이었다. 외적으로는 이전의 종속에서 벗어나 자결권과 국제사회에서의 평등한 위치를 쟁취하는 것이 주였지만, 국가의 내적 공간에서는 부족사회를 포함한 다양한 기존의 독립적인 공동체들이 하나의 국가사회로 통합되는 과정이 주를 이루었다. 이는 초기 친족연구의 주요한 장이었던 아프리카 지역에서 특히 그러했는데, 가나의 민족지도자 응크루마(Kwame Nkrumah)를 비롯한 아프리카의 신생독립국가의 지도자들은 새로운 국가체제와 민족의식 건설에 매진하는 와중에 국가 없는 사회의 고유한 정치적 지평에 천착하는 인류학자들에 대해 반감을 가질 수밖에 없었다. 이러한 현상은 지역적인 문제만이 아니었다. 1945년 이후 국제 환경의 구도가 냉전의 형식을 갖게 되고 지정학적인 힘이 유럽에서 북미로 전이되면서 인류학 연구의 중심도 동일한 공간 이동을 시작하였다. 이 과정에서 아프리카 지역 연구를 포함한 인류학 연구의 중심 주제가 당시 언어로 '신생독립국가 연구'였는데, 여기서 록펠러 재단과 포드 재단 등 미국의 재정 지원이 큰 영향을 끼쳤다. 관심이 새로운 국가체제와 세계체제 형성에 집중해 있던 이러한 환경에서 국가사회/무국가사회의 경직된 구도는 실제적 의미를 급격하게 상실하였고, 아프리카에서 제도적인 의미에서의 탈식민 과정이 어느 정도 완료되는 시점인 1960대 말에 이르면 인류학 전반에 걸쳐 기존의 친족/정치 연구는 그 권위와 적실성을 잃게 된다.[5]

이렇게 지역적이면서 글로벌한 도전에 직면한 친족연구는 이후 구조주의 언어학, 상징주의, 실천이론, 그리고 젠더이론 등의 영향 속에 새로운 길들을 모색해 나갔는데, 이 새 경향들에서 정치체제 연구로서의 친족연구라는 과거의 유산은 계승되지 못하고 점차 잊혀 갔다. 이들 새로운 조류들은 종종 자신들의 이론적 적실성을 이전의 정치체제연구로서의 친족연구의 문제점들을 지적하면서 제시하고자 하였다. 예를 들어 프랑스 사회학자 피에르 부르디외(Pierre Bourdieu)는 그의 실천으로서의 친족이론을 전개하면서 친족이론의 기존 경향을 "오래된 지도 위의 버려진 길"이라고 명명하였다(Bourdieu 1977: 34). 이러한 의미에서 20세기 후반의 친족연구 경향은 점차 정치체제연구와 분리되었다는 의미에서 탈정치화했다고 말할 수 있다. 물론 이 지적이, 새로운 이론적 경향들이 그들 나름의 정치적 지향을 갖고 있었다는 것을 간과하는 것은 결코 아니다. 예를 들어 젠더이론의 영향은 앞서 잠시 언급했듯이 사적 공간으로 정의된 현대사회의 가족제도 내부의 정치적 위계질서에 관심을 유발했다는 의미에서 분명 친족관계를 새롭게 정치이론화하였다. 그렇지만 친족연구 원래의 정치이론적 측면은 이들 새로운 경향들에서 계승되지 못한 것은 사실이다. 『아프리카의 정치체계들』로 대변되는 비교정치이론으로서의 친족연구의 기본 정신은 무엇보다 친족은 그 존재

5 이 변화를 요즘 많이 회자되는 제국에 관한 담론으로 조명할 수도 있다. 1945년 이전의 제국체제 안에서는 소위 무국가 혹은 비국가 정치체제들이 일부 존재할 수 있었는 데 반해 1945년 이후 냉전시대의 제국체제에서는 그렇지 못하였다. 왜냐하면 후자는 전자와는 달리 다양한 민족국가들의 성립을 근거로 하고 이들을 슈퍼파워가 기존의 식민지배 형식이 아닌 새로운 방식으로, 그들의 정치적이고 문화적인 자결권을 인정하면서 지배하기 시작하였다. 이러한 시각에서 조명하면 초기 친족연구의 흥망은 곧 제국의 흥망성쇠의 거울이라 할 수도 있다.

자체가 인류의 역사에서 공적이고 정치적인 것이라는 것이다(Fortes and Evans-Pritchard 1940). 그리고 이를 이해하기 위해서는 친족을 사적 공간으로 규정하고, 나아가서 그렇게 규정된 친족을 공공의 장에서 배제하면서 정치적 공간을 형성하는 현대사회의 조직이념으로부터 자유로워져야 하는데, 이를 가능하게 하는 것이 친족연구를 중심으로 한 현대인류학이라고 이해하였다. 즉, 친족을 연구하는 것은 정치학보다 훨씬 넓은 지평에서 인간의 정치적 삶의 형식들을 연구하는 (요즘의 비교정치학보다는 훨씬 넓은 의미에서) 비교정치체제학이라는 측면이 있었는데, 이 목적의식이 계승되지 못했다는 의미에서 20세기 중반 이후 친족이론은 점차 탈정치화했다고 말할 수 있다. 즉, 초기 친족이론의 토대이면서 지향점이었던 탈근대적이고 소시에타스적인 정치를 포함하는, 그러한 포괄적인 정치적 삶의 시각에서 말이다.

그런데 여기서 하나의 중대한 아이러니는 친족연구가 탈정치화하는 위의 과정이 가족 · 친족 관계가 격렬한 역사적 격랑에 휩쓸리면서 심중한 정치적 위기에 직면하는 시기와 겹쳤다는 것이다. 20세기 중반의 탈식민화 과정은 식민지 지배에서 해방된 신생독립국가의 성립이 주된 요소인데, 이는 앞서 지적했듯이 기존의 공동체들이 국가사회에 통합되는 과정을 수반하였다. 이 과정은 가족 · 친족 관계가 공적 영역에서 후퇴하고 개인주의와 시민의식이 그 위치를 대체하는 방식이기보다는 오히려 공적 영역에서, 넓은 의미에서 정치적인 가족주의를 포함하여 공동체주의(종종 민족주의라 불린다)가 만연하던 시간이었다. 동아시아에서의 탈식민 과정은 한반도와 베트남에서 특히 그러했듯이 분단과 전쟁이라는 형식으로 세계정치구조의 양극화 현상과 직접적으로 맞물려 진행되었고, 이 역사적 배경은 한반도에서는 오늘날까지 민족분단과 이산가족의 구도로 지속되고 있다(C. S. Kim 1988; N. Kim 2016).

하나의 예로 이산가족들의 삶은 공통점도 있지만, 차이점도 많다.

부재한 가족 성원이 전쟁의 와중에 납북되었느냐 아니면 월북했느냐에 따라서 남아 있는 가족의 전후 정치적 삶은 크게 다를 수 있었다(조은 2008: 64-76). 분단한국의 놀라운 유사법제도 중에 연좌제라는 것이 있다. 개인의 잘못을 가족이 공히 책임진다는 이 제도를 염두에 두고 제사라는 형식의 조상의례를 생각해 보자. 의례의 대상이 만약 월북자라면 그 의례를 행하는 가족의 입장에서 제사는 어떤 의미가 있는가? 제사는 망자와 산자의 유대를 재확인하는 행위라고 한다. 그러면 연좌제에 얽매여 있는 가족의 입장에서 월북한 조상을 기리는 행위에는 가족의 윤리와 동시에 정치적 고통이 있다.

경상북도 어느 마을은 마을의 거의 모든 집이 월북자를 두고 있다. 그중 어느 집의 제주는 일제시기 저명한 공산주의 운동가의 양자다. 자신의 생부 내외는 한국전쟁의 혼란기에 북으로 갔다. 이 사람에게 제사란 원래 그의 큰아버지인 양아버지를 기리는 가족적 의미와 함께 이 행위를 통해 자신이 공산주의자의 후손임이 입증되는 정치적 의미가 있는 것으로도 이해되었다. 북에 있는 생부모가 살았는지 죽었는지 모르니 아직 그들을 위한 제사를 지내지는 않고 있지만, 만약 돌아가셨다면 북으로 간 자신의 아우가 과연 그들을 기리며 제사를 지내고 있는지, 만약 아우가 생존하지 않는다면 자신이 이를 맡아야 할지 말지에 대한 생각도 든다. 특히 양부모를 위한 제사를 준비하거나 그들의 묘소에 성묘를 갈 때면 더욱 그러하다. 공산주의자의 양자가 된 것, 그래서 성장기에 따돌림과 불이익을 당한 것이 억울하다가도, 근래에는 이분의 제주가 된 것이 오히려 다행스러운 것처럼 느껴지기도 한다. 그의 양부는 한국전쟁 전에 사망해서 근래에 독립운동가로 복권되었지만, 그의 생부는 전쟁 중에 북으로 간 월북자로 그럴 가능성이 희박하기 때문이다. 그의 생부가 북으로 간 연유는 자신의 큰형 때문이었다. 큰형의 공산주의운동 내력으로 인해 그의 가족과 마을은 인민공화국 치하에서 "애국자 가족"과 "애국마을"로 부각되었고, 이는 이 지역이 한국군과 유엔군에 수복되었을 때 극히 위험한 내력이 되어 버렸기 때문에 살기 위해 월북을 감행했던 것이다. 이 집에서 지내는 제사에는 이렇게 분단과 전쟁 그리고 이산의 역사가 각인되어 있다.

이러한 사연들은 전쟁을 겪은 한국인들에게 지극히 익숙한 현재적 역사다(윤택림 2004). 냉전이라 부르는 세계정치체제의 형성이 분단과 내전 혹은 이와 유사한 형식으로 가족의 삶에 구현된 현대사의 특정한 경험은 결코 한반도에 특수한 것이 아니고, 탈식민 냉전의 시대를 폭력적으로 겪은 아시아 지역에 광범위하게 공유되었던 것이다. 연좌제의 폭력 역시 베트남, 인도네시아, 타이완 등 여러 곳에서 경험되었다. 이에 더하여 가족과 친족의 첨예한 정치적 경험은 반드시 역사의 피해자로서의 그것만이 아니다. 하나의 예로 제주의 '삼춘'과 '조캐'의 관계가 있다. 앞서 현기영의 『순이삼촌』을 잠시 언급했는데, 주지하듯이 이때 삼춘이란 제주말로 혈연의 영역을 넘어 지연의 지평에서 가까운 동네의 어른들을 지칭한다. 이 어른들에게 아래 연배의 가까운 이들은 모두 조캐가 된다. '사돈의 팔촌'이라는 말도 있다. 육지에서 이 같은 표현은 남 혹은 거의 남에 가까운 먼 관계적 거리를 나타내는데 제주에서는 이와는 정반대로 나를 둘러싸고 있는 가깝고 먼 모든 소중하고 의미 있는 관계망을 지칭한다. 이러한 말들이 제주 4 · 3의 역사를 둘러싼 진실과 화해를 위한 노력에 중요한 역할을 하였다. 해마다 4월이면 열리는 4 · 3 희생자 위령제에서 4 · 3 희생자들은 모두 삼춘들로 표현된다. 이들 삼춘들이 제주도민인 그들의 조캐들과 자리를 같이해서 서로 음식을 나누고 서로의 안부를 묻고 서로에게 덕담하는 자리가 바로 4월 4 · 3 위령제다. 위령제가 진행되는 곳은 제주시 남쪽 중산간에 위치한 4 · 3 평화공원인데, 이곳은 제주 시민사회를 대표하는 장소이며 국가의 지원으로 설립된 장소이기도 하다. 즉, 이곳은 국가와 시민사회가 폭력의 과거를 넘어서 서로 화해를 실천하는 뜻깊은 공간이다. 이곳에는 개인(희생자 개개인)도 있고 시민사회도 있고 국가도 있지만, 이들만 있는 곳은 아니다. 공적인 위령제가 끝나면 제주 여러 마을에서 온 유가족들은 자신들의 조상들 묘비나 표석이 있는 곳을 찾아가서 준비해 온 술과 음식을 풀어놓고 제사를 지낸다. 이 순간을 위해서 어떤 가족들은 그들이 집에서 귀하게 간수하는 유기로 된 무거운 제기 일체를 들고 온다. 제사가 끝나면 가족들은 마을 단위로 준비된 천막에서 여러 방문객과 함께 준비해 온 도시락으로 함께 음식을 나눈다. 이러한 실천을 포함한 4 · 3 위령제는 그 안에 시민과 국가와 함께 가족과 공동체 역시 주요한 주체자로서 자리 잡고 있음을 알 수 있다(권헌익 2017). 제사라는 형식의 가족과 친족의 전통적인 실천이 시민권과 인권의 진작이라는 지극히 현대적이고 지극히 공적인 목적을 위해서 나름 중요한 역할을 한다는 사실을 관찰할 수 있다. 모건의 표현을 빌리자면 이 위령의 장에서는 시비타스로서의 정치와 소시에타스로서의 정치가 서로를 내치지 않고 함께 공존, 공생, 상생한다고 말할 수 있다.

5. 나가는 말

20세기 중 · 후반기 탈식민 냉전의 역사적 공간에 존재하는 가족과 친족의 위태로운 정치적 삶은 영화를 포함한 한국문학에서는 익숙한 주제다. 현대 한국문학의 흐름에는 분단의 상황을 가족의 위기로 표현하는 방식이 하나의 괄목할 전통으로 존재한다. 최근에는 북한연구를 포함하여 분단과 전쟁의 주제를 정치사나 외교사적인 시각에서 접근하는 연구도 많다. 이들 연구에서 20세기 후반기 한반도의 경험은 국가와 국가 간의 관계 혹은 국가와 사회와의 관련성의 지평에서 논의되는바, 문학에서 제시되는 가족관계처럼 친밀한 관계망 속에서 겪은 전쟁과 분단의 역사적 경험은 찾아보기 힘들다. 이 양대 영역 사이에서 한국 인류학은 냉전시대 인간의 조건을 문학적 감수성과 정치사적 인식을 기반으로 하면서 실증연구를 매개로 조명할 수 있다. 이러한 연구들은 문학 및 역사학과 관련하면서도 이 두 영역에서는 실천할 수 없는 방식으로 접근할 수 있다. 문학은 분단시대의 가족문제를 실증적으로 조명할 수 없고, 역사는 이 시대의 문제를 아직은 밀접한 관계망 속에서 접근하지 않기 때문이다. 이러한 실천이 의미하는 바는 무엇보다도 한국의 가족과 친족 연구의 역사에 하나의 공백으로 존재하는 분단시대의 가족과 친족의 정치적 삶의 모습을 복원하는 데 있다. 그러나 이와 못지않게 중요한 또 하나의 의미는 이러한 학문적 실천을 통해서 한국 인류학의 가족과 친족 연구가 인류학의 친족연구 전체에 존재하는 분절의 역사를 대면하여 새로운 메시지를 전할 수 있는 가능성에 있지 않을까?

돌이켜 보면 초기 인류학의 "친족과 정치는 상호 규정한다"는 명제는 무국가 부족사회의 이해에서도 그러했지만, 탈식민 국가 형성기 인간의 조건을 이해하는 데도 유의미하였다. 전통사회의 정치구조를 구성하는 의미의 친족에서 격동의 현대사를 조명하는 주요한 장으로서의 친족으로 연구의 초점을 변화시키는 동시에 이 두 영역을 연결해 나가면서 탈식민 역사에 대응할 수도 있지 않았을까? 그리하여 에반스프리차드가 수단의 누어족을 두고 말하는 '무정부' 사회체제의 중심으로서의 친족에서, 국가체제와 세계체제에서 그 정치적 힘과 주권이 박탈당하는 (혹은 이에 대한 저항으로 오늘날 수단에서 보이듯이 그 힘의 표현이 비극적인 방식으로 왜곡되는) 운명의 친족으로의 전이과정을 손놓고 바라만 보는 것이 아니라 철저한 실증적 연구로 기술, 기록할 수도 있지 않았을까? 만약 이러한 시도를 했더라면 비록 세상을 만드는 힘은 빼앗겼더라도 그 냉정하고 폭력적인 정치적 세계의 정치와는 또 다른 의미의 정치가 이 친족의 세계에서 발현되는 것도, 그리하여 포르테스가 말하는 호혜의 미학을 그냥 주장만 하는 것이 아니라 현실의 역사적 현장에서 그 힘을 실증적으로 찾아 나가는 실천을 할 수도 있지 않았을까? 이러한 아쉬움이 남는다.

“친족과 정치는 상호 규정하는 질서들이다”라는 명제의 적절함이 친족연구의 계보에서 단절된 것은 안타까운 일이다. 이 단절은 친족연구가 주변화되는 것뿐만 아니라 초기 친족구조연구의 주요 정신, 즉 친족연구는 반드시 친족만을 대상으로 하는 것이 아니라 친족과 타 사회영역과의 관계, 예를 들어 정치와의 관계를 연구의 주 대상으로 삼는다는 의식의 단절을 가져왔다. 이 단절의 불행한 결과로 인류학의 친족연구마저 현대사회의 거대한 환상(친족은 전근대사회의 영역이며 현대사회는 개인의 친족관계로부터의 해방이라는 환상)에 직면하여 그 독특하고 비판적인 입지를 지키지 못하고 휩쓸려 가는 상태다. 사회과학의 고전 『공동체와 사회(Gemeinschaft and Gesellschaft)』에서 퇴니스는 현대사회에서 ‘불온한 공동체(bad gemeinshaft)’의 개념은 불가능하다고 논한다(Tönnies 1957: 34). 사회는 좋은 사회 그렇지 않은 사회가 있을 수 있지만(예를 들어 민주적인 사회와 그렇지 않은 사회), 공동체에 관해서는 현대사회에서 좋고 나쁜 도덕적 규정을 할 수 없다고 말한다. 퇴니스는 당시의 많은 이론가가 그러했듯이 가족과 친족을 공동체의 전형이라고 이해했는데, 사회란 공동체에서 해방된 사람들이 만드는 것, 즉 개인들이 일구는 신세계라고 상상하였다. 퇴니스의 이러한 이론적 상상에도 불구하고 현대정치사의 전개과정에서 이 신세계는 현실화되지 않았고 불온한 공동체는 계속 새롭게 생성되어 왔다. 남한의 월북자 가족이 하나의 예일 테이고 북한에서는 예전의 월남자 가족과 지금의 탈북자 가족이 있다. 그러면 이론과 역사적 현실의 이 괴리를 인류학도들은 어떻게 수렴할 수 있을까? 분단시대 가족과 친족의 정치적 삶, 나아가서 탈식민 시대 인간의 조건은 인류학의 친족연구 역사의 영역에서 그리고 현대사회이론의 영역에서 어떤 의미가 있는가? 송현 이광규 선생의 가족과 친족 연구와 해외동포 연구의 간극이 제기하는 역사적 긴장에 주목하고, 포르테스의 유산을 상기할 때 피할 수 없는 질문들이다.

참고문헌

권용혁. 2012. 『한국 가족, 철학으로 바라보다』. 서울: 이학사.

권헌익. 2017. 「오렌지 나무 아래의 평화」. 『4 · 3과 평화』 26: 24-29.

김광억. 2000. 「전통적 '관계'의 현대적 실천」. 『한국문화인류학』 33(2): 7-48.

김의영 · 구양미 · 권헌익 · 안도경 · 안상훈 · 이준웅 · 이옥연 · 최인철 · 한신갑. 2016. 『사회적경제의 혼종성과 다양성』. 서울대학교 사회과학연구원 학제간 연구총서 1. 서울: 푸른길.

도이힐러, 마르티나. 2013[1992]. 『한국의 유교화 과정』. 이훈상 역. 서울: 너머북스.

여성한국사회연구회 편. 1990. 『한국가족론』. 서울: 까치.

윤택림. 2004. 『인류학자의 과거 여행: 한 빨갱이 마을의 역사를 찾아서』. 서울: 역사비평사.

이광규. 1990. 『한국의 가족과 종족』. 서울: 민음사.

이광규. 1998. 『러시아 연해주의 한인사회』. 서울: 집문당.

이문웅. 1976. 『북한정치문화의 형성과 그 특징』. 서울: 국토통일원 조사연구실.

자넬리, 로저 · 임돈희. 2000[1982]. 『조상의례와 한국사회』. 김성철 역. 서울: 일조각.

조은. 2008. 「전쟁과 분단의 일상화와 기억의 정치: '월남'가족과 '월북'가족 자녀들의 구술을 중심으로」. 김귀옥 · 조은 · 이임하 · 김동환 · 강우성 · 이태주 · 윤충로. 『전쟁의 기억, 냉전의 구술』. 서울: 선인.

최재석. 1983. 『한국가족제도사연구』. 서울: 일지사.

켄달, 로렐. 2016[1985]. 『무당, 여성, 신령들: 1970년대 한국 여성의 의례적 실천』. 김성례 · 김동규 역. 서울: 일조각.

한상복. 2011. 『평창 두메산골 50년: 다시 찾은 봉산리와 용산리 1960-2010』. 서울: 눈빛.

Bourdieu, Pierre. 1977[1972]. *Outline of a Theory of Practice*. Cambridge: Cambridge University Press.

Fortes, Meyer. 1969. *Kinship and the Social Order: The Legacy of Lewis Henry Morgan*. New Brunswick, NJ: Transaction Publishers.

Fortes, Meyer and E. E. Evans-Pritchard, eds. 1940. *African Political Systems*. Oxford: Oxford University Press.

Habermas, Jürgen. 1989. *The Structural Transformation of the Public Sphere: An Inquiry into a Ccategory of Bourgeois Society*. Cambridge: Polity.

Kim, Choong Soon. 1988. *Faithful Endurance: An Ethnography of Family Dispersal in Korea*. Tuscon, AZ: University of Arizona Press.

Kim, Nan. 2016. *Memory, Reconciliation, and Reunions in South Korea: Crossing the Divide*. Lanham, MD: Rowman & Littlefield.

Kim, Seong-nae. 2013. "The Work of Memory: Ritual Laments of the Dead and Korea's Cheju Massacre." In M. Lambek and J. Boddy, eds. *A Companion to the Anthropology of Religion*. Hoboken, NJ: Willey.

Morgan, Lewis H. 1907[1877]. *Ancient Society*. New York: Henry Holt.

Nora, Pierre. 1989. "Between Memory and History: Les Lieux de Mémoire." *Representations* 26: 7-24.

Park, Hyun-Gwi. 2017. *The Displacement of Borders among Russian Koreans in Northeast Asia*. Amsterdam: Amsterdam University Press.

Sahlins, Marshall. 2013. *What Kinship Is.... And Is Not*. Chicago: University of Chicago Press.

Schneider, David M. 1984. *A Critique of the Study of Kinship*. Ann Arbor: University of Michigan Press.

Strathern, Marilyn. 1987. "An Awkward Relationship: The Case of Feminism and Anthropology." *Signs* 12: 276-292.

Strathern, Marilyn. 1988. *The Gender of the Gift: Problems with Women and Problems with Society in Melanesia*. Berkeley: University of California Press.

Tönnies, Ferdinand. 1957[1887]. *Community and Society*. East Lansing, MI: Michigan State University.

제3부

가족과 친족 실천의 다양성

제5장

한국 친척호칭의 사회적 변이*

경북 영해지역의 사례를 중심으로

왕한석

1. 들어가는 말: 연구의 시각 및 목적

1) 연구의 기본 시각

근래 사회언어학의 발달과 함께 지속적으로 탐구되어 온 연구 주제 한 가지는 언어와 사회계층 간의 상호관련성일 것이다. 물론 사회계층에 따른 언어적 변이의 분포, 본질, 기원, 기능 등에 대한 비교문화적인 일반화의 도출 수준에까지는 이르지 못한 것으로 보이지만(Brown and Levinson 1979; Giles 1979; Guy 1988; Irvine 1985; Kroch 1978; Robinson 1979;

* 이 글은 1990년 초에 이루어진 현지조사를 바탕으로 1991년에 「한국 전통 사회에서의 사회계층과 언어행위: 친척호칭의 변이성을 중심으로」라는 제명으로 쓴 초고를 수정, 보완한 것이다. 오래된 초고이지만 그것의 기본 틀은 그대로 유지하면서 주로 편집상의 수정만 하였다. 따라서 이 글에서 제시하는 자료 및 논의는 초고 작성 당시에 정리된 자료 그리고 당시의 시점에서의 논의를 기본적으로 유지함을 미리 밝혀 둔다.

등), 여러 사회에서의 관련 연구들(인도의 카스트 방언의 분화에 대해서는 Bright(1960, 1976), Gumperz(1958, 1971), McCormack(1960), Ramanujan(1968) 등, 영국사회에서의 사회계층에 따른 말씨의 분화 및 교육적 함의에 대해서는 Bernstein(1975), 그리고 미국 및 영국 사회에서의 사회계층에 따른 음운적 변이상에 대해서는 Labov(1972a, 1972b, 1982), Trudgill(1974) 등)은 적어도 '계층사회(stratified societies)'에서는 상이한 계층집단 간에 상당한 수준의 그러나 다양한 방식의 언어 분화 현상이 나름대로 발달해 왔음을 시사해 주고 있다. 특히 사회언어학 분야의 대표적인 연구 성과 중 하나인 라보브(Labov)의 연구는 현대 복합사회의 도시영역에서도 사회계층에 따른 언어적 변이가 매우 규칙적으로 발달해 있음을 밝혀 주고 있다.

그러면 한국사회, 특히 한국 전통사회에서는 사회계층에 따른 언어적 변이가 발달해 왔을까? 만일 상이한 계층집단 간에 언어행위상의 변이가 존재했다면, 그것은 음운, 문법, 어휘, 그리고 말씨(speech style) 또는 담화(discourse) 중 주로 어느 부면에서의 변이였을까? 그리고 그 변이의 정도는 어느 정도였을까?

국어 방언학 분야의 일련의 연구들(강신항 1976, 1978; 이익섭 1976a, 1976b, 1981: 126-144; 최명옥 1980, 1992 등)은 동일 지역 방언권 내에서 전통적인 사회계층에 따라 부분적으로 언어가 분화되어 온 사실을 발견함으로써, 위의 질문에 대한 구체적인 답을 제시하기 시작한 것으로 보인다. 즉, 경북 내륙 지역, 강원도 해안 지역, 그리고 경북 해안 지역에서의 현지조사에 바탕을 두어, 사회방언으로서의 반촌어와 민촌어의 분화, 또는 농촌 방언과 어촌 방언의 분화, 또는 농촌 반촌어와 어촌 민촌어의 분화 등이 주로 음운 및 어휘의 부면에서 상당한 정도로까지 발달해 왔음을 이들 연구는 공통으로 밝히고 있다.

이 연구들의 중요 부분을 간략히 살펴보면, 먼저 강신항(1976)은 경북 안동 · 봉화 · 영해 지역에서의 반촌어와 민촌어의 분화를 보고하면서, "종래의 이른바 반촌이었다는 촌락에서는 … 비교적 정확한 한자음을 발음하고, 독특한 가족호칭을 사용하며, k-구개음화 현상이 안 일어나고" 있는 데 반해, "다른 마을[민촌]의 주민들은 그 지역 방언의 자연적인 추세를 좇아서 변화된 대로의 언어를 자유스럽게 쓰고"(강신항 1976: 18) 있는 것으로 조사 결과를 요약하고 있다.

이익섭(1976b)은 강원도 양양, 명주, 삼척, 그리고 경북 울진 등지에서의 현지조사를 통해, 농촌 방언에 대비되는 어촌 방언의 위상과 성격에 대해 다음과 같은 새로운 사실을 보고하고 있다. 즉, 어촌 방언은 "농촌 방언과의 차이의 규모로나 질로 보아 결코 농촌과 동일한 방언권의 방언이 아니라"고 하면서, "군 단위의 핵 방언권 속에 또 하나의 방언권으로서 어촌 방언권이 존재"(이익섭 1976b: 83)한다고 규정한다. 그뿐만 아니라 이 어촌 방언은 "한 지역의 주축을 이루고 있는 농촌의 방언과 관련하여 보았을 때는" 사회계층과 관련되는 "계층방언, 곧 사회방언"(이익섭 1976b: 87, 84)이라고 결론짓고 있다.

경북 영해지역의 서로 인접하는 4개 마을(농촌인 반촌과 어촌인 민촌)에서의, 그중에서도 한 농촌과 한 어촌은 거의 서로 연결된 지역에서의 언어 현상을 집중적으로 조사, 비교한 최명옥(1980)은 결론 부분에서 연구결과를 다음과 같이 요약함으로써, 읽는 이들에게 놀라움을 금치 못하게 하고 있다. 즉,

> 제4장은 두 방언에 공통으로 사용되는 여러 범주의 어휘를 제시함으로써 두 방언이 어휘면에서 얼마만한 차이를 가지고 있는가를 보이기 위한 것이었다. 그 결과 우리는 두 방언이 동일 방언이라고 할 수 없을 정도의 어휘차를 가지고 있다는 것을 알 수 있었다. (중략)
>
> 이로써, 우리는 두 방언이 어휘나 음운면에서 많은 차이를 가지나 통사면에서는 거의 차이를 가지지 않는다고 말할 수 있으며 어휘와 음운면

에서 나타나는 차이에 의하여 두 방언이 서로 다른 방언이라고 결론지을 수 있다(최명옥 1980: 217).

위의 국어 방언학 분야에서의 연구 경향과는 별도로, 한국 존댓말에 관한 사회언어학적 연구(왕한석 1986, 1989; Wang 1984)에서도 전통적인 사회계층에 따른 존댓말 행위의 변이상이 강하게 시사되었다. 즉, 경남 함양군에서의 현지조사 결과, 말단계(speech levels) 및 주요 호칭형태(forms of address)의 목록과 사용 양식의 측면에서 동일 언어공동체(speech community) 내의 양반계층과 상민계층 간에는 상당한 정도의 상이성이 존재하는 것으로 보고되었다.

이상과 같은 기존의 연구 성과들은, 특히 국어 방언학 분야에서의 연구 성과들은, 한국 전통사회에서의 사회계층과 언어행위 간의 상호관계에 대한 보다 체계적인 접근을 가능하게 하는 것으로 생각된다. 여러 지역에 걸쳐 일반적 범주로서의 '반촌어'와 '민촌어'로의 사회적 분화가 최근까지 유지되어 왔다는 사실이 부분적으로 확인되었으므로, 연구의 다음 단계로 특정한 언어공동체를 대상으로 하여 전통적인 사회계층에 따른 언어행위 상의 변이상을 보다 구체적으로 비교하는 작업, 즉 통제 비교(controlled comparison)를 하는 것이 이제는 가능할 것으로 믿어지기 때문이다.

특히 구체적인 연구과정에서 언어행위의 전 부면을 연구대상으로 삼기보다는 그것의 특정 영역을 연구대상으로 선정하여 체계적인 통제 비교를 시도할 경우, 연구결과는 더욱 높은 수준의 과학적인 기술 및 분석에 도달할 수 있을 것으로 믿어진다. 그뿐만 아니라 지금까지의 국어 방언학 분야에서의 연구들과는 달리, 연구대상으로 선정된 특정 언어공동체의 관련되는 언어적 사실(linguistic facts)뿐만 아니라 사회적 사실(social facts)에 대해서도 균형 잡힌 자료의 수집 및 분석이 이루어질 경우, 연구결과는 한국 전통사회에서의 사회계층과 언어행위의 상호관계에 대한 보다 체계적인 사회언어학적 기술 및 분석에 근접할 수 있을 것으로 기대된다. 이 연구의 출발점은 바로 이러한 시각에서다.

2) 연구의 목적 및 범위

이 연구는 다양한 언어행위 중에서 친척용어(kinship terms)의 영역, 그중에서도 특히 친척호칭(kinship terms of address)의 영역을 구체적인 연구대상으로 선정하고자 한다. 친척용어의 영역을 연구대상으로 선정하는 이유는, 친척용어가 일반적으로 가지는 다음과 같은 중요 특성 때문이다. 즉, 친척용어가 그것의 한 부분으로 포함되는 광의의 호칭체계(address system)는 매우 규칙적으로 운용되는 언어행위의 중요 영역임이 이미 비교문화적으로 확인되었을 뿐만 아니라(Adler 1978; Bean 1978; Brown 1965: 47-191; Brown and Gilman 1960; Brown and Levinson 1987; Ervin-Tripp 1972; Lambert and Tucker 1976; 그리고 Philipsen and Huspek 1985 등), 친척용어는 특히 한국 전통사회에서 존댓말과 함께 전체 호칭체계 내에서 가장 중심적인 위상을 차지하는 하위체계인 것으로 밝혀지고 있기 때문이다. 그뿐만 아니라 친척용어는 이른바 '비기본 어휘(non-basic vocabulary)'이고, 그중에도 문화적 양상들과 가장 밀접하게 상호 관련되는 어휘 영역이다. 따라서 친척용어는 상이한 계층집단 간에 그것의 변이성이 더욱 두드러지게 나타날 수 있는 어휘 영역일 것으로 짐작된다. 나아가서 친척용어는 다른 어휘 영역과는 달리 친척형(kin types)에 의해 그 의미 규정이 체계적으로 이루어지므로 관련되는 용어들의 의미 차원에서의 비교 또는 대조가 상대적으로 명료히 도출될 수 있을 것으로 기대되기 때문이다.

다음으로 친척용어 중에서 친척호칭의 영역을 다루고자 하는 이유는, 먼저 호칭이 친척 간의 직접적인 대면의 상황에서 그리고 일상적으로 더욱 빈번히 사용되는 용어체계이므로, 언어행위 그 자체의 시각에서는 지칭(kinship terms of reference)보다 우선적인 중요성이 있을 것이기 때문이다. 그뿐만 아니라 친척호칭은 지칭과는 달리, 한국사회에서 양반계층뿐만 아니라 상민계층의 경우에도 나름대로 체계를 이루면서 발달해 있으므로, 사회계층에 따른 변이형들의 비교가 실제적으로 가능한 친척용어의 하위체계일 것으로 판단되기 때문이다.

또한 이 연구는 전통적인 사회계층에 따른 친척호칭의 변이성을 단순히 기술, 분석하는 단계를 넘어서서, 그러한 언어적 사실과 상호 관련되는 사회적 사실의 규명에도 연구 관심을 기울이고자 한다. 다시 말해 '상당한 정도'의 언어적 변이성이 동일 언어공동체 내의 상이한 계층집단 간에서 발견된다면, 그러한 언어적 변이성이 유지되어 올 수 있었던 사회문화적 배경 및 그것이 가지는 사회적 기능(social functions)과 의미 등도 일차적인 탐구의 대상이 되어야 할 것이다. 그런데 여기서 우선으로 관심을 두고자 하는 부분은 앞의 질문, 즉 친척호칭의 변이성이 유지되어 올 수 있었던 사회문화적 배경에 관해서다.

사회계층에 따른 언어의 분화가 지속될 수 있었던 사회문화적 배경과 관련하여, 상이한 계층집단 간의 '긴밀한 사회적 접촉(social contact)의 결여'라는 명제를 일반적으로 상정할 수 있을 것이다. 그런데 한국 전통사회에서는 긴밀한 사회적 접촉의 핵심 부분이 바로 혼인관계에 의해 대표될 수 있을 것이므로, 이 연구에서는 친척호칭의 변이성과 상호 관련되는 사회적 사실로서, 상이한 계층집단 간의 통혼(通婚)관계를 또한 구체적으로 파악하고자 한다.

요약하면, 이 연구는 한국 전통사회에서의 사회계층과 언어행위 간의 상호관련성에 대한 보다 체계적인 사회언어학적 접근의 일환으로 계획된 것이다. 좀 더 구체적으로 이 연구는 (1) 한국 전통사회에서 상이

한 신분적 지위(estate status)를 지녔던 계층집단 간에 일상적으로 사용해 온 친척호칭체계상의 규칙적인 변이성을 발견하고, (2) 그러한 언어행위상의 변이성이 유지되어 올 수 있었던 사회문화적 배경, 특히 계층집단 간의 긴밀한 사회적 접촉의 지표로서의 통혼관계를 중심으로 한 사회문화적 배경을 파악하고자 하는 것이다.

2. 연구의 과정과 방법

위와 같은 연구 목적을 달성하기 위해서는, 이상적으로는 적어도 다음의 조건들을 충족시키는 연구조사지가 선정되어야 할 것이다. 첫째, 친척호칭에 대한 체계적인 지식 및 그것의 적절한 사용은 각성(各姓)들이 모여서 이루는 소위 비종족(非宗族) 부락보다는, 동일 친족집단의 성원들이 집단적으로 거주하는 종족(宗族) 부락에서 보다 잘 발견될 것이다. 따라서 1개 이상의 주 성씨들이 집단적으로 거주하는 수 개의 종족부락 또는 집성촌(集姓村)이 구체적인 연구대상지로 선정되어야 할 것이다. 둘째, 연구의 주목적이 사회계층에 따른 친척호칭의 변이에 대한 통제비교이므로, 위와 같은 종족부락들의 전통적인 의미에서의 계층적 지위가 서로 상이해야 할 것이다. 셋째, 위와 같은 사회적 특성을 갖춘 마을들이 지리적으로 서로 인접함으로써, 일반적인 의미에서의 단일한 지역공동체(community) 내에 속해야 할 것이다.

연구조사지 선정을 위한 예비 답사는 1988년 1월 26~29일간 그리고 1988년 12월 10~12일간 두 차례에 걸쳐 경상북도 일원에서 이루어졌고, 위에서 제시한 연구조사지의 선정 조건에 가장 근사한 곳으로 판단된 영해지역이 잠정적인 연구대상지로 결정되었다. 특히 영해지역이 연구대상지로 선정된 근저에는, 지리적으로 그렇게 넓지 않은 지역 내에 계층 구분에 따른 사회적 분화가 상대적으로 발달한 것으로 관찰되었고, 나아가서 이 지역 내 어촌의 존재가 이 연구 주제와 관련하여 매우 흥미롭게 느껴졌기 때문이다. 그뿐만 아니라 이 지역 방언의 사회적 분화에 대한 부분적인 사실이 이미 최명옥의 연구(1980)에서 구체적으로 보고된 점도 참고가 되었다.

이 연구를 위한 실제의 현지조사는 1990년 1월 11일부터 2월 8일까지 한 달가량 조사지역에 체재하면서 진행되었다. 다음은 현지조사의 초기 단계에서 최종 확정된 5개의 구체적인 연구대상 마을이다.

1. 호짓말(영해면(寧海面) 괴시(槐市) 1동)
2. 원두들(영해면 원구(元邱) 1동)
3. 영골(병곡면(柄谷面) 영(榮) 1동)
4. 새터(영해면 연평(蓮坪) 1 · 2동)
5. 밭내미(영해면 사진(糸津) 1동)

위 5개 마을이 연구대상 마을로 선정된 이유는, 각 마을이 갖는 상이한 사회문화적 배경이 위에서 논의한 이상적인 연구 조건에 가장 근사하였기 때문이다. 먼저 생태적 조건의 면에서 마을 1, 2, 3, 4는 모두 농촌 마을이나 5는 어촌 마을이다. 다음으로 부락 성원의 친척 구성의 면에서 보면, 마을 4를 제외한 4개의 마을은 모두 종족부락의 범주에 속하는 마을이다. 마을 4는 종족부락이기보다는 일정 수의 토박이들이 거주하는 비종족부락으로 규정될 수 있는데, 그럼에도 마을 4가 연구대상 마을로 선정된 이유는, 마을 4와 같은 계층적 지위를 지닌 마을로서 종족부락인 마을은 연구 지역 내에서 발견되지 않았기 때문이다. 또한 사회계층의 측면에서 보면, 마을 1, 2는 반촌(班村)이고 4, 5는 민촌(民村)이나, 일반적으로 어촌인 5가 농촌인 4보다는 계층적 지위의 면에서 더

낮은 위상을 갖는 것으로 인식된다. 마을 3은 일반적인 범주로는 반촌으로 그러나 '배타적인' 시각에서는 '중촌(中村)'으로 분류되는, 저명 반촌과 민촌 사이에 놓이는 마을이다. 연구대상 마을의 구체적인 선정 과정에서 특히 어려웠던 것은 이상적인 조건을 갖춘 '중촌' 마을의 선정이었는데, 마을 3이 그러한 조건에 근사한 곳으로 추천되었으므로, 다른 4개 마을로부터 공간적으로 다소 거리가 떨어져 있음에도 불구하고 마을 3을 연구대상 마을로 선정하게 되었다.

위 5개의 연구대상 마을에서 행해진 현지조사의 내용은 크게 다음과 같은 세 부분으로 구성되었다. 즉, (1) 해당 마을의 역사와 일반적인 사회문화적 배경의 파악, (2) 해당 마을 내의 주 종족집단 성원들(또는 주 토박이 성씨들)이 일상적으로 사용해 온 친척호칭체계의 파악, (3) 해당 마을 내의 주 종족집단(또는 주 토박이 성씨)을 구성하는 개별 가구들의 통혼관계의 파악이다. 여기서 조사 항목 (1)은 해당 마을 및 해당 종족집단에 대한 입문적 이해를 위한 질문이었고, 조사 항목 (2)와 (3)은 이 연구의 기본 질문인 사회계층에 따른 친척호칭의 변이성과 그러한 변이성이 유지되어 올 수 있었던 사회문화적 배경을 파악하기 위한 것이었다.

친척호칭의 조사는 각 연구대상 마을마다 문화적 지식이 뛰어난 소수의 제보자를 대상으로 하여 미리 준비된 조사표를 사용하는 면접방법에 따라 이루어졌다. 구체적으로 '부계친(父系親, 아버지를 통해서 맺어진 친척)', '모계친(母系親, 어머니를 통해서 맺어진 친척)', '부계친(夫系親, 남편을 통해서 맺어진 친척)', '처계친(妻系親, 아내를 통해서 맺어진 친척)', 그리고 '사돈(査頓)관계'로 범주화된 모두 540개의 광범한 친척형을 가리키는 호칭형태에 대한 질문으로 이루어졌는데, 물론 이들 친척형에 대한 호칭형태가 조사과정에서 모두 응답된 것은 아니었다.

그리고 이 연구의 기본 질문에서 이미 시사되었듯이, 친척호칭에 관한 조사는 현재의 젊은 세대들보다는 연구대상 마을 내의 노인 세대들이 과거부터 관행적으로 사용해 온 용어 형태를 파악하고자 하는 것이었다. 따라서 친척호칭의 조사에 '초대된' 제보자들은 모두 각 마을의 노인 세대에 속하는 사람들이었다. 이들 제보자의 성별, 연령별 특성을 간략히 정리하면, 5개 마을에서 심층 면접의 대상이 되어 준 제보자들은 모두 19명인데, 이 중 남자가 9명, 여자가 10명이었다. 이 19명의 제보자는 연령적 분포 면에서 70세 이상이 10명, 60세 이상이 8명, 50세 이상이 1명이었고, 그들의 평균 연령은 약 71세에 달하였다.

다음으로 통혼관계에 대한 조사는 각 연구대상 마을 내의 주 성씨 또는 토박이 성씨 가구들만을 대상으로 하여, 해당 가구 내의 여러 혼인관계 중에서 남성 가구주의 처가(妻家), 외가(外家), 진외가(陣外家)에 대한 질문만으로 그 조사 범위를 한정시켰다. 질문의 범위를 이렇게 한정시킨 것은, 위의 세 혼인 사례가 실제로 용이하게 조사 가능한 혼인 사례의 범위일 뿐 아니라, 개별 가구에서의 3대에 걸친 전체 혼인 사례들을 적절하게 대표할 수 있는 표본이 될 것으로 판단했기 때문이다. 또이 통혼관계의 조사에서 가구주의 연령이 50세 미만일 경우에는 처가에 대한 질문은 생략하였는데, 그것은 50세 미만 세대에서는 최근의 사회문화적 변화 때문에 전통적인 혼인 유형과는 상당한 정도로 상이한 혼인 유형을 일반적으로 보일 것으로 짐작되었기 때문이다.

3. 연구대상 지역의 사회문화적 배경

1) 영해지역의 일반적 특성

영해(寧海)는 현재의 행정구역으로는 1개 면에 불과하지만, 역사적으로 경북 동해안 지역의 중심 고을이었다. 『영덕군지(盈德郡誌)』(1981: 49-53, 807-810)에 의하면, 영해는 원래 고구려 때에는 우시국(于尸國)으로, 신라 때에는 유린군(有隣郡)으로, 그리고 고려 초에는 예주군(禮州郡)으로 각기 불리었는데, 고려 현종(顯宗) 13년(1022)부터 이곳에 방어사(防御使)를 두고 인근의 여러 고을을 속현(屬縣)으로 관장하게 되었다. 그러다가 고종(高宗) 45년(1258)에는 덕원(德原)으로 개칭됨과 함께 소도호부(小都護府)로 승격되었고, 충선왕(忠宣王) 2년(1310)에는 오늘날의 이름인 영해부(寧海府)로 다시 바뀌었다. 조선조에 들어와서도 이러한 동해안의 중심 고을로서 영해의 위상은 계속되어, 태종(太宗) 13년(1413) 이래 영해에는 도호부사(都護府使)를 두고 인근의 포영(浦營) 및 속현들을 계속 관장하게 되었다. 그러다가 조선조 말인 고종(高宗) 32년(1895)에 시행된 지방 관제의 개편 시에 영해는 도호부에서 군(郡)으로 격하되었고, 일제시기인 1914년에는 마침내 영덕군(盈德郡)으로 통합됨으로써 오늘날과 같은 면 단위의 행정구역이 되었다.

그러나 영해는 아직도 영덕군의 북부 4개 면, 즉 영해면, 창수면(蒼水面), 병곡면(柄谷面), 축산면(丑山面)의 생활 중심지다. 이 4개 면의 학생들은 모두 영해면 내에 소재하는 2개의 고등학교로 진학하게 되며, 위 4개 면의 유림(儒林) 활동도 이곳의 영해향교(寧海鄉校)를 중심으로 이루어진다. 그리고 매 5, 10일에 열리는 영해장은 위 북부 4개 면뿐만 아니라 이웃한 울진군(蔚珍郡)과 영양군(英陽郡) 일부에서도 이용하는 비교적 큰 장으로 알려져 있다.

영해지역은 과거의 위상에 걸맞게, 포항(浦項)에서 울진(蔚珍)으로 이어지는 경북 동해안 지역에서 거의 유일하게 저명 반촌들이 발달한 곳이다. 이곳 주민들의 말대로 영해는 흔히 '소안동(小安東)'으로 불리기도 했으며, 특히 이곳의 '인량(仁良, 나랏골)'(행정구역으로는 창수면 소재)은 영남 반촌 사회에서 안동(安東)의 하회(河回), 경주(慶州)의 양좌동(良佐

洞), 함양(咸陽)의 개평(介坪)에 다음가는 유명 반촌으로도 알려져 있다. 영해지역 반촌의 '메카'라고도 표현될 수 있는 인량은, 이 지역에 집단으로 거주하는 5대 성씨(재령 이씨(載寧李氏), 무안 박씨(務安朴氏), 대흥 백씨(大興白氏), 안동 권씨(安東權氏), 영양 남씨(英陽南氏))의 원거주지일 뿐만 아니라, 흔히 8종가(八宗家) 또는 12종가(十二宗家)가 운집해 있는 마을로 일컬어지기도 한다. 인량뿐만 아니라 영해지역 일원에는 다수의 반촌들이 밀집해 있는데, 영해면을 중심으로 하는 북부 4개 면에 적어도 16개의 반촌 마을이 분포하는 것으로 제보자들은 보고하고 있다.

영해지역의 또 다른 사회문화적 특색은, 다른 지역과는 달리, 이곳에는 농촌과 어촌이 함께 존재한다는 사실이다. 긴 동해안을 따라 끊임없이 이어지는 어촌들이 이 지역에서도 계속되고 있는데, 영해면 내에서만도 흔히 '육진(六津)'으로 부르는 6개의 어촌 마을이 자리 잡고 있다. 동일 지역 내에 농촌과 어촌이 함께 있는 양상은 생태적 적응(ecological adaptation)의 측면에서뿐 아니라, 사회계층(social stratification)의 측면에서도 매우 흥미로운 사실로 떠오른다. 가령 영해면 내에는 모두 23개의 마을(동(洞) 또는 이(里))이 있는데, 이 중 6개 마을이 반촌(班村)으로 분류되고, 11개 마을이 민촌(民村)으로 분류되며, 나머지 6개 마을은 어촌(漁村)이다. 그런데 이 지역에서는 어촌이 농촌의 민촌보다도 계층적 지위 면에서 분명히 더 하위에 위치하는 것으로 인지되고 있다. 따라서 조사대상지인 영해지역에서의 전통적인 사회계층은, 이곳에 어촌이 함께 있음으로써, 다른 농촌지역에서의 사회계층에 비해 더욱 복합적인 체계를 이루고 있는 것으로 이해된다.

2) 연구대상 마을의 일반적 배경

〈그림 5-1〉에서 보듯이 5개 연구대상 마을은 대체로 가까운 거리에 서

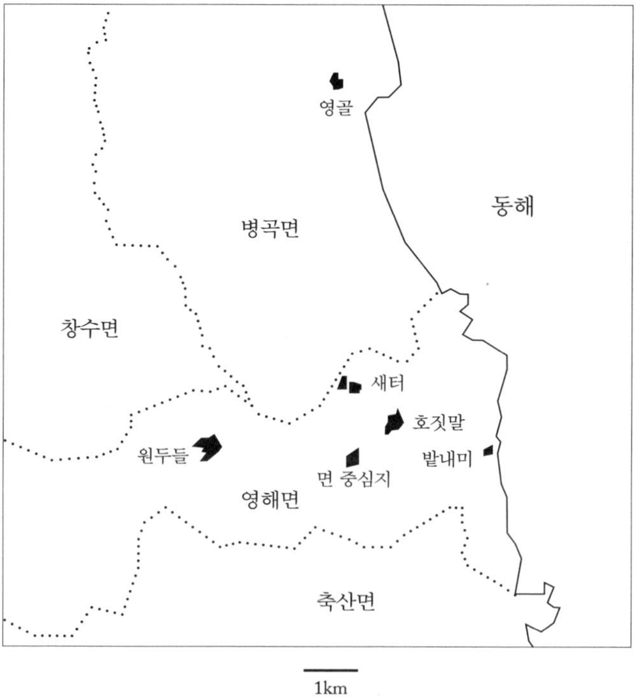

그림 5-1. 조사지역 약도

로 위치하고 있으며, 그중에서도 특히 '호짓말'과 '새터' 그리고 '발내미'는 매우 인접해 있다. 영해면 중심지로부터 직선 거리로 치면, '호짓말'까지는 약 1km, '원두들'까지는 약 2.9km, '영골'까지는 약 7.5km, '새터'까지는 약 1.4km, 그리고 '발내미'까지는 약 2.7km가 된다.

위 5개 마을의 주민들은 영해장이라는 동일 시장을 일상적으로 이용할 뿐만 아니라, 이곳의 아동들은 거의 대부분 동일 학교에서 교육을 받는다. 즉, '호짓말', '새터', '발내미'의 아동들은 모두 동일 초등학교로 취학하게 되며, 이들은 '원두들'의 아동들과 함께 동일 중학교로 진학하고, 다시 이들은 '영골'의 학생들과 함께 동일 고등학교로 진학하여 중등교육을 받는다. 따라서 위 5개 마을의 주민들은 지리적으로 서로 인접해 있을 뿐만 아니라, 사회적 접촉의 측면에서도 일반적으로 단일한 지역공동체에 속한다고 말할 수 있다.

구체적 연구대상인 5개 마을의 개략적인 사회문화적 배경은 다음과 같다.

① 호짓말

이 마을은 고려 때인 1360년경 함창 김씨(咸昌金氏)에 의해 처음 개척된 것으로 알려져 있는데(『영덕군지』 1981: 122), 특히 목은(牧隱) 이색(李穡) 선생의 출생지로도 유명하다.

약 350년 전에 영양 남씨(英陽南氏)(현 종손의 12대조인 남두원(南斗遠))가 이 마을로 입촌(入村)한 이래 지금까지 영양 남씨의 단일 집성촌을 이루어 왔다. 이 마을은 과거 경제적으로 꽤 번창했던 부촌으로 알려져 있는데, 이 사실을 반영하기라도 하듯이, 현재 마을 내에는 '뜰집'형의 고가(古家)가 아직 14채나 남아 있으며 마을 주위에는 모두 4개의 남씨 소유 정자(亭子)가 남아 있다.

1989년 12월 1일 현재, 이 마을에는 159가구 562명(남자 278명, 여자 284명)이 살고 있으며, 이 중 농가(農家)가 66가구(전업농가는 60가구) 비농가(非農家)가 93가구다. 잘 알려진 『朝鮮の聚落』(善生永助 1933-1935: 830)에는 당시 이 마을에 영양 남씨가 72가구 432명이었던 것으로 기록되어 있는데, 현재는 48가구로 줄어 있다. 영양 남씨 48가구를 제외한 나머지 111가구는 모두 각성(各姓)들로 이루어진다.

② 원두들

이 마을은 고려 때인 1388년경에 명(名) 미상(未詳)의 서씨(徐氏)에 의해 처음 개척된 것으로 알려져 있다(『영덕군지』 1981: 125). 그러나 조선조 초에 진성 이씨(眞城李氏), 무안 박씨(務安朴氏)(현 종손의 16대조인 박세일(朴世

逸)), 영양 남씨(현 종손의 18대조인 남한립(南漢粒)), 대흥 백씨(大興白氏)(현 종손의 14대조인 백인국(白仁國))가 각기 입촌하여 이 네 성씨의 집성촌을 이루어 오다가, 조선 후기에 진성 이씨가 다른 면으로 이거(移去)한 후로는 나머지 세 성씨의 집성촌이 되어 왔다. 원두들은 호짓말과 함께 영해면 내의 대표적인 반촌으로 일컬어지는데, 특히 이 마을은 1948~1949년간 좌우익 대립 시에 많은 희생자를 낸 곳으로 전해진다.

1989년 12월 1일 현재, 이 마을의 인구는 139가구 503명(남자 249명, 여자 254명)이 살고 있으며, 이 중 농가가 110가구(전업농가는 105가구) 비농가가 29가구다. 『朝鮮の聚落』(善生永助 1933-1935: 825)에는 당시 이 마을의 주성(主姓) 거주자로 무안 박씨 45가구 241명, 영양 남씨 40가구 212명, 대흥 백씨 31가구 154명으로 기록되어 있는데, 현재는 무안 박씨 34가구, 영양 남씨 33가구, 대흥 백씨 22가구, 그리고 기타 성씨 50가구로 구성되어 있다.

③ 영골

이 마을은 조선조 숙종(肅宗) 때인 1688년경에 울진 장씨(蔚珍張氏)(현 종손의 13대조인 장효일(張孝一))에 의해 처음 개척된 것으로 기록되어 있다(『영덕군지』 1981: 128-129). 마을 내에는 이 마을의 유래와 관련하여 "장씨 터전에 장씨 골목이"라는 말이 전해 옴으로써, 위의 사실에 부합하고 있다.

울진 장씨의 집성촌인 이 마을은, 앞에서 간략히 언급하였듯이, 영해지역 내의 개별 마을들을 계층적 지위에 따라 구분하는 데서 다소간 모호한 위치에 놓인다. 즉, 이 마을은 일반적인 범주로는 흔히 반촌으로도 분류되지만(특히 이 마을의 시각), 엄격히는 분명한 반촌에 속하지 않는 그렇다고 해서 민촌도 아닌, '중촌(中村)'으로도 분류되는 마을(이 지역 반촌들의 시각)이기 때문이다. 이 마을의 울진 장씨는 입촌 이래 경제적으로 그리 번창하지 못했던 것으로 전해지며, 또 윗대의 당색(黨色)이 노론(老論)이었던 관계로 남인(南人) 중심의 이곳 향촌(鄕村) 사회에서 상대적으로 고립되어 왔던 것으로 짐작된다.

1989년 12월 1일 현재, 이 마을에는 69가구 263명(남자 129명, 여자 134명)이 살고 있으며, 이 중 농가가 61가구(전업농가는 57가구) 비농가가 8가구다. 또 전체 69가구 중에서 울진 장씨는 40가구이고, 기타 성씨가 29가구로 구성되어 있다.

④ 새터

이 마을은 조선조 영조(英祖) 때인 1727년경에 명(名) 미상(未詳)의 류씨(柳氏)에 의해 처음 개척된 것으로 기록되어 있다(『영덕군지』 1981: 124). 마을 사람들에 의하면 이 마을의 유래에 대해 "류씨 터전에 박씨(朴氏) 골목이"라는 말이 예부터 전해 온다고 하는데, 그러나 이 마을의 원 거주자였던 류씨 및 박씨의 후손들은 오래전에 이 마을을 이미 떠난 것으로 전해진다. 이 마을은 조선시대에 역(驛)이 있었던 역촌(驛村)으로, 현재의 '아랫새터'에 '적천역(赤川驛)'이라는 이름의 영해부 내의 유일한 역이 있었다고 기록되어 있다(『영덕군지』 1981: 124, 406).

이 마을은 엄격한 의미에서 특정 성씨의 집성촌은 아니다. 대신 몇 개의 성씨(밀양 박씨(密陽朴氏), 진주 강씨(晋州姜氏), 영일 정씨(迎日鄭氏))가 토박이로서 상대적으로 오래 살아왔고, 다른 성씨에 비해 비교적 숫자가 많을 뿐이다. 영해면 중심지 부근의 민촌 중 하나인 이 마을은, 현재 전국적으로 잘 알려진 '새마을사업 우수 마을'이고, 비닐하우스를 이용한 특용 작물의 재배에 성공함으로써 영해면 제1의 부촌으로 이름나 있다. 특히 주택 개량 사업과 마을 내 도로 확장 및 포장 사업으로 현대화된 농촌의 모습을 잘 보여 주고 있는 곳이다.

1989년 12월 1일 현재, '아랫새터'(연평 1동)와 '윗새터'(연평 2동)를 합쳐 150가구 550명(남자 269명, 여자 281명)이 살고 있으며, 이 중 농가가 118가구(전업농가는 111가구) 비농가가 32가구다. 이 150가구 중 토박이인 밀양 박씨(현 종손의 7대조가 입촌)가 4가구, 진주 강씨(현 종손의 6대조가 입촌)가 21가구, 영일 정씨 I(세계(世系) 불분명)이 6가구, 영일 정씨 II(현 종손의 5대조가 입촌)가 3가구이며, 나머지 116가구는 입촌의 연조(年條)가 그리 길지 않은 기타 성씨로 구성되어 있다.

⑤ 밭내미

이 마을은 조선조 선조(宣祖) 때인 1600년경에 안동 권씨(安東權氏)가 처음 개척한 것으로 알려져 있는데(『영덕군지』 1981: 124), 마을 내에는 이 마을의 유래와 관련하여 "권씨 터전에 박씨 골목이"라는 말이 전해 온다. 그러나 현재 이 마을에는 마을의 원거주자였던 권씨의 후손도 그리고 박씨의 후손도 모두 살고 있지 않은 것으로 보고된다.

현재 이 마을은 청주 한씨(淸州韓氏)의 집성촌인데, 서로 간에 모두 14촌 이내의 근친들이다. 정확한 입촌의 연대는 알려져 있지 않으나 현 종손의 6대조 또는 7대조가 입촌한 것으로 짐작되고, 비교적 짧은 시간 동안에 이 마을의 주 성씨가 된 것으로 보인다. 이 마을은 영해면 내의 6개 어촌 중의 하나로, 다른 어촌들과 마찬가지로 생업은 반농반어(半農半漁)다.

1989년 12월 1일 현재, 이 마을에는 모두 64가구 224명(남자 109명, 여자 115명)이 살고 있으며, 이 중 농가가 6가구(전업농가 3가구), 어가가 40가구(전업어가 19가구), 비농비어가(非農非漁家)가 18가구로 분류된다. 총 64가구 중에서 청주 한씨가 29가구이고, 또 다른 토박이인 밀양 박씨(密陽朴氏)(입촌 시기는 불명확함)가 5가구이며, 나머지 30가구는 기타 성씨로 구성되어 있다.

4. 친척호칭의 비교 목록

1) 연구결과의 일반적 경향 및 친척형 표시법

위의 5개 연구대상 마을에서 이루어진 연구결과는 대체로 다음과 같은 일반적 경향을 나타낸다. 즉, 5개의 마을에서 관행적으로 사용해 온 친척호칭체계는 엄격히는 네 부류의 부분적으로 상이한 호칭체계인 것으로 드러난다. 왜냐하면 호짓말과 원두들에서는 동일한 호칭체계가 사용되는 데 반해, 나머지 3개의 마을, 즉 영골, 새터, 밭내미에서는 호짓말, 원두들의 것과는 다소간 상이한 호칭체계가 사용되고 있기 때문이다. 그러나 조사지역에서 발견되는 네 부류의 부분적으로 상이한 친척호칭체계는 다시 상호 간의 형태 및 의미 차원에서의 유사성에 따라 크게 두 부류로 대별될 수 있을 것으로 보인다. 즉, 호짓말, 원두들의 것과 영골의 것이 상당한 유사성을 보이고, 새터의 것과 밭내미의 것이 또 다른 유사성을 보이기 때문이다.

다음에서 제시하는 친척호칭 형태의 비교 목록은, 조사대상이 되었던 도합 540개의 친척형 중에서, 화자인 ego에게 비교적 근친(近親)의 범위에 속하는 210개의 주요 친척형들에 대한 호칭형태를 정리한 것이다. 그러나 실제의 목록은 동일한 호칭형태가 중복 사용되는 64개의 친척형들을 제외한 146개의 주요 친척형들을 가리키는 호칭형태들로 구성된다. 기술의 대상에서 제외되는 나머지 친척형들은 모두가 친척 계보상 일정 정도 거리가 떨어지는 방계친들이므로, (기술 대상인) 이들 근친의 친척형들보다 상대적인 중요성에서 뒤떨어질 것으로 생각된다. 또한 조사과정에서는 '사돈관계'의 범주에 속하는 친척형들도 연구의 대상이 되었지만, 중요하지 않은 부분적인 변이성만 호칭형태에서 발견되었으므로, 비교 목록에는 포함하지 않았다. 따라서 비교 목록에서 제시하는 다양한 친척형들은 화자인 ego와의 친척관계에 따라서 각기 부계친(父系親), 모계친(母系親), 부계친(夫系親), 처계친(妻系親)의 네 범주로 구분될 수 있을 것이다.

또 비교 목록에서는 편의상 호짓말, 원두들은 '조사지 I'로, 영골은 '조사지 II'로, 새터는 '조사지 III'으로, 그리고 밭내미는 '조사지 IV'로 각기 표기하기로 한다.

비교 목록에서 제시하는 친척형의 표시 약어는 다음과 같다.

F: father 아버지

M: mother 어머니

B: brother 남형제

Z: sister 여형제

S: son 아들

D: daughter 딸

H: husband 남편

W: wife 아내

Be: elder brother 손위 남형제

By: younger brother 손아래 남형제

Ze: elder sister 손위 여형제

Zy: younger sister 손아래 여형제

〉A(e, H, or W): elder than A(ego, ego's husband, or ego's wife)

A(자신, 자신의 남편, 또는 자신의 아내)보다 연상

〈 A(e, H, or W): younger than A(ego, ego's husband, or ego's wife)

A(자신, 자신의 남편, 또는 자신의 아내)보다 연하

♂: male speaker 남성 화자

♀: female speaker 여성 화자

또 비교 목록 안의 FN은 개인의 이름(first name)을, Tek는 종자명호칭(teknonym)을 각기 가리키는 약어로 사용하기로 한다.

마지막으로 한국사회 내의 다른 지역과 마찬가지로 조사지역에서도 최근에 친척호칭체계상의 부분적인 변화가 일어난 것 같다. 흔히 제보자들이 '중년에 새로 생긴 말'로 표현하는 새로운 형태의 친척호칭은, 특히 조사지 III과 IV(새터 및 밭내미)에서 두드러지게 나타나는데, 비교 목록에서는 중요한 변화가 일어난 친척호칭의 경우, 과거에 사용하던 형태와 새로이 사용하는 형태 양자를 모두 기술하기로 한다. 비교 목록에서의 부호 →가 호칭형태상의 변화가 최근 일어났음을 의미하는데, 부호 왼쪽의 것이 과거에 사용하던 호칭형태이고 오른쪽의 것이 최근에 새로이 사용하기 시작한 호칭형태다.[1]

2) 부계친(父系親)의 친척호칭

먼저 다양한 친척관계 중에서 가장 중심적인 위상을 차지하는 부계친(父系親)의 친척범주, 즉 아버지를 통해서 맺어진 친척들에게 사용하는 주요 친척호칭 형태의 목록은 다음과 같다. 모두 64개의 주요 친척형들에 대한 호칭형태다.

먼저 증조항(曾祖行) 및 조항(祖行)에게 사용하는 주요 친척호칭은

---

1 여기서 한 가지, 개별 친척호칭 형태의 표기와 관련하여, 비교 목록에서는 조사과정에서 들은 제보자들의 발음을 그대로 따르는 것을 원칙으로 하였다. 그러나 면접조사의 언어 상황이 친척호칭을 실제로 사용하는 언어 상황과는 격식성의 차원 또는 화자의 의식 정도의 차원에서 서로 다를 수 있을 것이므로, 여기서 제시하는 호칭형태는 제보자들이 실제로 사용하는 호칭형태와 부분적으로, 아마도 음운적 표현의 면에서 다소간 상이할 가능성도 있을 것으로 여겨진다.

일련 번호	친척형	친척호칭			
		조사지 I	조사지 II	조사지 III	조사지 IV
1	FFF	큰할배	할배	할배	할배
2	FFM	큰할매	할매	할매	할매
3	FFFB	할배	할배	할배	할배
4	FFFBW	할매	할매	할매	할매
5	FFFZ	할매	할매	할매	할매
6	FFFZH	새할배	할배	할배	할배
7	FF	큰아배, 할배	할배, 큰아배	할배	할배
8	FM	큰어매, 할매	할매, 큰어매	할매	할매
9	FFB	할배	할배	할배	할배
10	FFBW	할매	할매	할매	할매
11	FFZ	할매	할매	할매	할매
12	FFZH	새할배	할배	할배	할배

다음과 같이 나타난다.

위에서 일련번호 7 및 8과 관련하여 조사지 I과 II에서는 각기 두 가지 형태의 호칭이 사용되고 있음을 알 수 있다. 그러나 호짓말, 원두들에서는 '큰아배'의 형이 '할배'의 형보다 더 빈번히 사용되는 데 비해, 영골에서는 '할배'의 형이 '큰아배'의 형보다 더 빈번히 사용되는 것으로 보고된다. 위의 목록에서는 6개의 친척형, 즉 1, 2, 6, 7, 8, 12를 가리키는 호칭형태에서 연구대상 마을 간에 부분적인 변이성이 나타나고 있다.

다음은 부항(父行), 즉 숙항(叔行)의 주요 친척형들에 대한 호칭형태다.

숙항에 대한 친척호칭에서는 적어도 6개의 친척형, 즉 일련번호 15, 16, 17, 18, 20, 24에서 상이한 호칭형태가 사용되고 있음을 본다. 그뿐만 아니라 조사지역에서는 15, 16, 17, 18과 관련하여 의미 차원에서의 또 다른 상이성이 발견되는데, 그것은 조사지 I과 II에서는 대체로 부(父)의 만형 및 만형수만이 '맏아배', '맏어매'로 불리고, 부의 나머지

		조사지 I	조사지 II	조사지 III	조사지 IV
13	F	아배	아배	아배	아배
14	M	어매	어매	어매	어매
15	FBe	맏아배	맏아배	큰아배	큰아배
16	FBeW	맏어매	맏어매	큰어매	큰어매
17	FBy	작은아배	적은아배	아재 → 적은아배	아재
18	FByW	작은어매	적은어매	아지매 → 적은어매	아지매
19	FZ	아지매	아지매	(고모)아지매 → 고모(姑母)	아지매 → 고모(姑母)
20	FZH	새아재	새아재	(고모)아재 → 고모보(姑母夫)	아재 → 고모보(姑母夫)
21	FFBS	아재	아재	아재	아재
22	FFBSW	아지매	아지매	아지매	아지매
23	FFBD	아지매	아지매	(고모)아지매 → 고모	아지매 → 고모
24	FFBDH	새아재	새아재	(고모)아재 → 고모보	아재 → 고모보

형제 및 형제수는 모두 '작은/적은아배', '작은/적은어매'로 불리는 데 반해, 조사지 III과 IV에서는 부(父)의 모든 형 및 형수가 '큰아배', '큰어매'로 불리고, 부의 제(弟) 및 제수는 모두 '아재'(또는 '적은아배'), '아지매'(또는 '적은어매')로 불리는 사실이다.

다음은 화자 자신의 항렬, 즉 형제항(兄弟行)의 주요 친척형들에 대한 호칭형태다.

		조사지 I	조사지 II	조사지 III	조사지 IV
25	♂Be	형님	형님	형님	성님→형님
26	♂BeW	새아지매	새아지매	형수(兄嫂)	형수(兄嫂)
27	♂By	FN	FN	FN	FN
28	♂ByW	계수씨(季嫂氏)	제수씨(弟嫂氏)	제수(弟嫂)	제수(弟嫂)
29	♂Ze	눈님	눈님	누부	누부
30	♂ZeH	새형님	새형님	매형(妹兄)	매형(妹兄)
31	♂Zy	남편성+실(室)	남편성+실(室)	FN, 동상(同生)	FN, 동상(同生)

		조사지 I	조사지 II	조사지 III	조사지 IV
32	♂ZyH	성+서방(書房)	성+서방(書房)	제매(弟妹), 성+서방(書房)	제매(弟妹)
33	♀Be	오라배	오라배	오라배	오라배
34	♀BeW	새형님	형님	싱이 → 헝님	싱이
35	♀By	FN	FN	FN	FN
36	♀ByW	새댁	새댁	새덕, 동상아덕	새덕
37	♀Ze	형님	형님	헝님	싱이
38	♀ZeH	새아재	새아재, 형부(兄夫)	헝부(兄夫)	아재 → 헝부(兄夫)
39	♀Zy	남편성+실	남편성+실	FN, 동상	FN, 동상
40	♀ZyH	성+서방	성+서방	기보(季夫)[2]	기보(季夫)
41	♂FBS>e	형님	형님	헝님	성님 → 헝님
42	♂FBS(>e)W	새아지매	아지매, 형수씨(兄嫂氏)	헝수	헝수
43	♂FBS<e	FN	FN	FN	FN
44	♂FBS(<e)W	종수씨(從嫂氏)	종수씨(從嫂氏)	제수	제수
45	♂FBD>e	눈님	눈님	누부	누부
46	♂FBD(>e)H	새형님	새형님, 자형(姉兄)	매헝	매헝
47	♂FBD<e	남편성+실	남편성+실	FN, 동상	FN, 동상
48	♂FBD(<e)H	성+서방	성+서방	제매, 성+서방	제매
49	♂FZS>e	형님	형님	헝님	성님 → 헝님
50	♂FZS(>e)W	새아지매	아지매	헝수	헝수
51	♂FZS<e	FN	FN	FN	FN
52	♂FZS(<e)W	고종수씨(姑從嫂氏)	종수씨, 제수씨	제수	제수
53	♂FZD>e	눈님	눈님	누부	누부
54	♂FZD(>e)H	새형님	새형님, 자형	매헝	매헝
55	♂FZD<e	남편성+실	남편성+실	FN, 동상	FN, 동상
56	♂FZD(<e)H	성+서방	성+서방	제매, 성+서방	제매[3]

2 일련번호 40 ♀ZyH를 조사지 III 및 IV에서 부르는 '기보'는, 제보자들은 그 어원을 뚜렷이 설명하지 못하였지만, 아마도 '계부(季夫)'의 방언형인 것으로 보인다. '제수'와 '제매' 등을 참고하면 '제부(弟夫)'도 가능하겠지만, '계부'가

여기서도 대체로 보아 23개의 친척형, 즉 일련번호 26, 28, 29, 30, 31, 32, 34, 37, 38, 39, 40, 42, 44, 45, 46, 47, 48, 50, 52, 53, 54, 55, 56에서 호칭형태상의 부분적인 상이성이 조사지역 내에서는 발견되는데, 이외에도 25, 36, 41, 49의 경우에는 동일 용어형태가 상이한 음운적 표현으로 실현되고 있음을 볼 수 있다.

마지막으로 자녀의 항렬, 즉 질항(姪行)에게 사용하는 주요 호칭형태의 목록인데, 여기서 일련번호 61, 62, 63, 64의 경우에는 부분적으로 부계친(夫系親)으로도 분류되어야 하는 친척형들이다.

		조사지 I	조사지 II	조사지 III	조사지 IV
57	S	FN, Tek	FN, Tek	FN, Tek	FN, Tek
58	SW	새사람, Tek	새사람, Tek	새사람, Tek	새사람, Tek
59	D	남편성+실, Tek	남편성+실, Tek	FN, Tek	FN, Tek
60	DH	성+서방	성+서방	성+서방	성+서방
61	♂BS/HBS	FN, Tek	FN, Tek	FN, Tek	FN, Tek
62	♂BSW/HBSW	새사람, Tek	새사람, Tek, 질부(姪婦)	새사람, Tek, 질부(姪婦)	새사람, Tek, 조카메늘
63	♂BD/HBD	남편성+실, Tek	남편성+실, Tek	FN, Tek	FN, Tek, 조카
64	♂BDH/HBDH	성+서방	성+서방	성+서방	성+서방

더 맞을 것 같다.

3 위의 목록에서 여성 화자의 방계친인 다음의 친척형들, 즉 ♀FBS〉e와 ♀FZS〉e, ♀FBS(〉e)W와 ♀FZS(〉e)W, ♀FBS〈e와 ♀FZS〈e, ♀FBS(〈e)W와 ♀FZS(〈e)W, ♀FBD〉e와 ♀FZD〉e, ♀FBD(〉e)H와 ♀FZD(〉e)H, ♀FBD〈e와 ♀FZD〈e, ♀FBD(〈e)H와 ♀FZD(〈e)H에 대한 친척호칭 형태는 각기 33 ♀Be, 34 ♀BeW, 35 ♀By, 36 ♀ByW, 37 ♀Ze, 38 ♀ZeH, 39 ♀Zy, 40 ♀ZyH에 대한 호칭형태와 동일하므로, 위의 목록에는 포함하지 않았다.

위 호칭형태들의 경우에는 엄격히는 친척용어의 영역에서 제외될 수도 있을 것이고, 또 동일 친척형을 가리키는 데서 복수의 호칭형태들이 사용되는 특색을 갖는다. 그러나 위의 목록을 하위 항렬의 친척들에게 사용하는 친척호칭 형태로 본다면, 최소한 일련번호 59와 63에서 호칭형태상의 상이성을 발견할 수 있겠다. 또 종자명호칭(Tek)의 사용과 관련하여 조사지역에서는 또 다른 작은 변이성이 발견되는데, 그것은 조사지 I과 II에서는 주로 '(아이이름+)애비' 및 '(아이이름+)에미'의 형태가 사용되는 데 반해, 조사지 III과 IV에서는 '(아이이름+)아바이' 및 '(아이이름+)어마이'의 형태가 사용된다는 점이다.

3) 모계친의 친척호칭

다음은 부계친(父系親)과 함께 혈족(血族, consanguine)의 범주를 구성하는 모계친(母系親), 즉 어머니를 통해서 맺어진 친척들에 대한 주요 호칭형태다. 다음의 목록은 모두 24개의 근친 범위의 친척형들에 대한 호칭형태들로 구성된다.

먼저 조항 및 숙항에게 사용하는 호칭형태는 다음과 같다.

		조사지 I	조사지 II	조사지 III	조사지 IV
65	MF	웨할배	웨할배	(웨)할배	(웨)할배
66	MM	웨할매	웨할매	(웨)할매	(웨)할매
67	MBe	웨아재	웨아재	웨아재	(웨)큰아배
68	MBeW	웨아지매	웨아지매	웨아지매	(웨)큰어매
69	MBy	웨아재	웨아재	웨아재	(웨)아재
70	MByW	웨아지매	웨아지매	웨아지매	(웨)아지매
71	MZ	아지매	아지매	(이모)아지매 → 이모(姨母)	아지매 → 이모(姨母)
72	MZH	새아재	아재	(이모)아재 → 이모보(姨母夫)	아재 → 이모보(姨母夫)

위의 목록에서는 부분적으로 명료하지 않지만 적어도 3개의 친척형, 즉 일련번호 67, 68, 72에서 용어형태상의 변이성이 나타나는 것으로 볼 수 있을 것이다.

다음은 화자 자신의 항렬, 즉 형제항에서의 주요 친척형들에 대한 호칭형태다.

		조사지 I	조사지 II	조사지 III	조사지 IV
73	♂MBS>e	형님	형님	형님	성님→형님
74	♂MBS(>e)W	새아지매	아지매	형수	형수
75	♂MBS<e	FN	FN	FN	FN
76	♂MBS(<e)W	웨종수씨(外從嫂氏)	종수씨	제수	제수
77	♂MBD>e	눈님	눈님	누부	누부
78	♂MBD(>e)H	새형님	새형님, 자형	매형	매형
79	♂MBD<e	남편성+실	남편성+실	FN, 동상	FN, 동상
80	♂MBD(<e)H	성+서방	성+서방	제매, 성+서방	제매
81	♂MZS>e	형님	형님	형님	성님→형님
82	♂MZS(>e)W	새아지매	아지매	형수	형수
83	♂MZS<e	FN	FN	FN	FN
84	♂MZS(<e)W	이종수씨(姨從嫂氏)	종수씨	제수	제수
85	♂MZD>e	눈님	눈님	누부	누부
86	♂MZD(>e)H	새형님	새형님, 자형	매형	매형
87	♂MZD<e	남편성+실	남편성+실	FN, 동상	FN, 동상
88	♂MZD(<e)H	성+서방	성+서방	제매, 성+서방	제매[4]

4 위의 목록에서 여성 화자의 방계친인 아래의 친척형들, 즉 ♀MBS〉e와 ♀MZS〉e, ♀MBS(〉e)W와 ♀MZS(〉e)W, ♀MBS〈e와 ♀MZS〈e, ♀MBS(〈e)W와 ♀MZS(〈e)W, ♀MBD〉e와 ♀MZD〉e, ♀MBD(〉e)H와 ♀MZD(〉e)H, ♀MBD〈e와 ♀MZD〈e, ♀MBD(〈e)H와 ♀MZD(〈e)H에 대한 친척호칭은 각기 앞의 33 ♀Be, 34 ♀BeW, 35 ♀By, 36 ♀ByW, 37 ♀Ze, 38 ♀ZeH, 39 ♀Zy, 40 ♀ZyH에 대한 호칭형태와 동일하므로, 위의 목록에는 포함하지 않았다.

여기서는 일련번호 75와 83을 제외한 나머지 친척형 모두에서 부분적인 변이성이 발견되는데, 구체적으로 74, 76, 77, 78, 79, 80, 82, 84, 85, 86, 87, 88의 12개 친척형의 경우에는 호칭형태상의 상이성일 것이며, 그리고 73과 81의 경우에는 동일 형태의 용어가 상이한 음운적 표현으로 실현되는 변이성일 것이다.

4) 부계친(夫系親)의 친척호칭

다음은 여성 화자가 남편을 통해서 맺어진 친척, 즉 부계친(夫系親)에게 사용하는 친척호칭의 목록이다. 부계친(夫系親)은 엄격히는 '부(夫)의 부계친(父系親)'과 '부(夫)의 모계친(母系親)'으로 다시 나눌 수 있을 것인데, 아래의 목록은 전자의 범주에 속하는 34개의 친척형과 후자의 범주에 속하는 8개의 친척형, 도합 42개의 주요 친척형들을 부르는 호칭형태의 분포상을 정리한 것이다.

		조사지 I	조사지 II	조사지 III	조사지 IV
89	HFFF	큰할뱀	할뱀	할배 → 할뱀이	할배
90	HFFM	큰할맴	할맴	할매 → 할맴이	할매
91	HFFFB	할뱀	할뱀	할배 → 할뱀이	할배
92	HFFFBW	할맴	할맴	할매 → 할맴이	할매
93	HFFFZ	할맴	할맴	할매 → 할맴이	할매
94	HFFFZH	새할뱀	할뱀	할배 → 할뱀이	할배
95	HFF	큰아뱀	할뱀, 큰아뱀	할배 → 할뱀이	할배
96	HFM	큰어맴	할맴, 큰어맴	할매 → 할맴이	할매
97	HFFB	할뱀	할뱀	할배 → 할뱀이	할배
98	HFFBW	할맴	할맴	할매 → 할맴이	할매
99	HFFZ	할맴	할맴	할매 → 왕고모(王姑母)	할매
100	HFFZH	새할뱀	할뱀	할배 → 왕고모부(王姑母夫)	할배

먼저 부(夫)의 부계친(父系親) 중 증조항과 조항에게 사용하는 친척호칭의 목록인데, 여기서는 12개의 친척형 모두에서 호칭형태상의 상이성이 나타나고 있다. (그리고 조사지 III에서는 12개의 친척형을 부르는 호칭형태 모두에서 변화가 일어나고 있는 것도 매우 흥미로운 부분일 것이다.)

다음으로 부(夫)의 부계친(父系親) 중 숙항에게 사용하는 친척호칭의 목록인데, 여기서도 12개의 친척형 모두에서 호칭형태상의 상이성이 나타난다.

		조사지 I	조사지 II	조사지 III	조사지 IV
101	HF	아뱀	아뱀	아반님	아반님
102	HM	어맴	어맴	어만님	어만님
103	HFBe	맏아뱀	맏아뱀	큰아배 → 큰아반님	큰아배
104	HFBeW	맏어맴	맏어맴	큰어매 → 큰어만님	큰어매
105	HFBy	작은아뱀	적은아뱀	아재 → 적은아반님	아재
106	HFByW	작은어맴	적은어맴	아지매 → 적은어만님	아지매
107	HFZ	아지맴	아지맴	(고모)아지매 → 고모, 고모임	아지매 → 고모
108	HFZH	새아지뱀	새아지뱀	(고모)아재 → 고모보	아재 → 고모보
109	HFFBS	아지뱀	아지뱀	아재	아재
110	HFFBSW	아지맴	아지맴	아지매	아지매
111	HFFBD	아지맴	아지맴	(고모)아지매 → 고모, 고모임	아지매 → 고모
112	HFFBDH	새아지뱀	새아지뱀	(고모)아재 → 고모보	아재 → 고모보

위의 목록에서 일련번호 103, 104, 105, 106의 경우에는, 부계친(父系親)에서의 관련 호칭형태와 마찬가지로, 엄격히는 의미 차원에서의 또 다른 상이성이 발견된다. 즉, 조사지 I과 II에서는 대체로 시부(媤父)의 맏형 및 맏형수만이 '맏아뱀', '맏어맴'으로 불리고, 시부의 나머지 형제 및 형제수는 모두 '작은/적은아뱀', '작은/적은어맴'으로 불리는 데 반해, 조사지 III과 IV에서는 시부(媤父)의 모든 형 및 형수는 '큰아배'(또는 '큰아반님'), '큰어매'(또는 '큰어만님')로 불리고, 그리고 시부의 제 및 제

수는 모두 '아재'(또는 '적은아반님'), '아지매'(또는 '적은어만님')로 불리는 분화다.

다음으로 부(夫)의 부계친(父系親) 중 화자와 동일 항렬, 즉 형제항에 속하는 친척형들에 대한 호칭형태다.

		조사지 I	조사지 II	조사지 III	조사지 IV
113	HBe	아지뱀	아지뱀	아지반님	아지반님
114	HBeW	형님	형님	형님	성님→형님
115	HBy (미혼)	데름	데름	데림	데림
116	HBy (성혼)	아지뱀	아지뱀	데림→아지뱀이	데림
117	HByW	새댁	새댁	새덕, 동세	새덕, 동세
118	HZe	형님	형님	형님	성님→형님
119	HZeH	새아지뱀	새아지뱀	시매수(媤妹婿)[5]	시매수(媤妹婿)
120	HZy (미혼)	액시	액시	액시	액시
121	HZy (성혼)	남편성+서방댁 (書房宅)	남편성+서방댁 (書房宅)	액시	액시
122	HZyH	성+서방	성+서방	시매수	시매수[6]

여기서는 일련번호 113, 116, 119, 121, 122의 5개 친척형에 대한 호칭형태에서 변이성이 발견되는데, 특히 116과 121의 경우에는 동일 친척형을 가리키는 호칭형태의 발달적 변화(developmental change)의 측면에서의 상이성의 예가 될 것이다. 그리고 114, 115, 117, 118의 경우에는 동일한 용어형태가 음운적으로 달리 실현되는 예가 될 것이다.

5 앞의 '기보' 예처럼, 이 119 HZeH 등을 조사지 III 및 IV에서 부르는 '시매수'의 어원도 제보자들에게서 뚜렷이 들을 수가 없었다. 아마도 추측건대 '시매서(媤妹婿)'의 변음일 것으로 보인다.

6 위의 목록과 관련하여, 다음과 같은 방계친 친척형들, 즉 HFBS〉H와 HFZS〉H, HFBS(〉H)W와 HFZS(〉H)W, HFBS〈H와 HFZS〈H, HFBS(〈H)W와 HFZS(〈H)W, HFBD〉H와 HFZD〉H, HFBD(〉H)H와

마지막으로 부계친(夫系親) 중 부(夫)의 모계친(母系親)으로 분류될 수 있는 조항 및 숙항의 주요 친척형들에 대한 호칭형태는 다음과 같은데, 여기서도 8개의 친척형 모두를 가리키는 호칭형태에서 변이성이 나타나고 있다.

		조사지 I	조사지 II	조사지 III	조사지 IV
123	HMF	웨할뱀	웨할뱀	(웨)할배 → (웨)할뱀이	(웨)할배
124	HMM	웨할맴	웨할맴	(웨)할매 → (웨)할맴이	(웨)할매
125	HMBe	웨아지뱀	웨아지뱀	웨아재	(웨)큰아배
126	HMBeW	웨아지맴	웨아지맴	웨아지매	(웨)큰어매
127	HMBy	웨아지뱀	웨아지뱀	웨아재	(웨)아재
128	HMByW	웨아지맴	웨아지맴	웨아지매	(웨)아지매
129	HMZ	아지맴	아지맴	(이모)아지매 → 이모, 이모임	아지매 → 이모
130	HMZH	새아지뱀	아지뱀	(이모)아재 → 이모보	아재 → 이모보[7]

5) 처계친의 친척호칭

이제 위의 부계친(夫系親)과 함께 인척(姻戚, affine)이라는 일반적 범주를 구성하는 처계친(妻系親), 즉 아내를 통해서 맺어진 친척들에 대한 주요 호칭형태의 비교 목록이다. 모두 16개의 친척형들에 대한 호칭형태인

HFZD(〉H)H, HFBD〈H와 HFZD〈H, HFBD(〈H)H와 HFZD(〈H)H 등을 부르는 친척호칭 형태는 각기 위의 113 HBe, 114 HBeW, 115와 116 HBy, 117 HByW, 118 HZe, 119 HZeH, 120과 121 HZy, 122 HZyH를 부르는 용어형태와 동일하므로, 위의 목록에는 포함하지 않았다.

7 위의 목록에서도 다음과 같은 형제항의 방계친 친척형들, 즉 HMBS〉H와 HMZS〉H, HMBS(〉H)W와 HMZS(〉H)W, HMBS〈H와 HMZS〈H, HMBS(〈H)W와 HMZS(〈H)W, HMBD〉H와 HMZD〉H, HMBD(〉H)

데, 다음과 같이 정리될 수 있다.

먼저 조항 및 숙항에게 사용하는 용어들이다.

		조사지 I	조사지 II	조사지 III	조사지 IV
131	WFF	장조(부)(丈祖(父))	처(장)조부(妻(丈)祖父)	할배 → 처조부(妻祖父)	할배
132	WFM	장조모(丈祖母)	처(장)조모(妻(丈)祖母)	할매 → 처조모(妻祖母)	할매
133	WF	장인(丈人)	장인(丈人)	장인(丈人)	장인(丈人)
134	WM	장모(丈母)	장모(丈母)	장모(丈母)	장모(丈母)
135	WFBe	처삼촌(妻三寸)	처삼촌(妻三寸)	큰아배 → 처백부(妻伯父)	큰아배
136	WFBeW	처숙모(妻叔母)	처숙모(妻叔母)	큰어매 → 처백모(妻伯母)	큰어매
137	WFBy	처삼촌	처삼촌	아재 → 처삼촌	아재
138	WFByW	처숙모	처숙모	아지매 → 처숙모	아지매

위의 목록에서는 6개의 친척형, 즉 일련번호 131, 132, 135, 136, 137, 138을 가리키는 호칭형태에서 변이성이 나타나는 것으로 일단 볼 수 있겠다.

다음은 형제항에 속하는 처계친의 주요 친척형들에 대한 호칭형태다.

H와 HMZD(〉H)H, HMBD〈H와 HMZD〈H, HMBD(〈H)H와 HMZD(〈H)H 등을 가리키는 친척호칭은 각기 앞의 113 HBe, 114 HBeW, 115와 116 HBy, 117 HByW, 118 HZe, 119 HZeH, 120과 121 HZy, 122 HZyH에 대한 호칭형태와 동일하므로, 위의 목록에는 포함하지 않았다.

		조사지 I	조사지 II	조사지 III	조사지 IV
139	WBe	FN(씨(氏)), 처남(妻男)	처남(妻男)	처남(妻男)	처남(妻男)
140	WBeW	처남으댁(宅)	처남으댁(宅)	처남으덕(宅)	처남으덕(宅)
141	WBy	FN, 처남	처남	처남	처남
142	WByW	처남으댁	처남으댁	처남으덕	처남으덕
143	WZe	처형(妻兄)	처형(妻兄)	처헝(妻兄)	처형(妻兄)
144	WZeH	FN(씨), 성+서방	동세(同婿)	동세(同婿), 헝님	동세(同婿), 헝님
145	WZy	처제(妻弟)	처제(妻弟)	처제(妻弟)	처제(妻弟)
146	WZyH	FN, 성+서방	성+서방, 동세	성+서방, 동세	동세

위의 목록에서는 부분적으로 복수의 용어형태가 사용되어 그 구분이 쉽지는 않으나, 최소한 일련번호 144와 146의 2개 친척형에서 용어형태상의 상이성이 발견되는 것으로 보아야 할 것이다. 그리고 140, 142, 143에서는 동일 호칭형태가 음운적으로 달리 실현됨을 또한 볼 수 있다.

5. 반촌의 친척호칭체계와 민촌의 친척호칭체계

1) 친척호칭체계 간의 유사성과 상이성

지금까지 146개의 비교적 근친 범위에 속하는 주요 친척형들을 대상으로 하여, 네 부류의 부분적으로 상이한 친척호칭체계의 비교 목록을 작성하고 그리고 동일 친척형을 가리키는 호칭형태 간의 상이성 여부를 검토하였다. 호칭형태 간의 상이성 여부에 대한 지금까지의 검토 결과를 요약하면 〈표 5-1〉과 같다.

표 5-1. 친척호칭체계 간의 일반적 상이성

	부(父)계친	모계친	부(夫)계친	처계친	계
상이 형태	37	15	37	8	97
동일 형태	27	9	5	8	49
계	64	24	42	16	146

〈표 5-1〉에서 '상이 형태'로 분류된 것은, 앞 절에서 이미 시사되었듯이, 조사지 I, II, III, IV에서 사용하는 동일 친척형을 가리키는 친척호칭 중에서 적어도 어느 한 호칭형태가 나머지 호칭형태들과 상이한 경우를 의미한다. 그런데 동일 호칭형태가 음운적으로 달리 실현되는 것으로 판정된 경우에는[8] 모두 '상이 형태'가 아니라 '동일 형태'의 범주로 분류하였으며, 호칭형태상의 변화가 최근에 일어난 경우에는 이전의 시기에 사용했던 호칭형태를 비교의 기준으로 삼았다.

〈표 5-1〉은 네 부류의 친척호칭체계 간의 상이성의 정도가 일반적인 예상 수준을 훨씬 뛰어넘는 것임을 잘 보여 주고 있다. 즉, 부계친(父系親), 모계친, 부계친(夫系親), 처계친의 네 친척범주 모두에서 절반 이상의 친척형을 가리키는 호칭형태에서 상이성이 나타나고 있으며, 그 정도는 특히 부계친(夫系親)에서 매우 높은 수치로 나타나고 있다. 그리하여 전체로 치면 정확히 3분의 2에 해당하는 친척형의 호칭형태에서 상이성이 나타나고 있음을 본다. 한 마디로 위의 분석 결과는, 조사지역에서의 친척호칭의 사용 양식이 기본적으로 동질성(同質性)의 측면보다

8 앞 절의 분석에서 일련번호 25, 36, 41, 49, 73, 81, 114, 115, 117, 118, 140, 142, 143의 모두 13개 사례인 것으로 정리되었다. 그런데 동일 호칭형태가 음운적으로 달리 실현되는 것의 기준은, 사실은, 앞 절의 분석에서 부분적으로 보이듯이 약간은 인위적일 것이다.

는 다양성(多樣性) 또는 변이성(變異性)의 측면에서 이해되어야 함을 분명히 밝혀 주고 있다고 하겠다.

분석의 다음 단계로, 네 부류의 친척호칭체계 상호 간의 유사성과 상이성을 보다 구체적으로 검토해 볼 필요가 있을 것이다. 왜냐하면 〈표 5-1〉은 조사지역 내에서의 친척호칭체계 간의 '일반적인' 상이성의 정도만을 보여 주기 때문이다. 그런데 앞 절의 비교 목록에 대한 대체적인 검토에서, 조사지 I과 II, 그리고 조사지 III과 IV의 친척호칭체계 간에는 밀접한 유사성이 발견되며, 그 외에는 조사지 II와 III의 친척호칭체계 간에서 부분적인 유사성이 발견된다. 따라서 네 부류의 친척호칭체계 상호 간의 구체적인 유사성과 상이성을 따져 보기 위해서는, 엄밀히는 6항의 관계에 대한 비교(조사지 I과 II, I과 III, I과 IV, II와 III, II와 IV, III과 IV)가 필요하겠지만, 여기서는 문제가 되는 3항의 관계에 대한 비교(조사지 I과 II, III과 IV, 그리고 II와 III)만으로도 적절한 분석의 결과를 얻을 수 있을 것으로 기대된다.

〈표 5-2〉는 개별 친척호칭체계 간의 유사성과 상이성의 정도를 분석한 것이다. 분석 과정에서 동일 친척형을 가리키는 복수의 호칭형태가 비교상의 문제점으로 대두될 수도 있겠지만, 그러한 사례는 소수에 불과하므로, 전체적인 경향의 파악에는 별다른 영향을 미치지 않으리라

표 5-2. 개별 친척호칭체계 간의 유사성과 상이성

	상이 형태의 총수	상이 형태 중 동일 형태의 수		
		조사지 I과 II	조사지 II와 III	조사지 III과 IV
부(父)계친	37	28	5	35
모계친	15	10	3	13
부(夫)계친	37	32	0	35
처계친	8	6	2	7
계	97	76	10	90

고 생각된다.

〈표 5-2〉는 네 부류의 친척호칭체계 상호 간의 유사성과 상이성의 정도를 명료하게 그리고 전체적으로 밝혀 주고 있다. 즉, 조사지 I과 II에서 사용하는 친척호칭체계 간에는 높은 수준의 유사성이 나타나고 있으며(즉, 총 146개의 친척형 중에서 (21개를 제외한) 125개의 친척형을 가리키는 친척호칭이 동일 형태임), 또 조사지 III과 IV에서 사용하는 친척호칭체계 간에는 이보다 더 높은 수준의 유사성이 발견되고 있다(즉, 총 146개의 친척형 중에서 (7개를 제외한) 139개의 친척형을 가리키는 친척호칭이 동일 형태임). 반면에 부분적인 유사성이 관찰되던 조사지 II와 III의 친척호칭체계 간에는 높은 수준의 상이성이 나타나고 있다(즉, 총 146개의 친척형 중에서 (59개를 제외한) 87개의 친척형을 가리키는 친척호칭이 상이 형태임). 달리 표현하면, 위의 분석 결과는 호칭형태상의 상이성이 나타나는 것으로 위에서 집계된 모두 97개의 사례 중 그 대부분이, 조사지 I 및 II에서 사용하는 부류의 친척호칭체계와 조사지 III 및 IV에서 사용하는 부류의 친척호칭체계 간의 상이성에서 연원한 것임을 밝혀 주고 있다.

결국 앞의 비교 목록에서 조사지 I, II, III, IV로 구분된 네 부류의 친척호칭체계는, 물론 조사지 I의 친척호칭체계와 조사지 II의 친척호칭체계가 다소간 상이하기는 하지만, 다시 두 부류의 보다 '일반적인' 친척호칭체계, 즉 조사지 I과 II의 부류 및 조사지 III과 IV의 부류로 대별될 수 있을 것이다. 그런데 앞에서 이미 기술하였듯이, 조사지 I(호짓말 및 원두들)은 계층적 지위의 면에서 (저명) 반촌이고, 조사지 II(영골)는 반촌으로도 그리고 동시에 '중촌'으로도 분류되는 마을이고, 조사지 III(새터)은 농촌의 민촌이고, 조사지 IV(발내미)는 III에 비해 다소간 계층적 지위가 떨어지는 어촌의 민촌이다. 그러나 5개의 연구대상 마을들은 다시 일반적인 범주로는, 조사지 I과 II는 반촌으로(물론 조사지 II의 위상이 약간의 문제점을 지니겠지만), 조사지 III과 IV는 민촌으로 분류될 수 있을 것이다. 따라서 조사지역에서 발견되는 두 부류의 일반적인 친척호칭체계는 그것이 사용되는 해당 마을의 사회적 특성에 따라서, 한 부류는 '반촌의 유형'으로 그리고 또 한 부류는 '민촌의 유형'으로 각기 규정될 수 있을 것이다.

지금까지의 분석 결과를 요약하면, 먼저 5개의 연구대상 마을에서 엄격히는 네 부류의 부분적으로 상이한 친척호칭체계가 사용되어 왔음이 발견되었고, 그것은 5개의 연구대상 마을이 사회계층적 지위의 면에서 미세하게는 네 부류로 구분되는 사실과 평행하는 것이었다. 그러나 네 부류의 친척호칭체계는 상호 간의 유사성과 상이성의 정도에 따라서 다시 두 부류의 친척호칭체계로 대별될 수 있음이 밝혀졌다. 즉, 한 부류는 일반적인 범주로서의 반촌에서 사용하는 유형이고, 또 한 부류는 일반적인 범주로서의 민촌에서 사용하는 유형이다. 처음의 연구 계획 단계에서는, 조사지 II(반촌 또는 중촌)에서 사용하는 친척호칭체계가 조사지 I(저명 반촌)에서 사용하는 친척호칭체계와 어느 정도의 상이성을 지닐 것인지, 그리고 조사지 IV(어촌의 민촌)에서 사용하는 친척호칭체계가 조사지 III(농촌의 민촌)에서 사용하는 친척호칭체계와 어느 정도의 상이성을 지닐 것인지가 중요한 의문으로 떠올랐지만, 연구의 결과는 조사지 I 및 II, 그리고 조사지 III 및 IV 간에는 각기 부분적인 상이성만이 존재하고, 기본적으로는 조사지 I 및 II의 범주와 조사지 III 및 IV의 범주 간에 커다란 상이성이 존재하는 것으로 드러났다. 이러한 사실의 발견은 친척호칭의 영역을 넘어서서, 한국사회에서 전통적인 사회계층에 따른 언어행위상의 변이성이 일반적으로 더욱 미세한 또는 구체적인 계층 구분에 따라서 나타나기보다는, 양반계층과 상민계층의 두 기본 범주에 따라서 규칙적으로 분포할 것이라는 사실을 예시해 주는 것으로 믿어진다.

2) 반촌의 유형과 민촌의 유형 간의 주요 차이 및 특성

이제 친척호칭 형태 간의 상이성과 유사성의 일반적 경향에 대한 검토를 넘어서서, 조사지역에서 발견되는 두 부류의 친척호칭체계, 즉 반촌의 유형과 민촌의 유형 간의 주요한 차이 및 특성들을 검토해 볼 차례다. 주요 친척범주별로 나누어 좀 더 구체적으로 그 차이 및 특성들을 검토해 보기로 한다.

(1) 부계친(父系親)의 범주

먼저 부계친(父系親)의 범주에서 나타나는 두 친척호칭체계상의 중요한 차이 및 특성들이다. 그런데 여기서 우선 지적할 수 있는 사실은, 특정 형태의 친척호칭이 어느 한 친척호칭체계에서만 배타적으로 사용된다는 점이다. 숫자상으로는 반촌의 친척호칭체계에서만 사용되는 특수한 호칭형태가 민촌의 그것보다는 훨씬 더 많은 것으로 나타난다. (그런데 여기서도 친척호칭 형태상의 변화가 최근에 일어난 경우에는 이전의 시기에 사용하였던 형태를 비교의 기준으로 삼기로 한다.)

먼저 반촌에서만 특이하게 사용하는 주요 친척호칭 형태로는 '맏아배'(15 FBe), '맏어매'(16 FBeW), '작은/적은아배'(17 FBy), '작은/적은어매'(18 FByW), '새아재'(20 FZH, 24 FFBDH, 38 ♀ZeH), '새아지매'(26 ♂BeW), '새형님'(30 ♂ZeH, 46 ♂FBD(〉e)H, 54 ♂FZD(〉e)H), '종수씨(從嫂氏)'(44 ♂FBS(〈e)W), '남편성+실(室)'(31 ♂Zy, 39 ♀Zy, 47 ♂FBD〈e, 55 ♂FZD〈e, 59 D, 63 ♂BD/HBD) 등의 예를 일차적으로 추출할 수 있다. (물론 이외에도 '눈님'(29 ♂Ze, 45 ♂FBD〉e, 53 ♂FZD〉e)과 같은 형태를 더 추가할 수도 있을 것이다.) 여기서 나아가서 조사지 I(호짓말과 원두들)에서는 '큰할배'(1 FFF), '큰할매'(2 FFM), '새할배'(6 FFFZH, 12 FFZH)와 같은 호칭

형태들을 또한 특징적으로 사용하고 있음을 볼 수 있다.

반면에 민촌에서만 특이하게 사용하는 호칭형태로는 '형수(兄嫂)'(26 ♂BeW, 42 ♂FBS(〉e)W, 50 ♂FZS(〉e)W), '매형(妹兄)'(30 ♂ZeH, 46 ♂FBD(〉e)H, 54 ♂FZD(〉e)H), '제매(弟妹)'(32 ♂ZyH, 48 ♂FBD(〈e)H, 56 ♂FZD(〈e)H), '기보(季夫)'(40 ♀ZyH) 등의 예를 추출할 수 있을 것이다. (물론 이외에 '누부'(29 ♂Ze, 45 ♂FBD〉e, 53 ♂FZD〉e)의 형태를 더 추가할 수도 있을 것이다.)

그런데 반촌에서 사용하는 특이한 호칭형태들 중 다수는, 넓은 범위의 친척형들에게 적용되는 기초적인 용어형태(예를 들면 '아배', '어매', '아재', '아지매', '형님', '할배', '할매' 등)에 일련의 접두사 또는 형태소(예를 들어 '맏-', '작은-/적은-', '새-', '큰-' 등)를 결합함으로써, 특정의 또는 좁은 범위의 친척형만을 가리키도록 새로이 조어된 용어들인 것으로 분석된다. 이러한 반촌의 체계에서 나타나는 용어형태상의 특색은, 반촌의 친척호칭체계가 민촌의 그것에 비해, 상대적으로 친척의 범주를 세밀하게 구분 짓는 체계(즉, 보다 전문적인 표현으로는 '기술적(descriptive)' 체계(Kroeber 1952) 또는 '지시적(denotative)' 체계(Murdock 1949: 99))일 것이라는 추론을 가능하게 한다. 반면에 민촌에서만 사용하는 특이한 호칭형태들은 친척호칭으로서뿐만 아니라 친척지칭으로도 사용하는 용어들이라는 특색을 가지지만, 그 숫자가 적어 더 이상의 어떤 일반화를 하기는 어려울 것으로 생각된다.

다음으로 호칭형태상의 상이성에 대한 일면 평면적인 비교를 넘어서서, 두 부류의 친척호칭체계가 반영하는 친척의 구분체계(classification system), 즉 친척의 범주를 구분 짓는 의미체계상의 상이성 여부를 또 검토해 볼 수 있을 것이다. 〈그림 5-2〉의 친척 (의미)패러다임(paradigm)은 부계친 중 핵심 친척형의 범위, 즉 수평적으로는 ego 및 ego의 직계친의 형제자매와 그 배우자까지 그리고 수직적으로는 증조항에서 ego 자신의 항렬까지를 포함 범위로 하여, 개별 용어가 해당 친척의 의미영역에서 차지하는 의미성분들(semantic components)의 집합을 분석한 것이다.

그런데 〈그림 5-2〉의 반촌의 구분체계는 일반적인 반촌의 친척호칭체계가 아니라, 조사지 I(호짓말과 원두들)에서 사용하는 친척호칭체계를 분석한 것이다. 그것은 조사지 II(영골)의 친척호칭체계가 전체적으로는 조사지 I의 것과 매우 유사하지만, 부계친의 핵심적인 범주를 구분하는 데서는 다소간 상이하기 때문에, 여기서는 조사지 I의 것을 반촌에서 사용하는 친척호칭체계의 대표형으로 생각하여 민촌의 그것과 비교하기로 한다.

그리고 다음의 두 그림에서 사선(＼)은 '화자의 성별(speaker's sex)'

<table>
<tr><td></td><td>방계친의 배우자</td><td>방계친</td><td colspan="2">직계친</td><td>방계친의 배우자</td><td>방계친</td><td></td></tr>
<tr><td rowspan="2"></td><td rowspan="2">새할배</td><td rowspan="2">할배</td><td>큰할배</td><td>큰할매</td><td rowspan="2" colspan="2">할매</td><td>증조항</td></tr>
<tr><td>큰아배</td><td>큰어매</td><td>조항</td></tr>
<tr><td>연상</td><td rowspan="2">새아재</td><td>맏아배</td><td rowspan="2">아배</td><td rowspan="2">어매</td><td>맏어매</td><td rowspan="2">아지매</td><td rowspan="2">숙항</td></tr>
<tr><td>연하</td><td>작은아배</td><td>작은어매</td></tr>
<tr><td>연상</td><td>새아재 ＼ 새형님</td><td>오라배 ＼ 형님</td><td rowspan="2" colspan="2">EGO</td><td>새형님 ＼ 새아지매</td><td>형님 ＼ 눈님</td><td rowspan="2">형제항</td></tr>
<tr><td>연하</td><td>성+서방</td><td>FN</td><td>새댁 ＼ 계수씨</td><td>남편성+실</td></tr>
<tr><td></td><td colspan="3">남성</td><td colspan="3">여성</td><td></td></tr>
</table>

그림 5-2. 반촌에서의 핵심 부계친(父系親)의 구분체계

에 따른 변이형들을 가리키는데, 사선 위쪽의 것이 남성 화자가 사용하는 호칭형태이고, 사선 아래쪽의 것이 여성 화자가 사용하는 호칭형태다. 또한 이 두 그림에서는 직계친을 벗어난 범위에서 혈족(血族, consanguine)과 인척(姻戚, affine)의 구분이라는 일반적인 의미 차원을 채택하지 않았는데, 그것은 이 범주 구분이 한국의 친척용어체계에서는 일관되게 적용되지 않는 것으로 보이기 때문이다. 그 대신 더욱 기술적인 구분인 '방계친'과 '방계친의 배우자'라는 의미 차원을 설정하였다.

〈그림 5-2, 5-3〉에서 잘 요약되듯이, 두 부류의 친척호칭체계 간에

그림 5-3. 민촌에서의 핵심 부계친(父系親)의 구분체계

는 다음과 같은 의미체계상의 상이성이 발견된다. 먼저 조항과 증조항에서 반촌의 유형은 '직계친(直系親, lineal)'과 '방계친(傍系親, collateral)'을 구분하고, 또 직계친의 범주에서 증조항과 조항의 '항렬(generation)' 구분을 하며, 그리고 남성 친척의 범주에서 방계친과 '방계친의 배우자'를 구분하는 데 비해, 민촌의 유형에서는 이러한 세 가지 차원의 구분이 전혀 이루어지지 않고 있다. 다음으로 숙항에서 남성 방계친 및 그 배우자가 '매개 친척(connecting relative)'인 아버지(F)와의 '상대적 연령(relative age)' 관계에 따라서 두 범주로 구분되는 것은 반촌과 민촌의 유형에서 모두 동일하지만, 그 방계친과 방계친의 배우자를 범주화하는 데서는 상이성을 보여 주고 있다. 즉, 반촌의 유형에서는 해당 방계친과 방계친의 배우자가 완전히 구분되는 별개의 범주인 반면에, 민촌의 유형에서는 그 두 범주가 부분적으로만 구분되고 있다. 마지막으로 ego 자신의 항렬에서는 놀랍게도 두 부류의 친척호칭체계가 개별 호칭형태의 면에서는 거의 상이함에도 불구하고, 친척에 대한 구분체계의 면에서는 거의 유사함을 보여 주고 있다. 단, 두 체계 간의 미세한 차이점은, 반촌의 유형에서는 여성 화자가 연상의 여성 방계친('형님')과 연상의 남성 방계친의 배우자('새형님')를 구분 짓는 데 비해, 민촌의 유형에서는 이러한 범주 구분이 없으며(모두 '싱이'), 그 대신 민촌의 유형에서는 연하의 여성 방계친의 배우자가 화자의 성별에 따라 구분되는 데 비해('제매'와 '기보'), 반촌의 유형에서는 그러한 구분이 이루어지지 않는다는 점(모두 '성+서방')일 것이다.

위 구분체계상의 상이점 외에도 반촌의 유형과 민촌의 유형 간에는 한 가지 흥미로운 대조점이 나타나는데, 그것은 부계친의 핵심적인 범주 내에서도 동일 호칭형태가 각기 상이한 친척형을 지시한다는 사실이다. 즉, '큰아배'와 '큰어매'가 반촌의 유형에서는 조항의 직계친을 가리키는 데 비해, 민촌의 유형에서는 숙항의 (매개 친척인 '아배'보다 연상인)

방계친 및 그 배우자를 가리키고 있음이 〈그림 5-2, 5-3〉에서 잘 드러나고 있다.

그러면 분석대상에서 제외된 조사지 II(영골)의 친척호칭체계는 어떠한 구분체계로서의 특성을 보이고 있을까? 조사지 II의 친척호칭체계는 여기서 (의미)패러다임으로 도형화하지는 않지만, 한 마디로 숙항 및 형제항에서는 반촌의 유형, 즉 조사지 I의 것과 정확히 일치하는 데 비해, 조항 및 증조항에서는 오히려 민촌의 유형에 매우 근사(近似)한 것으로 나타나는 것이 될 것이다.

(2) 모계친의 범주

다음으로 모계친의 범주에서 나타나는 두 친척호칭체계상의 주요 차이 및 특성들을 검토해 보기로 하겠다. 모계친의 범주에서는 조사지 IV(밭내미)의 호칭체계에서 나타나는 '(웨)큰아배'(67 MBe)와 '(웨)큰어매'(68 MBeW)의 형태를 제외하면, 두 부류의 친척호칭체계 모두에서 새로운 특이 형태는 발견되지 않는다. 앞의 부계친의 범주에서와 마찬가지로 반촌의 유형에서는 '새아재', '새아지매', '새형님', '남편성+실' 등의 특이 형태가 사용되는 데 반해, 민촌의 유형에서는 '헝수', '매헝', '제매' 등의 특이 형태가 그대로 사용되고 있음을 본다.

그러나 부계친 및 모계친의 범주를 통틀어 남성 화자가 동 항렬의 남성 방계친의 배우자에게 사용하는 호칭형태는, 적어도 이상적으로는 〈그림 5-4〉와 같이 세 가지로 구분되는 의미체계를 반영하는 것으로 분석된다.

특히 연하인 방계친의 배우자를 구분하는 데서 반촌의 유형과 민촌의 유형 간에는 뚜렷한 상이점이 발견되는데,[9] 여기서도 민촌의 유형이 반촌의 그것에 비해 이른바 '유별적인(classificatory)' 특성(Kroeber 1952;

<table>
<tr><th rowspan="2"></th><th colspan="3">부계친</th><th colspan="2">모계친</th><th rowspan="2"></th></tr>
<tr><th>BW</th><th>FBSW</th><th>FZSW</th><th>MBSW</th><th>MZSW</th></tr>
<tr><td rowspan="2">조사지 I</td><td colspan="5">새아지매</td><td>연상</td></tr>
<tr><td>계수씨</td><td>종수씨</td><td>고종수씨</td><td>웨종수씨</td><td>이종수씨</td><td>연하</td></tr>
<tr><td rowspan="2">조사지 II</td><td>새아지매</td><td colspan="4">아지매</td><td>연상</td></tr>
<tr><td>제수씨</td><td colspan="4">종수씨</td><td>연하</td></tr>
<tr><td rowspan="2">조사지 III 및 IV</td><td colspan="5">형수</td><td>연상</td></tr>
<tr><td colspan="5">제수</td><td>연하</td></tr>
</table>

그림 5-4. 남성 방계친의 배우자에 대한 구분체계

Murdock 1949: 99 등)을 강하게 가짐이 잘 드러나고 있다. 그리고 조사지 II(영골)의 체계가 조사지 I(호짓말과 원두들)의 체계와는, 여기서도 〈그림 5-4〉와 같이 부분적으로 상이한 것으로 나타난다.

(3) 부계친(夫系親)의 범주

다음으로 부계친(夫系親)의 범주에서 나타나는 반촌의 유형과 민촌의 유형 간의 주요 차이 및 특성들이다. 이 부계친의 영역에서 먼저 주목되는 사실은, 반촌의 친척호칭체계에서는 거의 대부분의 호칭형태가 존칭 접미사 '-ㅁ'이 결합되어 있는 데 반해, 민촌의 친척호칭체계에서는 그렇지 않다는 점이다. 달리 표현하면, 반촌의 유형에서는 존칭 접미사의 결합 여부에 따라서 부계친(父系親)의 친척범주와 부(夫)의 부계친(父系親)

9 여기서 조사지 I의 세밀한 구분법은 앞 절의 비교 목록에서도 똑같이 정리하였지만, 부분적으로 좀 이상화된 구분법같이도 느껴진다. 그러나 현지조사 당시 조사지 I의 제보자들은 분명히 이와 같이 구분되는 호칭형태들을 사용하는 것으로 보고하였다.

의 친척범주, 그리고 모계친의 친척범주와 부(夫)의 모계친의 친척범주가 서로 명확히 구분되는 반면에, 민촌의 유형에서는 그러한 존칭 접미사가 거의 결합되지 않음으로써 부계친(父系親)과 부(夫)의 부계친(父系親), 그리고 모계친과 부(夫)의 모계친 간에 친척범주상의 구분이 잘 이루어지지 않고 있다는 점이다. 반촌의 유형과 민촌의 유형 간에서 발견되는 이 특징적인 사실은, 조사지역 내에서 두 부류의 친척호칭체계를 구분 지어 주는 으뜸 특성 중의 하나인 것으로 관찰된다.

두 친척호칭체계에서 나타나는 특이 형태와 관련해서는 반촌의 거의 모든 호칭형태들이 민촌에서는 사용되지 않는 것들이므로, 여기서 그 호칭형태들을 일일이 열거할 필요는 없을 것 같다. 그러나 반촌에서만 사용하는 호칭형태들은 기본적으로 부계친(父系親) 및 모계친에게 사용하는 호칭형태에다 존칭 접미사 '-ㅁ'을 결합한 형태들이고, 그 외의 것으로는 아마도 '남편성+서방댁(書房宅)'(121 HZy) 정도를 더 들 수 있겠다. 반면에 민촌의 친척호칭체계에서 나타나는 특이 형태로는 존칭 접미사 '-님'이 결합된 '아반님'(101 HF), '어만님'(102 HM), '아지반님'(113 HBe)의 세 형태에다 '시매수(媤妹婿)'(119 HZeH, 122 HZyH)의 호칭형태를 더 들 수 있을 것이다.

또 부계친(夫系親), 엄격히는 부(夫)의 부계친(父系親)의 범주에서도 앞서와 같은 의미성분분석(componential analysis)을 행함으로써, 두 부류의 친척호칭체계가 반영하는 친척에 대한 구분체계 또는 의미체계 면에서의 상이성을 비교할 수 있겠다. 아래의 친척 (의미)패러다임은 앞의 부계친(父系親)에 대한 분석과 마찬가지로, 수평적으로는 부(夫) 및 부의 직계친의 형제자매와 그 배우자를 포함하는 범위 그리고 수직적으로는 부(夫)의 증조항에서 형제항까지를 포함하는 근친의 범위에서, 개별 친척호칭이 가지는 의미성분들의 집합을 도형화한 것이다. 그런데 부(夫)의 형제자매에 대한 친척호칭은 모두 성혼(成婚)을 기준으로 하였으며,

여기서도 반촌의 구분체계는 조사지 I(호짓말과 원두들)의 친척호칭체계를 대표형으로 분석하였다.

〈그림 5-5, 5-6〉에서 잘 요약되듯이, 반촌의 유형과 민촌의 유형 간의 의미체계상의 상이성은, 조항 및 증조항과 숙항의 범위에서는 앞서 분석한 부계친(父系親)에서의 두 체계 간의 상이성과 똑같이 나타나고 있다. 따라서 그 내용을 여기서 다시 기술할 필요는 없을 것인데, 단 친척관계 산정의 기준점은 ego가 아닌 부(夫, H)다. 그러나 부(夫)의 형제 항렬에 와서는 남성 방계친 및 여성 방계친의 배우자를 구분 짓는 데서 새로운 상이성이 나타나고 있다. 즉, 민촌의 친척호칭체계에서는 부(夫)의 남성 방계친이 부와의 상대적 연령관계에 따라서 두 범주('아지반님'과 '데림')로 구분되는 데 비해, 반촌의 친척호칭체계에서는 단일 범

<table>
<tr><td></td><td>방계친의 배우자</td><td>방계친</td><td colspan="2">직계친</td><td>방계친의 배우자</td><td>방계친</td><td></td></tr>
<tr><td rowspan="2"></td><td rowspan="2">새할뱀</td><td rowspan="2">할뱀</td><td>큰할뱀</td><td>큰할맴</td><td colspan="2" rowspan="2">할맴</td><td>증조항</td></tr>
<tr><td>큰아뱀</td><td>큰어맴</td><td>조항</td></tr>
<tr><td>연상</td><td rowspan="3">새아지뱀</td><td>맏아뱀</td><td rowspan="2">아뱀</td><td rowspan="2">어맴</td><td>맏어맴</td><td rowspan="2">아지맴</td><td rowspan="2">숙항</td></tr>
<tr><td>연하</td><td>작은아뱀</td><td>작은어맴</td></tr>
<tr><td>연상</td><td rowspan="2">아지뱀</td><td colspan="2" rowspan="2">부(夫)</td><td colspan="2">형님</td><td rowspan="2">형제항</td></tr>
<tr><td>연하</td><td>성+서방</td><td>새댁</td><td>남편성+
서방댁</td></tr>
<tr><td></td><td colspan="3">남성</td><td colspan="3">여성</td><td></td></tr>
</table>

그림 5-5. 반촌에서의 핵심 부계친(夫系親)의 구분체계

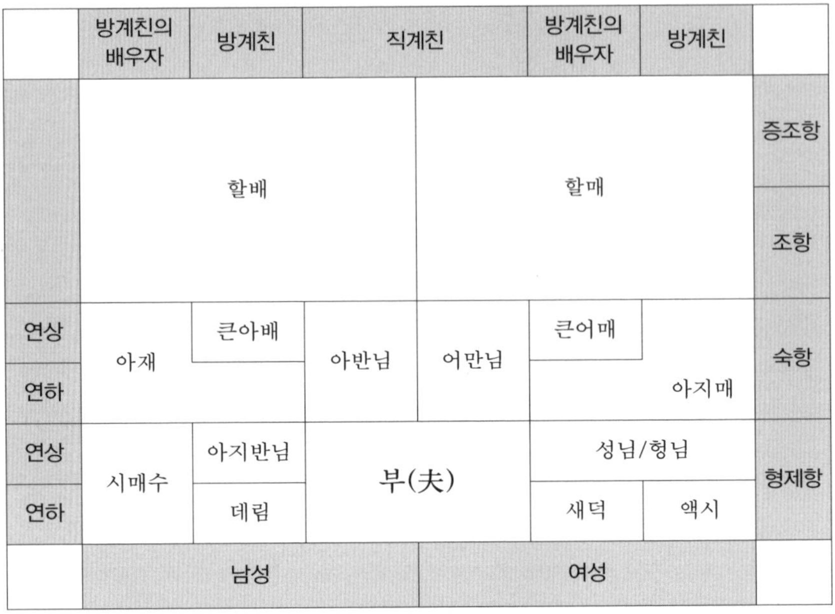

그림 5-6. 민촌에서의 핵심 부계친(夫系親)의 구분체계

주('아지뱀')로 구분된다. (물론 미혼(未婚)을 기준으로 했을 때는, 두 체계가 모두 동일한 범주 구분을 하는 것으로 분석될 수 있을 것이다.) 그리고 부(夫)의 여성 방계친의 배우자를 구분하는 데서, 반촌의 유형에서는 부와의 연령관계에 따라서 그것을 두 범주('새아지뱀'과 '성+서방')로 구분하고, 나아가서 부계친(父系親)에서와 같이 상위 항렬에서의 (여성) 방계친의 배우자의 범주와 부분적으로 동일 범주('새아지뱀')를 형성하는 데 비해, 민촌의 유형에서는 연령관계에 상관없이 독립된 단일 범주('시매수')만을 형성하고 있다.

마지막으로 구체적인 분석대상에서 제외한 조사지 II(영골)의 부계친(夫系親)에 대한 친척호칭체계는, 앞서의 부계친(父系親)의 범주에서와 마찬가지로, 숙항 및 형제항에서는 조사지 I의 체계와 정확히 일치할 것이다. 그러나 조항 및 증조항에서는 존칭형태를 사용하는 데서는 민촌의 그것과 상이하지만, 구분법의 면에서는 오히려 민촌의 호칭체계에 근사한 것으로 요약할 수 있겠다.

(4) 처계친의 범주

이제 처계친의 범주에서 나타나는 반촌의 친척호칭체계와 민촌의 친척호칭체계 간의 주요한 차이 및 특성들을 검토해 보기로 하겠다. 처계친에서는 먼저 처(妻)의 형제 항렬보다는 처의 숙항 및 조항의 범주에서 두 친척호칭체계 간에는 중요한 상이성이 나타나고 있다. 즉, 처의 형제항렬에서는 '동세(同壻)'(144 WZeH, 146 WZyH)가 민촌에서 더욱 빈번히 사용되는 경향을 띠는 것 외에는 별다른 상이성이 발견되지 않는 데 비해, 처의 숙항 및 조항에서는 처의 부모(즉, '장인' 및 '장모')를 가리키는 말 이외에는 반촌과 민촌에서 모두 서로 상이한 용어형태들을 사용하고 있다.

다시 말하면, 처계친을 가리키는 반촌의 친척호칭체계는 모두가 한자어로 구성되는 특색을 가지며, 이 점에서 대체로 고유어 용어들로 구성되는 부계친(父系親), 모계친, 부계친(夫系親)의 친척범주들과 용어형태상 뚜렷이 구별된다. 그뿐만 아니라 처계친의 범주에서는 친척호칭과 친척지칭의 구분이 없이 동일 형태의 용어가 호칭 및 지칭으로 함께 사용되는 특색을, 반촌의 유형에서는 또 특징적으로 보여 주고 있다.

이에 반해 민촌의 유형에서는 적어도 처의 숙항 및 조항의 범주에서는, 부(父)계친(그리고 부(夫)계친)에서 사용하는 호칭형태들을 처계친에도 그대로 적용함으로써, 부(父)계친(그리고 부(夫)계친)과 처계친이라는 기본적인 친척범주 간의 구분이 명확히 이루어지지 않고 있음을 볼 수 있다. 처계친의 범주에서 나타나는 이 특징적인 사실은, 앞서 지적한 부계친(父系親) 및 모계친과 부계친(夫系親) 간의 불명확한 범주 구분과 함께, 조사지역 내의 민촌의 친척호칭체계가 보여 주는 가장 중요한 특성 중의 하나인 것으로 이해할 수 있을 것이다.

또한 처계친의 범주에서도 반촌의 유형과 민촌의 유형 간에는 구체적인 친척의 구분체계 면에서 미세한 차이점이 드러나는데, 그것은 반촌의 체계에서는 단일 범주인 '처삼촌(妻三寸)'(135 WFBe, 137 WFBy) 및 '처숙모(妻叔母)'(136 WFBeW, 138 WFByW)가, 민촌의 체계에서는 매개 친척인 처의 부(父)와의 연령관계에 따라서 각기 연상의 범주와 연하의 범주로 구분된다는 사실일 것이다. 그런데 쉬이 짐작할 수 있듯이, 반촌에서 나타나는 이러한 호칭형태의 사용법은 한 마디로 처가친을 낮추어 보려는 과거 사회의 남성 중심의 문화적 태도가 반영된 부분일 것이다.

반촌의 친척호칭체계와 민촌의 친척호칭체계 간의 특징적인 상이성에 대한 지금까지의 검토 결과는, 대체로 다음과 같이 요약될 수 있을 것이다. 즉, 두 친척호칭체계 간의 상이성은 개별 호칭형태의 차원에서 뿐만 아니라, 두 호칭체계가 집합적으로 반영하는 친척의 구분체계의 차원에서도 똑같이 나타난다. 먼저 호칭형태의 차원에서는, (1) 구체적인 검토 대상이 된 모두 146개의 친척형 중에서 절반 이상의 친척형을 가리키는 호칭형태에서 두 호칭체계 간에는 상이성이 발견되는데, 바로 이 사실이 두 호칭체계를 서로 다른 체계로 구분 짓는 일차적인 기준이 될 것이다. (2) 두 친척호칭체계에는 해당 체계에서만 배타적으로 사용되는 일련의 특이 형태들이 나타나는데, 이 특이 호칭형태들이 실제의 언어생활에서는 두 친척호칭체계를 구분 짓고 그리고 확인시키는 구체적인 단서(identification cue)가 될 것이다. 다음으로 전체 호칭체계가 반영하는 친척에 대한 구분체계의 차원에서, (3) 두 친척호칭체계는 기본적인 친척범주의 구분 면에서 상이성을 보여 주는데, 반촌의 체계에서는 부계친(父系親), 모계친, 부계친(夫系親), 처계친의 범주 구분이 명료하게 이루어지는 데 반해, 민촌의 체계에서는 독립된 친척범주로서의 부계친

(夫系親) 그리고 부분적으로 처계친의 위상이 불명확하게 나타난다. 그리고 (4) 부계친(父系親) 및 부계친(夫系親)의 핵심 근친 범위에 대한 의미성분분석의 결과에서 잘 드러나듯이, 두 친척호칭체계는 구체적인 친척범주의 구분 면에서도 커다란 상이성을 보이는데, 일반적인 경향은 반촌의 체계가 민촌의 그것에 비해 여러 의미 차원에 따라 친척범주를 보다 미세하게 구분 짓는다는 점일 것이다. 다시 말해 모건(Morgan) 이래 인류학의 전문적인 표현을 빌리면, 반촌의 체계가 상대적으로 '기술적 체계'의 특성을 보이는 데 반해, 민촌의 체계는 상대적으로 '유별적 체계'의 특성을 보이는 셈이 될 것이다(Kroeber 1952; Murdock 1949: 99 등 참조).[10]

마지막으로 조사지 II의 친척호칭체계가 갖는 위상에 대해 간략히 논의할 필요가 있겠다. 앞에서 이미 지적했듯이 민촌의 유형으로 분류된 조사지 III과 IV의 친척호칭체계는 서로 거의 동일한 체계를 이루는 데 비해, 반촌의 유형으로 분류된 조사지 I과 II의 친척호칭체계 간에는 일정한 상이성이 나타나고 있다. 가령 위에서 구체적으로 분석, 논의한 핵심적인 부계친(父系親) 및 부계친(夫系親)에 대한 구분체계와, 〈그림 5-4〉로 정리된 남성 방계친의 배우자에 대한 구분체계에서 발견되

10 물론 민족과학(ethnoscience)의 발달과 함께, 특히 친척용어의 영역에서 의미성분분석의 중요성과 가치는 잘 알려져 왔다(Goodenough 1970; Hammel 1965; Tyler 1969 등 참조). 그런데 이 글과 내용 면에서 매우 가까운 인도 카스트 방언의 친척용어에 대한 분석과 관련하여, 비교적 일찍 발표된 아래의 인용문은 여기서 매우 흥미로울 것이다.

"두 개의 인접하는 카스트 방언의 친척용어에 대한 비교적인 의미성분분석(comparative componential analysis)은 아마도 '사회적 지위의 지표(index)'라는 언어에 대한 상대적으로 평범한 논의보다는 더 큰 이론적 중요성을 지닐 것이다"(Friedrich 1961: 167).

는 상이성이 그 대표적인 예가 될 것이다. 그러면 조사지 II의 친척호칭체계는 조사지 I의 친척호칭체계 및 민촌의 친척호칭체계로부터 구분되는 제3의 유형일까? 그것은 분명히 아닐 것이다. 왜냐하면 조사지 II의 친척호칭체계가 민촌의 친척호칭체계와 공유하는 개별 호칭형태의 숫자는 소수에 불과하며, 또 조사지 II의 친척호칭체계에는 민촌의 체계에서만 나타나는 특이 호칭형태가 전혀 발견되지 않기 때문이다. 그뿐만 아니라 조사지 II의 친척호칭체계는 기본적인 친척범주(즉, 부계친(父系親), 모계친, 부계친(夫系親), 처계친)의 구분 면에서 조사지 I의 체계와 정확히 일치하고 있기 때문이다. 문제는 조사지 II의 친척호칭체계가 조사지 I의 그것에 비해 구체적인 친척범주의 구분 면에서 상대적으로 덜 정교한 체계를 이룬다는 점인데, 그렇다고 해서 이 사실이 조사지 II의 체계를 반촌의 유형으로부터 분리시킬 만큼 중요한 요인으로는 생각되지 않는다. 결국 조사지 II에서 발견되는 친척호칭체계는 분명히 반촌의 유형에 속하나 구체적으로는 조사지 I의 체계와 다소간 상이한 그러한 친척호칭체계일 것이다.

6. 사회계층과 통혼관계

사회계층에 따른 친척호칭체계상의 규칙적인 변이성을 발견하는 것 외에, 이 연구가 지향한 또 다른 연구 목적은 그러한 언어적 변이성과 상호 관련되는 사회적 사실의 규명, 즉 상이한 계층집단 간의 통혼관계에 대한 경향을 파악함으로써 언어적 변이성이 조사지역 내에서 유지되어 올 수 있었던 사회문화적 배경의 일단을 규명하고자 하는 것이었다. 이 절에서는 한국 전통사회에서 사회집단 간의 통혼관계가 긴밀한 사회적 접촉의 중심적인 지표가 될 수 있다는 가정하에, 5개의 연구대상 마을에서 발견되는 혼인유형을 사회계층의 측면에서 기술, 분석하기로 하겠다.

통혼관계의 자료 수집과 관련한 기본 사항은 앞서 이미 기술하였다. 즉, 연구대상 마을 내의 주 성씨 또는 토박이 성씨들만을 대상으로 하여, 이에 해당하는 각 가구의 (남성 가구주의) 처가, 외가, 진외가를 찾는 작업인데, 단 해당 가구주가 50세 미만일 경우에는 최근의 사회문화적 변화를 고려하여 처가에 대한 질문은 생략하는 것이었다. 실제로는 여기에 두 가지 미세한 조건을 더 붙였는데, 하나는 해당 집에 입양(入養)이 있었을 경우 생가가 아닌 양가를 기준으로 하여 외가, 진외가를 찾는 것이고, 다른 하나는 해당 집에 재혼이나 삼혼 등이 있었을 경우 재혼 이하는 무시하고 초혼에 관한 정보만을 찾는 것이었다.

실제의 자료 수집은 각 연구대상 마을마다 성씨, 즉 집안별로 소수의 제보자를 상대로 이루어졌다. 그리고 이들 제보자가 특정 집의 혼인관계를 잘 모를 경우에는, 해당 집을 직접 방문하거나 다른 제보자들을 찾는 과정을 거쳤다. 그런데 전체적으로 통혼관계에 대한 자료 수집은 친척호칭에 관한 자료 수집 못지않게 힘들거나 그보다 더 힘든 작업이었다. 반촌의 경우에는, 물론 완벽하지는 않았지만, 이 지역에서 발달한 택호(宅號)를 이용하여 제보자들이 그런대로 각 집의 처가, 외가, 진외가를 찾아내었으나, 민촌의 경우에는 그 작업이 그리 쉽지 않았다. 실제로 민촌의 경우에는 자신의 진외가와 심지어 외가를 알지 못하는 경우도 상당히 많은 것으로 드러났다. 어쨌든 현지조사 기간 중 최선의 노력을 기울여 다음에서 제시하는 귀한 통혼 관련 자료들을 모았음을 밝혀 둔다.

다음으로 이렇게 수집된 자료의 분석도 쉬운 과정이 아니었는데, 그것은 통혼이 이루어진 상대 친족집단 또는 마을의 계층적 지위를 구분해 주는 연구자 입장에서의 객관적인 기준이 없기 때문이었다. 다시 말하여 수집된 자료의 분석은 연구자의 손을 떠나 거의 전적으로 소수의 핵심 제보자들(주로 반촌의 제보자들)의 문화적 지식에 의존할 수밖에 없었다.

다음에서 제시하는 5개 연구대상 마을에서의 통혼관계는 '반촌', '비반촌', '어촌'의 세 계층적 범주로 나누어 정리된다. 먼저 '어촌'의 구분은 일차적으로 생태적 조건 및 생업에 의해 결정되는 것이므로, 범주 구분상에서 별다른 문제가 발생하지 않을 것이다. 문제는 '반촌'과 '비반촌'의 구분이다. 그런데 여기서 '반촌'은 (주로 반촌 출신) 제보자들에 의해 상대적으로 엄격히 규정된 반촌을 가리키는데, 가령 '호짓말'과 '원두들'은 반촌으로 분류되었지만 '영골'은 제외되었다. 다시 말하여 여기서 반촌으로 분류된 마을들은 보다 넓은 일반적 범주로서의 반촌이 아니라, 조사지역 내에서 분명한 반촌으로 인지되는 협소한 범위만을 포함하는 범주다.[11] 그리하여 '어촌'과 '반촌'에 속하지 않는 나머지 모든 마을은 '비반촌'의 범주로 일단 분류되었는데, 이 '비반촌'의 범주는 '영골'과 '새터'가 동일 범주로 묶일 만큼 사실상 매우 모호하고 광범위

11 이곳의 반촌 출신 제보자들의 소위 '반촌'에 대한 인지는 매우 분명하였다. 앞에서도 잠시 언급했지만, 이곳의 제보자들은 영해면 내에는 6개의 반촌이 있는 것으로 그리고 영해면과 함께 북부 4개 면을 구성하는 창수면(蒼水面)에는 6개, 병곡면(柄谷面)에는 1개, 그리고 축산면(丑山面)에는 3개의 반촌이 있는 것으로, 그리하여 모두 합하면 16개의 반촌이 있는 것으로 보고하였다. 또 남부의 영덕지역에는 영덕읍(盈德邑)에 2개, 지품면(知品面)에 4개, 달산면(達山面)에 1개, 남정면(南亭面)에 1개, 그리고 강구면(江口面)에 3개, 모두 합하여 11개의 반촌이 있는 것으로 보고하였다. 그리고 제보자들은 엄격히는 마을 자체보다는 그 마을에 사는 특정 성씨 집단을 기준으로 하여, '반촌' 여부를 판별하였다.

이상의 반촌 구분은 물론 다수의 의견인데, 조사과정에서 한 제보자가 '영골'을 반촌으로 볼 가능성을 부분적으로 제시하였으나 다수가 이를 즉각 거부하였다. 그리고 이들 제보자에 따르면, '중촌'은 원 고향에서는 반(班)의 대접을 받을 수 있는 집이나 이 지역에서는 그렇지 못한 집으로, 대체로 보통 민촌보다는 나은 집으로 규정하면서, 그 대표적인 예로 이웃한 축산면 도곡 2동의 한 집안을 들었다.

한 것이다. 그러나 제보자들이 소수의 경우에는 '중촌'과 '민촌'의 구분을 분명히 하였으나 많은 경우에 그 구분이 일관되지 못하였으므로, 범주 구분상의 문제점이 본질적으로 있기는 하지만, '비반촌'이라는 하나의 포괄적인 범주를 여기서 설정할 수밖에 없었다. 달리 말하면 '비반촌'이라는 범주는 상대적으로 범주 구분이 명확한 '어촌'과 '반촌'을 제외한 나머지 모든 마을을 포괄하는 일종의 '비분석적'인 분석 범주다.

다음의 통혼관계에 대한 분석 결과가 위에서 언급한 범주 구분상의 문제점을 안고 있기는 하지만, 5개의 연구대상 마을에서의 통혼관계에 대한 사회계층적 차원에서의 일반적 경향은 분명히 보여 줄 수 있을 것으로 믿어진다. 그리고 통혼관계에 대한 자료는 당연히 사회계층의 차원에서뿐만 아니라 지리적 원근의 차원에서도 수집되었지만, 여기서는 사회계층적 차원에서의 분석 결과만 간략히 제시하기로 하겠다.[12]

먼저 반촌인 '호짓말'에서의 혼인유형이다. 호짓말에는 현재 159가구의 주민들이 거주하고 있는데, 그중에서 주 성씨인 영양 남씨는 48가구다. 이 48가구 중 근년에 원 고향인 이곳으로 재이주해 온 3가구를 제외한 나머지 45가구가 조사대상이 되었는데, 〈표 5-3〉은 이 호짓말에서의 통혼관계를 요약한 것이다. (다음의 〈표 5-3〉 등에서 '부자관계'나 '형제관계' 등은 그러한 가족관계 때문에 관련되는 혼인 사례가 중복됨을 가리키고, '불명(不明)'은 통혼에 관한 사실을 연구자가 찾아내지 못했음을 가리킨다.)

12 1990년 겨울 이 연구를 위한 현지조사에는 당시 학부생이었던 백영재(白永宰) 박사가 함께해 주었는데, 특히 백 박사는 통혼 관련 자료의 수집에 많은 조력을 해 주었다. 당시 백 박사의 표현대로, 이 힘들여 모은 자료를 '표 몇 개로 정리'하기에는 아쉬운 마음이 매우 크지만, 다음 기회에 통혼 관련 자료를 전면적으로 정리하여 보고하도록 하겠다. 추운 겨울에 힘든 현지조사를 함께해 준 백 박사에게 오래전 일이지만, 이 자리를 빌려 고마움을 표하고 싶다.

표 5-3. 호짓말(조사지 I)에서의 통혼관계

	반촌	비반촌	어촌	계	예외	총계
처가	28	7	0	35	50세 미만 10	45
외가	40	2	0	42	부자(父子)관계 2 형제(兄弟)관계 1	45
진외가	40	1	0	41	부자관계 1 형제관계 3	45
계	108	10	0	118	17	135

또 다른 반촌인 '원두들'에서의 통혼관계는 〈표 5-4〉와 같이 요약할 수 있다. 원두들에는 현재 139가구의 주민들이 거주하고 있는데, 그 중 토박이 성씨인 무안 박씨, 영양 남씨, 대흥 백씨는 각각 34가구, 33가구, 22가구를 이루고 있다. 이 중에서 근년에 이 마을로 다시 재이주한 대흥 백씨 2가구를 제외한 나머지 87가구의 통혼관계를 정리한 것이다.

위의 호짓말 및 원두들은 말할 것도 없이 앞의 친척호칭의 비교 목록에서 조사지 I로 함께 분류되었던 반촌 마을들이다. 〈표 5-3, 5-4〉에서 알 수 있듯이, 두 마을 모두에서 대부분의 혼인은 반촌 상호 간(호짓말

표 5-4. 원두들(조사지 I)에서의 통혼관계

	반촌	비반촌	어촌	계	예외	총계
처가	54	14	0	68	50세 미만 17 불명(不明) 2	87
외가	71	13	0	84	부자관계 1 형제관계 2	87
진외가	66	9	0	75	부자관계 1 형제관계 2 불명 9	87
계	191	36	0	227	34	261

은 약 92%이고 원두들은 약 84%임)에 이루어졌고, 소위 '낙혼(落婚)'(이 경우 엄격히는 (여성을 기준으로 한) hypergamy)의 사례, 즉 '비반촌'과의 혼인은 소수에 불과한 것으로 나타난다.

다음의 〈표 5-5〉는 소위 '중촌'인 '영골'(조사지 II)에서의 통혼관계다. 영골에는 현재 69가구의 주민들이 거주하고 있는데, 그중 40가구가 주 성씨인 울진 장씨다. 이 중에서 근년에 이 마을로 다시 재이주해 온 1가구를 제외한 나머지 39가구에 대한 혼인유형을 정리한 것이다.

〈표 5-5〉는 여기서 일단 '비반촌'으로 분류된 영골이 조사지역 내에서 차지하는 사회계층적 위상을 여실히 보여 주는 것으로 생각된다. 전체 혼인 사례 중 약 18%만이 분명한 반촌과의 혼인, 즉 영골의 입장에서는 '앙혼(仰婚)'(이 경우 엄격히는 (여성을 기준으로 한) hypogamy)이고, 나머지는 모두 동일한 계층범주인 '비반촌'과의 혼인으로 나타나고 있다. 표에서 주목되는 1 사례의 어촌과의 혼인은 예외적인 것으로, 혼인 상대 집안이 지리적으로는 비록 어촌에 속해 있었지만, 사회적 지위의 면에서는 일반 어촌의 범주와는 판이했던 집으로 제보자들은 기억하였다.

표 5-5. 영골(조사지 II)에서의 통혼관계

	반촌	비반촌	어촌	계	예외	총계
처가	4	25	0	29	50세 미만 10	39
외가	5	25	0	30	형제관계 8 불명 1	39
진외가	5	12	1	18	형제관계 8 숙질(叔姪)관계 2 종형제(從兄弟)관계 8 불명 3	39
계	14	62	1	77	40	117

표 5-6. 새터(조사지 III)에서의 통혼관계

	반촌	비반촌	어촌	계	예외	총계
처가	0	14	7	21	50세 미만 13	34
외가	0	18	3	21	부자관계 4 형제관계 7 숙질관계 1 불명 1	34
진외가	0	10	2	12	부자관계 4 형제관계 7 숙질관계 2 종형제관계 3 불명 6	34
계	0	42	12	54	48	102

〈표 5-6〉은 일반 민촌인 '새터'(조사지 III)에서의 혼인유형에 대한 정리다. 새터에는 현재 150가구의 주민들이 거주하고 있는데, 그중에서 상대적으로 토박이의 범주에 속하는 집들은 밀양 박씨 4가구, 진주 강씨 21가구, 그리고 계보를 서로 달리하는 영일 정씨가 각기 6가구와 3가구로, 도합 34가구다. 이 34가구에 대한 통혼관계를 정리한 것이다.

새터에서의 통혼관계는 먼저 반촌과의 혼인은 전무한 반면에, 어촌과의 혼인이 약 22%에 달하고 있음을 보여 준다. 나머지 절대다수의 혼인은 물론 동일한 계층범주인 여기서의 '비반촌'과의 혼인이다.

마지막으로 어촌인 '밭내미'(조사지 IV)에서의 혼인유형이다. 밭내미에는 현재 64가구의 주민들이 거주하고 있는데, 그중에서 조사대상이 된 토박이 성씨는 청주 한씨 29가구와 밀양 박씨 5가구로, 도합 34가구다. 〈표 5-7〉은 이 34가구의 통혼관계를 정리한 것이다.

위의 5개 마을의 통혼관계에 대한 조사에서 가장 충격적인 조사 결과를 보여 주는 곳은 바로 이 밭내미일 것이다. 말할 것도 없이 전체 63개 혼인 사례 중에서 62개 사례가 인근 어촌과의 혼인인 것으로 나타나기 때문이다. 필자는 현지조사 중 이 수치를 파악하고 사실은 엄격한 폐쇄

표 5-7. 밭내미(조사지 IV)에서의 통혼관계

	반촌	비반촌	어촌	계	예외	총계
처가	0	0	25	25	50세 미만 9	34
외가	0	0	24	24	부자관계 2 형제관계 5 숙질관계 2 불명 1	34
진외가	0	1	13	14	부자관계 2 형제관계 5 종형제관계 5 불명 8	34
계	0	1	62	63	39	102

체계(closed system)인 카스트(caste)를 떠올릴 만큼 큰 충격을 받았었다. 그러나 앞의 〈표 5-6〉, 즉 새터에서의 혼인유형으로 미루어 보면, 어촌 일반의 혼인유형은 밭내미보다는 좀 더 높은 비율로 '비반촌' 범주와의 혼인이 이루어졌을 것으로 짐작된다. 그러나 〈표 5-7〉만 보면, 밭내미에서의 통혼관계는 거의 전적으로 동일한 계층적 지위를 가지는 다른 어촌들에 집중되고 있다.[13]

13 이 글의 보완과정에서 새로이 알게 된 사실은 흥미롭게도 조사지 인근의 어촌 마을들에 대한 통혼권 조사가, 아마도 한국 학계에서는 조금 예외적으로, 비교적 지속해서 이루어져 왔다는 점이다. 간략히 발표 연대순으로 정리하면, 영덕읍 노물동(여중철 1978), 영해면 사진 2리('시나리')(실제로는 '동포(東浦)'라는 가명으로 발표됨)(수에나리 미치오(末成道男) 1982), 울진군 평해읍 후포 4리(한상복 1983), 축산면 경정 1리('뱃불')(오쿠마 요코(奥間葉子) 1996), 축산면 경정 2리('차유' 또는 '수구내미')(이창기 2001), 그리고 축산면 경정 2리 및 영해면 사진 2리('시나리')(이창기 2009)에 대한 통혼권이 지금까지 조사 발표되었다. 위에서 평해 후포리의 예를 제외하면, 모두 영덕군 내의 3개 읍·면 특히 영해면 및 축산면에 소재하는 어촌들이 된다. 그리고 현지조사의 시점으로 보면 앞의 세 예는 이 글의 현지조사보다 먼저 조사가 이루어진 것

다시 본 논의로 돌아가, 지금까지 제시한 5개 마을에서의 구체적인 통혼관계는 사회계층의 차원과 관련하여 한 가지 일관된 경향을 보이는 것으로 생각된다. 즉, 호짓말, 원두들에서는 다른 반촌과의 혼인이 주를 이루고 소수는 비반촌과의 혼인이며, 영골에서는 다른 비반촌과의 혼인이 주를 이루고 소수는 반촌과의 혼인이며, 새터에서는 다른 비반촌과의 혼인이 주를 이루고 소수는 어촌과의 혼인이다. 그리고 발내미에서는 다른 어촌과의 혼인이 거의 전부인 것으로 나타나지만, 앞의 새터에서의 혼인유형을 고려하면, 어촌 일반에서는 다른 어촌과의 혼인이 주를 이루고 소수는 비반촌과의 혼인일 것으로 추론된다. 따라서 조사지역에서의 혼인유형은, 대부분의 통혼은 동일 계층의 범주 내에서 이루어지지만 부분적으로는 계층 구분상의 인접 범주와 통혼이 이루어지는 것으로, 그 경향을 일반화할 수 있겠다.

여기서 위의 혼인유형이 반영하는 사회적 실재(social reality)에 더욱 근접할 수 있도록, 앞에서 포괄적인 범주로 설정한 '비반촌'의 범주를 영골과 새터가 조사지역 내에서 일반적으로 차지하는 위상인 '중촌'과 '농촌의 민촌'으로 재구분할 필요가 있을 것이다. 그것은 영골과 새터를 동일한 계층범주로 구분하는 것도 문제이지만, 구체적으로 영골에서는

이고, 뒤의 세 예는 본 현지조사보다 뒤에 조사가 이루어진 것이 될 것이다. 위 발내미의 통혼관계에 대한 체계적인 비교 분석은 물론 더욱 엄밀한 작업을 필요로 할 것이다. 여기서 참고로 위의 연구들에서 밝혀진 어촌 상호 간의 혼인 수치를 먼저 간략히 인용하면, 영해면 사진 2리의 경우는 87%(수에나리 1982, 이창기 2001: 12-13에서 재인용), 축산면 경정 1리의 경우는 85.4%(오쿠마 1996, 이창기 2001: 13에서 재인용), 축산면 경정 2리의 경우는 83.3%(이창기 2009), 그리고 영해면 사진 2리의 경우는 93.8%(이창기 2009)에 달하는 것으로 보고된다. 따라서 이 발내미의 사례가 좀 극단적이긴 하지만 그렇다고 해서 결코 예외적인 경우는 아닐 것이다.

소수의 혼인이 상위계층인 반촌과 이루어지는 데 비해, 새터에서는 소수의 혼인이 하위계층인 어촌과 이루어지고 있기 때문이다.

계층범주의 구분 방식을 부분적으로 수정하여, 즉 '반촌', '중촌', '농촌의 민촌', 그리고 '어촌'의 네 범주로 구분하여, 위에서 도출된 혼인유형의 일반적 경향을 도형화하면, 〈그림 5-7〉과 같은 모형이 될 것이다. 즉, 빗금으로 표시한 부분이 각 연구대상 마을에서의 사회계층에 따른 통혼의 일반적 범위가 된다. 마치 (자메이카(Jamaica)와 같은) 후기 크리올(post-creole) 언어공동체에서의 언어 연속체(continuum) 모형(DeCamp 1971)과 흡사한 이 모형은, 부분적으로 이상화된 것이기는 하지만, 조사지역에서의 사회계층에 따른 통혼관계의 일반적인 분포 양상을 거의 그대로 반영할 것으로 믿어진다.

〈그림 5-7〉로 정리된 혼인유형에 대한 일반적 경향은 거꾸로, '비반촌'이라는 불명확한 범주에 의해 가려졌던 5개의 연구대상 마을에서의 통혼관계에 대한 부분적인 추론을 가능하게 할 것이다. 즉, 호짓말과 원두들에서의 '비반촌'과의 혼인은 대부분 '중촌'과의 혼인이었을 것이고, 영골에서의 '비반촌'과의 혼인은, 그중 다수는 '중촌'과의 혼인이고

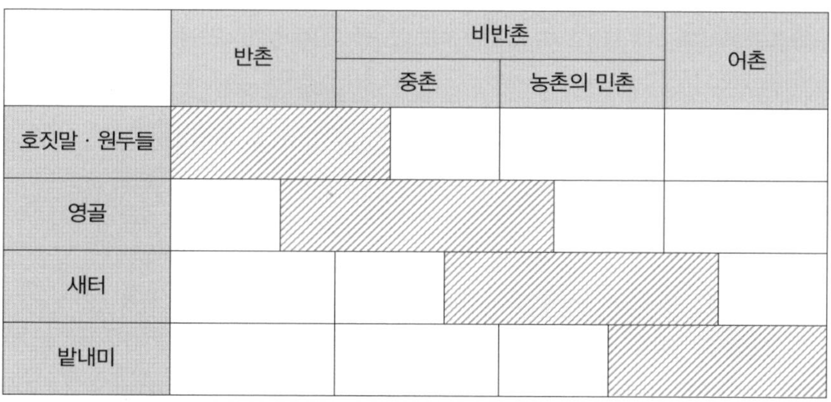

그림 5-7. 사회계층에 따른 혼인유형의 일반적 모형

부분적으로는 '농촌의 민촌'과의 혼인이었을 것이며, 새터에서의 '비반촌'과의 혼인은, 그중 다수는 '농촌의 민촌'과의 혼인이고 부분적으로는 '중촌'과의 혼인이었을 것이며, 마지막으로 일반 어촌에서의 '비반촌'과의 혼인은 대부분 '농촌의 민촌'과의 혼인이었을 것으로 추론할 수 있다.

여기서 이 연구의 기본 질문으로 되돌아가기로 하자. 혼인유형에 대한 이상의 분석 결과는 친척호칭의 변이성이 조사지역 내에서 유지되어 온 사회문화적 배경의 일단을 설명하고 있을까? 질문 자체가 '인과적(causal)' 설명보다는 '개연적(probable)' 설명을 요구하는 것이므로, 그 답도 명료한 성질의 것이 되기는 어려울 것이다. 그러나 한 마디로, 통혼관계에서 반영되는 계층집단 간의 사회적 접촉의 유형은 친척호칭체계의 이원적 분화가 조사지역에서 지속되어 온 현상과 분명 '긍정적으로' 상호 관련되는 것으로 생각된다.

조금 구체적으로 말하여, 먼저 반촌은 대부분의 혼인을 반촌 상호 간에 행하고 부분적으로 중촌과 혼인을 한다. 그러나 중촌과의 사회적 접촉은, 반촌의 입장에서는 언어행위를 포함하는 행위예법의 전파나 영향의 측면에서 별다른 의미가 없을 것이다. 자신들이 상대인 중촌보다 상위계층이고, 따라서 자신들의 행위예법이 더 높은 사회적 위세(social prestige)를 지니는 것이기 때문이다. 물론 반촌 상호 간에도 지위, 즉 반세(班勢)의 고하에 따라서 행위예법의 이상적 모형을 제공하는 준거집단(reference group)이 상대적으로 형성될 수 있었을 것이다. 그러나 하나의 계층범주로서의 반촌은 자신들보다 하위계층으로부터는 행위예법의 수용 면에서 영향을 받지 않았을 것이고, 그 대신 다른 반촌들과의 지속적인 접촉을 통해 자신들 나름대로의 행위예법을 유지해 왔을 것이다.

그러면 일반 민촌(즉, 농촌의 민촌과 어촌)과 반촌 간의 사회적 접촉의 양상은 어떠하였을까? 농촌의 민촌은 중촌과는 부분적인 통혼관계를 갖지만, 반촌과는 통혼관계를 전혀 갖지 않는다. 즉, 어촌을 포함하는 일반 민촌과 반촌과는 긴밀한 사회적 접촉을 전혀 갖지 않았던 것으로 나타난다. 이러한 사회적 조건하에서는 비록 반촌의 언어행위가 사회적 위세를 지니는 것이지만, 민촌의 언어행위에는 거의 아무런 영향도 미치지 못했을 것이다. 그 결과 민촌은 반촌의 것과는 다른, 민촌 나름의 언어행위의 유형을 주로 다른 민촌들과의 접촉을 통해서 계속 유지해 오게 되었을 것으로 짐작된다.

반면에 중촌은 부분적인 통혼관계를 반촌 및 농촌의 민촌 모두와 갖지만, 중촌의 입장에서 더욱 중요한 사회적 접촉의 연망은 하위계층인 민촌과의 것이 아니라 상위계층인 반촌과의 연망이었을 것이다. 계층적 지위의 상향 이동에 민감한 중촌의 입장에서는, 언어행위를 포함하는 행위예법의 이상적 모형을 당연히 반촌의 유형에서 찾았을 것이고, 그 결과 중촌에서의 언어행위는 민촌의 것과는 다른 반촌의 그것에 매우 근접한 것이었을 것으로 생각된다.

이상의 추론적 분석은 앞서 발견한 친척호칭체계상의 구체적인 변이성의 측면과 거의 부합되는 것으로 생각된다. 즉, 농촌의 민촌인 새터와 어촌인 밭내미는 반촌 마을, 그중에서도 특히 호짓말과는 지리적으로 매우 가까운 거리에 위치하고 있다. 그러나 호짓말과는 긴밀한 사회적 접촉의 연망을 전혀 갖고 있지 못했으므로, 호짓말에서 사용하는 친척호칭체계와는 다른 자신들만의 민촌 유형의 친척호칭체계를 계속 유지해 왔을 것이다. 그러나 영골의 경우에는 부분적이지만 반촌과의 사회적 접촉의 연망을 지속해서 가져왔고, 또 그들의 실제적인 행위유형은 저명 반촌의 그것과 동일하지는 않았겠지만, 끊임없이 반촌의 행위규범을 그들의 이상적 모형으로 삼아 왔을 것이다. 그 결과 영골에서 사용하는 친척호칭체계는, 호짓말 및 원두들과 같은 반촌에서 사용하는 체계와 부분적인 상이성만을 지니는, 거의 동일한 체계로 나타나고 있을 것이다.

이에 반해 호짓말 및 원두들에서 사용하는 친척호칭체계는, 바로 이웃한 민촌들의 호칭체계와는 크게 다르지만, 상당한 거리가 떨어진 안동지역의 한 반촌 마을에서 사용하는 호칭체계(정종호 1990, 2010)와는 거의 정확히 일치하고 있다. 또 경주 지역의 저명 반촌인 양좌동(良左洞)에서 보고된 부분 자료(이현규 1990: 254-265)와 똑같지는 않지만 거의 같은 모습을 보이고 있다.[14] 결국 이 사실은 같은 반촌들 간의 긴밀한 사회적 접촉이 더욱 넓은 지리적 영역에 걸쳐 이루어졌음을 시사할 뿐만 아니라, 친척호칭과 같은 언어예법의 분포 양상은 한국 전통사회에서 지리적인 인접성보다는 계층적 동질성이 더욱 중요한 요인으로 작용해 왔다는 사실을 다시 한 번 밝혀 주는 셈이 될 것이다.

이 절에서의 논의 사항을 다시 한 번 요약하면, 조사지역에서 발달한 두 부류의 친척호칭체계는, 그것을 각기 달리 사용하는 상이한 계층집단 간의 통혼관계에서 반영되는 긴밀한 사회적 접촉의 결여 때문에, 동일 언어공동체 내에서도 최근까지 유지, 강화되어 올 수 있었던 것으로 일반화할 수 있다.[15]

---

14 작은 단위의 언어공동체를 대상으로 한 경험적인 연구가 많지 않아 어떤 일반화를 하기는 어렵겠지만, 필자의 생각으로는 호짓말 및 원두들에서 사용하는 친척호칭체계는 아마도 경북 일원의 남인(南人) 집들에서 거의 그대로 또는 매우 유사하게 사용되고 있을 것으로 믿어진다.

15 그런데 이 연구와 관련하여, 초기의 사회언어학 연구는 사실 언어와 사회계층 간의 상호관계의 본질에 관한 탐구에서 그리 성공적이지 못한 것으로 보인다. 대표적으로 관련 리뷰 논문에서의 다음 인용문을 보자. 아마도 본 연구는 이러한 초기 수준의 일반화에서 한 걸음 더 나아간 것이 될 것이다.

“상호 접촉하는 집단 간에서 구분되는 방언의 유지를 증진시키는 조건이 정확히 무엇인지는 하나의 사회언어학적 신비(a sociolinguistic mystery)로 남아 있다. 어떤 사회적 조건에서 방언들은 단일한 위세의 연속체 속에 동화되어 가기도 하고, 또 어떤 사회적 조건에서는 구분되는 방언들이 [그 구분을] 강화해 나가기도 한다”(Brown and Levinson 1979: 307).

7. 나가는 말: 요약 및 결론

이 연구는 한국 전통사회에서의 사회계층과 언어행위 간의 상호관련성에 대한 체계적인 사회언어학적 접근의 일환으로 계획되었고, 구체적으로 두 가지 기본 질문을 가지고 출발하였다. 한 가지 질문은 전통적인 사회계층에 따른 친척호칭체계상의 규칙적인 변이성을 발견하는 것이고, 또 한 가지 질문은 그러한 변이성이 동일 언어공동체 내에서 유지되어 올 수 있었던 사회문화적 배경을 파악하려는 것이었다.

동일 지역 내의 5개 연구대상 마을에서 행해진 연구의 결과는, 먼저 첫 번째 질문과 관련해서는, 일반적으로 두 부류의 친척호칭체계가 발달, 사용되어 온 것으로 밝혀졌는데, 그것을 사용하는 집단의 계층적 특성에 따라 각기 반촌의 유형과 민촌의 유형으로 규정할 수 있는 것이었다. 그리고 반촌의 친척호칭체계와 민촌의 친척호칭체계 간에는 용어형태상의 상이성뿐만 아니라, 전체 용어 집합이 반영하는 의미체계, 즉 친척에 대한 구분체계의 면에서도 중요한 상이성이 발견되었다. 전체적으로 두 체계 간의 상이성 정도는 일반적인 수준을 훨씬 넘어서는 것이었다.

두 번째 질문과 관련해서는, 통혼관계가 전통사회에서 긴밀한 사회적 접촉의 지표일 수 있다는 가정하에, 상이한 계층집단 간의 혼인유형이 중점적으로 조사되었다. 그 결과 동일 언어공동체 내에서 두 부류의 상이한 친척호칭체계가 유지되어 올 수 있었던 배경에는, 계층적 지위를 달리하는 집단 간의 통혼관계에서 반영되는 사회적 접촉의 결여라는 요인이 개재되어 있었던 것으로 일반적으로 설명할 수 있었다.

이상의 연구결과와 관련하여 여기서 논의되지 않은 중요한 질문 한 가지는, 아마도 조사지역 내에서 두 부류의 상이한 친척호칭체계가 갖는 사회적 기능 및 의미에 대한 물음일 것이다. 일반적으로 반촌의 제보자들은 민촌의 친척호칭체계를, 그리고 민촌의 제보자들은 반촌의 친척호칭체계를 전체적으로 정확히 인지하고 있는 것으로는 보이지 않았다. 그러나 서로 간의 친척호칭체계가 상이하다는 사실과 특징적인 상이성의 측면(즉, 주로 호칭형태상의 상이성)은 대체로 명확히 인지하고 있는 것으로 보였다. 가령 반촌의 제보자들이 민촌의 유형을 언급할 때, '매형(妹兄)'(30 ♂ZeH 등), '제매(弟妹)'(32 ♂ZyH 등), '기보(季夫)'(40 ♀ZyH 등), '시매수(媤妹婿)'(119 HZeH 등) 등과 같은 특이 형태들을 거론하면서 그것에 대한 부정적인 평가를 한다든지, 또는 반촌의 유형에서 특징적으로 나타나는 '큰아배'(7 FF)와 '맏아배'(15 FBe)의 용어 구분이 갖는 어원적 정당성을 강조하는 사례 등은, 반촌의 화자들이 두 친척호칭체계 간의 기본적인 상이점을 파악하고 있다는 사실을 가리킬 것이다. 거꾸로 민촌의 제보자들은 반촌의 유형에 대한 구체적인 언급을 피하는 경향이었는데, 그것은 아마도 사회적 위세의 면에서 자신들의 것보다 우월한 반촌의 것을 굳이 언급할 필요가 없기 때문일 것이다. 그러나 앞의 친척호칭의 비교 목록에서 보듯이, 최근 민촌의 유형에서 일어난 호칭형태상의 변화는 그 대부분이 반촌의 호칭형태를 모방하려는 변화라는 점에서, 민촌의 화자들도 자신들의 것과는 다른 반촌의 친척호칭체계를 일반적인 수준에서는 알고 있는 것으로 추측되었다.

따라서 조사지역에서 친척호칭의 사용은 그것이 일차적으로 가지는 의미 지시, 즉 지시적 기능(referential function) 외에도, 화자의 계층적 지위를 판별하는 집단 정체성(group identity)의 구분 및 확인이라는 사회적 기능을 일반적으로 가지는 것으로 관찰되었다. 다시 말하면, 이 언어공동체에서 친척호칭의 위상은 계보관계상의 특정 친척형을 지시하는 용어의 집합을 넘어서서, 화자의 계층적 지위에 관한 언어 표지체(marker)인 것으로 해석할 수 있겠다. 그런데 실제의 언어적 상호작용 과정에서 두 친척호칭체계 간의 상이성을 인지하게 되는 구체적인 단서(identification cue)는, 주로 각 유형에서 특징적으로 사용되는 특이 호칭형태들에 의해 제공되는 것으로 짐작되었다.

또 한 가지 지금까지의 기술, 분석에서 언급되지 않은 사항은, 조사지 III에서 특히 집중적으로 나타나는 친척호칭 형태의 변화에 관한 것이 될 것이다. 물론 친척호칭체계의 변화에 대한 질문은 그것 자체로서 별도의 연구 과정이 필요하겠지만(왕한석 1995a 등 참조), 조사지역의 경우 우선 한 가지 중요한 사실이 관찰된다고 하겠다. 그것은 최근의 친척호칭의 변화는 주로 반촌보다는 조사지 III과 같은 민촌에서 폭넓게 일어난 것으로 보고되고, 그 중심적인 변화의 내용은 반촌의 호칭형태를 광범위하게 수용하는 방향으로의 변화라는 사실이다. 물론 이러한 변화가 최근 일어난 배경에는 전통적인 계층 구분의 엄격성이 와해되어 가는 상황이라는 사회적 조건이 놓여 있을 것이다. 그런데 이 친척호칭의 변화 양상은 기본적으로 사회적 위세의 면에서 위세가 낮은 민촌의 호칭형태를 버리고 위세가 높은 반촌의 호칭형태를 모방해 가는, 사회적 동기(social motivation)의 차원에서 연유한 언어변화라는 점이 특히 주목되어야 할 것이다.

이 연구의 결과에서 한 가지 의문점으로 떠오르는 사항은 농촌의 민촌과 어촌의 민촌 간에서 발견되는 언어행위상의 상이성 정도에 관한 것이다. 즉, 이 연구에서는 조사지 III 및 IV 간에는, 사회계층에 따른 혼인유형에서는 커다란 상이성이 나타나지만 친척호칭체계에서는 상이성이 거의 나타나지 않는 것으로 기술되었다. 그런데 이익섭(1976b)의 강원도 해안 지역 연구에서는, 어촌과 일반적으로 민촌인 농촌 간에 언어적 변이성이 일관되게 나타나는 것으로 보고되고 있다. (이 연구와 동일 지역에서 조사가 이루어진 최명옥(1980)의 연구에서는 농촌의 반촌과 어촌의 민촌만을 연구대상으로 삼았기 때문에, 이웃한 농촌의 민촌에 대한 언어적 사실은 전혀 보고되지 않는다.) 따라서 생태적 환경 및 부분적으로 계층적 지위를 달리하는 농촌의 민촌과 어촌 간에는, 친척용어의 영역에서는 두드러진 상이성이 발달하지 않았지만 일반 어휘 및 문법의 부면에서는 규칙적인 상이성이 나타나는 것인지, 아니면 본 조사지역이 상대적으로 예외적인 곳이었는지의 여부를, 현재 단계에서는 잘 판단할 수가 없을 것이다. 앞으로 농촌의 민촌과 어촌 간의 언어적 변이성에 대한 보다 광범하고 체계적인 탐구가 이루어져야 할 것으로 생각된다.[16]

전체적으로 이 연구는 현대 한국사회에서는 아직도 그것의 탐구가 용이하지 않은(왕한석 2008: 17-18 참조), 언어와 사회계층 간의 상호관련성을 전통사회를 대상으로 하여 구체적으로 수행한 작업이 될 것이다. 그리고 그러한 작업의 첫 단계로서 비교적 접근이 쉬운 어휘의 영역, 특히 이른바 '문화적 어휘(cultural vocabulary)'를 대상으로 한 연구가 될 것이다. 앞으로의 본격적인 연구는 어휘뿐만 아니라 음운 및 문법 그리고 특히 다양한 담화의 유형에 관한 연구로 당연히 확장되어야 할 것이다.

마지막으로 이 연구는 한국 전통사회에서의 사회계층과 언어행위 간의 상호관련성에 관한 사회언어학적 연구로서뿐만 아니라, 한국의 친척용어체계에 관한 체계적 연구와 관련해서도 나름의 실제적인 공헌점을 지닐 수 있을 것으로 믿어진다. 친척용어 특히 친척호칭은 다양한 요인들에 의해 변이성을 보이는 것으로 일찍부터 지적되어 왔지만, 사회계

16 여기서 한 가지 언어학적인 가설적 명제를 덧붙이기로 하겠다. 통시적인 역사언어학의 시각, 이 글과 관련해서는 특히 역사 방언학(historical dialectology)의 시각에서는, 민촌의 친척호칭체계는 이 지역의 토착 방언형들로 구성되는 기층언어(substratum)에 해당할 것이고, 그 위에 '얹혀 있는' 계층적 변이형들인 반촌의 친척호칭체계는 아마도 다른 지역에서 유입되었거나 부분적으로 이 지역에서 만들어진 상층언어(superstratum)가 될 것으로 생각된다. 그런데 이러한 언어적 분기(divergence)가 역사적으로 어떻게 이루어졌는지는 언어의 연구에서 매우 중요하고도 흥미로운 질문이 될 것인데, 앞으로 관련 학계에서 이 질문에 관한 좋은 연구 성과들이 이루어지기를 기대해 마지않는다.

층적 요인에 따른 친척호칭체계의 변이성에 대한 본격적인 기술 및 분석은 지금까지 전혀 이루어지지 않았기 때문이다. 이 연구는 이러한 시각에서, 한국의 친척용어에 대한 본격적이고 중요한 연구의 위상을 차지할 뿐만 아니라 그것에 관한 새로운 연구의 시작을 연 송현(松峴) 이광규(李光奎) 선생의 「한국의 친척명칭」(1971)의 아마도 연장선상에 있을 것이다. 다음의 인용문은 바로 그러한 함의를 담고 있는 송현 선생의 귀중한 논문의 마지막 단락 부분이다.

> 한국문화의 전 영역에서 이와 같은 연구가 이루어짐으로써 한국문화의 기본 구조, 기본 유형이 밝혀지기를 앞으로 기대하며 친척명칭에도 이 연구가 마지막 연구이기보다 앞으로 연구를 위한 시발이라 생각하고 싶다. 친척명칭이 갖는 앞으로의 문제점이란 지방적 차이를 더욱 분명히 할 것과 친척명칭과 거주규정, 출자율(出自律) 등 친족제도에서의 상호관련성을 규명하여야 될 것이다(이광규 1971: 253-254).

〈붙임〉

앞서 밝힌 대로 이 글은 1991년에 쓴 초고를 부분적으로 수정한 것이므로, 되도록이면 당시의 시점에서의 논의를 그대로 유지하고자 하였다. 그러나 연구대상 지역에 대한 이후의 주요 관련 연구에 대해서는 여기서 간략히 정리할 필요가 있을 것이다.

먼저 필자의 작업인데, 이 연구와 유사한 틀의 위 5개 연구대상 마을의 존댓말을 중심으로 하는 언어 분화 양상은 「영해 지역의 언어 분화에 대한 일보고」(왕한석 1994)로 정리되었고, 또 호짓말과 원두들을 중심으로 하는 이곳 반촌의 친척용어의 전체 목록은 이후 부분적인 보완 작업을 거쳐 「영해 지역의 친척용어 목록」(왕한석 2012b)으로 정리되었다. 그리고 이 지역의 반촌들에서 수집한 자료를 바탕으로 세 편의 논문을 더 발표했는데, 한 편은 이 지역의 자료만으로 쓴 「'집'의 이름과 '친족관계'에 대한 명칭」(왕한석 1995b)이고, 다른 두 편은 이 지역의 자료가 부분적으로 이용된 「한국 친족용어의 분포 범위」(왕한석 1991)와 「영남인의 친척용어: 친척용어의 주요 하위체계들에 대한 민족지적 기술」(왕한석 2000)이다.

다음으로 이 지역의 언어문화에 대한 김주관(Kim, Joo-Kwan)의 또 다른 언어인류학 연구가 있는데, 그것은 영해면 일원의 11개 마을을 대상으로 한 현지조사에 바탕을 둔 것이다. 즉, 학위논문인 "Managing Symbolic Capital: Development and Maintenance of Honorific Differences in a Rural Korean Village"(Kim 2002)와 그중 한 부분으로 이루어진 「언어 자원의 자본화 과정과 상징 자본의 형성」(김주관 2003)이 바로 해당 연구다.

다음으로 영해지역, 특히 이곳의 반촌과 어촌에 대한 사회학 및 인류학 영역에서의 집중적인 연구 작업이 근래 이루어졌는데, 그것은 『동해안지역 반촌의 사회구조와 문화』(영남대학교 민족문화연구소 2008) 및 『영해지역 반촌과 어촌』(이창기 2015)이라는 두 권의 단행본으로 정리되었다. 앞의 책은 모두 네 명의 저자가 쓴 이 지역 반촌의 여러 문화적 양상들에 대한 논문들을 모은 것인데, 기본적으로 주 조사지는 호짓말과 원두들, 그리고 '웃나라골'(창수면 인량 2리)이다. 그리고 이 책에는 전혜숙(2005, 2007)의 이곳 '반촌언어'에 대한 두 편의 논문도 전재되어 있다. 최근 출간된 뒤의 책은 이 지역 반촌 및 어촌들의 주요 사회문화적 특성을 힘들여 집중적으로 연구해 온 저자의 일련의 논문을 모은 논문집이다. 이곳 반촌들에 대한 논문 여섯 편과 어촌들에 대한 논문 네 편 그리고 어촌 및 반촌에 대한 논문 한 편으로 구성되어 있다.

마지막으로 이곳의 원두들 마을에 대한 일종의 마을 조사 보고서(안동대학교 대학원 민속학과 BK21 사업팀 2007)도 출판되었는데, 그것은 대학원생 중심의 총 27편의 민속학 지향 글들로 이루어진 단행본 보고서다.

참고문헌

강신항. 1976. 「경북 안동, 봉화, 영해지역의 이중언어생활」. 『성균관대학교 논문집』 22: 33-51.

강신항. 1978. 「안동방언의 서술법과 의문법」. 『언어학』 3: 9-27.

김기봉. 1985. 「친족용어체계에 관한 성분분석적 연구」. 영남대학교 대학원 문화인류학과 석사학위논문.

김주관. 2003. 「언어 자원의 자본화 과정과 상징 자본의 형성」. 『한국문화인류학』 36(1): 247-267.

안동대학교 대학원 민속학과 BK21 사업팀 편. 2007. 『셋이면서 하나인 원구마을』. 서울: 민속원.

여중철. 1978. 「한국농촌의 지역적 통혼권」. 『신라가야문화』 9 · 10: 191-210.

영남대학교 민족문화연구소 편. 2008. 『동해안지역 반촌의 사회구조와 문화』. 파주: 경인문화사.

영덕군지편찬위원회. 1981. 『영덕군지』. 영덕군.

왕한석. 1986. 「국어 청자 존대어 체계의 기술을 위한 방법론적 검토」. 『어학연구』 22(3): 351-373.

왕한석. 1988a. 「서평」. (최재석 저. 『한국의 친족용어』). 『정신문화연구』 35: 216-224.

왕한석. 1988b. 「한국 친족용어의 내적 구조」. 『한국문화인류학』 20: 199-224.

왕한석. 1989. 「택호와 종자명호칭」. 『의민 이두현 교수 정년퇴임 기념 논문집』. 24-47쪽. 서울대학교 국어교육과.

왕한석. 1990. 「북한의 친족용어」. 『국어학』 20: 168-202.

왕한석. 1991. 「한국 친족용어의 분포 범위」. 『한국의 사회와 역사: 최재석 교수 정년퇴임 기념 논총』. 163-185쪽. 서울: 일지사.

왕한석. 1994. 「영해 지역의 언어 분화에 대한 일보고」. 남천 박갑수 선생 화갑 기념 논문집 간행위원회 편. 『국어학 연구: 남천 박갑수 선생 화갑 기념 논문집』. 587-615쪽. 서울: 태학사.

왕한석. 1995a. 「한국 친족호칭의 변화 양상」. 『민족문학의 양상과 논리: 양하 정상박 박사 화갑 기념 논총』. 167-192쪽.

왕한석. 1995b. 「'집'의 이름과 '친족관계'에 대한 명칭」. 『한국문화인류학』 28: 223-244.

왕한석. 2000. 「영남인의 친척용어: 친척용어의 주요 하위체계들에 대한 민족지적 기술」. 『민족문화논총』 22: 123-181.
왕한석. 2008. 「한국의 사회언어학」. 왕한석 편. 『한국어와 한국사회』. 1-37쪽. 파주: 교문사.
왕한석. 2012a. 『한국의 언어 민속지: 경상남북도 편』. 서울: 서울대학교출판문화원.
왕한석. 2012b. 「영해 지역의 친척용어 목록」. 『한국의 언어 민속지: 경상남북도 편』. 543-576쪽. 서울: 서울대학교출판문화원.
이광규. 1971. 「한국의 친척명칭」. 『연구논총』 1: 221-256.
이익섭. 1970. 「전라북도 동북부 지역의 언어문화: 특히 언어외적 요인과 관련하여」. 『어학연구』 6(1): 57-87.
이익섭. 1976a. 「「아재」고: 방언조사방법의 한 반성」. 『동아문화』 13: 31-58.
이익섭. 1976b. 「한국 어촌 언어의 사회언어학적 고찰」. 『진단학보』 42: 61-97.
이익섭. 1981. 『영동 영서의 언어분화: 강원도의 언어지리학』. 서울: 서울대학교출판부.
이창기. 2001. 「동해안 어촌마을의 지역적 통혼권」. 『민족문화논총』 23: 1-30.
이창기. 2009. 「영해지역 반촌 · 농촌 · 어촌의 통혼권 비교연구」. 『민족문화논총』 42: 563-593.
이창기. 2015. 『영해지역의 반촌과 어촌』. 파주: 경인문화사.
이현규. 1990. 「양동의 언어」. 영남대학교 인문과학연구소 편. 『양좌동(良佐洞) 연구』. 215-280쪽. 경산: 영남대학교출판부.
전혜숙. 2005. 「경상북도 영덕군 영해면 괴시 마을의 반촌언어에 대한 재고찰」. 『방언학』 1: 303-340.
전혜숙. 2007. 「반촌언어의 세대차에 따른 언어 변화 고찰」. 『방언학』 5: 103-137.
정종호. 1990. 「한국 친족호칭의 의미구조와 사회적 사용에 관한 연구」. 서울대학교 대학원 인류학과 석사학위논문.
정종호. 2010. 「친척호칭의 의미구조와 사회적 사용에서 나타나는 남인 · 노론 정체성: 안동지방 한 촌락의 사례를 중심으로」. 왕한석 편. 『한국어 · 한국문화 · 한국사회』. 85-139쪽. 파주: 교문사.
최명옥. 1980. 『경북 동해안 방언연구: 영덕군 영해면을 중심으로』. 영남대학교 민족문화연구소.
최명옥. 1982a. 「친족명칭과 경어법」. 『방언』 6: 1-26.
최명옥. 1982b. 「친족명칭의 의미분석과 변이, 그리고 변화에 대하여」. 『긍포 조규설 교수 회갑기념 국어학 논총』. 679-696쪽. 대구: 형설출판사.
최명옥. 1992. 「경상북도의 방언지리학」. 『진단학보』 73: 139-163.
최재석. 1982[1966]. 『한국가족연구』(개정판). 서울: 일지사.

최재석. 1988. 『한국의 친족용어』. 서울: 민음사.

한상복. 1983. 「후포인근 농산어촌의 통혼권과 초혼연령」. 『한국문화인류학』 15: 109-119.

善生永助. 1933-1935. 『朝鮮の聚落』, 京城: 朝鮮總督府.

Adler, Max. 1978. *Naming and Addressing: A Sociololinguistic Study*. Hamburg, Germany: Helmut Buske Verlag.

Bean, Susan. 1978. *Symbolic and Pragmatic Semantics: A Kannada System of Address*. Chicago: University of Chicago Press.

Bernstein, Basil. 1975. *Class, Codes and Control: Theoretical Studies Towards a Sociology of Language*. New York: Schocken Books.

Bright, William. 1960. "Linguistic Change in Some Indian Caste Dialects." In Charles A. Ferguson and John J. Gumperz, eds. *Linguistic Diversity in South Asia*. Indiana University Research Center in Anthropology, Folklore, and Linguistics, Publication. No. 13. Pp. 19-26.

Bright, William. 1968. "Social Dialect and Semantic Structure in South Asia." In Milton Singer and Bernard S. Cohn, eds. *Structure and Change in Indian Society*. Pp. 455-460. New York: Wenner-Gren Foundation for Anthropological Research.

Bright, William. 1976. *Variation and Change in Language: Essays by William Bright*. Selected and Introduced by Anwar S. Dil. Stanford: Stanford University Press.

Brown, Penelope and Stephen C. Levinson. 1979. "Social Structure, Groups and Interaction." In Klaus R. Scherer and Howard Giles, eds. *Social Markers in Speech*. Pp. 291-341. Cambridge: Cambridge University Press.

Brown, Penelope and Stephen C. Levinson. 1987. *Politeness: Some Universals in Language Usage*. Cambridge: Cambridge University Press.

Brown, Roger. 1965. *Social Psychology*. New York: The Free Press.

Brown, Roger and Albert Gilman. 1960. "The Pronouns of Power and Solidarity." In Thomas A. Sebeok, ed. *Style in Language*. Pp. 253-276. Cambridge, MA: MIT Press.

Burling, Robins. 1970. *Man's Many Voices: Language in Its Cultural Context*. New York: Holt, Rinehart and Winston.

DeCamp, David. 1971. "Toward a Generative Analysis of a Post-Creole Speech Continuum." In Dell Hymes, ed. *Pidginization and Creolization of Languages*.

Pp. 349-370. Cambridge: Cambridge University Press.

Ervin-Tripp, Susan. 1972. "On Sociolinguistic Rules: Alternation and Co-Occurrence." In John Gumperz and Dell Hymes, eds. *Directions in Sociolinguistics*. Pp. 213-250. New York: Holt, Reinhart and Winston.

Friedrich, Paul. 1961. "Review (of Ferguson and Gumperz, *Linguistic Diversity in South Asia*)." *Language* 37: 163-168.

Giles, Howard. 1979. "Ethnicity Markers in Speech." In Klaus R. Scherer and Howard Giles, eds. *Social Markers in Speech*. Pp. 251-289. Cambridge: Cambridge University Press.

Goodenough, Ward. 1970. *Description and Comparison in Cultural Anthropology*. Chicago: Aldine Publishing Co.

Gumperz, John J. 1958. "Dialect Differences and Social Stratification in a North Indian Village." *American Anthropologist* 60: 668-681.

Gumperz, John J. 1971. *Language in Social Groups: Essays by John J. Gumperz*. Selected and Introduced by Anwar S. Dil. Stanford: Stanford University Press.

Gumperz, John J. 1982. *Discourse Strategies*. Cambridge: Cambridge University Press.

Guy, Gregory. 1988. "Language and Social Class." In Frederick J. Newmeyer, ed. *Linguistics: The Cambridge Survey*. Vol. IV. Pp. 37-63. Cambridge: Cambridge University Press.

Hammel, E. A., ed. 1965. *Formal Semantic Analysis. American Anthropologist* 67(5) pt. 2. Washington, D. C.: American Anthropological Association.

Hymes, Dell. 1974. *Foundations in Sociolinguistics: An Ethnographic Approach*. Philadelphia: University of Pennsylvania Press.

Hymes, Dell, ed. 1964. *Language in Culture and Society: A Reader in Linguistics and Anthropology*. New York: Harper and Row.

Irvine, Judith. 1985. "Status and Style in Language." *Annual Review of Anthropology* 14: 557-581.

Kim, Joo-Kwan. 2002. "Managing Symbolic Capital: Development and Maintenance of Honorific Differences in a Rural Korean Village." Unpublished Ph.D. Dissertation. University of California, Davis.

Kroch, Anthony S. 1978. "Toward a Theory of Social Dialect Variation." *Language in Society* 7: 17-36.

Kroeber, Alfred L. 1952[1909]. "Classificatory Systems of Relationship." Reprinted in *The Nature of Culture*. Pp. 175-181. Chicago: The University of Chicago Press.

Labov, William. 1972a. *Sociolinguistic Patterns*. Philadelphia: University of Pennsylvania Press.

Labov, William. 1972b. *Language in the Inner City: Studies in the Black English Vernacular*. Philadelphia: University of Pennsylvania Press.

Labov, William. 1982 [1966]. *The Social Stratification of English in New York City*. Washington, D. C.: Center for Applied Linguistics.

Lambert, Wallace and Richard G. Tucker. 1976. *Tu, Vous, Usted: A Social Psychological Study of Address Patterns*. Rowley, MA: Newbury House Publishers.

Lee, Kwang-Kyu. 1975. *Kinship System in Korea*. 2 vols. New Haven: Human Relations Area Files.

Lee, Kwang-Kyu and Youngsook Kim Harvey. 1973. "Teknonymy and Geononymy in Korean Kinship Terminology." *Ethnology* 12(1): 31-46.

McCormack, William. 1960. "Social Dialects in Dharwar Kannada." In Charles A. Ferguson and John J. Gumperz, eds. *Linguistic Diversity in South Asia*. Indiana University Research Center in Anthropology, Folklore, and Linguistics, Publication. No. 13. Pp. 79-91.

Milroy, Lesley. 1980. *Language and Social Networks*. Oxford: Basil Blackwell.

Murdock, George Peter. 1949. *Social Structure*. New York: The Free Press.

Philipsen, Gerry and Michael Huspek. 1985. "A Bibliography of Sociolinguistic Studies of Personal Address." *Anthropological Linguistics* 27: 94-101.

Pillai, M. Shanmugam. 1965. "Caste Isoglosses in Kinship Terms." *Anthropological Linguistics* 7(3): 59-66.

Ramanujan, A. K. 1968. "The Structure of Variation: A Study in Caste Dialects." In Milton Singer and Bernard S. Cohn, eds. *Structure and Change in Indian Society*. Pp. 461-474. New York: Wenner-Gren Foundation for Anthropological Research.

Robinson, W. Peter. 1979. "Speech Markers and Social Class." In Klaus R. Scherer and Howard Giles, eds. *Social Markers in Speech*. Pp. 211-249. Cambridge: Cambridge University Press.

Trudgill, Peter. 1974. *The Social Differentiation of English in Norwich*. Cambridge: Cambridge University Press.

Tyler, Stephen, ed. 1969. *Cognitive Anthropology*. New York: Holt, Rinehart and Winston.

Wang, Hahn-Sok. 1984. "Honorific Speech Behavior in a Rural Korean Village:

Structure and Use." Unpublished Ph.D. Dissertation. University of California, Los Angeles.

제6장

흑산도의 친척*

'큰집'과 '내롱'을 중심으로

김창민

1. 들어가는 말

친족(Kinship)[1] 연구는 사회구조를 이해하는 중요한 수단이다. 영국 사회인류학자들의 아프리카 친족연구는 친족이 정치적 단위로 기능함을 보여 줌으로써 친족이 사회구조 이해의 중요한 수단이 됨을 실증하였다. 그러나 단계혈통집단에 관한 이러한 연구는 남태평양, 중국 등의 친족

---

* 이 글은 『비교문화연구』 7(2)(2001), 37-62쪽에 실린 필자의 논문에 약간의 수정을 가한 것이다. 2000년도 학술진흥재단의 중점연구소 지원사업의 일환으로 이루어진 연구를 토대로 하였다.

1 이 글의 용어 사용에서 인류학적 의미의 일반적인 차원을 말할 때는 '친족'으로, 흑산도의 사례를 서술할 때는 '친족'과 '친척'을 문맥에 따라 사용한다. Kinship의 번역어로 현재 학계에서 '친족'이 널리 사용되고 있으며 필자도 이를 수용한다. 그러나 이 글에서는 친족관계를 둘러싼 흑산도 주민들의 사회적 · 문화적 실천에서 고모부 등의 인척이 관련되는 경우, 혈족과 인척 양자를 포괄하는 의미에서 "친척"이라는 용어가 민족지적으로 더 적절하다는 점을 고려하였다.

과의 비교연구를 통해 비판을 받기도 하였다. 친족을 사회구조로서 접근하는 연구의 가장 큰 비판점은 친족을 출계율로서만 파악했다는 점이다. 친족은 사람들 사이의 관계이고, 그 관계의 유형은 동일 혈통뿐만 아니라 혼인을 통해서도 만들어질 수 있다는 점이 강조될 필요가 있다.

한국의 친족에 관한 연구 역시 혈통집단 연구가 중심이 되어 왔다. 혈통집단은 저명한 조상을 중심으로 하여 형성되기 때문에 한국의 혈통집단에 관한 연구는 양반사회가 주로 대상이 되었다. 또한 조선시대의 양반은 유교를 그 근간으로 하고 있어서 한국 친족에 관한 연구는 유교이념을 바탕으로 두고 있었다.

그러나 한국의 친족연구에서도 부계혈통집단과 유교 이념으로만 설명될 수 없는 많은 사례가 보고되었다. 제주도의 궨당은 부계친뿐만 아니라 모계친과 처계친까지 포괄하는 범주의 성격을 가진다(김창민 1992). 제사를 적장자가 독점하여 상속하는 유교적 이념은 한국 친족구조의 핵심이라고 인식되었으나 진도(전경수 1977), 통영(유명기 1983), 제주도(최재석 1979) 등 도서지역과 산간지역에서는 제사의 분할 상속관행이 보고되었다.[2]

제주도의 사례는 한국에서도 친족연구가 출계율로서뿐만 아니라 개인을 중심으로 한 사람들 사이의 관계라는 관점에서 분석될 필요가 있음을 의미한다. 즉, 친족은 조상과 후손 사이의 관계이기도 하지만 현재 살아 있는 사람들 사이의 관계이기도 하다. 이 관계를 만드는 유형은 혈통의 문제뿐만 아니라 혼인, 의사친척 등을 포함한다. 동일한 혈통을

2 그 외에도 츠하 타카시(2001)는 제주도의 사례에서 제사분할이 아닌 제사분담의 사례를 보고하기도 하였다. 제사분담은 제사분할과는 달리 제사의 책임을 나누는 것이 아니라 장자에 해당하는 사람이 제사의 책임을 지고 있지만, 경제적으로 그 사람의 부담을 덜어 준다는 의미를 지닌다.

가진 사람이 같은 마을에 집단적으로 거주하고 있을 경우는 혈통이 친족을 구성하는 가장 중요한 사회관계의 유형으로 작용할 수 있으나 그렇지 못할 때에는 혼인으로 맺어진 사회관계 또는 의사친척관계가 중요하게 기능할 수 있다. 한편 진도, 통영, 제주도의 제사분할 사례는 제사의 적장자 상속이라는 유교적 이념이 한국의 모든 지역에서 일반화될 수 있는 원칙은 아님을 보여 주고 있다. 출계률이 중요한 원칙으로 작용하고 있는 사회에서도 환경에 따라 적응상의 변이를 보이며, 이 경우 사용할 수 있는 다양한 문화적 항목들이 친족을 구성하는 데 이용되고 있다. 친족을 구성하는 이러한 다양한 사회관계가 종합적으로 고려되어야만 친족을 총체적으로 이해할 수 있을 것이다.

이 연구는 흑산도에 있는 한 마을의 친척관계를 사례 연구한 것이다. 이 마을은 육지에서 상당히 멀리 떨어져 있고, 어업에 주로 의존함으로써 전통적 부계친족조직을 유지할 수 있는 물적 기반이 약한 마을이라는 생태환경적 특성이 있다. 필자는 이 마을의 친척을 통해 친족조직의 한 지역적 유형을 파악함으로써 한국 친족연구의 일반화를 위한 새로운 사례를 제공하고자 한다. 아울러 이 지역의 독특한 친족조직이 만들어진 원인을 생태적 · 경제적 조건 속에서 파악해 보고자 한다. 연구를 위한 현지연구는 2000년 3월의 예비 답사와 2000년 7월과 8월 사이의 3주간에 이루어졌다.

2. 모래미 마을

이 연구의 사례 마을인 모래미는 흑산도에 있는 작은 마을이다. 흑산도는 신안군에 속해 있으며 목포로부터 서쪽으로 약 57km 떨어져 있다. 목포에서 34km 지점인 비금도를 지나면 흑산도까지 섬이 하나도 없기 때문에 낙도로 인식된다.

그러나 흑산도는 서남해 도서 지방에서 그 지정학적 중요성이 작지 않다. 흑산도는 예리와 진리, 그리고 읍동으로 이어지는 천연의 크고 좋은 만을 가지고 있어서 일찍부터 서남해안 일대의 피난항으로서 기능해 왔다. 태풍주의보가 내리면 이 일대의 국내 어선은 물론이고 중국 어선들도 피항을 하므로 북북동쪽을 향하고 있는 흑산항은 배로 가득 차게 된다. 흑산도의 횟집이나 식당에는 피난한 배로 흑산항이 가득 찬 사진이 표구되어 있고, 상점 주인들은 관광객들에게 흑산도가 어선들에 얼마나 중요한 섬인지 설명하기도 한다.

흑산도의 면적은 48km^{2}로서 서남해 도서 지방에서는 비교적 큰 섬에 속하지만, 다른 섬들이 많은 농경지를 가지고 있는 데 비해 산악 지형이어서 경지가 거의 없다. 섬의 가운데는 문암산, 깃대봉 등 370m를 넘는 고봉들이 자리 잡고 있으며, 흑산항이 있는 북북서쪽을 제외한 나머지 해안은 대부분 사람이 접근하기 힘든 절벽이다. 마을은 산이 바다와 만나는 부분에 만들어진 작은 계곡에 형성되어 있으며, 섬을 돌아가면서 계곡마다 12개의 마을이 자리 잡고 있다. 흑산도의 모든 마을은 계곡에서 흐르는 작은 하천을 끼고 있으며, 계곡 양쪽 비탈을 개간하여 택지와 밭으로 이용하고 있다.

흑산면의 가구 수와 인구 수는 2000년을 기준으로 1,830세대, 5,060명으로 신안군에서 두 번째로 인구가 많다. 흑산면은 100개의 크고 작은 도서로 구성되어 있으며, 그 가운데 유인도는 11개다. 대부분 주민은 어업에 종사한다. 흑산항을 중심으로 관광객을 대상으로 하는 서비스업이 일부 활성화되어 있지만 우럭, 멸치, 홍어를 주 어종으로 하는 어장과 우럭과 미역을 중심으로 하는 양식업이 주 산업이라고 할 수 있다.

모래미는 낙도인 흑산도 중에서도 가장 오지마을이다. 흑산항에서 가장 거리가 먼 두 마을 중 하나인 모래미는 남동 방향으로 난 계곡에 자리하고 있다. 계곡 앞에는 칠형제섬이라고 하는 작은 섬들이 자리하고 있어 모래미 포구의 방파제 역할을 한다. 그러나 모래미는 포구의 방향상 태풍의 피해를 직접 받는 마을이어서 태풍이 불 때 배가 피난할 수 없으며, 양식업도 할 수 없는 마을이다.

모래미 마을은 지형상 독특한 기후 특성이 있다. 모래미는 흑산도 내에서 장마철이 가장 긴 마을로 알려져 있다. 장마철에 불어오는 남동풍은 모래미 마을이 위치한 계곡으로 불어 들어 계곡 전체가 안개에 휩싸이게 된다. '모래미 사람들은 장마 덕에 얼굴이 희어진다'고 할 정도로 이 마을의 장마와 안개는 흑산도에서 유명하다. 이 기간에는 해조류나 어물을 건조할 수 없기 때문에 이웃 마을로 가서 건조할 정도로 모래미의 안개는 심하다. 또한 주민들은 모래미의 장마 기간을 '쉰 닷새 하루아침'이라고 한다. 계곡에 낀 안개가 걷혀 장마가 끝나기까지 걸리는 기간을 표현한 이 말은 그만큼 장마가 길다는 뜻이며, 쉰 닷새 뒤에 하루아침을 구태여 붙인 것은 그만큼 장마가 끝나기를 기다리는 것이 지겹다는 것을 나타낸다. 반면 겨울은 온난하다. 북서 계절풍이 흑산도 중앙부의 높은 산악지대에 막혀 모래미로 바람이 넘어올 때는 온난해진다. 겨울 동안 온난하고 바람이 거의 없으므로 모래미는 어느 마을보다 살기 좋은 환경이 된다. 이러한 기후의 영향으로 여름에 걸쳐 해야 하는 양식업은 모래미에서 할 수 없으며, 겨울에서 봄까지 이어지는 미역 양식과 겨울 어장은 비교적 활발하게 이루어진다.

모래미가 위치한 계곡은 흑산도에서 가장 크다. 따라서 상대적으로 다른 마을에 비해 비교적 물이 풍부하며, 경지 면적도 넓다. 지금보다 농업이 중요했던 과거에는 '흑산도 농산물의 절반이 모래미에서 나온다'고 할 정도로 모래미는 상대적으로 농지가 넓었다. 그러나 이것은 모래미의 경지 면적 자체가 넓다기보다 흑산도의 다른 마을이 얼마나 경지가 좁은지를 역설적으로 말하는 것이다. 오히려 이 말은 모래미의 영화로운 과거를 이야기할 때 주로 사용되는 것이다. 지금은 흑산항이 자리하고 있는 예리나 진리 등의 마을이 크지만, 항구가 활성화되지 못하고 교통이 발달하지 못하여 흑산도가 상대적으로 고립되었던 시절에는 모래미가 흑산도에서 가장 힘 있고 컸던 마을이라는 점이 종종 강조된다. 당시 운동시합을 하면 늘 모래미가 흑산도에서는 최강이었다는 것과 함께 농업 생산물이 가장 많았다는 점을 강조함으로써 모래미의 영화로운 과거를 회상한다.

모래미의 경지는 대부분 계곡 비탈을 개간한 산전이며, 농사하기가 힘들어 점차 줄어들고 지금은 대부분 농사를 짓지 않아 묵혀지고 있다. 반면에 바다 자원은 대단히 풍부한 편이다. 모래미의 바다는 흑산도에서 가장 넓다. 해안은 대부분 절벽으로 바위에 자연산 미역, 소라, 전복 등의 패류가 풍부하며, 어족도 많아 좋은 어장을 형성하고 있다. 대부분 주민은 어업에 종사하며, 미역을 양식하는 것과 멸치를 잡는 것이 가장 중요한 경제활동이다.

모래미의 주민은 주민등록상 88세대, 182명이지만, 실제 거주 인구는 이보다 적다. 교육 때문에 육지로 나간 자녀들도 많으며, 이들을 돌보기 위해 가족 중 한 명이 나가 있는 때도 있다. 모래미 인구는 지속해서 감소 추세이며, 현재 거주하는 사람들은 자녀를 육지에 보내고 생업 자체만을 위해 남아 있거나 아니면 나이가 많은 노인이 혼자 거주하는 경우가 대부분이다.

모래미에는 여러 성씨가 살고 있으며, 그중 함양 박씨들이 가장 많이 거주하고 있고 밀양 박씨들도 다수 살고 있다. 함양 박씨들은 지역에서 국회의원을 배출하기도 했으며, 수협에서도 중요한 직책을 맡은 사람들이 있어 흑산도에서는 유력한 성씨의 하나로 인정받고 있다. 마을에서도 유일하게 부계친족집단을 형성하고 있다. 그러나 이들이 다른 성씨에 비해 우월할 정도로 사회적 지위를 가진 것은 아니다.

3. 제사 상속과 '큰집'

모래미에는 주민 수와 비교하면 상당히 많은 수의 제사가 있다. 대부분의 집에서 제사를 모시고 있으며, 가구당 모시는 제사의 수도 많다. 2000년 여름 현지연구 당시 모래미에서 사는 실제 가구의 수는 75가구였다.[3] 이 중 17가구는 제사를 모시지 않는 가구였으며, 나머지 58가구는 제사를 하고 있었다. 그리고 이들 58가구에서 모시는 제사의 총수는 235이었다. 제사를 지내는 가구만 놓고 보면 가구당 평균 네 분의 제사를 모시는 셈으로, 상당히 많은 수의 제사를 모시고 있는 셈이다. 〈표 6-1〉은 모시는 제사의 수에 따른 가구 수를 나타낸 것이다.

통상 제사를 한 분 또는 두 분 모신다는 것은 부모의 제사를 모시는 것이며, 세 분과 네 분의 제사를 모신다는 것은 부모와 조부모까지 모시는 것이고, 다섯 분 이상의 제사를 모신다면 증조부모 대까지의 제

표 6-1. 모시는 제사의 수별 가구 수

제사 수	0	1	2	3	4	5	6	7
가구 수	17	10	4	8	10	9	11	6

3 75가구는 모래미에서 실제 살면서 생업을 하고 있는 경우다. 이와는 달리 모래미에 호를 두고 있는 가구는 78가구다. 호를 두고 있다는 것은 마을공동재산에 대한 권리를 가지고 있는 가구를 말하는 것으로서 마을에서 "솥을 걸고 밥을 해 먹어야" 호로서 인정받을 수 있다. 분교 교사, 보건소 직원, 교회 전도사 등은 실제 가구이지만 호가 없으며, 반대로 주로 외지의 자녀 집에서 생활하지만 호를 두고 있는 경우도 있다. 후자의 사람들은 1년의 대부분을 외지에서 생활하지만 농사철에 잠깐 와서 농사일을 하며, 마을공동재산의 권리행사 기간에는 반드시 와서 호의 권리를 행사한다.

사를 모신다고 생각할 수 있다. 이러한 기준에서 볼 때 모래미에는 〈표 6-1〉에서 나타난 바와 같이 부모까지 모시는 경우는 14가구, 조부모까지 모시는 경우는 18가구, 증조부까지 모시는 경우는 26가구가 있다. 모래미에서는 증조부까지 제사를 모시는 것이 원칙이기는 하지만, 실제로는 조부모까지 또는 부모까지만 제사를 모시는 경우도 적지 않음을 고려한다면, 이처럼 많은 수의 제사가 모셔지고 있음은 모셔져야 하는 제사가 대부분 마을에 거주하는 사람들에게 상속되었으며, 또한 마을에서 제사를 모시는 가구는 대부분 제사를 단독으로 상속받은 가구임을 의미한다.

제사를 모시는 58가구 중 17가구는 장남이 아니면서도 제사를 모시고 있다. 그리고 제사를 모시지 않는 17가구 중 4가구는 장남이면서도 제사를 모시지 않고 있다. 이 사실은 모래미에서 제사가 아들 중 한 명에게 단독으로 상속되기는 하지만, 그 대상이 반드시 장남일 필요는 없다는 것을 의미한다.

모래미 사람들이 많은 제사를 모시고 있음은 모래미의 제사상속 관행 때문이다. 모래미에서는 형제 서열에 의해 제사를 상속받지 않고 '큰집'을 차지한 아들이 제사를 단독으로 상속받는다. 차남이면서 큰집을 차지하고 있는 조기복 씨의 사례는 이러한 관행을 보여 준다.

〈사례 1〉

조기복 씨는 3형제 중 차남이다. 형은 목포에서 상고를 졸업하고 은행에 취직하였다. 형은 취직한 이래 계속 도시에서 살았으며, 결혼 후에도 직장을 따라 서울에 가서 살고 있다. 형이 도시에서 공부하고 직장에 다니는 동안 조기복 씨는 아버지를 도와 어업을 하면서 동생 공부도 시켰다. 조기복 씨는 결혼 후에도 아버지와 함께 살면서 어업을 하였고, 아버지가 돌아가시자 아버지가 살던 '큰집'에 그대로 살게 되었다. 서울에 사는 형이 고향으로 돌아올 수도 없었을 뿐 아니라 조기복 씨가 이미 상당 기간 아버지와 함께 '큰집'에 살고 있었기 때문이다. 아버지의 집을 물려받으면서 자연스럽게 아버지가 모시던 제사도 모두 물려받아 지내고 있다.

모래미에서 '큰집'을 차지한다는 것은 가계를 계승한다는 의미가 있다. '큰집'이란 물리적으로 집이 크다거나 맏아들이 사는 집이라는 의미가 아니다. 모래미에서 큰집은 조상의 위패가 모셔져 있는 '조상방'이 있는 집을 가리킨다. 한편 큰집은 집터를 의미하기도 한다. 같은 집터에서 집을 개축하더라도 그 집은 여전히 큰집이 된다. 장남이 약간의 우선권을 가지기는 하지만 큰집을 반드시 장남에게 물려야 할 필요는 없다. 장남이 육지에 나가서 살거나 다른 마을로 이주해서 사는 경우는 물론이고, 마을 안에서 분가하여 사는 경우에도 큰집은 차남 이하가 차지할 수 있다. 장남이 일찍 분가하게 되면 더는 장남은 큰집을 물려받을 권리를 가질 수 없고, 부모와 함께 그 집에 끝까지 남아 같이 생활한 아들이 그 권리를 가지게 된다.

이렇게 보면 큰집은 현재 사는 사람들 간의 관계에 의해 규정된 개념이 아니다. 즉, 그 집의 가구주가 아버지냐, 형이냐 하는 것은 큰집 여부를 결정하는 데 아무런 영향을 미치지 못한다. 큰집은 조상이 거주하고 있는 집이다. 조상이 거주하고 있기만 하다면, 가구주가 아들이든 동생이든 상관없이 그 집은 큰집으로 인식된다. 그리고 조상은 함부로 거처를 옮기지 않는다고 인식하기 때문에 분가한 형은 물론이고 부모라도 조상의 독이나 위패를 가지고 가서 조상방을 옮길 수 없다.

모래미의 주택구조에서 조상방은 마래(마루)에 위치한다. 〈그림 6-1〉은 모래미의 전형적인 주택구조를 나타낸 것이다.

그림 6-1. 모래미의 전통가옥 평면 개략도

흑산도의 마래는 서남해 다른 도서의 마래에 비해 면적이 좁은 것이 특색이다(김지민 1989: 102). 이는 타 도서의 주 산업은 농업으로서 마래가 저장 공간으로 기능하였는 데 비해 흑산도는 농업 생산물이 적어 마래가 저장 공간으로서 기능하지 못하고 종교적 공간으로 기능하기 때문이라고 생각된다. 다른 방들은 바닥이 온돌로 되어 있지만, 마래의 바닥은 온돌이 아니다. 바닥을 마루로 깐 예도 있지만, 흙바닥을 한 것이 일반적이었다. 근래 들어 주택을 개량하면서 마래의 바닥을 온돌로 하는 경우도 있지만, 원래는 사람이 거처하지 않는 공간이었다. 조상방은 사람이 거처하지 않으며 조상의 위패가 모셔진 공간으로서 거룩한 공간으로 인식된다. 따라서 일상생활과 관련된 도구는 조상방에 들이지 않고, 제사를 비롯한 종교적인 것, 집안 역사와 관련된 것 등만 조상방에 들인다. 즉, 조상방에 있는 것은 향로, 촛대, 제기 등 각종 제사용품과 조상의 사진, 가족들의 어렸을 때 사진, 부모나 조상의 유품 등이다.

조상방에서 문과 마주 보는 벽에 나무로 시렁을 만들고 그 위에 '독'을 모신다. '독'은 나무로 만들어진 작은 집 모양으로서 화려하게 채색한 경우도 있다. 독 안에는 여러 신위의 위패(기성이라고도 함)를 동시에 모신다. 시렁에는 독뿐만 아니라 각종 제기가 모셔지기도 하며, 잊어버리지 않게 제일을 적은 나무패를 같이 올려두기도 한다. 제사를 지낼 때는 이 시렁 앞에 제사상을 차리고 독의 문을 열어 위패가 드러나게 한 뒤 제를 지낸다.

시렁 위에 모셔진 독은 절대 옮겨서는 안 된다고 인식한다. 특히 독은 한 번 모셔진 집에서 다른 집으로 옮겨서는 안 된다. 따라서 같은 집터에서 집을 개보수하는 일은 가능하지만, 이사하여 독을 옮겨야 하는 경우는 가능하면 피하고자 한다. 장남이 분가하거나 육지로 나갈 때에도 독을 가지고 가지는 않는다. 장남의 이사나 분가에도 불구하고 독은 부모의 집에 또는 장남이 원래 살던 집에서 모신다. 박안준 씨의 사례는 동생이 형으로부터 큰집을 물려받음으로써 조상방도 함께 물려받고, 따라서 제사까지 함께 상속하게 된 경우다.

〈사례 2〉

박안준 씨는 3형제 중 막내다. 아버지가 돌아가시면서 그동안 아버지와 함께 어업을 하던 큰형이 아버지가 살던 '큰집'을 물려받았으며 증조부까지 여섯 분의 제사를 모시게 되었다. 그러다가 큰형이 나이가 많아지면서 진리에 사는 장조카의 집으로 거처를 옮기게 되었다. 죽을 때까지 큰집을 지니면서 살고자 하였으나 거동이 불편하여 도저히 혼자 생활할 수 없게 되었기 때문이다. 장조카의 집으로 옮기면서 큰형은 박안준 씨에게 '큰집'에 들어와 살기를 요구하였다. 당시 박안준 씨는 마을에서 새집을 지어 살고 있었기 때문에 낡은 집으로 들어가기 싫었으나 큰형은 '조상방을 옮겨 갈 수는 없는 일이니 누군가 큰집에 들어와 살아야 하는 것 아니냐'면서 동생을 설득하였다. 장조카는 5대 종손이지만 진리에서 셋방을 살고 있어 이번에 조상방을 옮겨 가기도 여의치 않을 뿐 아니라 이번에 옮겨 가면 장조카가 이사갈 때마다 조상방도 옮겨야 하는데 그렇게 하는 것은 조상에게 크나큰 죄를 짓는 일이 될 것 같아 박안준 씨는 큰형이 살던 큰집으로 들어가기로 하였다. 그 이후 지금까지 박안준 씨는 형으로부터 큰집을 물려받

왔기 때문에 증조부까지 여섯 분의 제사를 모시고 있다. 그리고 이 큰집을 다시 자녀 중 한 명에게 물려줄 생각이다.

큰집은 통상 부모와 함께 살면서 부모를 도와 생업을 같이 하던 아들이 물려받는다. 큰집을 물려받은 아들은 조상방에 모셔진 모든 조상의 제사도 동시에 물려받게 된다. 모래미에서는 농사가 적은 관계로 어업이 주 생계 방식이며, 어로의 특성상 최소한 장정 두 사람은 있어야 하므로 자식 중 한 명이 아버지와 함께 어로 활동하는 것이 권장된다. 그렇지 않을 때는 선주가 선원을 두고 어로 활동을 한다. 통상 선주와 선원의 짓 분배 방식은 선주가 어획량의 절반을 우선 가지고, 나머지 절반은 함께 어로 활동을 한 사람들이 균등하게 나눈다. 선주는 선원을 두는 것보다 아들과 함께 어로를 하는 것이 협력도 잘 되고 짓 나누는 과정에서 문제도 적기 때문에 아들과 일하는 것을 선호한다. 아버지를 도와서 어로 활동을 하던 아들이 아버지가 돌아가시면 배를 비롯한 각종 어구와 함께 아버지가 살던 집을 물려받게 되는 것이 일반적이다.

반드시 장남이 가계를 계승하지 않고 어느 아들이라도 가계를 계승할 수 있도록 하는 것은 모래미의 환경이 장남의 분가를 불가피하게 하기 때문이다. 모래미는 낙도 중 오지라는 열악한 자연환경으로 많은 수의 인구를 유지할 수 없다. 가구 단위에서도 장남 중심으로 직계가족을 이루는 것은 부양해야 하는 가구원 수가 많아지므로 영세한 토지 규모나 불안정한 어업 생산이라는 조건에서는 바람직한 선택이 아니다.

마을공동재산에 대한 이용권리는 장남 분가를 권장하는 중요한 요소의 하나다. 모래미에서는 마을 공동어장을 공동재산으로 가지고 있다. 이 공동어장에서는 해조류를 비롯한 전복, 해삼 등을 채취할 수 있고, 이는 상당한 경제적 가치를 가지고 있다.[4] 모래미 해안에서 자라는 자연산 미역은 고가품으로서 가구 소득의 중요한 부분을 구성한다. 또한 전복과 해삼도 고가에 팔려 경제적 가치가 작지 않다. 마을공동재산은 호를 가진 사람에게 권리를 준다. 마을에서 태어나고 자란 사람은 결혼 후 분가하여 독립된 호를 이루게 되면 공동재산을 이용할 권리를 가지게 된다. 따라서 장남이 분가하지 않고 차남 이하가 분가하는 것보다 장남이 분가하면 마을공동재산에 대한 권리를 일찍 가질 수 있어서 유리하다. 토지가 적고 다수의 노동력이 필요하지 않은 환경에서 직계가족의 형태를 유지하기에는 장남 가족보다 말자 가족에 의한 가계 계승이 바람직할 수도 있고, 적어도 장남의 분가에 대한 저항감은 완화시킬 수 있다(유명기 1983: 7). 모래미에서는 장남이 분가하여 다른 마을이나 외지로 나가는 것을 당연한 일 중의 하나로 생각하고 있으며, 권장할 만한 일로도 인식되고 있다.

정약전 선생이 귀양 와서 서당을 세우고 후학을 양성했다는 것을 마을의 자랑으로 생각하는 모래미 사람들에게 장남이 제사를 모시지 않는다는 것은 유교 이념에 크게 위배되는 사항이다. 장남이 제사를 모시고 집을 계승해야 한다는 유교적 관념과 생태적 적응 과정을 통한 장남 아닌 아들의 가계 계승이라는 현실적 상황이 대립될 때 흔히 선택되는 대안이 기제사의 분할 상속이지만(유명기 1983: 8), 모래미에서는 낙도라는 생태적 조건 때문에 큰집을 차지한 아들이 모든 제사를 단독으로 상속하고 있다. 모래미에서 분가한 장남은 마을 내 또는 흑산도 내

4 현재 마을공동재산을 운영하는 방법은 해조류 채취와 전복과 소라, 해삼 채취가 약간 다르다. 자연산 미역이나 다시마는 주민들이 직접 채취하여 가구의 직접 소득이 된다. 반면 전복, 소라, 해삼 채취는 마을에서 특정 사업자에게 연간 임대료를 받고 채취권을 넘겨 주는 방식으로 운영된다. 여기서 받은 임대료는 마을 운영비나 개발 비용 등으로 사용되며, 가구의 직접 소득이 되지는 않는다. 다만 1년간 마을의 필요 경비로 사용하고, 남은 돈이 있을 경우에는 가구별로 균등 분배해 주기도 한다.

다른 마을에서 거주하기도 하지만 더 많은 경우는 흑산도를 떠나 육지에서 거주하는 것이다. 장남이 흑산도를 떠나 육지에 나가서 살 경우 장남이 제사를 모시게 되면 흑산도에 남은 사람들이 제사에 참여하는 것은 상당히 어려운 일이 된다. 또한 제사를 분할하여 자식들 사이에 나누는 경우도 각자 모시는 제사에 다른 형제나 친척들이 참가하는 것이 교통문제로 거의 불가능하게 된다. 이 문제를 해결하는 방법은 마을에 남아서 가계를 계승하는 아들이 모든 제사를 단독으로 상속받아 모시는 것이다. 마을을 떠난 아들은 마을에서 가질 수 있는 모든 권리를 포기하고 제사에 대한 부담을 가지지 않는 반면, 마을에 남은 아들은 부모로부터 물려받을 수 있는 모든 자산을 독점하면서 제사도 모두 책임지는 것이 모래미 제사 상속 관행의 요체라고 할 수 있다. 그리고 이는 모래미가 처한 생태적 환경에 적응하기 위한 문화적 결과물로 해석될 수 있다.

4. 시제와 '내롱'

1801년 정약전이 모래미로 귀양을 왔다는 사실에 비추어 보면 모래미에도 200여 년 전에 사람이 살고 있었음을 짐작할 수 있지만, 현재 거주하는 주민들의 족보나 구전에 따르면 이들의 입도조(入島祖)들은 대부분 현재 주민의 5대조 또는 6대조로서, 현재 마을에 거주하고 있는 사람들은 그 조상들이 비교적 최근에 마을에 정착했음을 알 수 있다. 그리고 여러 형제가 있을 경우 형제 중 한 명만 모래미에 남아서 살고 다른 형제들은 육지나 다른 마을로 이주한 경향을 강하게 보이고 있어 부계혈통집단별로는 가구 수가 많지 않다. 그 결과 모래미 마을에 부계친족집단이 형성되기는 힘들었다. 현재 모래미에서 가장 많은 수를 차지하는 성씨는 함양 박씨이며, 이들은 모래미 마을에 거주하는 친족원들만으로

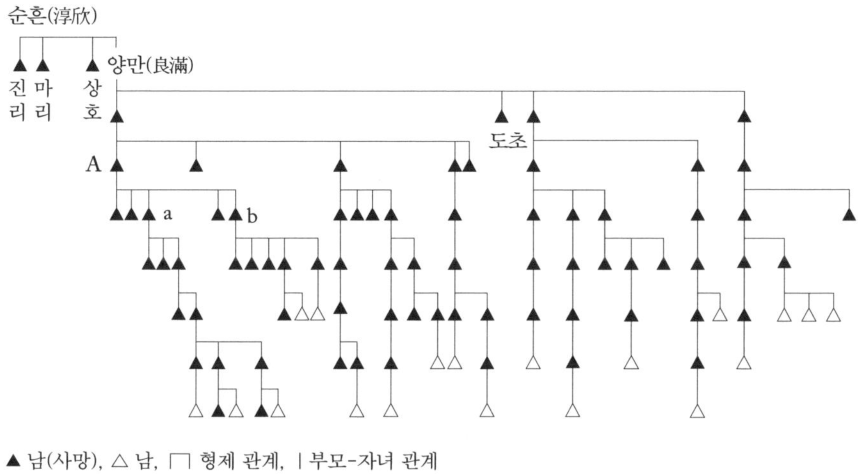

그림 6-2. 함양 박씨 계보도

시제를 지내고 있으나 다른 성씨들은 다른 마을과 공동으로 시제를 모시고 있다.

함양 박씨의 입도조는 중시조로부터 18세에 해당되는 순흔(淳欣)이며, 현재 거주하는 후손들은 24세에서 26세에 걸쳐 있다. 순흔은 4명의 아들을 두었으며, 그중 장남은 진리면, 차남은 마리면, 삼남은 영암군 삼호면으로 이주하고, 4남인 양만(良滿)이 모래미에 남았다. 양만 역시 4명의 아들을 두었는데, 그중 차남은 도초면으로 가고 나머지 3명의 아들이 남았다. 이 3명의 아들을 정점으로 하여 3개의 '내롱'이 구성되어 있다.

'내롱'은 파를 의미한다. 함양 박씨들의 친족관계에서 내롱은 가장 중요한 사회 단위로 기능한다. 친족 내부의 경쟁과 대립은 내롱을 단위로 인식되며, 역할 분담도 내롱 단위로 이루어진다. 모래미에서는 여러 아들이 있을 경우 한 아들을 제외하고 나머지 아들들은 마을 외부로 이주하는 관행이 있으므로 모래미의 함양 박씨들은 그 수가 비록 많아도 친척관계는 상당히 멀다. 〈그림 6-2〉는 현재 거주하고 있는 함양 박씨들 간의 친척관계를 나타낸 것이다.

〈그림 6-2〉는 현재 마을에서 사는 함양 박씨들 사이의 관계를 보여 주기 위해 간략하게 그린 것이지만, 특별히 양만의 장손자인 A의 가계는 후손들의 마을 외부로의 이주를 보여 주기 위해 자세히 그렸다. 양만의 장손자인 A를 중심으로 보면 5형제 중 셋째인 a와 다섯째인 b만 마을에 남았고, 나머지는 모두 마을을 떠났다. a씨 역시 삼형제를 두었으나 막내만 남고 나머지는 마을을 떠났다. 그다음 세대에서도 막내가 남고 장남은 이주하였다. b씨 가계를 보면 b씨도 오형제를 두었으나 그중 넷째와 막내만 마을에 남고 위로 삼형제는 마을을 떠났다. 마을에 남은 넷째 아들의 두 형제 중 장남은 마을을 떠나고 차남이 남았다. 즉, 양만의 장손(A씨)을 기준으로 그 아래 세대를 보면 모든 세대에서 장남이 분가하여 마을 외부로 나갔고, 차남 이하, 특히 막내를 중심으로 가계가 계승되고 있음을 알 수 있다. 따라서 모래미의 함양 박씨들에게 종손과 종가는 무의미하다. 이들에게 중요한 것은 '큰집'이며, 종가가 어디에 있는지 그리고 종손은 누구이며 어디에 살고 있는지는 그리 중요한 문제가 아니다.

한편 입도조가 정착한 기간이 길지 않기 때문에 현재 거주하는 함양 박씨들 사이의 촌수가 가까울 것으로 기대되지만, 이들은 8촌에서 12촌까지의 촌수관계에 있어서 비교적 촌수가 멀다. 이는 잦은 분가와 마을 외부로의 이주로 형제, 4촌, 6촌 등 가까운 촌수관계에 있는 사람들은 별로 없는 반면 가계 계승의 결과로 먼 촌수에 있는 사람들은 남아 있기 때문이다. 따라서 모래미에서 당내와 같이 근친으로 구성된 친족집단을 구성하기는 쉽지 않다. '내롱'은 이러한 상황에서 촌수가 먼 사람들도 가까운 친족원으로 인지하게 만드는 효과가 있다. 먼 친척이지만 같은 내롱에 속해 있고, 내롱 단위의 일에는 서로 협력하기 때문에 같은 내롱에 속한 사람들은 비록 촌수는 멀지만 가까운 친족원으로 인식된다.

내롱이 하는 가장 큰 일은 시제와 묘제를 모시는 것이다. 형제 순서에 상관없이 마을을 떠나는 관행으로 모래미에서는 장자 또는 장손의 중요성에 대한 인식은 상당히 약하다. 가계 계승이나 제사의 상속에서 장남이라고 하여 차남보다 우선권을 가지는 경우는 거의 없다. 따라서 함양 박씨들에게 종손 개념은 아예 없다. 입도조의 종손이 모래미에 살지 않는 것은 물론이고, 모래미의 함양 박씨들은 양만의 종손이 도초로 나간 이래 어디에 살고 있는지조차 잘 모르고 있다. 문장(門長)에 대한 개념 역시 없다. 공식적인 문중 조직이 없으므로 문중의 임원이나 대표자는 없으며, 다만 사회적 경험이 많은 연장자가 문중의 일에 자문을 하는 정도다. 조상의 시제를 모시는 일은 모래미에 남은 사람들의 몫으로 인지될 뿐 대표로 책임을 지고 있는 사람은 없다.

시제는 세대 원리에 입각하여 소문중들 사이의 서열을 정하는 기능을 한다(이광규 1990: 230). 시제의 대상에 따라 시제를 모시는 주체가 대문중 또는 소문중이 될 수는 있으나 문중은 문중을 외부로 과시하고 내부적으로 단결을 도모하는 기능도 한다. 따라서 시제는 문중 단위로 모시며, 시제를 위한 문중의 재산을 보유하고 있는 것이 보편적이다. 그러나 모래미에서는 시제를 내롱 단위로 돌아가면서 모신다. 각 내롱은 각자 모셔야 하는 시제들이 있지만, 양만을 비롯한 모든 시제를 세 내롱이 일 년 단위로 돌아가면서 책임을 진다. 내롱은 독자적인 집단이기는 하지만 시제를 모실 때는 하나의 단위가 되며 돌아가면서 책임을 지는 방식을 취한다.[5] 함양 박씨의 시제일은 음력 10월 10일이었다. 농사에 주

5 필자가 답사한 비금도에서는 대부분 마을에서 시제를 가구별로 돌아가면서

로 의존하던 시절에는 이 날짜가 별문제가 없었다. 그러나 어업의 중요성이 커지면서 시제 날짜는 10월 15일로 바꾸었다. 음력으로 10일은 물때에 의하면 조수간만의 차이가 가장 적은 조금으로서 바다에 나가 어로 작업을 해야 하는 기간이기 때문에 어로 활동에서 한가한 기간에 해당하는 사리인 15일로 바꾼 것이다.

시제를 돌아가면서 모시는 것 역시 생태적 적응의 한 방편으로 이해된다. 종손이나 장손 개념이 약하고 토지와 같이 물려줄 재산이 부족한 모래미에서 시제를 모든 친척이 공동으로 모시는 것은 어느 특정 개인이 모시는 것에 비해 적응적일 수 있다. 모래미에서 시제를 지낸다는 것은 시제 준비를 하는 것으로 이해된다. 시제 준비를 위해서는 제물을 구매하는 것에서 제물을 장만하는 것까지 많은 노력이 따르고, 비용도 상당히 들기 때문이다.

시제를 위한 경비는 함양 박씨의 경우 '시향밭'이라고 하는 공동재산을 이용해서 충당하며, 시향밭을 가지지 못한 성씨들은 매년 가구별로 추렴해서 충당한다. 과거에는 시향밭을 소작 주어서 거기서 나온 수익으로 시제를 모셨으나 농지의 가치가 떨어지고 어업 중심의 생계를 하면서 시향밭을 경작하려는 사람이 없어지게 되었다. 현재 함양 박씨들은 시향밭을 팔아서 그 돈을 은행에 예치해 두고 이자로 시제를 모시며, 다른 집안의 경우 시향밭을 미역 건조장 등의 용도로 임대하고 그 임대료를 받아 제를 모시기도 한다.

유지 관리해야 할 문중 재산이 많거나 저명한 조상이 있는 것도 아

모시고 있었다. 비금도에서도 시제에 대한 책임은 종손이나 문장과 같은 특정인이 지지 않고 모든 친척이 공동으로 지고 있었다. 시제 모시는 순서는 세대를 우선 고려하고 동일 세대에서는 연장자 우선으로 하였는데, 향후 20년 후까지 시제 지낼 순서를 정해 둔 사례도 있었다.

니면서 시제를 계속 지내고 있는 이유는, 제사와 시제의 관련성에서 검토할 필요가 있다. 제사의 경우 비용이나 준비하는 수고가 제사를 모시는 개인에게 주어지지만, 묘제(시제)로 모시면 비용이나 수고가 내롱에게 이전된다. 따라서 자식이 모두 육지로 나가 제사를 모시기 힘들게 된 경우는 일찍 지제(止祭)하고 시제로 모시고자 한다. 그리고 후손이 있는 경우라도 증조까지 모셔야 하는 제사를 할아버지 대까지, 심지어 부모 대까지만 지내고 그 이상은 시제로 돌리려는 경향을 보인다. 박국정 씨의 사례는 제사를 지내는 조상의 세대 수가 낮아지는 경우를 보여 준다.

〈사례 3〉

박국정 씨 집안은 부모 제사만 모시고 조부모 세대 이상은 모두 묘제로 모신다. 큰집을 지니고 있던 종형수가 조부모와 증조부모 제사를 모시고 있었으나 나이가 들면서 제사를 모시는 것이 어렵게 되었다. 자녀들이 모두 육지에 나가서 사는 관계로 큰집을 물려줄 대상을 찾기 어렵게 되자 종형수는 다시는 제사를 모실 수 없겠다고 선언했다. 자식들이 제삿날 모래미에 와서 제사를 지내 준다면 좋겠지만, 서울에 사는 자녀들이 제사 때문에 흑산도까지 오는 것은 불가능한 일이고, 나이 든 사촌들이 제사 때문에 큰집에 들어가서 사는 것도 쉽지 않은 문제였다. 그렇다고 옮겨서는 안 되는 독을 서울까지 가지고 가는 것도 조상에게 못할 짓을 하는 것이었다. 결국 사촌들은 각자 자기 부모 제사만 모시기로 하고 조부모와 증조부모의 제사는 시제로 옮기기로 결정하였다.

제사를 묘제로 옮기면 여러 가지로 간편해지는 측면이 있으므로 기회가 되면 제사를 지제하고자 한다. 그러나 모래미에서 제사는 증조부까지는 지내야 한다는 인식이 강하게 남아 있기 때문에 제사를 중단하려면 적절한 명분이 있어야 한다. 가장 일반적으로 사용되는 명분은 자녀들이 육지에 나가서 살아 제사를 지낼 사람이 없다는 것이며, 다음으로는 부모가 유언으로 증조부의 제사를 그만두라고 한 경우다. 이러한 경향으로 보면 아직 함양 박씨들의 경우 시제의 대상이 그리 많지 않지만, 점차 시제의 대상이 크게 확장될 것으로 예측된다.[6]

내롱은 모래미 친척조직의 핵심이다. 형제 중 한 명만 마을에 남는 관행으로 현재 마을에 거주하는 사람들의 촌수는 그들이 마을에 거주하기 시작한 기간과 비교해 보면 상당히 멀다. 이러한 먼 촌수의 친척을 가까운 친척으로 인지하게 하는 것이 바로 내롱이다. 먼 친척을 가깝게 인식하게 하는 또 다른 장치는 '작숙(作叔)' 개념이다. 작숙은 고모부를 의미하는 말이지만 〈그림 6-3〉에서 보듯이 모래미에서 작숙은 자기 혈통의 여자들이 시집간 집안의 모든 한 세대 위 남자를 지칭하는 말이기도 하다. 흑산도 내에서 마을 간 인구 이동이 빈번하게 일어나고 있고, 많은 경우 처가로 이주하기 때문에 마을 내에서 작숙관계는 광범위하게 분포되어 있다. 모래미 사람들은 자기와 동일한 혈통의 사람들은 내롱으로, 다른 혈통의 사람들은 작숙으로 개념화함으로써 모든 마을 사람들과 가까운 친척관계를 만들고 있다.

6 시제가 강화되면서 제사가 줄어드는 것은 진도의 세등리에서도 나타난 현상이다(참고: 김창민 2001). 세등리에서는 부모 대 또는 증조부모 대까지만 기제사를 모시며, 그 이상 세대의 조상은 모두 시제로 모신다. 이들은 시제를 위한 재산을 상당한 규모로 가지고 있으며, 이 재산이 시제 유지의 물적 기초를 이룬다. 그리고 재산 관리를 위한 친족계가 잘 발달되어 있다. 모래미와 세등은 물적 기초가 서로 다르면서도 공통적으로 기제사를 간략화하고 시제를 강화하고 있어서 물적 기반과 시제 사이의 상관관계를 비교문화적으로 검토할 필요가 있다.

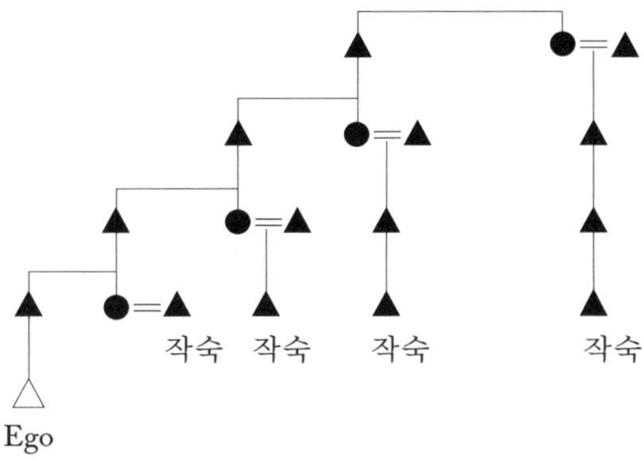

▲ 남, ● 여, ＝ 혼인 관계, ┌┐ 형제 · 자매 관계, | 부모-자녀 관계

그림 6-3. 작숙

마을 사람들을 실제의 관계보다 더 가까운 관계로 인식하도록 하는 문화적 장치들 때문에 모래미 사람들은 일상생활에서 다른 주민들과 협력관계를 잘 만들어 갈 수 있다. 모래미 사람들의 일상생활은 다른 사람들과의 긴밀한 협력 위에서만 가능하다. 어로 활동은 남자들 사이의 협력이 없으면 불가능하다. 우럭을 잡는 일이나 멸치를 잡는 일은 3명 이상의 남자들이 있어야만 가능하며, 미역을 양식하는 일도 이웃의 도움이 없으면 불가능하다. 바위미역 채취 권리, 해삼, 전복 채취권 등과 같은 마을공동재산의 관리에 있어서도 마을 사람들 간의 관계는 매우 중요하다. 모래미 사람들이 어로 활동, 전복, 바위 미역 채취, 미역 양식, 후박나무 껍질 벗기기, 약초 재배, 밭작물 재배, 가공 미역 재배, 다시마 양식, 멸치 액젓 만들기, 산채 채취, 민박업, 우럭 낚아 양식장에 팔기 등 매우 다양한 소득원을 가지고 있는 것처럼, 이러한 생계활동마다 그에 따른 협력관계가 필요해진다. 마을 내에서 요구되는 다양한 종류의 사회적 연망은 '내롱'과 '작숙'을 기본으로 하고 있다.

5. 나가는 말

모래미의 제사와 시제는 부모와 함께 생업을 한 아들에게 큰집을 물려줌으로써 제사를 상속하게 한다는 점과 내롱 단위로 돌아가면서 시제를 모신다는 점이 특징이다. 첫 번째 특징은 장자 우선의 원칙이 존재하지 않음을 의미한다. 모래미는 생태적 조건상 모든 아들이 마을에 남아 있을 수는 없는 제약 조건을 가지고 있다. 실제 마을의 족보를 분석해 보면 여러 형제가 있을 경우 한 명을 제외한 나머지 형제들은 다른 마을이나 다른 섬, 그리고 육지로 이주하는 경향을 보여 준다. 좁은 경지 면적과 제한된 가용 자원으로 모래미는 일정 수 이상의 주민이 거주하는 것이 매우 어려운 마을이다. 따라서 적절한 수준에서 인구 증가를 제한할 필요가 있었고, 그 결과 마을에 남은 아들이 큰집과 제사를 비롯해 모든 것을 물려받는 관행을 가지게 되었다.

장자 우선의 원칙이 약하기 때문에 종손이나 종갓집의 개념도 약하다. 종손이나 종갓집이 유지될 수 있는 경제적 기반이 약하기 때문에 종손이라도 마을을 떠나가는 것이 어렵지 않으며, 시제를 비롯한 문중의 일 역시 종손의 의무가 아니라 마을에 남아 사는 사람들의 의무로 인식되고 있다. 두 번째 특징인 시제가 내롱 단위로 돌아가면서 모셔지는 것도 이러한 이유 때문이다.

모래미의 인구가 노령화되고 인구 유출이 심해지면서 큰집의 중요성은 줄어들고 내롱의 역할은 더 커지고 있다. 제사와 함께 아버지의 모든 것을 물려받는 것을 상징하던 큰집은 마을에 남아 큰집을 물려받을 자녀가 없어지면서 그 의미가 축소되고 있다. 아무도 살지 않는 빈 큰집이 생겨나기 시작했으며, 제사를 지내는 대수도 점차 줄어들고 있다. 즉, 큰집을 물려받은 사람의 가장 큰 의무이던 제사는 큰집을 물려받을 사람이 없어지면서 더는 유지되기 힘든 상황이 되고 있다.

반면 내롱의 중요성은 점차 증가하고 있다. 지제되는 제사가 많아질수록 시제의 대상이 늘어나고 있으며 이는 내롱의 역할이 더 커지는 것을 의미한다. 시제로 모시기 위해 문중에 내는 부담금이 증가하면서 내롱의 재산도 조금씩 증가하고 있다. 내롱은 먼 촌수의 친척을 가까운 친척으로 인식하게 하는 효과를 가지고 있으며, 같은 원리로 작숙, 오춘 등의 개념도 중요해지고 있다.

그러나 내롱에 대한 강조는 마을 내에서 갈등의 요인이 되기도 한다. 모래미는 동족 마을이 아니므로 내롱을 지나치게 강조하게 되면 다른 혈통과의 관계를 악화시키기도 한다. 따라서 표면적으로는 마을 사람들 모두와 사회적 연망을 가지고자 하여 내롱을 크게 내세우지는 않지만, 내부적으로는 시제의 증가와 함께 내롱의 역할이 점점 더 강화되고 있다.

참고문헌

김지민. 1989.『서남해 도서지역의 전통가옥 · 마을』. 전라남도 목포대학교박물관.

김창민. 1992.「범주로서의 친족: 제주도의 궨당」.『한국문화인류학』 24: 95-115.

김창민. 2001.「시제를 통해서 본 문중과 친족계: 진도 세등리의 사례」.『지방사와 지방문화』 4(1): 173-199.

유명기. 1983.「기제사 분할의 의미」. 한국문화인류학회 전국대회 발표 요지문. 한국문화인류학회.

이광규. 1990.『한국의 가족과 종족』. 서울: 민음사.

전경수. 1977.「진도 하사미의 의례생활」.『인류학논집』 3집. 서울대학교 인류학연구회.

최재석. 1979.『제주도의 친족조직』. 서울: 일지사.

츠하 타카시. 2001.「제주도의 제사 분담」.『바깥에서 본 제주문화』. 제주학회 第18차 전국대회 발표 요지문. 제주학회.

제7장

진도 사람들의 이름에 적용된 '-바'와 '-다니'에 관한 민속지적 보고*

처거제(妻居制)와 종모향명제(從母鄕名制)의 관련성을 중심으로

전경수

1. 들어가는 말

이름을 짓는 것은 문화적인 현상이며, 인류사회의 가장 보편적인 현상 중의 하나다. 인류학자들은 이름과 작명의 관행에 대해서 적지 않은 연구결과를 남기고 있다(예: Dorian 1970; Geertz and Geertz 1964; Goodenough 1965). 이 글에서는 진도 사람들의 이름과 그에 관련된 관행에 관련된 자료 일부를 소개하고, 그러한 자료들이 포함하고 있는 문화적 함의에 관해서 시험적인 논의를 시도하고자 한다. 이름이라는 문화적 범주에 있어서도 구성 요소들이 상당히 다양하기 때문에, 이 글에서는 진도의 토속명에 나타나는 '-바'와 '-다니'에 대해서 집중적으로 검토한다. 토속명으로 사용되는 용례들과 문서(호적, 주민등록증, 족보 등) 속에서 사용

* 이 글은 『한국문화인류학』 39(1)(2006), 141-158쪽에 실린 필자의 논문으로 내용 중 잘못된 부분을 수정, 보완한 것이다.

되는 이름들이 한 개인에게 혼용되어 사용되고 있음이 진도 사람들의 이름에 관련된 일반적인 현상이다. 이렇게 다양한 이름들이 개인에게 적용되는 맥락은 사회적 관계를 표현하는 사회언어학적인 문제이기 때문에 그 부분은 이 글에서는 논외로 한다.

진도에서 들은 이름 중에서 가장 매력적인 것으로는 "기인바"와 "기인다니"가 있다. 진도에서 사용되는 단어로 "기인지다"라는 말은 '남의 눈에 잘 보이고, 근사한 사람이고, 참하고 매력 있는' 사람에게 붙여지는 진도말의 형용사다(정성숙 씨 談). 전자는 남자아이들에게 적용되는 이름이고 후자는 여자아이들의 이름이다. 진도 토속명에 적용되고 있는 '-바'는 남아용, '-다니'는 여아용의 접미사로 이해되며, 이 두 가지의 용례에 대해서는 이미 인칭접미사(人稱接尾辭)라는 용어가 적용되어 방언학과 어원학의 차원에서 연구된 바 있으나 그 연구 용례가 아직도 미진할 뿐만 아니라 문화적 맥락의 의미에 관한 연구는 시행된 바가 없다. 이 글을 통해 진도 토속명의 문화적 의미에 관한 인류학적 연구에 단초를 제공하고자 한다.

'-바'는 삼국시대의 인명에까지 추적이 가능한 '-보'와 同源의 異形態라고 하였다(李敦柱 1979: 124). 다만 '-보'가 현대 국어의 호칭에서는 남녀 구별 없이 사용되고 있음에 반하여, 진도의 '-바'는 남성 인칭접미사로만 사용된다(李敦柱 1979: 123). 그런 한편 '-다니'는 (진도에서는) 여성의 경우에만 사용되고 있다(李敦柱 1979: 131). 이러한 인칭접미사의 관행과 용례는 진도에 국한되어 나타나는 진도 특유의 문화라고 생각된다. 따라서 진도 문화의 특수성을 논의함에 있어서 두 가지의 접미사를 거론하는 것은 타당성이 있을 뿐만 아니라 그 접미사의 의미에 대한 고찰은 진도 사람들의 정체성을 추적하는 한 통로가 될 수 있다.

인칭접미사로 사용된 '-바'와 '-다니'의 분석이 『삼국지(三國志)』의 「위지동이전(魏志東夷傳)」 고구려조(高句麗條)에 보이는 거주율과 어느 정도 관련성이 있을 것인지에 대한 논의가 민속지적 자료의 역사적 가치를 제고시켜 줄 수 있을 것으로 생각한다. 동시에 역사적 문헌으로부터 발견되는 민속지적 자료에 대한 분석이 필요한 점에 주의를 환기시키고 싶은 것도 이 글의 주요한 의도다.

2. '-바': 남아(男兒)의 의미

필자는 1975년부터 1976년 사이 약 1년 반 동안 집중적으로 임회면의 해안가에 위치한 하사미(下沙渼, 가명)라고 불리는 한 마을을 대상으로 하여, 진도 문화를 익히기 위한 현지연구(field research)를 수행하였다. 당시 읍내에서 하사미를 하루 2회 왕복하던 버스 운전수는 "육바"라고 불렸고, 그는 필자가 하숙하고 있던 하사미 이장(하사미의 숙부에게로 입양된 사람)의 친동생이기도 하였다. 의신면 죽청의 한 가정에서 여섯째 아들로 태어난 그를 사람들은 "육바"라고 불렀다. 처음에 사람들이 그를 "육바"라고 불렀을 때 그의 이름이 단순히 "육바"인줄 알았다. 동시에 한자로 어떤 글자를 사용할까 하는 의문을 가진 적도 있었다. 얼마 후 석교의 십일장이 열리던 날, 장에서 생선장사를 하는 "육바"라고 불리는 또 다른 남자를 보았다. 그 생선 장수에게 "육바"를 한자로 어떻게 쓰느냐고 물었는데, 그때 '-바'가 남아를 위한 접미사라는 사실과 숫자는 태생 순서를 말하는 것임을 알게 되었다.

사내아이를 지칭하는 '-바'의 용례로서 가장 오래된 사례는 신라 향가에서 찾을 수 있다. 이는 "鄕歌 중 薯童謠에 나오는 '薯童房乙 夜矣 卯乙 抱遺去如'(맛둥방을 밤의 몰 안고가다)에서 '房'은 기원적으로는 … '마둥바'에 소급될 것"(李敦柱 1979: 129, 脚註 79)이라는 해석에 따른 것이다. 이 부분에서 梁柱東의 견해를 세밀하게 인용할 필요가 있다. "〈방〉

의 語源은 人稱名下에 흔히 붙는 〈蛇卜/弓巴〉等 〈보/바〉의 主格形 〈보이/바이〉가 音便上 介入된 鼻音〈0〉에 依하여 〈-방이〉로 轉함이겠다. … 〈보/보이/바이〉等語를 固有語로 보고 〈房〉을 音借字로 보고저 한다"(梁柱東 1969: 449). 또한 "〈거렁방〉의 稱이 오래인 것은 鷄林類事의 〈丐日乞剝〉으로 알 수 있다. 곧 이 말은 〈걸바/걸바이/걸방〉의 轉이다"(梁柱東 1969: 450). 즉, '-바'의 용례가 신라의 향가나 고려어와 연결된다는 점을 수용한다면, 진도의 인명에 사용된 인칭접미사의 토속성과 역사적 깊이에 대해서 다시 한 번 생각하지 않을 수 없다. 고려 숙종(재위 1095~1105) 때 송나라 손목(孫穆)이 고려를 방문한 후 저술한 『계림유사(鷄林類事)』에 나타난 "걸바(거지)"의 용례가 오늘날 진도에서 사용되고 있다는 점을 확인하게 된다.

진도에서는 어느 마을에서나 남자의 경우 "시바, 니바, 오바, 육바" 등의 용례가 일상적인 이름으로 사용된다는 것을 알게 되었다. 이것은 '-바'라는 접미사를 기초로 하여, 그 앞에 출생 순서에 따른 숫자를 붙였다고 이해된다. 그러나 "일바"와 "이바"라는 용례는 수집할 수 없었으며, 그에 해당하는 지칭은 "큰놈"과 "작은놈"이다. 가끔 둘째로 태어난 아들에 대해서 "두바"라는 호칭을 적용하는 경우는 있다. 셋째가 생기면서 "작은놈"은 "간뎃놈"으로 변한다. 접미사로서 '-바'는 "'-놈'에 해당된 어사"(김웅배 2002: 243)로서 남자를 지칭하는 용어로 이해할 수 있으며, 동시에 아들의 숫자가 늘어나면서 늘어난 만큼의 수량을 구분 짓기 위해서 적용되고 있음도 지적할 수 있다. '-바'가 "-놈"에 해당하는 어사라는 주장에 대해서 '-바'는 "-바우"(바위-큰돌)의 준말로 장수의 의미를 담은 뜻으로 사용되었으며, "-바우"에서 "우"가 탈락되고 '-바'로 변형되었다는 주장(곽충로 1976: 323)을 제기하는 경우도 있다. 어원의 문제에 대해서는 이 글에서 더 이상 논의하지 않기로 한다. 서수사(序數辭)를 사용하는 데 있어서는 발음의 편의를 위해 '한 글자 선택'

의 원칙을 적용하여 일/이/삼/사/오/육의 용례와 하나/둘/셋/넷/다섯/여섯의 용례를 섞어서 사용하였다. 즉, 전자의 용례로부터 "오"와 "육"을 사용하였고 후자의 용례로부터 "둘/셋/넷"을 사용하였는데, 이 경우 일상적인 발음을 적용하여 각각 "두", "시", "니"로 사용했음을 알 수 있다.

이돈주의 보고에는 "장남; 큰놈, 차남; 둘째놈(간뎃놈), 3남; 시바, 4남; 니바, 5남; 오바, 6남; 육바, 7남; 칠바, 출산 때 식복을 많이 받도록 기원하는 습속으로 솥뚜껑에다 아이를 받는 경우가 있는데, 그 아이의 이름은 '소드랑바'라고 부르며, 장사하는 남자는 '장씨바', 귀머거리 남자는 '먹바'"(李敦柱 1979: 123)라는 사례들이 제시되었다. 또 다른 특수한 용례로는 "갈매기바"라는 것이다(곽의진의 설명에 의함). 6 · 25 전쟁 도중 진도 내에서 벌어졌던 좌우익 간 살육의 투쟁 동안, 무인도인 갈매기섬에서 자행된 집단학살의 과정에서 구사일생으로 살아남은 남자에게 구자도(狗子島) 사람들이 "갈매기바"라는 지칭을 사용하였다고 한다. 미혼으로 떠돌아다니는 남자를 "전바"라고 한다. 소포리 김병철(41세, 남)의 증언에 의하면 다음과 같은 용례들이 있다. 아명이 "개똥이"이고 항상 욕을 잘했던 어떤 노인은 "개좃바"라고 불렸다. 장에 갔다 오다가 길에서 출산하여 아이를 물건 담는 짚으로 만든 메꼬리에 담아서 집으로 돌아온 경우 그 아이에게 붙인 이름이 "메꼬리바"다. 노름판에서 돈만 엄청나게 밝히는 남자에게 "돈바", 술을 많이 먹는 경우는 "술바"라고도 한다. '-바'가 남자에게 적용되는 배타적인 특수성을 갖고 있다는 점은 "건달바"라는 용어의 사용에서도 지적할 수 있다. 일 없이 놀고 있는 남자를 일컬어서 "건달바"라고 한다. 다른 지방에서는 이 경우에 "건달"이라는 단어의 사용만으로도 충분히 의미가 전달되고 있지만, 진도에서는 "건달"이라는 단어의 뒤에 남자를 가리키는 접미사인 '-바'가 사용되고 있다. 즉, '-바'가 붙음으로써 남자 이름의 완성형이 만들어진다는 점을 지적할 수 있다.

'-바'가 적용된 또 다른 사례들로는 지명과 연결된 것들로서 이 글의 논지에서 볼 때 가장 흥미로운 사례들이다. 박병훈(전 진도문화원장) 선생이 제공한 자료 중에는 "큰바(첫바), 두바(둘째바), 독바(돌같이 단단하라는 의미로 지은 이름), 해남바(해남에서 시집와서 낳은 남아), 금갑바(금갑에서 시집와서 낳은 남아), 죽림바(죽림에서 시집와서 낳은 남아), 뜽금바(예기치 못하게 늦둥이로 태어난 남아)" 등의 용례들이 있다. 여기에 제시된 "금갑바, 해남바, 죽림바" 등의 용례는 사내아이의 이름을 지음에 있어서 어머니의 친정 고향을 기준으로 삼고 있는 특징을 보인다. 이 경우는 종모향명제(從母鄕名制, matrilocunonymy)라는 신조어를 적용할 수 있을 것으로 생각된다.

지명을 근간으로 한 이러한 작명 방식은 종지명제(從地名制, geononymy)의 일종이라고 할 수 있다. '종지명제'는 이광규와 하비가 한국의 친척용어에서 부수적이지만 중요한 호칭 및 지칭 기능이 있는 택호(宅號)에 주목하면서 택호의 인류학적 용어로 제안한 것이다(Lee and Harvey 1973). 그러나 엄밀하게 말하면 종모향명도 종지명제에 포함될 수 있기 때문에 종지명제는 택호와 종모향명의 상위 개념으로, 즉 더 포괄적으로 이해하는 것이 바람직하다. 이광규와 하비는 종지명제(택호)를 친척용어와 긴밀하게 연관되어 있는 것으로 제시했지만 택호와 종모향명은 둘 다 친척용어의 범주에 국한되어 사용되는 것이 아니다.[1] 특히 종모향명의 경우 면대면의 사회적 맥락에서 친척관계를 넘어서도 호칭 및 지칭으

1 (편저자 주) 이광규와 하비 역시 택호가 친척이 아닌 사이에도 사용되며 이 경우 특히 지칭으로 사용된다는 점을 지적하고 있다(Lee and Harvey 1973: 42). 참고로, 이광규와 하비는 해당 논문에서 한국의 친척용어에서 광범위하게 사용되는 종자명제(從子名制, teknonymy)와 종지명제(從地名制, geononymy)를 논의하고 있다.

로서 일상적으로 사용되는 특징이 있다. 종모향명제에 대해서는 여아의 이름에서 더 논의하기로 한다.

3. '-다니': 여아(女兒)의 의미

여아의 경우, 일상생활 속에서 흔하게 들을 수 있는 이름들은 "시다니"와 "니다니"였다. 셋째 딸과 넷째 딸을 부르는 이름이다. 이때 '-다니'는 남아의 경우에 적용했던 '-바'의 기능과 동일함을 알 수 있다. "단"이나 "다니"는 동일한 어원이고, 뒤에 붙는 토씨나 접미사에 따라서 "단"으로 사용되기도 하고, "다니"로 사용되기도 한다는 점은 쉽사리 이해가 되었다. "일다니"나 "이다니"(또는 "두다니")의 용례는 접할 수가 없었다. 그 경우는 "큰가"와 "장가"라는 용어 또는 "큰년"과 "작은년"(간뎃년)이 적용되었다. 셋째 딸이 생기는 동시에 "작은년"은 "간뎃년"이 된다. "큰가"는 "큰 가이나"("가이나"는 여아를 가리키는 말로서 경상도에서 사용되는 "가시나"에 해당됨)의 준말이고, "장가"는 "작은 가이나"의 준말이라고 생각된다. 따라서 '-가'("가이나"의 준말)와 '-다니'는 동일한 의미를 지니고 있다. 딸아이들의 숫자가 늘어나면서 출생 순서에 따른 구분의 필요성으로 인해 "시다니"와 "니다니"라는 이름이 적용된 것 같다. 환언하면, 여아이든 남아이든 아이의 숫자가 적을 경우에는 출생 순서에 따른 구분의 필요성이 없었기 때문에 "일다니" "이다니" 혹은 "일바" "이바"의 용례는 없었던 것으로 보인다. 서수사의 적용에 있어서도 남아의 경우와 마찬가지로 고유어와 한자어를 병용함으로써 '한 글자 선택'의 원칙이 적용되었다.

주민의 거주 상황을 파악하기 위해서 면사무소에서 주민등록부와 호적을 열람한 적이 있었다. 하사미의 주민 중 여자들의 이름 끝자에

"丹"이라는 한자가 적힌 경우를 적지 않게 발견하였다. "順丹", "福丹" 등의 이름이 진도의 여자들에게서 흔히 발견되며, 이 이름자들은 법적인 기록부에 등록된 경우도 많았다. 즉, 인칭접미사로서의 '-다니'가 한자어 "丹"으로 전환된 모습을 볼 수 있다. '-다니'와 관련하여 "〈春香傳〉의 香丹이라든가 〈玉丹春〉의 玉丹이는 물론 勿丹(믈단 〈東國新續三綱行實圖〉 卷七, 12)이도 어쩌면 同源의 '단'일 것"(李敦柱 1979: 131)이며, 그것은 "고구려 지명어에서 … 기원한 異形들(로서) '단'은 골짜기의 뜻에서 은유에 의하여 의미가 전의된 것"(李敦柱 1979: 132)이라는 추측이 제기되었다. '-다니' 또는 '단'은 고구려 지명어인 谷에서 기원한 것이라는 의견이 지배적인데(李基文 1967: 70), 그 의견에 근거하여 진도 인칭접미사인 '단'과 '-다니'를 고구려어로 유추(김웅배 2002; 李敦柱 1979: 132)하는 것은 무리가 있다고 생각한다. 그러한 유추가 성립하기 위해서는 지명어로서의 고구려어와 진도 인칭접미사와의 관련성에 대한 논리적 설명이 필요하다. 여기서 더 주목할 점은 일상적으로 사용되는 이름, 즉 토속명이 호적과 주민등록부와 같은 공식 기록에도 그대로 반영되는 경우가 남자 이름보다 여자 이름에서 훨씬 빈번하다는 것이다.

진도의 어떤 아주머니는 이웃들 사이에서 "골단네"(고을-다니-네)라고 불렸고, 어떤 다른 아주머니의 이름은 "금갑다니"였다. 전자의 경우는 그녀의 딸 이름이 "골다니"('읍에서 출생한 여아'라는 뜻)이고, 그 뒤에 부인을 지칭하는 접미사인 "-네"라는 인칭접미사가 붙은 경우다. 이 경우 "골단네"는 "골다니 엄마"를 가리키는 것으로, "골다니"라는 아이의 이름과 그 아이와의 관계를 통해 해당 성인을 칭하는 종자명제(從子名制, teknonymy)의 예다. 또한 "골다니"(또는 "골단")라고 불린 딸의 호적상 이름은 고을(골) 邑 자를 적용하여 "邑丹"으로 기록되어 있었다. "골다니"의 어머니의 친정이 읍내(진도읍)이기 때문에 딸의 이름을 "골다니"로 붙인 것이라고 하였다. "금갑다니"의 경우, "금갑다니"의 어머니 친정이 금갑이기 때문에 딸의 이름을 "금갑다니"라고 지었다고 한다. 여기서 "금갑"은 의신면 금갑을 이르는 지명이다. 말하자면 어머니의 친정 고향 지명을 작명의 기조로 삼고, 접미사로 '-다니'를 붙인 것이라고 이해할 수 있다. "금갑다니"의 경우 혼인 전의 이름이 혼인 후에도 사용된 것인데 주로 친구들 사이에서 혼인 전 이름이 사용된다.

필자가 하사미의 마을에서 의탁했던 집에는 "민자"라고 불리는 큰딸이 있었다. 그 이름이 호적상으로는 한자로 "民子"라고 기록되어 있었기 때문에 흔히 여자의 이름에 붙는 일본식의 "子"가 적용된 것으로 생각하였다. 그러나 그 경우의 작명에 관한 설명은 달랐다. "민자"의 어머니는 지산면 인지리 민작굴이 친정이기 때문에 모향명(母鄕名)인 "민작굴"의 글자를 기조로 하여 큰딸의 이름을 "민자"라고 지은 것이라는 설명을 들을 수 있었다. 종모향명제(從母鄕名制)는 큰딸에게 적용되는 경우가 대부분이라고 생각된다. 그러나 앞에서 살펴보았듯이 남아의 경우에 적용된 용례도 발견되고 있어서, 종모향명제의 의미에 대해서는 좀 더 깊은 문제를 생각할 필요가 있다. 종모향명제가 종지명제의 일종이라는 점은 분명하다.

진도의 외곽에 있는 관매도에서 채집된 토속명의 용례가 흥미롭다. "볼메에서 시집온 여자가 첫아들을 낳으면 그 아이를 볼메수라 하고 그 어머니를 볼메수념씨, 그 아버지를 볼메수납씨라고 부른다. 한편 첫딸을 낳으면 그 아이를 볼메단이라 부르고 그 부모를 볼메다념씨와 볼메다납씨라 부른다"(김웅배 2002: 247). 관매도의 경우 남아에 대해서 '-바' 대신에 "-수"라는 인칭접미사가 적용되었음을 알 수 있다. "볼메다념씨"는 "볼메단+엄씨"일 것이고, "볼메나납씨"는 "볼메단+압씨"에서 이어진 이름일 것이라는 민속지식적인 설명(조영남 談)도 제시되었다. "엄씨"('엄'은 어머니의 준말, '씨'는 존칭어미)는 어머니, "압씨"('압'은 아버지의 준말)는 아버지를 이르는 진도 지방의 방언임을 상기하면, 상기의 설명은 쉽사리 이해될 수 있다. 이러한 용례를 볼 때 관매도의 경우에 여아와 함께 남아에게도 종모향명제를 적용하고 있음을 알 수 있고, 종모향명제를 근거로 한 종자명제(從子名制, teknonymy)의 관행이 있음을 알 수 있다.

또 다른 예로 거제에 거주하는 아이의 이름이 "소개다니"와 "소개바"이고, 그 아이들 어머니는 "소개네"라고 불린다. 아이들 어머니가 소포리 출신이기 때문이다. 이때 사용된 "-네"는 종지명제(geononymy)의 다른 일종인 택호에 적용된 인칭접미사다. 앞에서 이미 등장한 용례에서 "-네"가 종자명제로 적용된 경우("골단네")를 상기하면, 인칭접미사로서의 "-네"는 종자명제(從子名制)와 종지명제(從地名制)에 양쪽으로 적용됨을 알 수 있다. 어머니가 서울 출신이고, 아버지가 진도 출신인 경우 아이의 이름을 서울 "京" 자와 진도의 "珍" 자를 이어서 "京珍"이라고 붙인 예가 있다. 여수 출신의 여자가 진도로 시집을 온 경우, 둘째 딸을 여수의 "麗" 자와 진도의 "珍" 자를 이어서 "麗珍"이라고 지은 경우도 있다(이병진 진도예총회장 談). 이러한 예는 종모향명제(從母鄕名制)의 전통을 한자어 이름에 적용한 용례들이라고 말할 수 있다. 진도에서 자녀들의 작명에 모향명이 그만큼 중요하게 고려되는 특징을 거듭 확인할 수 있는 부분이다.

여기서 과거 신혼부부의 거주율(居住律, rule of residence)에 적용되었던 처거제(妻居制, uxorilocal residence) 및 모변성과 종모향명제와의 관련성을 추론해 보고자 한다. 「위지동이전」에 처거제의 유흔들이 있고, 사회사적 연구를 통해서도 부거제(夫居制, virilocal residence)는 조선후기에 와서야 정착한 것으로 이해된다. 대표적으로, 도이힐러는 고려는 물론 조선 중기까지도 처거제가 광범위하게 실천되었으나, 중기 이후 신유교적 질서가 사회 저변으로까지 확산되고 남계친 종족집단이 공고화되면서 거주율도 부거제로 점차 전환되었음을 밝히고 있다(Deuchler 2013; 또한 Janelli and Janelli 2000). 가족 또는 친척제도라는 측면에서 볼 때 거주율의 전환은 하나의 혁명이라고까지 말할 수 있다. 사회조직의 근간이 변하는 문제이기 때문이다.

처거제가 시행되었던 과거의 거주율을 쉽게 표현하면 "장가드는" 방식이다. 이에 대해서 부거제는 "시집가는" 방식이다. 즉 처거제는 신혼부부가 혼례를 치른 후에 부인의 친정에서 거주하게 되는 방식이다. 처거제 시행의 역사는 『삼국지』의 「위지동이전(魏志東夷傳)」 내 고구려조(高句麗條)에 분명하게 설명되어 있다.

> 其俗作婚姻, 言語己定, 女家作小屋於大屋後, 名婿屋, 婿暮至女家戶外, 自名跪拜, 乞得就女宿, 如是者再三, 女父母乃聽, 使就小屋中宿, 傍頓錢帛, 至生子己長大, 乃將婦歸嫁(그 혼인하는 풍속은 말로써 이미 정해지면, 여자의 큰 집 뒤에 작은 집을 짓는데, 이를 '서옥'이라 한다. 사위 될 사람이 저녁무렵에 여자의 집 대문 밖에 이르러, 스스로의 신분을 밝힌 후 꿇어 엎드려 절한 후에 여자와 하룻밤 자기를 청하는데, 보통 두세 번 한다. 여자의 부모님이 받아들여 작은집에서 잠잘 수 있게 하면, 돈과 비단을 내놓는다. 아이를 낳아 장성하게 되면, 이에 마땅히 부인과 집으로 돌아온다).

이에 대해서 아키바 타카시는 봉사혼(奉仕婚)의 유제(秋葉 隆 1930), 손진태는 솔서혼(率壻婚, 데릴사위)의 전통(孫晉泰 1932)이라 풀이한 바 있다. 전자는 초기진화론에 입각한 설명이고, 후자는 민속지적인 자료와 연계시킨 설명이다. 필자의 견해로는 양자가 모두 비약된 부분을 안고 있다고 생각한다.

손진태의 설명은 전체와 부분 사이의 혼동으로 인한 해석이라고 말할 수 있다. 「위지동이전」의 기록은 당시 고구려에서 보편적으로 행하고 있었던 관습으로 해석하는 것이 바람직하고, 손진태의 데릴사위에 관련된 민속지적 설명은 특수한 상황에 국한시켜 보아야 한다. 즉, 처거제가 일반적으로 관행되고 있는 상황 하에서 데릴사위라는 특수한 관행이 있다고 볼 수 있으므로, 처거제와 솔서혼(데릴사위)을 동일한 것으로 파악한다면, 그 설명은 전체와 부분을 혼동한 결과라고 볼 수밖에 없다. 「위지동이전」의 표현을 빌린 서옥제(婿屋制)는 혼례 후 사위가 처가에서 마련한 집(婿屋)에 거주한다는 의미, 즉 거주율에 있어서 처거제로 해석함이 바람직하고, 손진태가 해석한 솔서혼은 일본에서 흔히 관행되어 온 입부혼(入夫婚)과 유사한 것이라고 볼 수 있다. 다만, 솔서혼에서 처가로 들어가는 사위가 자신의 본래 성을 유지하느냐 하지 않느냐 하는 문제는 일본의 입부혼과 비교될 수 있는 부분이다.

위에 인용된 「위지동이전」의 문장 내용은 처거제라는 현상을 거론하기에 충분하다. 처거제가 봉사혼의 유제인지, 데릴사위의 전통인지에 대해서는 각각 충분한 설명이 필요한 상태로 남겨져 있다. 아키바 타카시의 봉사혼이라는 해석은 혼인형태를 진화론적인 입장에서 해석한 웨스터마크의 이론을 단순 적용한 것으로 생각된다. 손진태의 솔서혼이라는 해석은 사료비판의 엄정성을 시도하지 않고 역사적 문헌에 대한 민속학적 단순 적용으로 볼 수 있다. 고구려에서 서옥(婿屋)을 짓고 사위를 받아들였다는 것, 즉 사위는 장가를 드는 관습이 일반적이었다고 해석하는 것이 기록에 대해서 균형된 감각을 표현하는 것이다. 그러한 관습이 오랜 시간을 이어서 여태껏 우리의 언어생활에서 "장가든다"라는 구절로 사용되고 있음을 지적할 수 있으며, 그러한 관습에 대한 인류학적 용어가 처거제(妻居制)다.

필자는 진도의 종모향명제는 이름에 각인된 모변성(母邊性, matrilaterality)이며, 이는 처거제의 유흔으로 이해될 수 있다고 본다. 처거제의 관행은 자녀들의 작명 방식을 포함하여 사회적 관계의 전반에 깊은 영향을 끼칠 수밖에 없다. 도이힐러 역시 한국 전통사회의 친척조직의 주요한 특징이며 중국의 친척조직과 다른 점으로 모변의 상대적 중요성을 든 바 있고, 조선 후기에 이르러 부계 중심의 남계친 종족조직이 신분제와 연결되어 확고히 되고 나서도 모변적 특징은 완전히 사라지지 않았다고 논증하였다(Deuchler 2013[1992]). 필자는 진도의 이름에 모변성의 정신이 유전되고 있으며, 이는 진도 사람들의 생활문화의 저변에 흐르는 토속성과의 관련성 속에서 해석해야 할 것으로 생각한다. 한국의 가족과 친척관계의 역사 속에서 부계 혈통(patrilineal descent)을 중심으로 하여 부변성(父邊性, patrilaterality) 속으로 모변성이 침잠되어 온 일반적인 경향을 조망한다면, 진도의 이름에 유전하고 있다고 생각되는 모변성의 문제는 한국 가족 및 친척의 사회조직적 성격 차원에서 재조명될 수 있는 부분이다. 현재 부변성에 대해서 종속적인 모변성이 진도 사람들의 이름 속에서는 상대적으로 균형적인 모습으로 유전되고 있음이 문제의식의 핵심이 될 수 있다.

4. 나가는 말

진도의 토속 인명에서 특징적으로 사용되는 '-바'와 '-다니'는 일차적으로는 성별에 따른 집단귀속(集團歸屬)의 표시 기능을 가진다. '-바'는 남자라는 집단에, '-다니'는 여자라는 집단에 귀속됨을 지칭하는 접미사다. 그 집단은 생식가족을 기본으로 하지만 이러한 명명법은 생식가족 및 친척의 범위를 넘어서 보다 넓은 사회적 관계 속으로 확산되어 사용되기도 한다. 생식가족 집단 내에서 개체의 지위를 확인하는 방식으로는 출생 서열을 나타내는 숫자를 적용하고 있다. 즉, 진도 사람들에게 있어서 '-바'와 '-다니'가 적용된 이름들, 예를 들면 "시바"와 "니바", 그리고 "시다니"와 "니다니"는 성별귀속과 개체지시의 기능이 복합된 모습으로 나타나는 고유한 토속명으로서 남녀 성별과 출생 순위만 포함한 것이라고 이해할 수 있다. 이러한 경우는 다른 요소들이 삽입되어 있지 않은 지극히 단순한 형태라고 할 수 있다. 그러나 '-바'와 '-다니' 식의 진도 토속명에서 (출생 순위 대신) 어머니의 출신지명이 표시되는 경우가 종종 있는데, 이 글에서는 이 점에 특히 주목하였다. 즉, 어머니 출신지에 따른 토속명[從母鄕名]은 항렬자가 대표하는 신유교 문화적 · 부계중심적 질서로는 설명되지 않는 현상임에 착안하였다. 필자는 이러한 토속 작명이 과거 혼인 후 일정 기간 처가에서 기거했던 관습, 즉 처거제와 관련이 있다고 추론하였다.

남아의 경우에 사용된 인칭접미사인 '-바'가 한자식 이름에 적용된 경우는 발견할 수가 없었지만, 여아의 경우인 '-다니'는 한자식으로 전환되어서 호적부나 주민등록부에 '丹'으로 기록되고 일상적으로도 사용되고 있다. 즉, 남성 인칭접미사와 여성 인칭접미사 사이에 차별적인 대우가 적용된 점을 지적할 수 있고, 그 과정에는 한자식 이름과 그에 따른 문서화가 작용했음을 알 수 있다. 그 원인은 남자에 적용된 항렬자의 압력, 즉 족보식 작명관행에서 비롯된 것으로 생각한다. 남자의 경우는 그 압력을 받는 데 반해 여자의 경우는 상대적으로 그 압력을 받지 않음으로써 토속명이 한자화 과정에서 잔존할 수 있는 여지를 확보할 수 있게 된 것 같다. 여아에 적용되는 인칭접미사인 '-다니'가 음차(音借)의 방식을 택한 결과 '丹'으로 전환되었음을 알 수 있다.

여아들의 경우는 토속명 그 자체가 한자화 과정을 통하여 문서화되는 경우가 종종 발견되고 있지만, 남아의 경우는 작명 방식의 체계가 토속명과는 완전히 다른 족보명 방식이 도입되면서 토속명이 문서화된 자료, 즉 족보와 호적 등에서는 자리를 잡을 여지가 없어진 것으로 이해된다. 토속명의 용례들이 일상생활 속에서 점차 사라지고 있는 현상은 토속명이 담고 있는 지칭 기능의 한계 때문일 것이다. 지리적인 생활 범위가 면식 관계의 범주를 벗어나면서 사회적 관계의 확대 현상과 아울러서 문서화된 이름을 담고 있는 호적이나 주민등록부 등이 공식적 부문에서 확대 적용되어 온 과정을 고려한다면, 토속명이 자리를 잡을 수 있는 범주는 지극히 제한될 수밖에 없다.

신유교의 근간을 이루어 온 종법(宗法)을 기초로 한 한자식 이름이 도입된 뒤에도 진도에서는 토속명이 일상적인 상황에서 지속해서 사용되고 있음을 지적할 수 있다. 한반도 내의 다른 지역들과 비교해 볼 때 진도의 토속명이 갖는 일상적 용법은 신유식화(新儒式化)에 대한 대항문화(對抗文化)의 끈질긴 저류에서 비롯된 현상이라고 말할 수 있다. 자료의 분석과정에서 드러난 문제를 한 가지 새겨 볼 필요가 있다. 종자명제와 종지명제에 해당되는 문화 항목들에 대해서 보다 면밀하게 맥락적인 분석을 해야 한다는 것이다. 종지명제에는 택호뿐만 아니라 이 글에서 살펴본 종모향명도 포함시켜야 한다는 점은 앞서 지적하였다. 또한 종지명제는 친척용어와의 관련성 외에 보다 독자적으로 검토되어야 할 부분이 있다고 생각한다.

모변성의 상대적 비중을 지적할 수 있는 종모향명제와 여성 인칭접미사의 고유명화라는 독특한 현상들에서 보듯이, 진도에서는 남성보다도 여성 속에서 더 많은 토속성을 읽을 수 있다는 가설이 진도 사람들의 작명관행으로부터 제기될 수 있다. 물론 이러한 가설은 다른 지역에서도 적용 가능할 것이라고 생각해 본다. 이렇게 볼 때 처거제의 유흔과 모변성을 강하게 보이는 진도의 토속명은 한국의 친척제도, 나아가서 한국사회의 신유교화에 대해 더욱 근본적인 성찰을 촉구한다. 진도의 토속명에서와 같이 신유식화에 대항하거나 나름의 변용을 거쳐 이어지는 토착문화적 실천은 변방 도서지역에 국한되는 문제가 아닐 수 있기 때문이다.

참고문헌

곽충로. 1976. 『珍島郡誌』. 진도군청.

김웅배. 2002. 『전남방언연구』. 서울: 박이정.

孫晉泰. 1933. 2. 「朝鮮の率壻婚俗に就て」. 『史觀』 3: 114-127.

梁柱東. 1969. 『增訂古歌研究』. 서울: 一潮閣.

李基文. 1967. 『國語史槪說』(3版). 서울: 民衆書館.

李敦柱. 1979. 「珍島의 方言」. 『湖南文化研究』 10: 89-133.

秋葉 隆. 1930. 9. 「朝鮮の婚姻形態」. 『京城帝國大學法文學部第二部論纂第二輯(哲學論集)』.

Deuchler, Martina. 2013[1992]. *The Confucian Transformation of Korea: A Study of Society and Ideology*. 『한국의 유교화 과정: 신유학은 한국 사회를 어떻게 바꾸었나』. 이훈상 역. 서울: 너머북스.

Dorian, Nancy C. 1970. "A Substitute Name System in the Scottish Highlands." *American Anthropologist* 72: 303-319.

Geertz, Hildred and Clifford Geertz. 1964. "Teknonymy in Bali: Parenthood, Age-grading and Genealogical Amnesia." *The Journal of the Royal Anthropological Institute of Great Britain and Ireland* 94(2): 94-108.

Goodenough, Ward H. 1965. "Personal Names and Modes of Address in Two Oceanic Societies." In Melford E. Spiro, ed. *Context and Meaning in Cultural Anthropology*. Pp. 265-276. New York: Free Press.

Janelli, Roger and Dawnhee Yim Janelli. 2000[1982]. *Ancestor Worship and Korean Society*. 『조상의례와 한국사회』. 김성철 역. 서울: 일조각.

Lee, Kwang-kyu and Harvey Kim Youngsook. 1973. "Teknonymy and Geononymy in Korean Kinship Terminology." *Ethnology* 12(1): 31-46.

제4부

변화하는 가족과 친족

제8장

계보와 친밀성 사이*

묘와 납골당을 통해 본 한국 가족의 재구성

사와노 미치코

1. 들어가는 말

이 글의 목적은 이광규 교수의 가족친족론을 바탕으로 현대 한국 가족에 관한 연구 가능성을 전망하는 것이다. 이를 위해 이 글에서는 현대 한국사회에서 가족과 친족의 일반적인 모습이 이광규 교수가 제시한 구조와 어떠한 차이를 보이는지를 알아보고 한국 가족의 실태를 설명할 수 있는 새로운 틀을 모색하고자 한다.

---

* 이 글은 『東北アジア研究』 18(2014), 99-124쪽에 실린 필자의 논문을 이 책의 취지에 맞도록 수정한 것이다. 해당 논문을 완성하는 과정에서 일본 동북대학교 동북아시아 연구센터의 편집위원 및 심사위원 선생님들께서 주신 유익한 말씀에 진심으로 감사드린다. 해당 논문의 '들어가는 말'은 이 책의 취지에 맞게 전면 수정하였고, 본론 부분은 약간 수정하였다. 수정하는 과정에서 유익한 조언을 주신 서울대학교 정향진 교수님께 깊이 감사드린다. (本論考は2014年に『東北アジア研究』 第18号、99−124頁に掲載された論文を大幅に修正加筆したものです。当該論文を完成する過程で多大なお力添えを賜りました、東北大学東北アジア研究センターの編集委員および査読者の先生方の有益なコメントに心よ

한국 가족에 관한 선행연구에서 가족 형태의 역사적 흐름을 보면, 엄밀한 부계제 가족이 주를 이루게 된 것은 조선 중기 이후부터라는 설이 유력하다. 박미해(2010)는 조선 전기에는 아들과 딸, 장자와 차자, 친손과 외손 간의 차별이 비교적 적은 혈연 중심의 친족관계가 존재했다고 보고 있다. 그의 연구에 따르면 조선 전기에 드물지 않게 발견되는 처가 거주 형태는 처족 및 외족들과의 긴밀한 관계를 지속시켰으며, 아들과 딸을 차별하지 않는 재산 상속으로 인해 사위와 외손들이 재산과 제사를 이어받는 일도 드물지 않았다. 반면 조선 후기에는 "표면적으로는 적서 차별, 서열화, 제사, 내외 관습 등이 심화되면서 가부장의 권위와 영향이 극대화되나 여성들의 권위와 역할도 커져 집안의 행사 때에 발휘되기도 한다"고 지적하고 있다(박미해 2010: 295).

또한 이이효재(2003)에 의하면 조선 왕조는 유교사상을 통치 이념으로 삼고, 고려사회의 혼속과 조상숭배의 가족문화를 주자가례에 따른 것으로 변화시켰다. 유교사상은 부자혈통 계승을 뒷받침하는 시집살이 혼속과 부계 중심의 조상숭배 의례와 더불어 양반의 문화적 특권이 되어 사회신분세습의 기반을 이루었다. 이이효재는 조선조 사회를 부계 중심의 적계주의 가부장제가 완성된 시기로 보고, 조선의 가부장제는 동아시아의 어느 국가사회보다 부계시조와 혈통만을 숭상하는 조상숭배사상이 강했음을 지적하고 있다. 이 사상은 조상제사에서 모족, 처족을 배제하며 제사상속을 적장자의 계통만으로 국한시켜 고집하는 부자혈통주의의 전형이라는 것이다(이이효재 2003: 325).

이러한 한국 가족의 형태를 구조주의적으로 분석한 이광규 교수의

り感謝申し上げます。当該論文の序論部分は論集の趣旨に合わせて大幅に修正し、本論部分は部分修正しました。修正の過程で有益なご助言を賜りましたソウル大学校のチョン・ヒャンジン先生にも深く感謝申し上げます。)

'가족친족론'에서는 한국 가족 · 친족이 부계제에 기반을 둔 직계가족이라는 수직 구조를 이루고 있음을 밝히고 있다(이광규 1975). 한국에서는 1960년대 이후 산업화 및 도시화 속에서 가족과 친족의 형성에 영향을 주는 환경이 급격히 변화해 왔다. 이광규 교수는 이 흐름에 관심을 가지고 분석하였으며, 한국 전통 가족이 가지고 있는 수직 구조는 근대화 속에서도 본질을 지켜나갈 것이며 외형적 변화만이 있을 것이라고 결론을 지었다(이광규 1997).

다른 학자들 사이에서도 이와 비슷한 논조를 볼 수 있다. 시마(嶋)는 "한국의 친족조직은 엄격한 부계제를 따르고 있어 '집'의 구조 역시 그에 의해 규정된다"고 보고 있다(嶋 1980: 39). 이재경 역시 "사실상 한국 가족이 서구적인 의미의 핵가족으로 변화했다고 보기는 어렵고 가족의식이나 가족 관계의 측면에서는 여전히 부계 혈통 중심의 대가족 요소를 지니고 있음은 가족학자들의 공통적인 지적이다"라고 하면서 논조를 같이하고 있다(이재경 2003: 16). 최근에는 부계 친족뿐만 아니라 모계 친족도 중요시되는 경우가 증가함을 들어 '양계화'로의 변화를 지적하는 연구도 있다(조정문 1997). 구체적으로 기혼 여성과 친정의 관계가 더욱 돈독해지고 모계 친족의 중요성이 증대됨을 주장하는 연구(山根 2005)가 있는 반면 이러한 현상을 '양계화'로 볼 수 없다는 반론도 있다(김주희 2009).

최근까지도 전반적으로는 혈통 또는 계보에 기반을 둔 이론을 한국 가족의 분석 틀로 지지하는 추세가 강하다고 볼 수 있다. 그러나 한국 가족의 실태는 혈통 또는 계보의 개념만으로 설명할 수 없을 정도로 변화하고 있다(澤野 2011). 그렇다고 사람들이 계보를 무시하고 친밀성만으로 가족의 유대를 만드는 것 또한 아닐 것이다. 이 글에서는 기존의 틀과 실태를 분석함으로써 현대 한국 가족을 설명하기 위한 새로운 틀 구축을 시도하고자 한다.

필자는 묘에 관련되는 실태를 통해 사람들이 형성하는 가족관계를 살펴보고자 하였다. 그러므로 전라도 X군(2011년 4월부터 7월까지)[1] 및 경기도 Z시(2013년 3월)에서 묘에 관한 현지조사를 수행하였다. X군에서는 한 가정집에 머무르면서 참여관찰을 수행함과 동시에 해당 마을 주변에 산재하는 묘를 하나씩 찾아다니며 그 상석에 새겨진 건립자와 고인의 관계를 기록하였다. 묘 중에 오래되어 상석의 글이 분명치 않은 것과 건립자와 고인의 관계를 알 수 없는 것들을 제외한 총 234개 묘의 데이터를 수집하였다. Z시에서는 납골당을 연구하였다. 이 글에서는 먼저 무덤 상석 사례를 통해 친밀성 요소가 가해지면서 계보의 연속성이 제시되는 양상과 다음으로 납골당 사례를 통해 친밀성을 주된 기준으로 고인을 모시게 되는 양상을 검토하겠다.

2. 한국 가족 · 친족과 묘

한국에서 가족 · 친족과 묘의 관계는 다음과 같이 논의되어 왔다. 한국 무덤은 무엇보다 풍수와 관련이 깊다. 묘지 풍수, 즉 매장된 조상의 뼈가 그 땅의 생기를 받아 자손이 번성한다는 인식이 공유되어 왔다(최길성 2010: 272). 풍수의 논리에 의하면 이익이나 재난은 지하수나 광맥처럼 땅속을 흐르는 신비로운 힘에 의해 일으켜진다. 또한 풍수에서는 땅의 생기가 자손에게 영향을 주는 것으로 생각되므로 고인과의 생전의 관계나 고인의 인생관, 자손 효도 여부 등은 영향을 주지 않는다. 뼈에 영혼이 남아 조상 뼈의 기맥이 자손에게 흘러간다고 생각된다. 그러므로 조

1 이 현지연구는 공익재단법인 미시마 카이운 기념재단으로부터 지원을 받았다.

상을 매장하는 위치는 풍수 전문가의 조언을 받아 신중하게 선택된다.

무덤 위치의 풍수는 부계 자손에게 영향을 주는 것으로 여겨진다. 자넬리와 임돈희에 의하면 무덤 위치가 부계 자손에게 미치는 영향은 두 가지 종류가 있다(ジャネリ・任 1993: 103). 하나는 조상의 의지(무덤 위치에 대한 불만)에 의한 것, 다른 하나는 기계적인 것(풍수)이다. 따라서 부계 자손의 번영도, 가계의 단절이나 다산도 이러한 힘의 영향에 의한 것으로 여겨진다. 바꾸어 말하면 풍수적 영향을 통해 고인과 부계 자손은 밀접하게 연결되어 있다. 여성의 경우 미혼일 때는 아버지 조상의 풍수적 영향을 받고 결혼하고 나서는 남편 부계 조상의 풍수적 영향을 받는다(최길성 2010: 279).

한편, 한국에서 고인을 모시는 방법이나 묘의 형태가 현저하게 변화해 온 것도 지적되고 있다. 한반도에서는 조선시대에 매장이 일반화되어, 화장은 '비정상'인 죽음의 경우나 경제적으로 여유가 없는 경우에 한해 볼 수 있었다. 또한 고인과 생존자의 연결을 완전히 단절시키는 것으로 생각되었기 때문에 화장은 기피되어 왔다(中村 2001). 그러나 근래 매장(埋葬)으로부터 화장(火葬)으로 변화하는 양상이 급속히 진행되었으며, 화장의 비율은 2000년에 30%, 2008년에 60%를 차지하게 되었다(田中 2010: 23). 그 배경에는 인구 증가나 도시화에 의한 토지 부족 문제, 정부의 지도, 시민 단체에 의한 화장 추천 운동 등이 있었다(中村 2001).

이 급속한 변화에 대해 나카무라(中村 2001)는 다음과 같이 주장하고 있다. 화장을 방해하던 것이 '효'의 논리였다. 그러나 이념적으로는 매장되어야 하는 사체 처리법이 화장으로 이행하는 과정에서 효의 해석도 유연해졌다. 효를 표현하는 데 있어서 묘가 필요하지만, 그 묘를 만들려면 뼈만 있으면 된다. 화장해도 뼈가 남기 때문에 효와 모순되지 않는다. 또한 부모의 유언에 따라 화장하는 행위나 화장 후에 묘를 만드는 행위로 효를 표현할 수 있다는 인식으로 바뀌고 있다.

화장으로 변화하는 움직임과 더불어 묘의 형태도 무덤에서 납골당으로 변화하고 있다. 원래는 풍수적으로 좋은 장소(주로 산의 경사면 등)에 넓은 땅을 구입하여 무덤과 그것을 둘러싸는 잔디 공간을 만들었다. 그러나 도시화나 토지 부족 등으로 인해 도시 지역을 중심으로 유골을 납골당에 안치하는 움직임을 흔히 볼 수 있게 되었다. 납골당을 비롯한 납골 시설은 1980년대 후반에 생기기 시작하여 1990년대 이후 다양한 형태의 납골 시설이 만들어졌다(田中 2011).

납골당의 증가는 단지 매장 방법의 변화뿐만 아니라 생존자와 고인 간의 소통 방법이나 비정상적인 죽음의 취급 방법까지 변화시키고 있다는 지적도 있다. 타나카에 의하면 무덤에서 납골당으로 변화하는 양상은 고인과의 소통 방법의 변화로 연결된다. 예를 들면 납골당에서 많이 볼 수 있는 고인의 사진은 종래의 분묘에 비해 방문객의 상상력을 보다 직접적으로 자극한다. 이와 같이 '고인이 나를 보는' 느낌에 의하여 방문객은 '고인과의 만남'을 구현하려고 한다(田中 2010).

또한 정유리(丁 2012: 61)에 의하면 한국에서는, "원래는 천수를 완수하여, 죽은 뒤에 모셔 주는 자손들이 지켜봐 주는 가운데 쇠약해 죽는 것이 '이상적인 죽음', '정상의 죽음'으로 생각되어, 거기에 해당하지 않는 요절, 사고로 인한 사망, 자살, 무연사 등은 '비정상의 죽음'으로 여겨져, 유교식 장례 · 조상 의례의 대상이 되지 않았다"고 한다. 그러나 납골당은 원래의 무덤과 달리 비정상적인 방식으로 죽은 사람을 유교적 질서와 상관없이 모시는 것(예를 들어 부모가 자식을 모시는 등)을 가능케 한다.

위의 선행연구들이 지적하는 것은 묘를 둘러싸는 현상에 대해 생각하는 데 유용하다. 한국 가족 · 친족의 유대에서 중요한 역할을 하는 묘가 변화하는 사태에도 불구하고 묘의 변화가 가족 · 친족의 변화와 어떻게 관련되는지에 대해서는 검토되지 않고 있다. 따라서 이 글은 우선 무덤 상석에 새겨지는 인물 변화에 대해 검토한 다음에 납골당에 대해 검토하고, 이것을 통해 한국 가족 · 친족의 유대가 어떤 식으로 형성되는지에 대해 계보와 친밀성이라는 측면에서 고찰하겠다.

3. 묘의 변화를 읽다

1) 무덤 상석 측면에 새겨지는 인물의 변화

우선 무덤을 둘러싼 변화에 대해 검토하겠다. 조선시대 이후 무덤은 일반적으로 사체가 매장된 땅 위에 흙을 쌓은 무덤과 그 주변의 산림으로 만들어지는 형태로 이어져 왔다(田中 2010). 무덤과 그 주변 산림은 "조상에 대한 효와 예를 표현하는 유교 이념 실천의 장으로서 일족의 결속과 유대의 상징으로 기능해 왔다"(丁 2012: 273). 게다가 무덤은 일족의 부와 위신을 나타내는 것이기도 하다. 경제 성장기에 재를 이룬 사람들에 의해 '사치스럽고 화려한 무덤'이 만들어져 그것들이 1970년대부터 1990년대에 정부의 단속 대상이 된 적도 있었다(田中 2010). 부유층뿐만 아니라 경제 성장에 의해 생활에 여유가 생긴 중산층이 무덤에 투자하여 다양한 장식물을 두게 된 것도 동시기 이후의 현상이다. 이 글 부록의 상석 데이터에서 1970년대 이전에 건립된 상석을 거의 볼 수 없는 것으로도 이 현상을 알 수 있다.

무덤 앞에 있는 장식물 중에서 대표적인 것이 상석이다. 상석이란 "묘 앞에서 제사를 지낼 때 제물을 올리는 데 사용하는 직방체 형태의 돌로, 앞면에는 고인의 본관 · 성명 · 호나 좌향[2], 측면에는 상석을 건립한 날과 종사한 자손의 이름이 새겨진다. 따라서 상석은 특정 무덤에 매장된 고인의 이름을 후세대 사람들에게 전해 주며 무덤이 유실됨을 막는 기억 장치가 된다"(本田 1993: 152).

원래 상석에 새겨지는 건립자는 고인의 직계남성자손뿐이었다. 그 배경에는 효의 개념이 존재한다. 혼다(本田)는 효에 관해 "자식의 부모에 대한 존경과 사랑을 의미하는 효는, 세대 간의 서열을 증명하는 규범으로 한국인의 가족 · 친족 관계의 규제나 촌락 사회의 질서 유지를 위해 작용해 왔다"(本田 1993: 143)고 말한다. 고인을 모시는 행위는 생전의 부모에 대한 효를 사후의 부모나 조상에게 연장한 것으로 볼 수 있다. 조상에 대한 제사는 "원칙으로는 거슬러 올라갈 수 있는 모든 부계 조상에 대해 정기적으로 실천하는 것이 자손으로서의 도리라고 여겨져 왔다"(本田 1993: 143). 모셔야 하는 대상은 부계 조상이며, 제사를 담당해야 하는 사람은 직계남성자손이다.

한편 여성은 '출가외인'이라는 말에서도 볼 수 있듯이 혼출하면 친정의 구성원이 아닌 존재가 되는 것으로 여겨져 왔다. 부계제에 따르면 여성은 결혼과 동시에 결혼하기 전에 소속되었던 부계집단의 공식적인 구성원으로는 포함될 수 없다. (여성과 그 출신 부계집단의 교류는 계속되지만, 이것은 비공식적인 관계다.) 또한 혼입한 시댁에서는 아들을 낳아야 여성이 지위를 획득하는데, 그것은 어디까지나 일상생활에서의 지위이며 남편이 속하는 부계 집단의 일원이 되지는 않는다. 그러므로 여성의 이름은 모셔지는 조상으로 (많은 경우 생전의 이름이 아니라 본관 및 성과 '여(女)'라는 표기이지만) 상석의 정면으로 새겨지는 일은 있어도, 건립자로서 상석 측면에 이름이 새겨지는 것은 친정에서도 시댁에서도 원칙적으로는 없었다.

그러나 요즈음 직계남성자손 외에도 딸이나 며느리의 이름을 건립

2 좌향이란 묘가 자리 잡은 방위이며, 풍수의 용어다.

자에 포함하여 상석 측면에 새기는 현상도 흔히 볼 수 있게 되었다. 여기서 전라도 X군의 Y씨 집의 사례를 보자. 추석날 아침, Y씨의 아내는 무덤에 들고 가는 음식을 보자기에 쌌다. 그것을 가지고 Y씨와 그 장녀, 장남, 차남은 X군 내에 있는 무덤으로 향하였다. 원래 윗세대 조상들을 모시는 산소가 있으나 Y씨는 2008년에 아버지의 무덤만 다른 곳으로 이장하였다. 무덤 상석의 측면에는 무덤 건립에 관련된 사람들의 이름을 각인하게 되는데, Y씨 아버지의 상석에는 직계남성자손인 Y씨와 그 형뿐만 아니라 Y씨 형의 아내와 딸, Y씨의 아내와 딸, 그리고 Y씨의 이미 출가한 누나들과 여동생, 그 남편들 및 Y씨 자매들의 아이들 이름까지 건립자로 새겨져 있다. 즉, 고인의 딸, 며느리, 사위, 외손이 되는 사람들 이름까지 새겨져 있는 것이다.

이것은 Y씨 집에서만 볼 수 있는 특수한 현상은 아니다. Y씨 부부는 X군의 중심인 X읍에 거주하고 있지만 Y씨 아내의 친정은 같은 군내의 A면 K마을에 존재하며, 현지조사 당시 Y씨 아내의 어머니가 K마을에 살고 있었다. 그러므로 연구자는 K마을의 무덤 상석을 연구함과 동시에 K마을의 여성들을 대상으로 인터뷰를 할 수 있었다.

무덤의 현지연구에서는 K마을의 산림에 산재하는 무덤 상석 가운데 연구자가 찾을 수 있는 286개에 대해 그 측면에 새겨진 건립자와 고인의 관계를 기록하였다. 다만 상석 286개 가운데 새겨진 글씨가 비바람에 마모되어 판독이 불가능한 것 혹은 개인 이름만 새겨져 있어 고인과의 관계가 불분명한 것 등이 52개 있었기 때문에 유효한 데이터를 얻을 수 있던 것은 234개였다. 현지조사에서 얻은 상석의 데이터 내역은 이 글의 부록에 기재하였다.

상석 데이터는 혼입여성, 혼출여성, 혼출여성의 배우자 및 자녀가 새겨져 있는지를 기준으로 8개 유형으로 구분하였다. 덧붙여 '딸'로 새겨져 있는 사람에 대해서는 실제의 혼인 상태는 알 수 없으나, 결혼하거나 혹은 향후 결혼이 상정되어 있는 사람으로 간주하여 혼출여성으로 구분하였다. 또한 부록에서는 구분의 편의상, 친손자는 '아들', 친손녀는 '딸', 친손자의 아내는 '며느리', 친손녀의 남편은 '사위'로 구분하였다. 8개 유형 모두에 해당되지 않는 묘는 7개였다(예를 들어 남동생의 이름만 기재되어 있거나 질녀의 이름만 새겨진 경우다). 8개 유형은 다음과 같다.

A유형: 직계남성자손(주로 아들이나 친손자, 증손자 등. 아주 옛날에 사망한 고인을 모셨을 경우에는 그 고인으로부터 현재 살아 있는 자손에 이르기까지의 직계남성자손)의 이름이 새겨진 것. 즉, 혼입여성, 혼출여성, 혼출여성의 배우자 및 자녀는 새겨지지 않은 것.

B유형: 직계남성자손, 혼출여성, 사위, 외손의 이름이 새겨진 것. 즉, 혼입여성은 새겨지지 않고, 혼출여성과 혼출여성의 배우자 및 자녀는 새겨진 것.

C유형: 남성만의 이름이 새겨진 것. 즉, 여성은 새겨지지 않았지만, 사위와 외손자(외증손자)는 직계남성자손과 함께 새겨진 것.

D유형: 직계남성자손, 혼출여성의 이름이 새겨진 것. 즉, 혼입여성이나 혼출여성의 배우자 및 자녀는 새겨지지 않고, 혼출여성은 새겨진 것.

E유형: 직계남성자손, 혼입여성, 혼출여성의 이름이 새겨진 것. 즉, 혼입여성, 혼출여성은 새겨져 있지만 혼출여성의 배우자 및 자녀는 새겨지지 않은 것.

F유형: 직계남성자손, 혼입여성, 혼출여성, 사위, 외손 등의 이름이 새겨진 것. 즉, 혼입여성, 혼출여성, 혼출여성의 배우자 및 자녀가 모두 새겨진 것.

G유형: 직계남성자손, 혼입여성, 사위 등의 이름이 새겨진 것. 즉, 혼입여성과 혼출여성의 배우자 및 자녀는 새겨지고, 혼출여성은 새겨지지

지 않은 것.

H유형: 직계남성자손, 혼입여성의 이름이 새겨진 것. 즉, 혼입여성은 새겨지고, 혼출여성과 혼출여성의 배우자 및 자녀는 새겨지지 않은 것.

위 8개 유형에 근거, 상석을 분류하여 〈표 8-1〉과 같이 정리하였다.

A유형이 원래 가장 보편적이던 방법이며 부계제 규율에 따라 직계남성자손만이 기재된다. 이 연구에서도 A유형이 가장 많이 발견되었다. 그러나 상석이 최근에 세워진 것일수록 A유형 외의 형태가 흔해

표 8-1. K마을의 상석 건립자 각인 범위[3]

이름이 새겨진 사람 / 유형	직계남성자손 (아들, 친손자, 친증손자)	혼입여성 (며느리)	혼출여성 (딸, 친손녀, 친증손녀)	혼출여성의 배우자 및 자녀 (사위, 외손자, 외손녀)	유형별 개수
A	○	×	×	×	120
B	○	×	○	○	29
C	○	×	×	○(남성만)	23
D	○	×	○	×	28
E	○	○	○	×	4
F	○	○	○	○	19
G	○	○	×	○	0
H	○	○	×	×	4
기재 후손별 A~H 합계	227	27	80	71	227

3 같은 데이터를 사용한 박사논문(澤野 2014) 및 기출판 단행본(澤野 2017)에 약간의 숫자 오류가 있었다. 두 경우 모두 부록에 붙인 데이터는 맞으며, 셈의 오류였다. 덧붙여 8개 유형 모두에 해당되지 않는 상석이 7개 있었다.

진다. 특히 혼입여성, 혼출여성, 혼출여성의 배우자 및 자녀까지 넓게 기재하는 F유형은 2000년대 이후에 설립된 경우가 대부분이었다.

혼입여성 이름을 기재하는 경우 아들의 아내나 친손자의 아내를 집단 성원으로 인정하는 것으로 볼 수 있지만, 이렇게 혼입여성을 포함하는 상석은 27개, 전체의 약 12%이며, 혼출여성 혹은 혼출여성의 배우자 및 자녀를 포함한 경우에 비하면 적다.

혼출여성 이름을 기재하는 것은 혼출여성을 집단 성원으로 인정하는 것으로 볼 수 있다. 혼출여성의 이름을 포함하고 있는 상석은 80개, 전체의 약 35%다. 혼출여성의 배우자 및 자녀 이름을 기재하는 경우는 혼출여성의 혼인으로 인척이 된 사위나 외손을 집단 성원으로 인정하는 것으로 볼 수 있다. 인척(사위)과 외손을 포함한 상석은 71개, 전체의 약 31%다.

흥미로운 현상으로 C유형이 있다. 이것은 혼입여성이나 혼출여성은 기재되지 않음에도 불구하고 직계남성자손과 사위가 기재되어 있다. 상석 건립 시에 아들이 미혼이었기 때문에 며느리 이름이 새겨지지 않을 가능성도 있지만, 23개 상석에 같은 기재 방법을 볼 수 있으므로 며느리가 있음에도 불구하고 기재되지 않은 경우도 생각해 볼 수 있다. 또한 사위가 있는 이상 딸이 존재하는 것은 분명하며, 딸 이름을 새기지 않고 사위 이름을 새기는 것은 의도적으로 보인다. 이 유형에 대해서는 혼출여성의 배우자를 후손의 구성원으로 넓게 인정하고 있지만, 남성이라는 젠더 기준으로 기재되는 인물이 선택된 것으로 생각할 수 있다.

〈표 8-1〉에서 알 수 있듯이 혼입 · 혼출 여성이나 혼출여성의 배우자 및 자녀 이름을 건립자로 상석 측면에 새긴 경우가 상당수 존재한다. 이 양상에서 무덤 건립자로 이름을 새길 인물 선택이 반드시 부계제 원리에 얽매이지 않고 있음을 지적할 수 있다.

2) 기혼 여성과 친정 · 시댁 조상의 관계

혼입 · 혼출 여성의 이름이 무덤 상석에 건립자로 새겨지는 현상은 무엇을 나타내는 것인가? 무덤이 자손에게 풍수적 영향을 준다는 생각에 근거하면 무덤 상석에 건립자로 새겨진 사람들은 그 영향을 받는 대표적인 인물로 간주할 수 있다. 앞에서 언급한 것처럼 원래의 방식으로는 직계남성자손이 해당자가 된다. 여성의 경우 미혼 시절은 부계 조상의 풍수적 영향을 받고 결혼한 뒤에는 남편의 부계 조상의 풍수적 영향을 받는 것으로 여겨져 왔다. 그런데 앞에서 살펴본 대로 혼입여성(고인의 며느리)뿐만 아니라 혼출여성(고인의 딸)의 이름까지 무덤의 건립자로 상석에 종종 새겨진다. 이를 조상-자손 간의 무덤을 매개로 한 연결이라는 관점에서 보면, 혼출여성은 친정의 조상과 연결되는 동시에 남편의 조상과도 연결되어 있는 것으로 볼 수 있다. 여기서는 특히 기혼 여성과 친정 · 시댁과의 관계에 주목할 것이다.

기혼 여성의 친정 및 남편 측 친족과의 이러한 관계는 오늘날 명절을 지내는 방법에도 나타나고 있다. 얼마 전까지만 해도 여성은 결혼하면 명절에도 친정에 쉽게 갈 수 없었다. 필자가 인터뷰한 K마을에서도 70대 후반 이상의 여성들은 명절인데도 쉽게 친정에 갈 수 없었다고 한다.

> Y씨 아내 어머니(92세)의 이야기:
> 시어머니가 너무 사나워갖고 (친정으로) 못 가게 했어. 집에 모시메가 둘이 있응께 밥해 주라고. (2010년 4월 10일)

> S씨(75세)의 이야기:
> 옛날에는 (친정에) 못 갔어. 떡 해 갖고 시어머니가 갔다 오라고 했을 때

갔다 왔지. (2010년 4월 10일)

T씨(86세)의 이야기:

(명절에 친정에) 못 갈 때도 있고, 갈 때도 있고. 어른들이 승낙해 주면 갔다 왔어. (2010년 4월 10일)

위 이야기에서 기혼 여성이 친정으로 갈 수 있을지는 시부모가 결정하며, 명절에 친정으로 가기는 쉽지 않았음을 알 수 있다.

그러나 이러한 상황은 변하고 있다. 필자는 전라도 X군 U면의 V씨 집에서 1년 동안, 같은 군 X읍의 Y씨 집에서 4개월 동안 거주하면서 참여관찰한 결과 각 집에서 명절 연휴의 중반 이후에는 모계 친족이 모이는 모습을 볼 수 있었다. U면의 V씨 집에서는 결혼하고 외지에 사는 딸들이 우선 명절 전날에 시댁에 가서 명절 아침에 제사와 성묘를 지낸 후 오후에는 남편 및 아이들과 함께 친정인 V씨 집으로 왔다. V씨의 아들과 그 아내, 자녀는 명절 전날에 V씨 집에 와서 아침에 제사와 성묘를 지내며 오후에는 역시 아내의 친정으로 갔다.

Y씨 집에서는 추석 당일 아침, 성묘 준비를 하고 있던 무렵에 Y씨 아내의 친정어머니가 왔다. 아침에 자기 아들 집에서 제사를 지켜본 후 딸(Y씨 아내)의 집으로 왔다고 한다. 오후에는 Y씨 아내의 언니, Y씨 아내의 언니 딸과 그 남편, 아이들도 서울에서 왔고, 활기차게 저녁 밥상에 둘러앉았다. 말하자면 Y씨 아내의 모계 친족이 모인 것이다.

이처럼 추석 당일 아침에 시댁에서 제사와 성묘를 지내자마자 기혼 여성이 남편 및 아이들과 함께 친정으로 가며, 친정 자매와 그 남편 및 아이들도 함께 모여 명절 연휴 중의 긴 시간을 친정에서 보내는 모습은 V씨와 Y씨 집에 한정되지 않고 한국에서 넓게 볼 수 있다. 즉, 기혼 여성과 친정과의 연결은 시댁과의 연결에 뒤떨어지지 않을 정도로 밀접하고 중요하다. 선행연구에서는 비공식적인 행위(상담하거나 도움을 주고받는 등)에서 기혼 여성과 친정과의 연결 중요성이 논의된 적은 있다(山根 2005). 그러나 비공식적인 관계뿐만 아니라 친정 조상의 무덤 상석에 자손으로 이름이 새겨지는 것은 친정 측도 혼출한 여성을 가족의 일원으로 공식적으로 인정하고 있음을 나타내고 있다.

3) 남성과 친가 · 외가 조상의 관계

선행연구에서 남성은 당연히 부계 집단의 일원이며 부계 혈통을 거슬러 올라가는 계보상의 위치에서 자신을 인식하는 것으로 여겨져 왔다. 그러나 앞에서 지적한 변화는 여성뿐만 아니라 남성도 포함된다. 남자 입장에서 볼 때 원래는 자신의 부계 조상 무덤에만 이름이 새겨졌다. 그러나 상석 변화를 보면 '사위'로 아내 조상 무덤에 이름이 기재되는 경우도 볼 수 있다. 아내 조상도 자신과 연결되는 대상이 되는 것이다. 또한 성별에 상관없이 '외손'으로 어머니 조상 무덤에 이름이 기재되는 경우도 볼 수 있다. 즉, 부계 조상뿐만 아니라 모계 조상도 자신과 공식적인 유대를 형성하는 대상이 된다.

여기서 다시 Y씨 집 사례를 보자. Y씨에게는 네 명의 자식이 있다. 그중 장남(1985년생)이 취업시험에 합격하는 일이 있었다. 장남은 어머니 형제들과 아버지 형제들에게 전화하여 합격 소식을 전하였다. Y씨는 장남에게 양가 묘에 가서 조상에게도 이 좋은 소식을 보고하라고 하였다.

Y씨의 아내와 장남은 차를 몰고 친가 조상 무덤으로 갔다. 무덤에 도착한 뒤 종이컵에 따른 석류 주스와 담배를 올리고 절을 두 번 하였다. 이 무덤에는 친할아버지가 매장되어 있다. 담배를 올린 것은 친할아버지가 생전에 담배를 피웠기 때문이다. 앞에서 언급했듯이 이 무덤은 2008년에 Y씨가 아버지만 분리하여 새롭게 만든 무덤이다. 따라서 할

아버지보다 윗세대 조상들이 매장된 무덤은 다른 곳에 존재한다. 그러나 Y씨의 장남은 그쪽에는 가지 않았다. 이동하기에 괜찮은 4월 하순의 따뜻하고 맑은 날이었다. Y씨의 장남은 그쪽으로 못 간 게 아니라 갈 생각을 하지 않았기 때문에 안 간 것이다. 그 후 Y씨의 장남은 다시 차를 몰고 외가 쪽 조상 무덤으로 향하였다. 이 무덤에는 Y씨 장남에게 외할아버지, 외증조할머니가 되는 분들이 묻혀 있다. Y씨의 장남은 동행한 어머니에게 이 두 분이 생전에 담배를 피웠는지 물었다. 피우지 않았다고 했기 때문에 담배는 올리지 않고 석류 주스만 올렸다.

Y씨의 장남이 좋은 소식을 보고해야 할 대상은 친가 및 외가 양쪽의 조상이다. 또한 장남은 아버지 Y씨와 어머니가 직접 얼굴을 (그리고 생전의 흡연 습관을) 대면하여 알고 있는 조상에게 성묘하였고, 그보다 윗세대 조상 성묘는 생략하고 있다. 부계제 원칙을 따르면 외가는 몰라도 친가 쪽은 할아버지보다 윗세대 조상에게도 성묘하여 좋은 소식을 보고해야 한다고 생각했을 것이다. 그러나 Y씨의 장남은 친가의 낯선 조상에 대한 성묘를 생략하고 그 대신 친가 및 외가의 부모가 직접 아는 조상에게 성묘하고 있다. 그리고 Y씨와 그 아내도 장남의 이러한 행동을 자연스럽게 받아들이고 있다.

이러한 사례를 통해 가족 · 친족 범위의 인식 변화를 알 수 있다. 즉, 부계제에 근거하여 친가 조상들만 숭배하는 인식에서 벗어나 친가 및 외가의 직접 면식이 있는 범위까지의 사람을 집안 소식을 나누는 조상으로 인식하고, 그들의 가족 · 친족으로서 행동하는 경향으로 변하고 있다.

4. 납골당에서 실천되는 '가족'

근년의 한국에서는 납골당이 증가하고 있다. 납골당에는 공영 시설, 종교 단체의 시설, 법인 시설 등의 종류가 있다(T 2012). 납골당 중에는 민간 업체에 의해 도시 근교에 만들어져 납골당의 건물과 함께 공원이 정비되어 있는 예도 있다. 필자는 그중 하나인 'Z공원'을 방문하였다. Z공원은 55,000명을 안치할 수 있는 납골당과 공원을 갖춘 대규모 시설이다.

Z공원은 서울의 도심부에서 전철로 1시간 거리에 위치한다. 가장 가까운 전철역 부근에는 고층 아파트들이 나란히 서 있다. Z공원까지는 전철역에서 버스로 20분 정도 걸린다. "Z공원"이라고 크게 써 있는 셔틀버스는 평일에 하루 왕복 세 번, 주말에 하루 왕복 여섯 번을 제일 가까운 전철역과 Z공원을 연결하고 있다. 버스로 10분 정도 달리면 고층 아파트들은 보이지 않게 되고, 논밭과 숲 사이로 창고와 중소 규모의 공장, 비닐하우스로 된 파프리카 농장 등이 어수선하게 모습을 보이기 시작한다.

그곳에 Z공원이 있다. 버스에서 내려 정문으로 들어가면 길옆의 벽에 고인에게 보내는 메시지가 쓰인 타일들이 장식되어 있다. 길을 가다 보면 광장이 나온다. 왼쪽에서부터 화장실과 가족 휴게실이 있는 건물, 기독교 전용 납골당, 중앙 뒤쪽에 기념탑, 기념탑 뒤쪽에는 주차장과 매점, 커피숍, 놀이터가 있다. 광장의 오른쪽에도 두 개 납골당 건물이 있다. 광장에서는 납골당이 대여하는 아동용 자전거를 자유롭게 탈 수 있는데, 방문객 아이들이 놀고 있다. 가족 휴게실이 있는 건물 외벽에는 홀쭉한 전광 게시판이 설치되어 있고, 가족들이 휴대전화로 보낸 문자 메시지(SMS)가 수시로 표시된다. 필자가 방문했을 때는 "고모 큰아빠 우리 왔어요"라는 메시지가 표시되어 있었다.

납골당 건물에는 누구나 자유롭게 출입할 수 있다. 각 방에는 문이 없고 복도에서 방 안을 볼 수 있으며, 무취로 청결하다. 방의 중앙에는 세련된 의자가 몇 개씩 설치되어 있다.

방의 벽은 조그마한 칸으로 나누어져 분양되어 있으며, 각 칸은 유리문으로 고정되어 있다. 칸의 위치에 따라 가격 차이가 있다. 맨 위와 아래에 있는 칸은 상대적으로 저렴하고, 중앙에 가까워질수록 높아진다. 필자가 방문한 2013년 3월, 개인용 칸은 240~950만 원, 부부용 칸은 400~1,900만 원으로 분양되어 있었다. 추가로 5년에 한 번, 25만 원씩 관리비가 징수된다.

모든 방은 채광이 좋아 밝았고, 각 칸의 장식과 꽃다발 등으로 화려한 인상을 주었다. 칸의 크기는 방에 따라 다르지만, 개인용 칸은 높이 20cm, 폭 30cm 정도다. 각 칸 안에는 고인의 유골을 넣은 항아리가 놓여 있고, 다양하게 장식되어 있다. 예를 들면 고인의 안경이나 휴대전화, 주민등록증, 화투 등이 들어 있었는데, 장식은 여기서 멈추지 않는다. 봉제 인형과 조화, 조그마하게 만든 장난감 가구, 식품 샘플 등을 이용하여 각 칸 내부는 마치 하나의 방처럼 장식되어 있다. 그것들이 상하좌우로 정렬되어 있는 모습은 한국 도시 지역에 나란히 서 있는 고층 아파트를 보는 듯한 느낌이다.

칸 내부 장식으로 가장 많이 사용되는 것은 가족사진이다. 고인의 사진뿐만 아니라 어린아이들의 사진도 장식되어 있다. 칸 내부가 어린아이의 사진으로 가득 차 있는 것을 보고 아이가 죽은 것으로 착각했는데, 납골 항아리에 기록된 생년 · 몰년을 통해 고령으로 사망한 것임을 알 수 있었다. 사진 속의 아이들은 고인의 손자나 증손자인 것으로 생각된다. 한국에서는 고령자의 방에 가면 훌륭한 액자에 들어 있는 손자나 증손자의 백일 사진 혹은 돌 사진이 벽에 걸려 있는 것을 흔히 볼 수 있는데, 그 광경과 흡사하다. 납골당의 작은 칸 내부는 가족을 전시하는 장이라 해도 과언이 아닐 것이다.

납골당을 방문한 손님은 칸의 유리문을 닦고 작은 생화 꽃다발을 테이프로 붙이기도 한다. 유리문은 고정되어 있기 때문에 자유롭게 열지 못하며, 직원에게 부탁하면 안쪽에서 열어 주는 구조다. 그러므로 대부분 유리문은 열지 않고 유리문의 표면만 닦거나 장식하고 돌아간다. 유리문을 닦는 천이나 유리문에 꽃다발을 붙이는 테이프는 납골당 사무실에서 빌릴 수 있다. 어떤 칸은 유리문 표면에 너무나 많은 꽃다발을 붙여 칸 안이 보이지 않을 정도다. 고인 앞으로 보낸 편지나 고인의 손자가 그린 그림을 붙인 곳도 있다.

이렇게 고인에게 편지를 쓰거나 가족사진을 보며 생전 고인의 추억을 떠올리는 행위가 납골당에서 일어남을 알 수 있다. 고인 앞으로 보낸 편지나 가족사진을 남에게도 보이도록 전시하는 행위는 자신과 남에 대해 가족의 유대를 표현하여 인식시키는 것이다. 이는 앞에서 언급한 직접 얼굴을 아는 범위를 자신이 연결되는 사람으로 인식하여 고인의 가족으로 행동하는 경향과도 관련되는 행위다. 자손에게 무덤 또는 납골당은 고인의 가족답게 행동하는 장소이며, 그러한 행위를 통해 재귀적으로 가족의 유대를 확인하는 곳이기도 하다. 즉, 현대 한국의 납골당은 가족이 유대하기 위한 장소로 기능하고 있다.

5. 나가는 말

묘의 변화를 통해 한국 가족의 범위 및 유대 방식의 변화에 관해 검토해 보았다. 우선, 무덤 상석을 통해 혼입 · 혼출 여성이나 사위, 외손의 이름을 건립자로서 상석 측면에 새기는, 과거에는 볼 수 없었던 경우가 상당수 있음을 지적하였다.

혼입 · 혼출 여성, 사위, 외손의 이름을 상석에 새기는 행위는 일반적이 아니라고 할 수 없는 수에 이르고 있다. 고인과 직접적인 교류가 있던 친족 이름을 넓은 범위에서 상석에 새기고 있는 것으로 생각할 수 있다. 이러한 현상을 볼 때 무덤의 건립자로 이름이 새겨지는 인물의 선택이 반드시 부계제 원리에 근거하지 않게 되었다고 할 수 있다.

또한 기혼 여성과 친정의 관계가 시댁과의 관계만큼 밀접하고 중요한 것을 지적하였다. 비공식적인 면에서 기혼 여성과 친정의 관계가 중요할 뿐만 아니라 친정 조상의 무덤 상석에 자손으로 이름이 새겨지는 것은 친정 측도 혼출한 여성을 가족의 일원으로 공식적으로 인정하고 있고, 여성 측도 자신과 유대를 가지는 가족으로 친정을 인식하고 있음을 나타낸다. 또한 남성에 있어서도 부계제 형식에 근거하여 예로부터 부계 조상들에게 유대를 인식하던 양상이 변하고 있음을 지적하였다. 친가 및 외가 조상 중에 직접 면식이 있는 범위를 자신과 유대를 맺는 사람들로 인식하여 그들의 가족 · 친족답게 행동하는 것이다.

다음으로 근년 증가하고 있는 납골당 사례를 검토하여 고인 앞으로 보낸 편지나 가족사진을 남에게도 보이게끔 전시하는 행위에 주목하였다. 그러한 전시는 자신과 남에게 가족의 유대를 표현하여 인식시키는 행위다. 이는 무덤 상석 사례와 Y씨 장남의 시험 합격 사례에서 검토한, 직접 면식이 있는 범위를 자신이 유대를 맺는 사람들로 인식하여 고인의 가족으로 행동하는 경향과도 관련된다.

이상의 검토를 통해 묘는 가족으로 행위하는 장이며, 그러한 행위를 통해 가족의 유대를 재생산하는 장이 되고 있음을 밝혔다. 바꾸어 말하면, 현대 한국에서 묘는 가족으로 유대를 맺기 위한 장으로서 존재하는 측면이 있다. 가족이 묘를 만드는 측면도 있으나 묘가 가족의 유대를 만들기 위한 장으로 기능하는 측면, 묘를 통해 가족의 유대가 재생산되는 측면도 주목할 필요가 있다. 종래의 한국 가족에 관한 연구는 부계

혈연에 의한 계보적 연결을 당연한 것으로 삼아 왔다. 그러므로 묘의 변화를 비롯해 현대 한국사회에서 다양화하는 가족 양상에 관해 설명할 수 없었다.

인류학 전체의 연구를 보면 사람들의 상호 행위로부터 가족에 관해 분석하는 접근 방법이 제안되어 왔다(Schneider 1984). 이 접근 방법은 처음부터 보편적인 가족의 정의를 내리는 것이 아니라 "사람들에 의해 실천되는 '가족' 혹은 '가족이 아닌 것'을 '읽는'" 방법이다(落合 1989: 165). 이러한 접근 방법으로 연구하는 것이 한국 가족에 관한 연구에도 유용하다. 즉, 계보에 의해 규정되는 가족을 전제하는 것이 아니라 '가족'으로 실천되는 행위를 통해 사람들의 관계를 보는 시점이 필요하다.

위에서 검토해 온 바와 같이 묘를 둘러싼 행위를 통해 사람들의 관계를 볼 때 한국 가족의 특징은 무엇인가? 바꾸어 말하면, 한국사회에서 묘를 통해 만들어지는 유대 방식은 무엇을 나타내고 있는가? 이것을 검토하는 하나의 시점으로 유익한 것이 나카스지(中筋 2006)가 말하는 죽음의 유형이다.

나카스지는 고인의 존재가 생존자의 생활을 규정하는 영향력의 정도와 개인의 독립성 정도를 기준으로 삼아 죽음의 방식을 네 가지 유형으로 분류하고 있다. 그 안에서 전통 중국에서의 죽음은 "계보의 연속성 속의 죽음", 즉 "각 고인이 종족의 계보적 연속성 속에서 세대와 연령 질서에 근거한 위치를 획득"하여, 조상이 자손의 현재 생활에 영향을 주는 것으로 인식되어 있다(中筋 2006: 132-133). 이것은 한국에서 흔히 볼 수 있던 무덤의 방식에도 해당한다. 이에 비해 현대 일본의 죽음은 "'우리' 구성원의 죽음", 즉 주어진 가족이나 집단을 벗어나 새로운 '우리' 관계를 창출한 상태에서 '우리'라는 친밀성에 비추어 개인의 죽음을 파악하는 것으로 인식된다(中筋 2006: 256).

한국 묘의 변화를 나카스지의 유형에 적용해 본다면 한국사회에서 죽음의 방식이 부계제에 의한 "계보의 연속성 속의 죽음"의 요소가 현저했던 양상으로부터 정서적으로 연결되는 친밀권 안에서의 죽음, 즉 "'우리' 구성원의 죽음"의 요소가 현저한 양상으로 변화하고 있는 것으로 볼 수 있다. 납골당은 부계제의 계보가 가시화되지 않기 때문에 "'우리' 구성원의 죽음"의 요소가 특히 강하다.

다만 상석의 변화를 볼 때 계보의 연속성 속의 죽음의 요소가 약해지는 것은 부계 혈연이라는 측면에 한정되어 있는 것으로 생각할 수도 있다. 며느리나 딸 등 부계제에서 영역화되지 않는 범위의 사람들을 포함하면서도, 혈연자의 이름을 상석에 새기는 행위, 나아가서 상석을 건립하는 행위 자체는 계보의 연속성 속의 죽음의 요소가 어느 정도 건재한 것을 나타내고 있다. 상석은 "특정한 무덤에 매장된 고인의 이름을 후세대에 전달하여 무덤이 유실되는 것을 막는 기억 장치가 된다"(本田 1993: 152)는 점에서 계보의 연속성 속의 죽음의 측면이 강하기 때문이다.

자신의 부계 조상들 모두를 무조건 '우리'로 간주하는 것이 아니라 정서적으로 유대가 있는 혈연자를 '우리'로 재구축하여, 이것을 일가의 자랑스러운 모습으로 무덤의 상석을 통해 세상에 제시한다. 근년의 한국에서의 죽음은 '우리 구성원의 죽음'을 '계보의 연속성 속의 죽음' 속으로 넣는 양상을 보이고 있다. 무덤 상석을 둘러싼 사람들의 행위는 친밀권으로서의 가족에서 일어난 개인의 죽음을 계보의 연속성 속에 넣는 것으로 생각할 수 있다.

이것을 통해 현대 한국 가족의 특징을 다음과 같이 지적할 수 있다. 사람들은 종래의 부계제에 근거하는 가족의 영역을 넘어 정서적인 유대를 기준으로 구성한 친밀권으로서의 가족을 재구축하고 있다. 그 정서적인 유대에 의한 친밀권으로서의 가족은 연속성을 가지는 계보의 흐름 속에 포함됨으로써 '정식적인' 격식을 갖추어 체면을 유지하게 된다. 이 점에서 볼 때 한국 가족은 정서적인 유대와 계보 연속성의 양쪽 모두가 강조되는 양상을 나타내고 있다.

이것은 현대 한국사회의 가족이 놓여 있는 상황과도 연결된다. 오카다(岡田 2012)에 의하면 “한국의 민족 문화에는 근대화를 도모하는 과정에서 사회가 근대성을 수용해야 하는 한편, 식민지 경험이 있으므로 ‘전근대’에 형성된 민족의 ‘전통’을 강조하여 유지해야 한다. 이 모순이 집중적으로 나타나는 것이 가족의 영역이다”(岡田 2012: 140).

이 글에서 살펴본 묘를 둘러싼 현상도 이러한 사회적 상황을 배경으로 형성되는 것으로 간주할 수 있다. 다만, 묘의 사례에서 볼 때 사람들이 강조하는 연속적인 계보는 언뜻 보면 부계제의 “전통”을 따르는 것같이 보이지만 그 내막은 더욱 넓은 범위를 포함하고 있다. 따라서 이것은 선행연구에서 논의된 것처럼 “전통적” 요소가 잔존하는 양상은 아니다. 또 오카다가 논하고 있는 “‘전근대’에 형성된 민족의 ‘전통’”(岡田 2012: 140)과도 그 내용을 달리하고 있다. 상석의 변화에서 볼 수 있듯이 사람들이 강조하는 계보 연속성의 내용은 이미 부계, 모계, 양계에 제한되지 않으며, 더욱 넓고 유동적인 경계선을 가지는 영역으로 생각되고 있기 때문이다.

향후 연구에서는 현대 한국사회에서 실천되는 ‘가족’의 모습, 즉 사람들이 가족으로서 행동하는 양상에 관해 보다 다양한 시각에서 중층적으로 그려 내어 검토할 필요가 있을 것이다.

참고문헌

김주희. 2009.「결혼초기 여성의 친족관계: 외동딸에 대한 사례연구」.『가족과 문화』 21(4): 95-118.

박미해. 2010.『유교 가부장제와 가족, 가산』. 서울: 아카넷.

이광규. 1975.『한국가족의 구조분석』. 서울: 일지사.

이광규. 1997.『한국친족의 사회인류학』. 서울: 집문당.

이이효재. 2003.『조선조 사회와 가족』. 파주: 한울아카데미.

이재경. 2003.『가족의 이름으로: 한국 근대가족과 페미니즘』, 서울: 또하나의문화.

조정문. 1997.「한국사회 친족관계의 양계화 경향에 관한 연구」.『한국여성학』 13(1): 87-114.

최길성. 2010.『한국인의 조상숭배와 효』. 서울: 민속원.

Schneider, David M. 1984. *A Critique of the Study of Kinship*. Ann Arbor: The University of Michigan Press.

岡田浩樹. 2012.「現代韓国の「家(カジョク)」に関する人類学的理解の試み」. 風間計博・中野麻衣子・山口裕子・吉田匡興(共編著).『共在の論理と倫理 — 家族・民・まなざしの人類学』. 121-146頁. 東京: はる書房.

落合恵美子. 1989.『近代家族とフェミニズム』. 東京：勁草書房.

本田洋. 1993.「墓を媒介とした祖先の〈追慕〉: 韓国南西部一農村におけるサンイルの事例から」.『民族学研究』 58-2: 142-169.

山根真理. 2005.「韓国の家族とジェンダー — 女性のライフコースと育児援助を中心に」. 北原淳編著『東アジアの家族・地域・エスニシティ — 基層と動態』. 77-94頁. 東京: 東信堂.

ジャネリR.・任敦姫. 1993.『祖先祭祀と韓国社会』. 樋口淳・金美榮・近藤基子訳. 東京: 第一書房.

嶋陸奥彦. 1980.「韓国の「家」の分析 — 養子と分家をめぐって」.『広大アジア研究』 2: 39-52.

田中悟. 2010.「現代韓国における葬墓文化の変容 — 納骨堂を中心に」.『大阪女学院短期大学紀要』 40: 19-36.

田中悟. 2011.「韓国・納骨堂に見る死者とのコミュニケーションの試み」.『宗教研究』 84-4: 461-462.

丁ユリ. 2012.「韓国の大都市とその周辺部における納骨堂 — 儀礼・追慕の形式の変

化と新しい死と生の空間の形成」.『死生学研究』17: 51-153.
中筋由紀子. 2006.『死の文化の比較社会学 —「わたしの死」の成立』. 千葉: 梓出版社.
中村八重. 2001.「現代韓国における火葬と「孝」の理念」.『アジア社会文化研究』2: 41-54.
澤野美智子. 2011.「女性のライフコースを通して見る家族時間の変化: 韓国近代戸籍の分析を中心に」.『神戸文化人類学研究』3: 33-54.
澤野美智子. 2014.「墓の変化から見る韓国の家族」.『東北アジア研究』18: 99-124.
澤野美智子. 2017.『乳がんと共に生きる女性と家族の医療人類学: 韓国の「オモニ」の民族誌』. 東京: 明石書店.

부록: 상석 측면에 새겨진 건립자 내역(고인과의 관계)

상석	건립년	아들	딸	손자	손녀	며느리[4]	사위[5]	외손자[6]	외손녀[7]	증손자 이후의 직계 남성 자손	증손녀	기타 (남)	기타 (여)
1	1993	○		○									
2	불명	○											
3	2004	○		○						○			
4	1999									○		○	
5	1999									○		○	
6	1991									○			
7	2000	○		○						○			
8	2004	○		○						○			
9	2004	○		○						○			
10	2000	○		○						○			
11	2000									○			
12	2000			○									
13	2007	○		○						○			
14	2007	○		○						○			
15	2006	○		○						○			
16	1991	○		○									
17	1982	○		○						○			
18	2009	○											
19	1997	○		○									
20	1997	○		○									
21	1967									○			

4 '며느리'에는 고인에게 아들의 아내가 되는 사람뿐만 아니라 손자의 아내나 증손자 이후 직계남성자손의 아내가 되는 사람들도 포함된다.

5 '사위'에는 고인에게 딸의 남편이 되는 사람들뿐만 아니라 손녀의 남편, 증손녀의 남편이 되는 사람들도 포함된다.

6 '외손자'에는 고인에게 외손자(딸의 아들)뿐만 아니라 외증손자(딸의 손자)가 되는 사람들도 포함된다.

7 '외손녀'에는 고인에게 외손녀(딸의 딸)뿐만 아니라 외증손녀(딸의 손녀)가 되는 사람들도 포함된다.

22	불명	○											
23	1989			○						○			
24	2007									○			
25	2007	○		○									
26	1991									○			
27	1991									○			
28	1991									○			
29	1991									○			
30	1990									○			
31	2004									○			
32	1975	○		○									
33	2007	○		○						○			
34	2007	○		○									
35	2001	○											
36	2001	○											
37	2009	○		○									
38	2009	○											
39	2009	○											
40	2009	○											
41	2009	○											
42	2009	○											
43	2009	○											
44	1997	○		○									
45	불명	○		○									
46	1982	○											
47	불명	○											
48	1989	○											
49	1987	○											
50	2003	○		○									
51	2009	○		○									
52	1995	○		○									
53	불명	○											
54	1983			○						○			
55	1983									○			
56	1994	○		○									
57	1994	○		○						○			
58	1976	○		○									
59	1976	○		○									
60	2002			○						○			
61	2002	○											
62	2002									○			

63	2002	○		○						○			
64	2002	○		○									
65	2002	○		○									
66	2004	○		○						○			
67	1982			○						○			
68	불명	○											
69	불명	○		○									
70	불명	○		○									
71	불명	○		○									
72	불명	○		○									
73	1980	○		○									
74	1998	○		○						○			
75	1996	○		○						○			
76	1996	○		○									
77	1996	○		○						○			
78	1996	○		○						○			
79	2001	○		○						○			
80	1989									○			
81	1999									○			
82	1996	○		○						○			
83	1994	○		○									
84	1983	○		○									
85	1984			○						○			
86	1987	○											
87	2000	○		○									
88	2002	○											
89	1995	○											
90	2006	○											
91	1998	○		○									
92	1990	○											
93	1994	○											
94	불명	○											
95	1986	○											
96	1998	○											
97	1990	○											
98	1993	○											
99	1997	○											
100	1993	○											
101	2002	○											
102	1969	○		○									
103	2009	○		○									

104	불명	○											
105	2002	○		○									
106	1993	○											
107	1987	○											
108	1993	○											
109	1987	○		○									
110	1958	○											
111	1991	○		○									
112	불명	○											
113	2003	○											
114	1968	○											
115	2009	○											
116	1995											○	
117	1981	○											
118	1984	○											
119	1983	○											
120	2001	○											
121	1976	○		○									
122	1973	○											
123	불명									○			
124	1989	○		○	○								
125	2000	○		○						○	○		
126	1990	○		○	○					○			
127	1993	○	○				○						
128	2003	○	○				○						
129	1993	○	○				○						
130	2006	○	○				○						
131	2006	○	○				○						
132	2001	○	○				○						
133	1994		○				○						
134	1999	○	○	○			○	○	○	○			
135	1991		○					○					
136	2004	○	○	○	○		○	○	○				
137	2002		○				○	○					
138	2001	○	○	○	○			○	○				
139	2009	○	○				○	○	○				
140	1998	○	○	○	○		○						
141	1998	○	○	○			○						
142	1993	○	○	○			○						
143	1998	○	○	○	○		○						
144	1997	○	○	○			○						

145	불명	○	○	○			○						
146	2003	○	○	○	○		○						
147	1998		○	○	○		○			○	○		
148	1999	○	○	○	○		○						
149	1998	○	○	○			○						
150	불명	○	○	○			○						
151	불명	○	○				○						○
152	불명	○		○	○		○						
153	2009	○		○	○		○						
154	1997	○		○	○		○			○	○		
155	1998	○		○	○		○						
156	1990	○		○			○				○		
157	2000	○					○	○	○				
158	2002						○			○			
159	1987						○						
160	1985	○		○				○		○			
161	불명	○						○					
162	1995						○	○					
163	1990	○		○			○	○		○			
164	2001	○		○			○						
165	1995	○		○			○			○			
166	1987	○		○			○			○			
167	2005	○		○			○						
168	1990	○					○						
169	1991	○		○			○			○			
170	1990	○		○			○						
171	2004	○		○			○						
172	1998	○		○			○			○			
173	1998	○		○			○			○			
174	2004	○		○			○						
175	1992	○					○						
176	1988	○		○			○						
177	2000	○		○			○						
178	1995	○		○			○						
179	불명	○					○						
180	1985	○		○			○						
181	1980	○	○										
182	2009	○	○										
183	1988	○	○										
184	2002	○	○										
185	불명	○	○										

186	2009	○	○										
187	2006	○	○										
188	1989	○	○										
189	1993	○	○										
190	2004	○	○										
191	1996	○	○										
192	2001	○	○										
193	2006	○	○										
194	2001	○	○	○									
195	1997	○	○	○						○			
196	2006	○	○	○									
197	1981	○	○	○						○			
198	2007	○	○	○									
199	2009		○										
200	2009		○										
201	2004		○										
202	1999		○										
203	1998		○										○
204	2004	○	○	○	○								
205	1982	○	○	○	○						○		
206	1994	○	○	○	○								
207	2005	○	○	○	○	○							
208	1997	○	○	○	○	○	○						
209	2009	○	○	○		○	○						
210	2007	○	○	○	○	○	○						
211	2010	○	○	○		○	○						
212	2005	○	○	○		○	○			○			
213	2009	○	○	○		○	○						
214	불명	○	○	○	○	○	○			○			
215	1991	○	○	○	○	○	○				○		
216	2009	○	○	○	○	○	○			○	○		
217	1991	○	○	○		○	○						
218	2003			○	○	○	○			○			
219	2009	○	○	○		○	○		○				
220	2009	○	○	○	○	○	○	○	○				
221	2004	○	○			○	○						
222	2009	○	○			○	○						
223	2006	○	○			○	○						
224	2008	○	○			○	○						
225	2009	○	○			○	○						
226	불명	○		○		○				○			

227	1999	○		○		○							
228	불명	○		○		○				○			
229	2005	○		○		○				○			
230	불명	○		○		○				○	○		
231	2011	○		○	○	○							
232	2010	○		○	○	○							
233	불명												
234	2004												○

제9장

결혼 초기 여성의 친족관계*

외동딸에 관한 사례연구

김주희

1. 들어가는 말

이 연구는 크게 두 가지 목적을 가지고 진행되었다. 첫째, 근래 친족연구에서 새롭게 적용되고 있는 이론적 방향이 오늘날 한국사회에 어떠한 방식으로 조명될 수 있는가를 보고자 하는 것이다. 둘째, 한국사회가 겪어 온 경제구조, 자녀출산 행동, 가족주의 가치관 등에서의 급격한 변화가 친족관계에 어떠한 영향을 미치고 있는지를 점검해 보고자 하는 것이다. 이 두 가지 목적은 상호 연결되는 것으로 전자의 이론적 틀이 후자의 변화를 설명하는 데 어느 정도 유용한가를 보는 것이다. 2000년대 들어 친족 관련 연구는 거의 소강 상태를 이루고 있는 상황에서 친족, 그중에도 인구 대다수를 차지하는 도시주민의 친족관계를 다시 살펴보

---

* 이 글은 『가족과 문화』 21(4)(2009), 95-118쪽에 실린 필자의 논문을 일부 수정한 것이다.

는 적절한 시기가 왔다고 생각한다.

근래 학계에서는 '친족'의 개념과 범주가 모호할 뿐만 아니라 서구 중심주의적인 사고방식을 토대로 형성된 탓에 분석적 범주로서의 '친족'이라는 용어를 폐기해야 한다는 주장이 등장하고 있다. 이에 더하여 '친족'이라는 개념을 '관계(relationship 또는 relatedness)'라는 용어로 대체해야 한다고 피력하기도 한다(박정석 2009: 머리말; Carsten 2000). 이를 한국의 친족에 적용시켜 보면 전통적 부계적 구조와 규범 대신 개인적 전략에 따른 사회적 관계 형성이 더욱더 설득력이 있는 설명 도구가 될 수 있음을 뜻한다. 이를테면, 부계적 가족주의가 그 설명력을 소진한 것인지 아니면 여전히 그 규범의 영향력이 강해 개인적 전략의 개념만으로 친족관계를 설명할 수 없는지에 대해 알아볼 필요가 있는 것이다.

오늘날 한국 도시주민의 친족관계에서 가장 큰 특징은 그 범위의 축소다. 이때 주목되는 것은 부모와 기혼 자녀의 관계는 오히려 중요해지는 현상인데, 자녀 수가 줄어들면서 더욱 그렇게 된다(Bengtson 2001). 흔히 부모와 성인 자녀의 관계는 자녀들이 성장하고 집을 떠난 후에도 끝나지 않으며, 많은 성인 자녀는 정서적 · 재정적 지원과 자녀양육의 도움을 부모로부터 구한다(Beaton et al. 2003: 143). 결혼해서 분가한 자녀와 부모와의 관계는 가족관계가 아니고 친족관계가 된다(김순옥 · 김수진 2002: 197)는 전제 아래, 이 글에서는 친족관계가 가장 활발한 가족주기에 있는 결혼 초기 여성들(Hogan et al. 1993)의 시가와 친정에 대한 친족행동을 중심으로 논의를 전개하고자 한다.

1990년대까지의 도시친족연구들이 비교적 일관되게 보고한 것은 전통적 부계지향성이 줄어들고 그 대신 점차 양계지향성이 진행된다는 것이다. 이 글에서는 그로부터 거의 20년이 지난 2009년 현재 시점에서 양계지향성이 과연 어느 정도 정착되고 있는지를 중심으로 논의해 나가고자 한다. 양계화의 진행이 어떤 방식으로 진행되고 있으며, 만일 아직 정착되지 못했다면 그 이유는 어디에 있는지를 살펴볼 것인데, 지금까지의 선행연구들은 이 문제에 관해서는 별다른 언급을 하지 못하고 있다. 이를 통해 위에서 언급한 새로운 친족연구의 방향이 적용될 수 있는지도 알아볼 것이다.

선행연구들은 남성의 경우 부계지향성이 여성보다 높다는 것을 밝히고 있다. 따라서 여기서는 여성만을, 그중에서도 소자녀 가족 출신의 외동딸을 대상으로 자료를 수집하였다. 그 이유는 형제가 없거나 형제 수가 적은 외동딸의 경우 친정과의 유대가 특히 강할 것으로 생각되고, 따라서 양계지향성의 정도가 클 것으로 예상하기 때문이다. 즉, 외동딸의 친족관계의 양계화 여부는 오늘날 한국 친족관계의 양계화 정도를 알아보기 위한 시금석이 되리라 보기 때문이다. 결혼 초기 외동딸이라는 연구대상 선정의 제한성과 양계화 여부에 대한 심층적인 질적 분석을 위해 사례조사 방법을 택하였다. 여기서 결혼 초기는 결혼 기간 10년 이내를 의미한다.

2. 이론적 배경

1) 친족연구와 부모 자녀 관계

근래 친족연구는 인류학이 오랫동안 추구해 왔던 친족의 구조적 특성으로부터 실제적 측면으로 초점의 방향을 옮기고 있다. 부르디외(Bourdieu 1977: 33-38)는 일찍이 공식적(official) 친족과 실제적(practical) 친족을 구분하고, 전자는 친족집단의 규범, 규칙, 규정 등을, 후자는 일상생활에서 그러한 추상성이 능동적 주체자로서 개인이 전략적 행위로 변형하는 것을 의미한다고 하였다. 공식적 친족의 기능이 사회적 세계의 질서를 만들고 그 질서를 합법화하지만, 일상생활에서 개인이 사회적 목표를 이루기 위해 사용하는 것은 실제적 친족이라고 하였다. 부르디외의 주장은 친족연구에서 개인적 주체자(individual agent)의 시각이 부각되는 데 큰 기여를 하였다.

친족연구에서 개인적 주체자의 개념은 오늘날 급격히 변화하는 사회의 친족을 연구할 때 특히 유용할 수 있다. 얀 윤쉬앙(Yan 2001)은 근래 엄청난 사회적 변동을 경험하고 있는 중국 농촌의 친족을 연구하면서 친족의 운용원리를 융통성과 유동성으로 규정하고 친족행동의 타협적 · 과정적 양상에 주목하였다. 얀 윤쉬앙(Yan 2001: 226)은 실제 친족관계는 전체 사회의 변동에 반응하여 개인적 주체자에 의해 타협되는 융통성 있는 인간관계라고 하였다. 물론 얀 윤쉬앙은 중국 농촌공동체의 개인 중심적 인간관계(quanxi)에 초점을 맞추고 연구했으나, 이러한 시각은 오늘날 한국의 도시 친족관계 연구에도 그대로 적용될 수 있다.

실제적 친족관계를 보고 개인적 주체자로서의 시각을 이 글에 적용해 보면 오늘날 한국사회의 결혼 초기 여성들은 부계적 전통이라는 규범의 압력에, 특히 남성의 강한 부계지향성 아래 어떠한 전략으로 대처해 나가며, 과연 그러한 전략이 어느 정도 가능한가 하는 문제로 압축될 수 있다. 이는 여성들이 부부가족을 형성하지만, 시가와의 관계 설정에 있어 전략적 개인으로서 행동을 조절하면서 시가와 친정과의 관계를 어느 정도로 균형적으로 타협해 갈 수 있는가를 의미한다. 특히 오늘날 부모자녀관계는 절대적 효 의무로부터 상당히 멀어져 있는 것이 사실이고(Hong et al. 1998: 181), 남편의 출생 순위가 친족관계의 방향성에 아무런 영향을 미치지 않음에서 알 수 있듯이 전통적인 친족관계는 적지 않게 변하였다(조정문 1997: 104).

한편 여성이 시가와의 관계에서 전통적 규범의 영향에서 완전히 벗어날 수 없음 또한 지적되고 있다. 조정문(1997)은 결혼 4년 이내 신혼부부들을 대상으로 조사하면서 친족관계의 양계화를 설명하는 권력가설, 편리성 가설, 규범가설 등 세 가설을 적용시켜 보았는데, 아내나 모계친족집단의 권력이 남편 쪽보다 강할 때, 부계친족과의 접촉보다 모계친족과의 접촉이 더 용이할 때, 근대적 가치관이나 규범을 가진 가정에서 양계화 경향이 더 뚜렷하다고 하였다. 이는 오늘날 친족관계는 공식적(규범적) 혹은 실제적 시각 중 어느 하나만으로는 설명될 수 없음을 보여 준다. 변화하고 있는 친족관계가 어느 한계선까지 융통성을 가지며, 여성이 그러한 한계를 어떻게 받아들이고 그것을 넘기 위해 어떻게 타협해 가는지를 알아봄에 있어 공식적 규범의 틀을 완전히 배제할 수는 없는 것이다.

오늘날 한국 도시주민 친족의 중요성이 감소한 것은 접촉하는 친족범위의 축소, 바쁜 도시생활로 인해 친족 간 접촉빈도의 감소, 그리고 친족구성원의 다양한 직업과 취미로 인한 친족 구성원의 이질성 등을 통해 알 수 있다(조정문 1997: 88). 그럼에도 가족을 넘어선 지원에 의존해야 하는 상황은 항시 존재하며, 그러한 경향은 부모와 기혼자녀관계에서 뚜렷하게 나타나, 친족관계 중 부모자녀관계는 상호의존도가 가장 높은 관계다(옥선화 외 1998: 175; 한경혜 · 윤성은 2004: 201). 모든 친족관계 중 부모자녀관계는 친족 지원 네트워크에서 가장 중요한 "줄기(stem)"인바, 이 관계가 개인의 전 생애를 통해 가장 깊게 감정적으로 몰입되기 때문이다(Hogan et al. 1993: 1431). 이렇게 직계 관계를 강조하는 경향은 아시아 유교사회에서 공통적으로 발견되는데(Johnson 2000: 629), 특히 소자녀화 현상은 그러한 경향을 더욱 강화시킨다. 왜냐하면 출산율의 감소는 각 세대의 수적 감소를 가져오고, 이는 세대 내 관계보다 세대 간 관계를 더욱 중요하게 만들기 때문이다. 소자녀 가족에서 부모들은 자녀의 사회적 · 경제적 성공에 가능한 모든 자원을 집중적으로 투자하는 경향이 있으며, 이러한 경향은 자녀가 성인이 된 후에도 지속되고 손자녀 출생과 함께 더욱 증대되는 것이 보통이다(Eggebeen and Hogan 1990: 212; Johnson 2000: 626). 어떻게 보면 오늘날 한국 도시주민의 친족관계는 필요에 따라 선택되는 친족관계의 도구화(Al-Haj 1995: 323-324) 단계를 지나 나머지 관계들은 급격히 약화되고 부모자녀관계만 남은 상태라 볼 수도 있다.

이 글에서는 공식적 친족과 실제적 친족을 반대 개념이 아닌 보완적 개념으로 볼 것이다. 여성들이 일상생활에서 공식적 친족을 어떠한 방식으로 유지하고 시가와 친정과의 관계를 어떠한 방식으로 타협해 가며, 타협의 한계는 어디까지인지 등을 살펴보고자 한다. 이는 다음에서 살펴볼 양계화 논의와 연결된다.

2) 양계화의 경향: 어느 정도인가?

지난 몇십 년간 한국 도시주민의 친족관계에 대한 논의는 양계화 경향에 초점이 맞추어졌다. 형식적으로는 부계혈연을 중심으로 한 가족의례가 공고히 유지되고 있는 한편으로 모계친족을 중심으로 정서적 유대가 공고해지면서 실질적으로는 모계를 중심으로 한 친족연계망이 발달하고 있음을 여러 연구(김정자 외 1990; 이광자 1988; 이동원 1984; 함인희 2000; Martin 1990)가 밝히고 있다.

조정문(1997: 88)은 현대사회에서는 친족관계가 부계 중심의 형식과 혈족의 의무보다는 현실과 생활의 필요에 따라 선택적으로 맺어지는 경향이 있다고 했으며, 친족관계의 여러 변화 양상 중 특히 주목할 것은 탈부계화 혹은 양계화 현상이라고 하였다. 김순옥과 김수진(2002)도 결혼 초기 부부의 친족행동을 조사하면서 남편은 부계지향이나 아내는 양계지향이라고 하였다. 최샛별 외(2003: 23) 또한 양계화 경향이 더욱 가시화되고 있다고 지적하면서 이러한 변화의 주요 요인의 하나는 맞벌이

여성들이 증가하고 이에 따라 시가에 비해 육아나 가사를 부탁하기 쉬운 친정 근처에 사는 경우가 많이 늘어났고, 자녀 수가 줄고 아들과 딸의 상속에서도 법적인 차이가 없어지면서 친정 또는 처가의 발언권이 강화되었기 때문인데, 이를 '신모계사회' 또는 '부모양계사회'의 조짐이라고 하였다.

전통적으로 부계적 성격이 강했던 사회에서 모계 내지 처계와의 관계가 중요해지고 있음은 한국사회에서만 발견되는 것은 아니다. 대만의 경우 부계규칙이 거주지, 재정적 후원 및 일상적 서비스에서 뚜렷이 나타나지만 부모 방문, 경제적 지원의 수혜, 그리고 기타 위급 시 도움에서는 부변이냐 모변이냐의 구분이 없는 양계사회가 되었다고 보고되고 있고(Agree et al. 2005: 183; Chang et al. 2007: 21), 이러한 경향은 일본에서도 목격되고 있다(Rindfuss et al. 1992: 817).

양계화는 양가 부모와의 지리적 접근성과 정서적 지원 영역에서 주로 논의되어 왔다. 예를 들어, 한경혜와 윤성은(2004: 185)은 양가와의 거주 근접성 분포가 상당히 유사한 패턴을 보인다는 점에서 상당한 양계화가 이루어졌다고 하였다. 한편 도시 친족관계에 대한 모든 연구가 정서적 지원에서는 친정으로 기울고 있다는 사실을 일관되게 밝히고 있다.

반면 양계화 경향은 진정한 의미에서의 양계화가 아니라는 주장도 제기되고 있다. 현 한국사회는 친족관계의 방향성이 기능적 요인에 의해 결정되는 경향이 강하나 여전히 개인, 특히 남편의 가치관이 친족관계의 방향성을 결정짓는 요인이 되고 있으며(조정문 1997: 107), 따라서 부계적 요소가 많이 남아 있음이 지적되고 있다. 친족관계의 모계화 혹은 양계화가 여성의 친족관계 부담을 감소시키지는 않으며, 이것이 모계친족을 배려하는 것이 아니라 오히려 모계친족에게 의존한다는 의미에서 왜곡된 모계화라는 주장(이광자 1988: 125)도 제기된 바 있다. 예를 들면, 중산층 핵가족의 경우 시가에는 도움을 주고 처가로부터는 도움을 받는 형태가 일반적이며(조정문 1997: 89), 도시 저소득층의 친족관계는 양계적 대신 부계적으로 기울고 있다는 주장(김주희 1992a)도 있다.

지리적 접근성에서는 양계화를 주장한 한경혜와 윤성은(2004: 201)도 실제적 필요에 의한 사회적 지원망으로서 아내의 친족망 활용 정도가 높아진 것이 현재 한국 가족의 양계화의 큰 중심 내용이며, 친족과의 상호작용이 부계와 모계를 차별하지 않고 이루어지는 대칭적 친족관계라는 의미의 양계화와는 거리가 있다고 주장하였다. 최근 한국사회에서 가족이 급속하게 변화되어 권위적 성격이 약화되고 평등적 방향으로 변화가 진행되고 여성의 지위가 강화되었다는 논의가 무성했음에도 불구하고, 비대칭적 성격의 친족관계가 여전하다는 점은 주목할 결과라고 하면서 가족관계, 친족관계의 평등성 구현이라는 의미에서의 양계화까지는 아직 갈 길이 멀다고 하였다.

한국사회의 부모자녀관계를 포함한 친족관계는 기본적으로 도구적 성격이 강하다는 주장이 있다(정재기 2007: 168, 171). 다른 사회들과 달리 한국사회에서는 사회경제적 지위가 높아짐에 따라 친족 간의 접촉빈도가 높아지는데, 이를 한국의 부모자녀관계는 특정한 행위를 요구하는 비개인화 규범에 따라 지배받는, 즉 여전히 아들, 그중에서 특히 장남 우위의 영향 하에 유지되는 경향이 강한 것으로 풀이하였다(정재기 2007: 171-172). 이는 부계적 전통이 쉽사리 사라지지 않음을 보여 주는 것이다.

지금까지 살펴본 현대 한국사회 도시주민의 친족관계에 대한 선행연구 결과를 정리해 보면 다음과 같다. 엄격했던 전통적 부계지향성은 약화되고 있으며, 이를 대신하여 모계적 경향성은 특히 비공식적 영역에서 증대되고 있으나 진정한 의미에서의 양계화는 아직 뿌리 내리지 못하고 있다는 것이다. 그렇다면 양계화가 정착되기 어려운 요인은 무엇인가? 이에 관해 선행연구들은 적절한 답을 내놓지 못하고 있으며,

이 글은 이 문제에 관해 집중적으로 천착해 보고자 한다.

3. 연구방법 및 연구대상자

이 연구는 심층적 인터뷰를 통해 자료를 수집하는 사례연구 방식을 택하고 있다. 소자녀 가족 출신의 외동딸을 상대로 그들의 시가와 친정과의 관계 설정 및 행동 양식을 살펴보고자 한 연구의 특성상 사례연구를 통한 질적 연구는 가장 적합한 조사방법이라 할 수 있다. 질적 연구는 부모 자녀 간 문제와 관련하여 더욱 깊은 관계적 과정을 탐색하는 데 필요하며(Beaton et al. 2003: 144), 특히 사례조사는 이 연구의 주제와 대상자 선정에 필요한 조사방법이다.

결혼 기간 10년 이내 14명의 연구대상자(표 9-1 참조)가 선정되었다. 형제 수가 1명이거나 없고, 핵가족을 형성하고, 결혼 기간이 짧은 도시 거주 여성이라는 연구대상 조건의 제약상 사례 선정은 필자 주변에서 그 기준에 맞는 여성들을 개인적으로 소개받는 방식을 취하였다. 각 사례 여성을 대상으로 3~4시간 동안 심층적 인터뷰가 행해졌다. 사회경제적 배경 및 친족관계의 내용(지리적 접근성, 접촉빈도, 경제적 지원, 일상적 지원 외 기타 사항 등)에 관한 반구조화된 질문 문항을 제시하고 자유로운 의사 표현을 하도록 유도하였으며, 녹음한 후 녹취록을 작성하였다. 추가 질문은 전화를 통해 보완하였다.

14명의 사례 모두 도시 거주자이며, 이 중 무남독녀가 1명이고 나머지 13명은 모두 1명의 남자 형제가 있는 외동딸들이다. 사례들의 연령은 20대가 5명, 30대가 나머지 9명이고, 결혼 기간은 모두 10년 이내 결혼 초기에 있다. 결혼 초기에 부모 자녀 간 교환이 가장 잦기 때문에 이 가족 주기에 있는 여성들을 의도적으로 선정하였다. 학력은 대부분

고학력으로 고졸이 1명이고 나머지는 대학 이상의 학력이다. 전업주부가 5명이고 나머지 9명은 취업했거나 취업 중이다. 여기서 부모와 자녀 사이의 계층 차이 변수는 고려하지 않았는데 그 이유는 그러한 변수가 친족관계에 거의 영향을 미치지 않는 것으로 나타났기 때문이다(Forst and Lennartsson 2008). 반면 양가의 상대적 경제적 지위는 중요한 변인이며, 여기서는 생활수준을 아주 잘사는 편, 잘사는 편, 중간 정도, 약간 어려운 편 등으로 분류하여 각각 상, 중상, 중, 중하로 표시하였다.

4. 친족관계의 내용

친족관계는 흔히 구조적(접근성), 교류적(접촉빈도), 정서적(감정적 및 질적), 그리고 기능적(경제적 및 일상적 도움)인 네 영역에서 논의된다(옥선화 외 1998; Sarkisian and Gerstel 2008: 361). 앞에서 언급했듯이 여성의 정서적 지원 관계가 친정지향임이 이미 밝혀졌고 사례들도 예외가 아니다. 따라서 정서적 영역은 다루지 않을 것이다. 접촉빈도는 지리적 접근성과 밀접하게 관련되어 있음이 잘 알려진 사실이며 사례들에도 그렇게 나타났다. 따라서 지리적 접근성은 중요하게 다루되 접촉빈도에 대해서는 간략하게 언급할 것이다. 일상적 도움에 있어서는 결혼 초기 여성에게 가장 중요한 것이 자녀양육이므로 이에 국한하여 살펴볼 것이다.

1) 지리적 접근성과 접촉빈도: 부거제 의식의 지속

결혼 초기 여성의 거주지 분포를 알기 위해서는 신혼부부의 거처가 어떻게 마련되는지를 알아보는 것이 지름길이다. 사례들에서 부부가 독자적으로 마련하거나 양가 부모가 분담한 경우는 예외적이며 친정 부모가

표 9-1. 사례들의 친족관계

사례 번호	연령	학력	직업	결혼 연수	양가 생활수준		지리적 접근성(현재)		신혼 거주지 부담	접촉빈도(방문/전화)		경제적 지원		자녀양육 지원
					시가	친정	시가	친정		시가	친정	시가	친정	
1	31	대졸	전업주부	6년	중하	중	차 20분	차 20분	시가	2주 1회/ 주 1회	3~4일/매일	정기적→	비정기적←	친정
2	31	대졸	어린이집 운영	5년	중하	중상	차 5시간	도보 5분	시가+ 친정	연 3~4회/ 주 1회	매일/자주	정기적→	비정기적←	친정
3	34	전문 대졸	직장경험	10년	중	중하	차 3시간	1시간	남편	연 7~8회/ 주 1회	연 12회/ 매일	정기적→	비정기적←	친정
4	30	대졸	회사원	5년	중상	중상	도보 5분	차 40분	시가	매일/ 아주 가끔	월 2회/매일	정기적→ (양육비)	비정기적←	시가
5	29	고졸	개인레슨	3년	중하	중하	차 30분	차 30분	시가	주 1~2회/ 2일 1회	2일 1회/ 자주	무	무	친정
6	28	전문 대졸	어린이집 교사	5년	중	중	차 1시간	차 1시간	시가	월 1회/ 주 1회	주 1회/자주	비정기적→	정기적→ (양육비)	친정
7	34	대학원	회사원	3년	중상	중	차 10분	차 4시간	시가+ 부부	주 1회/무	연 3~4회/ 주 1회	정기적→	정기적→	베이비시터
8	38	대학원	전업주부	10년	상	중하	도보 5분	차 2시간	시가	주 2~3회/ 자주	연 2~3회/ 주1회	비정기적←	비정기적←	무
9	27	대학원	사회복지사	1년	상	중	차 10분	차 3시간	시가	매일/ 아주 가끔	월 1회/ 2일 1회	무	무	무자녀
10	24	대졸	전업주부	1년	중	중	차 3시간	차 3시간	관사	연 2~3회/ 매일	연 2~3회/ 매일	비정기적←	비정기적←	무
11	32	대졸	전업주부	3년	중상	중	차 2분	1시간 반	시가	주 3회/매일	연 2회/ 매일	비정기적←	무	시가
12	36	대졸	회사원	7년	중하	중하	차 1시간	차 30분	시가+ 친정	2개월 1회/ 무	매주/ 2일 1회	정기적→	정기적→	무자녀
13	34	대졸	은행원	5년	중	중	도보 15분	차 15분	부부	매주/ 2주 1회	자주/매일	정기적→	정기적→	무자녀
14	29	대졸	전업주부	3년	중하	중하	차 30분	차 20분	남편	아주 가끔/ 2개월 1회	월 1회/ 매일	한 번에→	비정기적→	무

* →는 부모에게 제공하는, ←는 부모로부터 제공받는 지원을 의미함.

** 경제적 지원의 경우 명절, 부모 생신, 제사 등 가정의례 행사 시 교환되는 지원은 제외했음.

전적으로 부담한 경우는 한 사례도 없다(표 9-1 참조). 신혼부부의 거주지는 시부모가 전적으로 부담한 경우가 압도적으로 많다. 시가에서 신혼부부의 거처를 전적으로 마련해 줄 경우 거주지 선택에 있어 신부 측 발언권은 극히 제한될 수밖에 없다. 실제로 신부는 신랑 측 결정에 따를 수밖에 없음이 사례에서도 잘 나타나고 있다.

결혼 6년째인 〈사례 1〉은 최근에 이사하여 지금은 시가로부터 차로 40분 거리에 있으나, 결혼 초기의 상황에 대해 다음과 같이 말하고 있다.

> 신혼 초에는 시부모와 함께 일 년간 거주하다가 분가 시 시어머니가 집 판 돈으로 우리 집을 마련해 주시면서 시어머니가 본인 다니기 편한 곳에 결정하셨어요. 마침 남편 직장도 가깝긴 했지만요. 시어머니 본인이 어디 외출하실 때 편한 데를 많이 선호하셔서요.

시부모가 마련해 준 상가의 위층에 사는 〈사례 11〉은 시가에서 차로 2분 거리에 있게 된 과정에서 겪은 갈등을 다음과 같이 말하고 있다.

> 결혼 당시 살집을 신랑 직장(과천) 근처에 정해야 할지 시댁 근처(당진)에 정해야 할지를 놓고 시댁 어른들과 충돌이 있었어요. 결국, 시댁 근처에서 부모님 봉양하면서 살기로 했는데 후회는 없어요.

〈사례 7〉은 결혼 3년째로 직장에 다니고 있다. 처음에 시부모는 시부모 소유의 빌딩 5층에서, 본인들은 4층에서 시부모와 거의 동거하다시피 했는데, 출산 후 시어머니가 아이를 돌봐 주는 일을 힘들어했기 때문에 남편 직장 근처로 이사하였다. 분가 시 시부모가 지원해 준 돈에 부부의 저축을 합쳐 현재 거처로 이사하였으며, 그 후 시부모도 근처로 이사 오게 되어 시가와 차로 10분 거리에 있게 되었다.

〈사례 8〉은 결혼한 지 10년째다. 결혼 후 두어 번 집을 옮겼다. 결혼 초 시어머니가 시어머니 직장 근처로 이사 나간 후 비게 된 주택으로 들어가 살게 되었으나 신혼부부에게는 부담되는 규모였다. 그 후 시부모가 그 주택을 팔고 작은 아파트를 구입해 주었으나 〈사례 8〉은 그 아파트에 사는 대신 현재 살고 있는 아파트에 전세를 들고 새로 산 아파트에는 시부모가 들어가 살게끔 설득하였다. 그 결과 현재 시가와 걸어서 5분 거리에 거주하게 되었다. 〈사례 8〉은 본인 스스로 시가 가까이 살게 된 과정을 다음과 같이 토로하였다.

> 그래서 한곳에 모이게 됐죠. 물론 여기 이사 오기 전에 제 마음에 갈등이 있었죠. 가까이 오면 내 무덤 파는 게 아닌가, 응 미쳤지, 주변에서 다 말렸죠. 애써서 도망도 가는데 너는 왜 그곳에 갈려고 하냐. 크게 효도 잘할 만한 우리 세대도 아니지만 어머님 아버님이 멀리 살면 내 마음이 불편했어요. 만약에 뭐가 어떻게 되면 그때는 그 터전을 다 버리고 갈 수도 없고 그렇게 되면 너무 삶이 힘들 거 같아서요. 미리 미리 연습하는 게 좋을 것 같았어요. 그래서 한집에서는 살 수 없지만 그래도 가까이 있으니까, 뭔 일만 나면 바로 바로 갈 수가 있잖아요.

〈사례 8〉은 친정이 충남 보령으로, 친정 가까이 살기는 현실적으로 어렵다. 그렇긴 하나 시가로부터 거주지를 마련해 받은 부담이 이사 과정에 작용하였고, 잘사는 시가에 경제적으로도 크게 의존해 온 상황 또한 작용했다고 볼 수 있다.

〈사례 4〉처럼 시가로부터 자녀양육의 도움을 받기 위해 가까이(도보 5분) 살게 된 경우도 있다. 그러나 사례들에서 그러한 이유로 시가와 가까이 살게 된 경우는 〈사례 4〉뿐이다. 우리 사례들 모두 신혼부부의 거처는 신랑 측에서 마련해야 한다는 부거제 의식을 강하게 지니고 있으며, 시가가 그것을 실제로 실현해 줄 때 거주지 선택권은 대체로 시가가 가지고 있음을 알 수 있다.

부거제 의식은 시가의 도움을 받지 않은 경우에도 강하게 작용하고 있다. 〈사례 13〉은 무남독녀로 현재 결혼 5년째이며 은행에서 일하고 있다. 결혼 초 남편은 시가와 함께 살기를 원했으나 본인이 극구 반대하여 처음 2년 반 동안 친정 부모와 동거하였다. 그 후 부부가 그간 저축한 돈으로 전셋집을 구해 나오게 되었는데, 본인은 친정 가까이 살기를 원했으나 남편의 반대로 결국 시어머니와 동거하지 않는 조건으로 시가 가까이 이사 오게 되었다. 현재 시가와는 도보로 15분, 친정과는 차로 15분 거리에서 살고 있다. 신혼 초 친정에서의 기거가 가능했던 것은 물론 시가에서 거처 마련에 전혀 도움을 줄 수 없었기 때문이었다. 결국 〈사례 13〉은 경제적 자원을 가지고 있고 무남독녀로서 친정에 대한 관계가 남다름에도 불구하고 남편의 부계지향에 따르는 선택을 하게 된 것이다.

부거제 의식은 결혼 초기 거주지 결정을 신랑 측 의사에 좌우하게 한다. 신혼부부가 시부모와 같은 도시에 살게 될 경우 그리고 특히 신부의 부모가 다른 지역에 거주할 경우 신혼부부의 거주지는 시부모 가까이 정해지게 되는 것을 사례들은 보여 주고 있다. 이때 여성이 택할 수 있는 전략적 선택의 폭은 매우 제한적이다.

거주지가 시가보다 친정과 가까운 〈사례 2〉와 〈사례 12〉를 살펴보자. 먼저 〈사례 2〉는 시가가 경남 진해이며, 신혼 초부터 친정 부모의 도움으로 어린이집을 운영하면서 자연스럽게 친정과 매우 가까운 곳에 살게 되었다. 어린이집도 친정어머니와 함께 운영하고, 현 거주지 마련은 친정 부모가 삼분지 이, 시부모가 삼분지 일을 부담하였다. 남편은 현재 시가 근처로 이주하기를 강력히 희망하는 상황이다. 〈사례 2〉는 친정에서 많은 지원을 받았음에도 불구하고 남편에 대한 미안한 감정이 적지 않다. 친정과 가까이 살면서 오는 스트레스에 대해 다음과 같이 말하고 있다.

> 남편이 오히려 시댁 식구랑 함께하고 싶은 마음을 많이 드러내게 될 때 그럼 나도 떳떳해지고자 싶은 마음에 친정 부모님하고 좀 떨어져서 살면 당당하게 얘기할 수 있겠다 하는 마음이 생겨요. 그래서 되게 많이 싸웠고 우리의 상황을 다 뿌리치고 그쪽에 내려가서 산다는 게 여러 가지로 힘든 상황이 더 많아질 거라는 걸 저는 알기 땜에, 근데 남편은 또 그렇게 생각 안 하고 부모님을 생각하는 게 많이 있어서 많이 부딪혔던 것 같아요.

시가와는 차로 1시간, 친정과는 차로 30분 거리에 사는 〈사례 12〉의 경우 거처 마련 시 시부모가 60%, 친정 부모가 40%를 지원해 주었다. 남편과 시부모는 시가 근처를 원했으나 본인이 친정 근처로 강력히 희망했다고 한다. 남편이 학생 신분으로 가정 경제를 본인이 책임지고 있는 상황이기 때문에 가능했다고 한다. 본인의 경제력을 무기로 본인에게 유리한 전략 사용이 가능했던 것인데, 남편이 아직 경제적 소득이 없는 상황이라 보다 용이했음을 짐작할 수 있다.

시부모 대신 남편이 거주지를 마련할 경우 더욱 자유롭게 거주지를 선택할 수 있음을 〈사례 3〉을 통해 알 수 있다. 〈사례 3〉은 신혼 때는 친정아버지 회사를 돕고 친정으로부터 자녀양육의 도움을 받기 위해 친정 가까이 거처를 선택하였다. 현재는 친정에 남동생 부부가 살게 됨에 따라 친정 부모님의 부담을 덜어 주기 위해 조금 먼 곳으로 이사 오게 되어 차로 1시간 거리에서 살고 있다.

지금까지 양가와의 지리적 접근성을 보았다. 사례들을 통해 알 수 있는 것은 결혼 초기 거주지 마련은 시가의 부담이라는 인식에서 예외가 없으며, 실제로도 대부분 그렇게 하였다. 이럴 경우 여성들이 거주지 선택을 위한 의사결정 과정에 적극적으로 참여하기 어렵다는 점 또한 보았다. 부거제 의식은 결혼 초기부터 시가와의 지리적 접근성을 높이고 이에 따라 시가와의 관계를 중요하게 만드는 근본적 요인이다. 이때 여성이 사용할 수 있는 전략은 상당히 제한적이다. 시가에서 거처를 마련해 주지 않는 경우에는 비로소 본인에게 유리한 전략을 사용할 수 있지만, 남편이 강한 부계지향성을 가지고 있을 때는 갈등 상황에 직면할 수 있다는 것도 알 수 있다.

홍미로운 것은 친정이 차로 2시간 이상 거리에 있는 다섯 사례 중 남편의 직장관계로 친정과 시가로부터 동시에 멀리 사는 〈사례 10〉을 제외한 네 사례(사례 7, 8, 9, 11)가 시가와 매우 가까이 살고 있다는 것이다. 반면에 시가가 먼 곳에 있는 〈사례 2〉와 〈사례 3〉 중에서 친정과 아주 가까이 사는 경우는 〈사례 2〉뿐이다.

거주지 선택에 있어 시가의 영향력이 크고 시가와 근거리에 있게 됨은 바로 접촉빈도와 연결된다. 이에 있어 사례들도 예외가 아니다. 사례 여성들은 명절, 부모 생신, 제사와 같은 공식적 가정의례 행사 시 양가 부모 방문은 매우 당연하게 여기고 있으며, 이에 있어 시가와 친정 사이에 차이는 없는 것으로 나타났다. 여기서는 그러한 공식적 의례 방문을 제외한 접촉빈도, 특히 본인이 방문하는 접촉빈도와 그 내용에 대해 알아보고자 한다. 전화 접촉은 선행연구들과 마찬가지로 친정과 더 자주 하는 것으로 나타났는데(표 9-1 참조), 이는 정서적 지원이 친정지향인 사실을 반영한다.

지리적 접근성이 방문 접촉빈도와 관계가 깊다는 것은 시가든 친정이든 적어도 주 1회 이상인 사례들(사례 1, 2, 4, 6, 7, 8, 9, 11, 13, 14)이 모두 차로 20분 이내에 거주하고 있음을 통해 알 수 있다. 차로 1시간 이상 멀리 떨어져 사는 경우 접촉빈도는 현저하게 줄어들며, 이에 있어 시가와 친정의 차이는 없다. 예외로 〈사례 5〉의 경우 시가, 친정 모두 차로 30분 거리에 있지만, 시가는 주 1~2회 방문하는 반면 친정아버지가 아이를 돌봐 주기 위해 하루 걸러 오기 때문에 친정은 아주 가끔 방문한다고 한다. 잘 알려진 대로 접촉빈도와 지리적 접근성의 관계가 사례들에서도 뚜렷하게 나타나고 있다. 다만, 다시 한 번 짚고 넘어가야 할 것은 적어도 사례들의 경우 지리적 접근성이 시가와 가까우므로 대면 접촉도 시가와 더 많다는 점이다.

2) 경제적 지원: 부계지향

사례들은 가정의례 행사를 위해 부모에게 성의 표시를 하며, 이에 있어 시가와 친정 차이는 없다. 따라서 여기서는 그러한 행동을 제외한 경제적 지원 내용만 보기로 하겠다.[1] 한 가지 분명한 것은 경제적 지원은 지리적 접근성이나 주거지 마련과도 거의 무관하다는 점이다. 예를 들면 친정이 거주지 마련에 더 많은 부담을 한 〈사례 2〉, 남편이 전적으로 마련한 〈사례 3〉과 〈사례 14〉 모두 시가에 매달 정기적으로 경제적 지원을 한다. 또 하나 분명한 것은 양가와 경제적 지원 관계가 전혀 없는 사례는 아주 드물어 〈사례 9〉뿐이다. 나머지 사례들은 모두 양가와 적지 않은 경제적 교류를 하고 있다.

여기서는 경제적 지원을 정기적 지원과 비정기적 지원으로 나누어 보았다. 정기적 지원은 일정 금액을 정기적으로 주거나 받는 것을, 비정기적 지원은 의례적 가정행사를 제외하고 이사비용, 출산비용, 여행비

1 다른 영역과 달리 경제적 지원에서는 남편과 합의하에 이루어지므로 남편과 공동 행위이기도 하다.

용, 병원비용 등 비정기적으로 주거나 받는 것을 의미한다. 전체적으로 보면 사례들의 경우 시가에 정기적으로 경제적 지원을 제공하는 경우가 지원을 받는 경우보다 월등히 많으며, 시가에 정기적 지원을 하는 경우가 친정에 하는 경우보다 훨씬 많다(표 9-1 참조). 친정에 제공하는 경우는 본인이 정규직으로 취업하고 있는 사례들뿐이다.

사례 여성들은 시가의 경제적 여건이 좋지 않을 때 경제적 지원을 하는 것으로 나타났다. 〈사례 1〉은 현재 경제력이 없는 시어머니에게 매달 일정한 금액을 보낸다. 그러나 시어머니가 "다달이 얼마를 받아야 하는데 요것만 받겠다"고 할 때 갈등이 없는 것은 아니라며 다음과 같이 말하고 있다.

> 안 힘들다고 말하지는 못하는데 가끔가다가 만약에 용돈 드리는 날짜가 늦춰진다거나 그러면 조금 부담이 되고, 죄책감이 든다고 해야 하나? 그러니깐 그걸 뭐 안 드려야 한다는 걸 생각은 안 해 봤어요. 그걸 더 줄여야 한다는 생각은 해 봤는데 아버님도 안 계시고 경제권이 없으시니깐. 자식이니깐 당연히 드려야 한다고는 생각했어요.

〈사례 2〉도 시가에 정기적으로 경제적 지원을 한다. 사실상 경제적 도움은 친정으로부터 받아 왔지만, 경제적 여건이 좋지 않은 시가에 정기적으로 일정 금액을 보낸다. 이때 남편의 압력이 크게 작용하였다.

> 경제적인 도움은 시댁 식구한테는 전혀 받고 있지 않구요. 제가 어린이집을 운영하고 있는데 친정 부모께서 어떤 경제적인 원조가 최초 원조가 되어 주셨어요. 어린이집 운영 지분이라고 하면 표현이 좀 그렇지만 많은 도움을 주셨어요. 시댁한테는 경제적인 도움을 의지할 만한 상황이 안 되고 어려운 상황에 처해 있는 것을 알기 때문에 뭔가를 바라거나 그러진 않아

요. 시댁에 오히려 도움을 드리면 드렸지 도움을 받진 않고 있는 것 같아요. 결혼할 때는 전세 자금의 일부를 대주셨죠. 그런데 제가 만족스럽지는 못해요. 일단 동기는 남편의 압력이죠.

친정의 생활이 더 어렵지만, 시가에만 매달 생활비 40만 원을 보내는 〈사례 3〉은 다음과 같이 말하고 있다.

저희가 생활비를 보내드리죠. 병원 가시고 큰일 생기면 저희가 가서 해결해 드리고 그래야죠. 그렇다고 누나가 잘사는 것도 아니고, 근데 남편은 진짜 형님 한 분 계셨으면 좋겠다고, 동생도 필요 없고 형님 한 분만 계셨으면 좋겠다고 해요. 혼자 다 해야 되니까 어떨 때는 하다가도 신경질 나요. 부모님이 연세가 많아서 병원에 입원하거나 큰일이 생겼을 때 그게 제일 문제인 것 같아. 정말로 살면서, 그러니까 생활비 드리는 거야 드리는데, 갑자기 목돈 툭툭 들어갈 때 제일 힘들어요.

〈사례 4〉는 시가의 생활수준은 중상이나 매달 들어오는 소득이 없기 때문에 자녀양육비 조로 매달 보내드릴 뿐만 아니라 비정기적으로도 지원하고 있다.

어머님 아버님이 소득이 없으시다 보니까 있으신 거 내에서 사용하시니까 만약에 여행을 간다든지 아니면 특별하게 돈을 쓸 일이 있으면 저희가 좀 많이 부담을 하는 편이에요. 다달이 육아비는 항상 드려요. 어머님이 됐다고 말씀하시는데 제가 이제 드리는 거니까. 어디 저희가 놀러 가자고 말씀을 드린다든가 아니면 무슨 행사 있다고 하거나 제사 할 때도 큰집에 돈 드려야 될 때 저희가 드리고 이런 식이세요.

〈사례 14〉의 경우 결혼 초에 시부모에게 3천만 원을 한꺼번에 드렸는데, 사법고시에 합격한 아들에 대한 경제적 지원을 기대하는 것에 큰 불만을 표하기도 하였다. 사법 연수생들에게 나오는 마이너스 통장에서 대출받아 전세 자금으로 신혼생활을 시작한 것에 대한 불만이 더해져서이기도 하다.

한편 시가로부터 경제적 지원을 많이 받는 경우는 〈사례 8〉과 〈사례 11〉이다. 두 사례 모두 시가는 잘사는 편에 속한다. 〈사례 8〉의 경우 시가로부터 장사 밑천이라든가 남편이 실직했던 동안 생활비도 지원받았다. 〈사례 11〉의 경우 시가에 가까이 산다는 조건으로 시부모가 상가를 신축하여 주었으며, 상가에서 나오는 월세를 받고 있다.

전체적으로 시가와의 경제적 지원 내용을 보면 시가의 경제적 사정이 주요한 요인이며, 이때 부계적 규범이 강하게 작용하고 있어 의무가 되고 있음을 알 수 있다. 여성들은 시가의 경제적 형편에 맞추어 경제적 지원을 함에 남편과 타협하게 되지만, 본인이 경제적 자원을 갖지 못할 경우 친정에 지원하기란 쉽지 않음을 볼 수 있다.

이제 친정과의 경제적 지원 관계를 살펴보겠다. 〈표 9-1〉에서 볼 수 있듯이 친정으로부터 비정기적으로 경제적 지원을 받는 경우가 많다. 출산 시 조리원 비용, 이사 비용, 자녀 유치원 비용, 음식 등이 주를 차지하며, 어린이집 개원에 친정의 지원을 받은 〈사례 2〉에서 볼 수 있듯이 친정에 경제적으로 크게 의존하는 경우도 있다. 친정이 경제적 의존처가 됨은 〈사례 3〉의 말을 통해 알 수 있다.

> 제가 장사를 하는 것도 아빠 밑에서 일을 했었거든요. 애기 낳고 애기를 봐 줄 사람이 없어서 엄마가 하던 거를 제가 하고, 그러면서 엄마가 애기를 봐 주고, 제가 아빠랑 같이 일을 시작한 건데, 그러면서 경제적 도움을 더 많이 받았죠. 유치원비부터 해가지고, 그런데 지금은 아빠도 많이 힘든

것 같고, 또 동생도 애가 둘이다 보니까 제가 눈치가 보여서 더 이상 달라고 못하겠더라고요. 그래서 작년부터 끊어졌어요. 아 빨리 경기 좋아져가지고 어떻게든 학원비 좀 더 달라고 하면 좋겠어요.

한편 친정에 정기적으로 일정 금액을 보내는 경우는 모두 맞벌이를 하는 경우다(사례 7, 12, 13). 〈사례 7〉은 회사원으로 근무하는데, 시가는 월 소득 500~600만 원으로 잘사는 편이고 친정은 지방에서 월 소득 150만 원 정도의 중간 생활수준이다. 양가의 경제적 여력에 차이가 있지만, 양가에 같은 금액을 정기적으로 보낸다고 한다. 회사원인 〈사례 12〉의 경우 남편이 학생 신분이라는 특수한 경우로 양가 모두 중하의 생활수준이며, 시가에 10만 원, 친정에 15만 원씩 매달 보낸다고 한다. 〈사례 13〉은 무남독녀인데, 은행원이며, 시가에 40만 원, 친정에 30만 원씩 보낸다고 한다. 이로써 알 수 있는 것은 맞벌이를 하는 경우의 사례들은 양가 부모에게 정기적으로 일정 금액을 보내기는 하지만, 시가와 친정 사이에 금액의 차이가 있다. 시가에 더 많은 금액을 보내는 경향이 있으며, 다만 〈사례 12〉의 경우 본인이 경제를 책임지고 있어 친정에 더 많이 보내고 있다.

〈사례 6〉은 태안 기름유출 사건 피해로 펜션 운영이 어려워지면서 남편은 펜션 운영을 계속하고, 본인은 친정 근처 당진으로 옮겨와 원룸에서 혼자 살면서 어린이집 교사를 하는 특별한 경우다. 자녀는 친정 부모에게 맡기고 있으며, 친정 부모에게 자녀양육비로 매달 일정 금액을 주고 있다.

사례 여성들의 시가와 친정과의 경제적 지원 상황을 보면 시가를 생략하고 친정에만 지원을 제공하는 사례는 없다는 것이 뚜렷이 나타난다. 친정의 생활수준이 중하인 〈사례 3, 5, 6, 12, 14〉의 경우에서 친정에 정기적으로 일정 금액을 지원하는 경우는 취업 여성인 〈사례 12〉뿐이다. 반면 시가의 생활수준이 중하인 〈사례 1, 2, 5, 12, 14〉의 경우 시가에 정기적으로 경제적 도움을 제공하는 사례는 〈사례 5〉를 제외한 모두다. 전업주부일 경우 친정에 대한 경제적 지원에 있어 여성이 취할 수 있는 전략이 매우 제한적임을 알 수 있게 한다. 잘사는 시가로부터 항상 지원을 받는 반면, 친정의 생활수준이 중하인 〈사례 8〉은 다음과 같이 말하고 있다.

> 많이 마음이 아팠죠, 사실은. 근데 이 남자가 뭐 그냥 그런 거 있잖아요. 자기 부모한테도 잘못하는 사람인데 내가 내 부모한테도 해 달라고 그걸 강요할 수는 없잖아요. 기다려 주는 거죠. 세월 앞에 당할 자가 없다고. 십 년을 기다렸는데, 제가 십 년을 더 못 기다리겠어요?

3) 일상생활 지원: 자녀양육에서의 모계 의존

일상생활 지원에 있어 사례 여성들의 상황은 선행연구들에서 밝혀진 바 있는 사실과 별로 크게 다르지 않다. 이를테면 지리적 접근성은 일상생활 교류와 밀접한 관련이 있어 가까이 살수록 대면 접촉이 많고, 가까이 사는 시가에 식사 준비, 병원 동행 등 일상생활에서의 도움을 주는 것으로 나타났다. 따라서 여기서는 이 부분에 대해 논의하는 대신 자녀양육기에 있는 사례 여성들의 일상생활 지원 중 가장 중요한 자녀양육 지원에 관해 자세히 살펴보겠다.

사례 중 3명(사례 9, 12, 13)을 제외한 모두는 어린 자녀를 두고 있다. 〈표 9-1〉에서 볼 수 있듯이 취업 여성들 대부분은 자녀양육의 도움을 친정으로부터 구하고 있으며, 전업주부들은 양가 어느 쪽의 도움도 크게 받지 않고 본인 스스로 해결하고 있다. 말하자면, 시가에 가까이 살지만 자녀양육 지원은 시가보다는 친정으로부터 더 많이 받고 있는 것이다. 이로써 지리적 접근성은 자녀양육 지원에 주요 요인으로 작용하지 않음을 알 수 있다.

〈사례 5〉는 현재 집에서 개인 레슨(유아몬테소리교육)을 하고 있는데, 시가, 친정 모두 차로 30분 거리에 있다. 시가에는 주 1, 2회 정도 자주 방문하고 있지만, 자녀양육 도움에서는 친정에 전적으로 의존하고 있다. 직장에 나가는 친정어머니 대신 경비일을 하는 친정아버지가 이틀에 한 번 아이를 돌봐 주러 온다.

전업주부이지만 친정의 도움을 받는 〈사례 1〉은 첫째 아이가 유치원생이고, 본인은 현재 임신 중으로 출산과 양육 모두 친정의 도움에 크게 의존하고 있다.

> 요즘에는 임신했으니깐 한 달에 한 번 병원 갈 때랑 애가 아파서 병원 갈 때, 혼자 데리고 병원에 못 가니깐 그럴 때 친정 엄마와 같이 가죠. 첫애는 산후조리원을 갔었기 때문에 도움을 크게 받지 않았고, 태어나고 나서는 아프거나 그러면 시어머니보다는 엄마가 편하니깐 도움을 받았고. 둘째 같은 경우에는 큰애가 있기 때문에 한 달 정도는 친정에 가서 조리를 할 생각이거든요. 시어머니는 큰애를 한 일주일 정도 봐 주시기로 하셨거든요. 그거 외에는 특별하게 없어요. 보통 여행이나 가고 그럴 때 제가 애를 데리고 친정 엄마와 같이 가는 경우가 있는데 애를 엄마한테 맡기고 나 혼자 가는 경우는 없어요. 애 아프거나 그럴 때는 친정에 가서 하루 이틀 정도 경과를 지켜보고 다시 오고 하는 그런 경우가 있죠.

친정과 가까이 살 경우 친정으로부터 자녀양육의 도움을 더욱 크게 받는다. 〈사례 2〉의 말에서 출산 시 시어머니의 도움을 조금 받기는 했으나 나머지 양육 도움은 전적으로 친정으로부터 구하고 있음을 알 수 있다.

첫째 둘째 때 다 산후조리원에 들어갔고 친정에 있었지만 첫째 아이를 낳을 때 아무래도 첫 번째니까 시어머니께서 좀 신경 쓰고 싶어 하시는 마음에 저희 집에 일주일간 올라오셔서 조리를 해 주신 적이 있으세요. 그런데 아이를 보는 데 있어서 좀 두려움이 많으세요. 그래서 애기를 본 것보다는 집안일을 좀 해 주시고 저를 (산후)조리 해 주셔서 음식이라든지 그런 것들을 케어해 주셨어요.

〈사례 3〉은 다음과 같이 말하고 있다.

제가 길음동 살았고 그때는 아빠가 수유리 살았었어요. 아빠가 아이를 데리고 출근하면서 거기서 학원 보내고 엄마가 픽업해 주고 다 했어요. 진짜 완전히 양육부터 시작해서 다 그냥 친정의 도움을 받았는데, 시댁이 자꾸 저렇게 상황이 안 좋아지고 그쪽으로 자꾸 내려가야 되니까 너무 힘들고, 친정에서 자주 먹고 오고, 애 놓고 오고, 애는 가끔 데리고 오고, 엄마가 데리고 자고 다 그랬죠.

〈사례 6〉은 태안에서 펜션 사업을 하는 남편과 떨어져 본인은 친정 근처 어린이집 교사로 취직하여 원룸에서 살고 있다. 두 자녀 중 첫째 아이는 본인이 데리고 있고, 아직 영아인 둘째 아이는 친정에 전적으로 맡기고 주말에 만나는 방법을 취하고 있다.

〈사례 8, 10, 11, 14〉는 전업주부로서 본인이 자녀양육을 주로 하였다. 〈사례 8〉의 경우 친정은 지방에 있고 시가는 매우 가깝다. 그러나 자녀양육은 전업주부로서 본인이 전적으로 해 왔다고 한다. 〈사례 10〉은 양가 모두 멀고, 〈사례 11〉은 시가와는 아주 가까우나 친정은 차로 1시간 반 걸리는 곳에 있다. 시가에서는 간혹 볼일 있을 때 봐 주시는 정도라고 한다. 〈사례 14〉는 시가와 친정이 비슷한 거리(차로 20~30분)에 있으나 자녀양육은 전적으로 본인이 한다고 한다.

직장생활을 하는 〈사례 7〉은 지방에 있는 친정의 도움을 받기도 어렵고 시가로부터도 큰 도움을 받기 어려워 주로 베이비시터를 고용하여 해결하고 있는 상태다.

> 시부모님과 거의 함께 살다시피 했을 때도 저희는 육아를 원래 시부모님께 맡기질 않았고 베이비시터를 썼거든요. 베이비시터가 9시부터 6시까지 봤었고요, 저희가 출근하고 8시부터 9시까지랑 그리고 베이비시터가 퇴근한 6시부터 8시 정도까지를 시부모님이 맡아 주셨는데 그걸 좀 힘들어하시더라고요. 날마다 보셔야 되는 걸, 힘들어하셔가지고. 그래서 베이비시터랑. 나머지 시간은 남편이 퇴근 후 바로 오면 내가 올 때까지 보지요.

사례 중 자녀양육에서 시가로부터 많은 도움을 받는 경우는 〈사례 4〉뿐인 것으로 나타났다.

> 아들이 하나니까. 그리고 제가 또 괜히 죄송해요. 애도 봐 주시니까. 그게 좀 어려운 부분인 걸 알고 있기 때문에 첫째 낳고 나서 복직할 때부터 봐 주셨어요. 시어머님이 그냥 애기 임신할 때부터 그러셨어요. 니 애는 내가 봐 주마, 이렇게 말씀하셔서 제가 부탁을 안 드려도 그냥 당연히 어머님이 보시는 걸로 알고 있어서 주위에서 뭐라 그러면 내가 볼게, 이렇게 먼저 말씀을 하셔가지고 자연스럽게 봐 주시게 되었어요.

사례 여성들의 경우 자녀양육은 본인이 하거나 도움이 필요할 때는 시가보다 친정에 더 많이 의존하고 있다. 친정은 일손에 있어 큰 의존처가 되는 것이다. 소자녀 가족 출신의 사례들은 부모의 도움을 집중적으로 받을 수 있다. 그러나 그것이 친정에 부담이 될 때 이를 양계화의 현상으로 볼 수는 없을 것이다.

5. 나가는 말

이 연구는 오늘날 신세대 여성들의 시가와 친정과의 관계에 있어 양계화가 정착되어 가고 있는지에 대한 궁금증에서 시작되었다. 이를 알아보기 위해 결혼 기간 10년 이내의 소자녀 가족 출신의 외동딸 14명을 대상으로 그들의 친족행동에 대한 사례조사를 실시하였다. 대면 접촉빈도 및 기타 지원 교류와 밀접하게 연결되는 지리적 접근성을 주요하게 다루었으며, 경제적 지원의 내용과 자녀양육 지원에서의 특징을 분석해 보았다. 그 결과를 요약 정리하면 다음과 같다.

첫째, 지리적 접근성에 있어 시가와 가까운 사례들이 친정과 가까운 사례보다 훨씬 많으며, 따라서 대면 접촉빈도도 시가와 더 많다. 둘째, 경제적 지원에서는 시가에 정기적으로 제공하는 사례가 많으며, 친정에만 제공하는 사례는 한 예도 없다. 셋째, 자녀양육의 도움은 거의 친정으로부터 제공받는 것으로 나타났다. 넷째, 전반적으로 사례들의 부모자녀관계는 견고함을 보여 준다. 선행연구(Hong et al. 1998)도 부모와 기혼자녀 간에 지속적인 관계가 유지되고 있다고 보고해 왔다. 따라서 현재로서는 부모자녀관계가 유지되고 있는가와 같은 질문은 무의미하며, 그 대신 변화에 적응하여 지속적으로 재구조화되어 가는 방식을 탐색해 보는 것이 더 적절하다. 그리고 이때 알고 싶은 것은 어떠한 방식으로 재구조화되어 가는가 하는 것이다.

먼저 지리적 접근성의 의미를 다시 생각해 보겠다. 친족관계 연구에서 거주 거리, 즉 접근성 정도는 언제나 가장 중요하게 다루어져 왔다. 비교문화적 연구들(Bian et al. 1998; Forst and Lennartsson 2008; Park et al.

2005)도 가까이 살수록 더 많은 접촉을 하며, 접근성은 가족 결속 유지뿐만 아니라 사회경제적 교환에 중요한 정기적인 세대 간 접촉을 촉진한다고 하였다. 학자에 따라서는 접근성이 금전, 선물, 충고, 정서적 지원 등에는 영향을 덜 주는 것으로 말하기도 하고(Rossi and Rossi 1990), 반대로 지리적 거리는 모든 종류의 지원 빈도와 관계 있다고 주장하기도 한다(Hogan et al. 1993: 1433). 확실한 것은 시가와 친정 어느 편에 가까이 거주하는가는 결혼 초기 여성들의 친족관계를 보는 데 매우 중요한 변수라는 것이다. 그러나 아쉽게도 지금까지 대부분의 연구는 신혼부부가 어떠한 타협 과정을 거쳐 거주지를 정하게 되는지에 대해 구체적으로 밝히고 있지 않다. 이는 아마도 우리나라에서 신혼부부의 거처는 신랑 측에서 마련한다는 인식이 당연하게 받아들여지면서 이에 대한 의미 분석에는 소홀했기 때문이 아닌가 생각한다.

결혼 초기 거주지 마련과 소재 결정은 이후 친족관계에 가장 큰 영향을 미치는 사건이다. 각 사회의 거주 규정 개념이 무엇보다 중요하게 다루어지는 것은 바로 그러한 연유에서다. 한국사회의 경우 적어도 조선 중기 이후 부거제 규정이 일반화되었다는 점은 학자들 사이에 합의된 사실이다. 이 규정에서는 장남은 물론 차남 이하의 아들들도 결혼 초기 일정 기간 부모 집에서 동거하는 것이 관행이었다(김주희 1992b; 2003). 이러한 부거제 규정은 핵가족화에 따른 신거제가 보편화된 이후 많이 약화되어 실제 신혼부부의 부모와의 동거 비율은 상당히 줄어들었다. 그런데도 거처는 신랑 측의 부담이라는 부거제 의식은 크게 사라지지 않고 있으며(김주희 2005), 사례들도 거의 예외가 아니다. 이때 여성은 전략적으로 사용할 자원이 없는 상태에서 신혼 초부터 시가와의 관계를 우선시하는 부계지향의 친족행동을 하게 되는 것을 사례들을 통해 볼 수 있었다. 이를테면 연령대가 낮은 사람들이 아내 부모와 가까운 곳에 거주하고, 여성의 교육수준이 전통적인 가족질서를 벗어나 양계화된 친족관계를 유지하도록 하는 자원적 요소로 작용할 것이며, 이러한 여성의 자원은 한국 가족의 양계적인 친족관계로의 변화에 동인이 될 것으로 보인다(한경혜 · 윤성은 2004: 186)는 주장이 실현되기까지는 거주 규정의 관념 자체가 양계화되는 때까지 기다려야 할 것이다. 그러나 이러한 인식의 변화가 쉽게 오지 않을 것이라는 점에서 사례들은 친족관계의 양계화를 언급하는 것은 지금은 이르다는 것을 보여 준다.

다음은 경제적 지원을 살펴보겠다. 여기서도 부계적 지향성이 강하게 나타나고 있다. 흔히 대부분 중년기 자녀들은 노년 세대의 부모에게 경제적 지원을 하고(Park et al. 2005: 288), 부모에게 경제적으로 지원하는 사람이 그 반대보다 더 많다(Hong et al. 1998: 177). 그러나 사례들은 양가에 대한 경제적 지원에 차이가 있음을 보여 주었다. 경제적 지원은 결혼 초기부터 주로 시가에 하며, 여성이 친정에 경제적 지원을 하려면 적어도 본인이 경제적 활동을 통해 얻는 수입이 있을 때 비로소 가능함을 보았다. 이때 시가에 대한 지원을 생략하기 어렵다는 것도 보았다. 경제적 지원이 남편 부모에 대해 가장 높고 아내의 부모에게는 삼분지 일 수준임을 근거로 부계친족과 모계친족과의 상호작용이 균형적으로 이루어지는 균형적 · 대칭적 관계로서의 양계화라기보다 비대칭적 성격의 양계화로 규정한 한경혜와 윤성은(2004: 200-201)의 주장은 이 연구결과와 같은 맥락에서 이해될 수 있다. 다만 사례들에서 볼 수 있었던 것은 비대칭적 양계화가 여성이 경제적 소득을 가질 때 실현된다는 사실이다.

전통사회와 달리 오늘날 여성이 자녀양육 지원을 친정에서 구한다는 사실은 새삼스러운 것이 아니다. 사실 부모를 비공식적 노동력으로 이용하는 것은 한국 여성의 전통적 역할과는 크게 모순이며 여성들의 새로운 경제적 현실과 기회에 직면하여 세대 간 교환 적응이 진행됨을 반영한다(Park et al. 2005)고 하였다. 그러나 문제는 이것이 거의 친정 부모에 해당한다는 데 있다. 지리적 접근성과 경제적 지원은 분명히 부계지향성이고 자녀양육지원(혹은 정서적 지원)은 친정으로부터 구할 때 이를 두고 양계화 과정이 진행된다고 할 수는 없다.

이 연구는 사례 여성들이 개인적 주체자로서 친족관계 설정에 있어 자신의 자원을 전략적으로 사용함으로써 양계화가 실현되고 있는지를 보고자 하였다. 그러나 신혼 초 거주지 마련부터 시가의 자원을 이용하는 현실에서 여성이 부계적 가족주의의 규범의 압력을 전략적으로 피해 가기란 쉽지 않음을 보았다. 접촉 자체가 친족관계의 구조적 양상일 뿐만 아니라 문화적 또는 규범적 규정이라는 말(Rindfuss and Raley 1998: 193)은 사례들 대부분에 해당하는 것으로, 아직 여성들이 시가와의 관계 설정에서 개인적 주체자로서의 행동을 하기란 쉽지 않음을 반영한다. 친족연구에서 규범보다 개인적 전략만을 강조하는 시각은 아직 한계가 있다. 한편, 취업 여성이 친정에 경제적 지원을 시가와 마찬가지로 하고 있음은 여성이 경제적 자원을 가질 때 비로소 전략적 방법을 쓸 수 있음을 극명하게 보여 준다. 이 점에서 여성의 경제적 활동이 늘어나고 있는 현실을 고려할 때 이 부분에서의 양계화는 점점 더 가시화될 것이다.

앞으로 우리 사회는 외동자녀 시대가 될 것이다. 이 연구 사례의 외동딸들이 부계적 규범을 크게 벗어나기 어려운 것처럼 그들도 결혼 초 부계지향적 친족행동을 하게 될 것이고 갈등 또한 느낄 것이다. 왜냐하면 신혼부부의 거처가 신랑 측이라는 부거제 의식이 쉽게 사라지지는 않을 것이기 때문이다. 신혼부부의 거처가 신랑 측과 신부 측의 동등한 자원이 개입될 때 비로소 양계화 과정은 시작될 것이며, 이보다 빠른 길은 국가가 신혼부부 본인들이 자력으로 감당할 저렴한 주택 공급 정책을 펼 때일 것이다.

이 연구는 사례연구의 특성상 연구결과를 일반화시킬 수 없는 한계점을 가지고 있다. 또한 한국사회에서 남성의 친족관계가 매우 중요함에도 남성을 다루지 못한 한계점을 가지고 있다. 이 연구의 또 하나 한

계점은 정서적 관계를 다루지 않은 것이다. 앞에서 지적했듯이 여성의 정서적 관계는 친정으로 기울고 있다는 선행연구만을 놓고 볼 때 이는 양계화가 아닌 모계화로 볼 수 있으며, 이 점은 친족관계의 전체 맥락에서 어떤 식으로 자리매김할 수 있는 것인지 추후 연구에서 다루어질 것을 기대해 본다.

결혼 기간과 가족 주기에 따라 친족관계는 달라진다. 이를테면 결혼 초기와 비교하면 결혼 기간이 길어지면서 부계지향성은 줄어드는 경향이 있다. 따라서 이 연구의 결과는 결혼 초기 여성에 한정하여 이해될 필요가 있다. 여기서 주요하게 나타난 변인들을 양적 연구에 적용해 봄으로써 이 연구에서 논의한 내용을 확인해 보는 작업을 기대해 본다.

참고문헌

김순옥 · 김수진. 2002.「결혼초기 부부의 친족행동 대상 및 정도에 대한 연구」.『생활과학』5: 195-214.

김정자 · 변화순 · 윤영숙 · 강선혜 · 제갈정. 1990.「영세지역 가족관계 및 사회적 연결망에 관한 연구」.『여성연구』8(4): 8-38.

김주희. 1992a.「도시저소득층 가족의 친족문제」. 한국가족학연구회 편.『도시저소득층의 가족문제』. 131-150쪽. 서울: 하우.

김주희. 1992b.『품앗이와 정의 인간관계』. 서울: 집문당.

김주희. 2003.「일제 후반기 결혼 예식과 혼수에 대한 사회사적 고찰」.『가족과 문화』15(3): 87-110.

김주희. 2005.「해방 후 혼수문화의 변천에 대한 사례연구: 부거제 의식과 가족주의의 지속」.『가족과 문화』17(2): 127-154.

박정석. 2009.『외사촌 누이와 혼인하는 사람들』. 서울: 민속원.

옥선화 · 김주희 · 박혜인 · 신화용 · 한경혜 · 고선주. 1998.「가족/친족 구조의 해체와 재구성 I: 서울시 실태조사를 중심으로」.『대한가정학회지』36(11): 157-182.

이광자. 1988.「우리나라 친족관계의 지속과 변화에 관한 연구」. 연세대학교 박사학위논문.

이동원. 1984.「도시주부의 관계망에 대한 조사(1): 시가 및 친가와의 관계를 중심으로」.『한국문화연구논총』44: 7-36.

정재기. 2007.「한국의 가족 및 친족간의 접촉빈도와 사회적 지원의 양상: 국제간 비교의 맥락에서」.『한국인구학』30(3): 157-178.

조정문. 1997.「한국사회 친족관계의 양계화 경향에 관한 연구」.『한국여성학』13(1): 87-114.

최샛별 · 이명진 · 김재온. 2003.「한국의 가족 관련 사회정체성 연구: 감정조절이론(ACT)의 수정 적용을 중심으로」.『한국사회학』37(5): 1-30.

한경혜 · 윤성은. 2004.「한국가족 친족관계의 양계화 경향: 세대관계를 중심으로」.『한국인구학』27(2): 117-202.

함인희. 2000.「정보화와 가족생활의 변화」.『여성연구논총』15(1): 59-80.

Agree, Emily M. A. E., Biddlecom and T. W. Valente. 2005. "Intergenerational Transfers of Resources Between Older Persons and Extended Kin in Taiwan and the Philippines." *Population Studies* 59(2): 181-195.

Al-Haj, Majid. 1995. "Kinship and Modernization in Developing Societies: The Emergence of Instrumentalized Kinship." *Journal of Comparative Family Studies* 26(3): 311-328.

Beaton, John, M. J. E. Norris, and M. W. Pratt. 2003. "Unresolved Issues in Adult Children's Marital Relationship Involving Intergenerational Problems." *Family Relations* 52(2): 143-153.

Bengtson, V. L. 2001. "Beyond the Nuclear Family: The Increasing Importance of Multigenerational Bonds." *Journal of Marriage and the Family* 63(1): 1-16.

Bian, Fuqin, J. R. Logan, and Y. Bian. 1998. "Intergenerational Relations in Urban China: Proximity, Contact and Help to Parents." *Demography* 35(1): 115-124.

Bourdieu, Pierre. 1977[1972]. *Outline of a Theory of Practice*. Cambridge: Cambridge University Press.

Carsten, Janet. 2000. "Introduction: Cultures of Relatedness." In J. Carsten, ed. *Cultures of Relatedness: New Approaches to the Study of Kinship*. Pp. 1-36. Cambridge: Cambridge University Press.

Chang, Ying-Hwa, C. C. Yi, and K. H. Lin. 2007. "Kin Network and its Effect on the Psychological Well-being of the Youth: The Case of Taiwan." *Journal of Comparative Family Study* 69(1): 19-37.

Eggebeen, David and D. P. Hogan. 1990. "Giving Between Generations in American Families." *Human Nature* 1(3): 211-232.

Forst, Stefan and C. Lennartsson. 2008. "Social Mobility, Geographical Proximity and Intergenerational Family Contact in Sweden." *Ageing and Society* 28: 253-270.

Hogan, Dennis P., D. J. Eggebeen, and C. C. Clogg. 1993. "The Structure of Intergenerational Exchanges in American Families." *American Journal of Sociology* 98(6): 1428-1458.

Hong, Moon-Sik and Yong-Chan Byun. 1998. "Intergeneraitonal Relations in South Korea." In K. P Mason, et al., eds. *The Changing Family in Comparative Perspective: Asia and the United States*. Pp. 175-191. Honolulu: East-West Center.

Johnson, Colleen L. 2000. "Perspectives on American Kinship in the Later 1990s." *Journal of Marriage and the Family* 62(3): 623-639.

Martin, L. G. 1990. "Changing Intergenerational Family Relations in East Asia." *Annals of the American Association of Political and Social Science* 510: 102-114.

Park, Keong-Suk, V. Phua, J. McNally, and R. Sun. 2005. "Diversity and Structure of Intergenerational Relationships: Elderly Parent-Adult Child Relations in Korea." *Journal of Cross-Cultural Gerontology* 20: 285-305.

Rindfuss, Ronald R., T. F. Liao, and N. O. Tsuya. 1992. "Contact with Parents in Japan: Effects on Opinions Toward Gender and Intergenerational Roles." *Journal of Marriage and the Family* 54: 812-822.

Rindfuss, Ronald R. and R. Kelly Raley. 1998. "Intergenerational Contact in the United States and Japan." In K. P Mason, et al., eds. *The Changing Family in Comparative Perspective: Asia and the United States*. Pp. 193-213. Honolulu: East-West Center.

Rossi, Alice S. and P. H. Rossi. 1990. *Of Human Bonding: Parent-Child Relations across the Life Course*. New York: Aldine de Gruyter.

Sarkisian, Natalia and N. Gerstel. 2008. "Till Marriage Do Us Part: Adult Children's Relationships with Their Parents." *Journal of Marriage and Family* 70: 360-376.

Yan, Yunxiang. 2001. "Practicing Kinship in Rural North China." In S. Franklin and S. McKinnon, eds. *Relative Values: Reconfiguring Kinship Studies*. Pp. 224-245. Durham, NC: University of Duke Press.

제10장

초국가적 분거 가족과 '아버지 됨'의 재구성*

싱가포르 조기 유학생과 동반 아버지들의 사례

강윤희

1. 들어가는 말: 초국가적 분거 가족의 등장

소위 '기러기 가족'이라고 불리는 초국가적 분거 가족은 지난 1990년대 중반부터 한국사회에 등장한 한국 가족의 새로운 형태다. 여기서 분거 가족이란 "가족원이 특별한 사정으로 거주지를 달리하면서 생활하는 가족"을 지칭한다(이광규 1998: 216). 현대 한국사회에서 산업화가 진행되면서 많은 남성이 직장 이동을 하게 되고, 또한 교통수단의 발달로 이동이 더욱 용이해지면서 서로 다른 거주지에서 가족생활을 유지하는 분거 가족이 증가하게 되었다(이광규 1998: 216-217). 최근 들어 전문직에 종사하는 부부 중 서로 다른 지역에서 직장을 갖게 되거나, 자녀들의 교육 문제로 분거하게 되는 이른바 주말부부도 이러한 분거 가

* 이 글은 *Journal of Korean Studies* 17(2)(2012), 269-298쪽에 실린 필자의 논문 "Any One Parent Will Do: Negotiations of Fatherhood among South Korean 'Wild Geese' Fathers in Singapore"를 번역, 수정한 것이다.

족의 중요한 한 유형이라고 할 수 있다(이광규 1998: 218; Kim 2001). 한편 이러한 국내의 분거 가족 이외에 가족의 구성원들이 초국가적으로 분거하게 되는 현상은 주로 1960년대 이후 급증했던 가장의 해외 취업으로 인한 것이었다(이광규 1998: 217-218). 하지만 1990년대 중반 이후에는 주로 자녀들의 조기 유학을 목적으로 부부가 해외와 한국에서 떨어져 사는 이른바 기러기 가족이라는 초국가적 분거 가족이 등장하게 된다(최양숙 2005). 이러한 기러기 가족의 등장은 부르디외의 공식적 친족(official kinship)과 실제적 친족(practical kinship)의 구분에서와 마찬가지로(Bourdieu 1977: 33-38), 한국사회에서 규범적이고 관습적인 차원에서 작동하고 있는 공식적인 가족 유형과는 다른 실제적인 행위의 맥락에서 나타나는 한국 가족의 또 다른 유형을 보여 준다고 할 수 있다. 나아가서 이러한 초국가적 분거 가족의 등장은 현대 한국사회가 겪고 있는 전지구화(globalization)와 교육, 그리고 가족의 계급재생산이라는 중요한 이슈가 서로 교차하는 지점이라고 할 수 있다.

1990년대 중반, 특히 IMF 사태라고 불리는 1997년 한국의 경제위기 이후 "세계화하지 않으면 망한다"(Kim 2000: 2)라는 한국사회 전반의 위기의식 속에서, 한국정부의 적극적인 세계화 추진 정책은 영어 능력의 습득을 통해서만 세계화된 사회에서 살아남을 수 있다는 담론을 널리 통용시켰다(박휴용 2006). 이에 따라 "영어 열풍" 또는 "영어 광풍"이라고 불리는 영어교육 과열 현상이 일어났으며(Shim and Park 2008), 어린 나이에 영어권 국가로 유학을 가는 조기 유학이 성행하게 되었다(조혜영 2007). 이때 조기 유학은 영어로 대표되는 언어자본 또는 문화자본의 획득을 통해 자녀들의 안정적 미래를 도모하려는 중상층 가족의 위기 대처 방안 중 하나라고 설명할 수 있다(안경주 2013; 조은 2004).

한편 한국사회에서 자녀의 교육은 일종의 "가족 프로젝트"이며, 자녀의 성공적인 교육이라는 목표를 위해 가족의 모든 구성원이 세심하게 조직되어 역할 분담을 하게 된다. 기러기 가족도 이러한 가족의 협업 형태로서 자녀의 교육을 위해서 부부가 초국가적 분거를 전략적으로 선택하여 나타난 것이라고 할 수 있다. 조은(2004)은 이러한 기러기 가족을 "세계화의 최첨단"에 선 "신글로벌 모자녀 가족"이라고 명명하면서, 해외로 이주하는 어머니-자녀 가족과 한국에 거주하는 아버지 간의 분거는 전 지구화의 흐름 속에 새롭게 나타난 한국 가족의 형태임을 지적한다.

이러한 배경하에 이 글에서는 싱가포르로 조기 유학을 간 학생들과 그들의 동반가족의 사례를 분석하여, 한국의 기러기 가족이라는 새로운 초국적 분거 가족에 대한 민족지적 연구를 제시하려 한다. 특히 싱가포르에서 만날 수 있었던 '부자녀 가족', 즉 어머니가 아닌 아버지가 자녀를 동반하여 싱가포르로 이주한 다소 예외적인 사례들에 주목한다. 경제적 부양자가 아닌, 전통적으로 모성의 영역이었던 '돌봄'을 담당하고 있는 기러기 아빠의 일상적 삶을 보다 면밀히 관찰하고 분석함으로써, 싱가포르 기러기 가족에서 나타나는 독특한 성별 분업과 세대 간의 관계, 나아가서 초국가적 상황에서 사회적으로 구성되는 부성(fatherhood)에 대해 논의해 보려고 한다.

더욱 구체적으로, 이 글은 초국가적인 이주의 상황에서 어떻게 이들 기러기 아빠가 자신의 비관습적인 성별 역할을 이해하고 정당화하는지 살핀다. 특히 기러기 아빠들이 주로 선택하는 두 가지 전략과 정당화 방식에 초점을 두는데, 첫째는 돌봄과 가사노동의 영역을 재정의하고, 둘째는 자신의 남성성을 유지하려는 노력을 보인다는 것이다. 이러한 두 가지 전략의 차원에서 새로운 부성을 정당화하는 관념적인 차원을 분석함으로써, 일면 새롭게 보이는 초국가적 분거 가족이 관념적 영역에서는 가족과 젠더에 대한 전통적 이데올로기가 여전히 강하게 작동하고 있음을 밝힐 것이다.

이 글의 자료는 싱가포르로 유학을 온 한국 조기 유학생들의 숫자가 한창 급증하던 지난 2008년 8월부터 2010년 11월까지 싱가포르에서의 현지조사와 2011년 8월과 2012년 1월의 추가 조사에 바탕을 두고 있다. 연구방법은 주로 만 18세 이하의 초중고 학생들과 그들의 동반가족에 대한 심층 인터뷰를 통해 이루어졌다. 제보자 선정은 대부분 필자의 개인적인 네트워크를 통해 눈덩이 표집(snowball sampling)으로 이루어졌으며, 모두 66명의 초중고 학생들과 72명의 동반 가족(62명의 어머니, 8명의 아버지, 2명의 할머니) 등 총 138명의 조기 유학생과 그 가족을 개인 또는 그룹으로 인터뷰하였다. 모든 인터뷰는 한국어로 진행, 녹음되었으며, 녹음된 인터뷰는 모두 전사 채록하여 분석하였다. 이러한 인터뷰 자료 이외에 총 133명을 대상으로 설문조사를 시행했으며, 싱가포르 내 한인교회나 한국 학교, 주말 한글학교, 조기 유학생들의 방과 후 활동 등에 참가하여 참여관찰을 수행하였다.

이 글에서는 자녀들을 동반한 아버지들의 초국적 부성의 구성을 살펴보기 위해 주로 아버지들과의 인터뷰 자료를 분석할 것이다. 하지만 인터뷰에 참여했던 총 8명의 아버지 중에 5명만이 자신을 '1차 양육자'라고 밝혔기 때문에 나머지 3명의 아버지[1]는 주된 분석의 대상에서 제외하였다. 한편 이 글이 주요 분석대상으로 삼고 있는 위 5명의 아버지 경우도 자녀양육 방식에는 차이가 있다. 예를 들어, D씨의 경우 회계사인 그의 부인과 주기적으로 교대하며 싱가포르에서 자녀를 돌보고 있었고, C씨의 경우 최근 시작한 사업으로 인해 가정에 머무르기 힘들게 되자 파트타임 가사 도우미를 고용하고 있었다. 한편, E씨의 경우는 싱가

1 이 3명의 아버지들은 자녀의 교육을 위해 가족 전체가 이주해 온 경우였다. 따라서 이들 가족 구성원 중 자녀의 주된 양육자는 아버지가 아닌 어머니라고 인식되었기 때문에 이 글의 분석에 포함하지 않았다.

포르 주재 다국적 기업에 근무하는 그의 부인이 싱가포르에서 같이 거주하고 있지만, 잦은 해외 출장과 바쁜 업무 때문에 정규 직장에 다니지 않는 남편인 E씨가 주로 자녀의 양육을 담당하고 있어 이 글의 분석대상에 포함하였다. 또한 D씨의 부인이 싱가포르에 와 있는 시기에 맞추어 D씨의 부인도 함께 인터뷰할 수 있었다. 인터뷰 중에는 주로 아버지들의 초국적 이주의 경험, 일상적인 생활, 자녀들의 교육에 대한 태도와 가치 등을 질문하였다. A씨의 경우에는 그 집을 방문하여 자녀들과 함께 인터뷰를 진행하기도 하였다. 한편 적은 수의 샘플을 보완하기 위해 '기러기 엄마'들이 가지고 있는 자녀들의 교육과 아버지와 어머니 역할에 대한 지배적인 담론도 중요하게 고려하였다(표 10-1 참조).

표 10-1. 인터뷰에 참여한 기러기 아빠들의 프로필

이름	나이/ 이주 연도	자녀 수/나이	거주 자격	직업		부인의 직업
				과거(한국)	현재(싱가포르)	
A	49/2007	아들 1/17, 딸 1/15	영주권자 (이전에는 단기방문비자)	자영업 (인테리어)	무직 (사업 준비중)	병원 행정 직원 (한국)
B	41/2007	아들 2/16, 13	단기방문비자	회사원/ 자영업 (PC방)	무직 (사업 준비중)	보험회사 직원 (한국)
C	42/2004	아들 1/12	고용비자 (이전에는 배우자 비자)	회사원	사업 (게임회사)	광고회사 (싱가포르 주재원이었다가 귀국)
D	49/2008	딸 2/12, 8	단기방문비자	자영업 (건축 사무소)	무직 (부인과 교대로 싱가포르 거주)	회계사 (남편과 교대로 싱가포르 거주, 인터뷰했음)
E	43/2007	아들 1/12	영주권자 (이전에는 배우자 비자)	회사원	파트타임 업무	싱가포르 주재 다국적기업

2. 민족지적 배경: 싱가포르의 기러기 가족

앞에서도 잠깐 언급했듯이 1990년대 중반 이후 한국의 많은 초중고 학생이 한국을 떠나 영어권 학교로 유학을 떠나기 시작하였다. 대표적인 조기 유학의 목적지는 미국, 캐나다, 호주, 뉴질랜드 등의 영어권 국가들이다(조혜영 2007; Lo et al. 2015). 영어권 국가로의 이주를 통해 영어 능력을 습득하고자 하는 학생들과 그 부모들의 열망은 종종 "세계인" 또는 "글로벌 인재"를 만들기 위한 것으로 번역되곤 하였다(오욱환 2008; 최양숙 2005; Kang and Abelmann 2011; Lo et al. 2015). 2000년대에 들어서는 기존의 전형적인 조기 유학의 패턴이 다소 변화하게 되었는데, 첫째는 조기 유학을 떠나는 연령이 점차 어려진다는 것이고, 둘째는 많은 수의 학생들이 중국이나 동남아(필리핀, 싱가포르, 말레이시아 등) 등 아시아 내의 조기 유학이 증가했다는 것이다(성정현 · 홍석준 2013; 홍석준 · 성정현 2009; Kim 2010). 특히 싱가포르는 영어와 동시에 중국어를 배우고자 하는 학생들이 선호하는 국가가 되었으며(Kang 2012a), 따라서 지난 7~8년간 싱가포르로 조기 유학을 가는 한국 유학생의 수는 급증하여 2005년에 1,500명에 불과하던 싱가포르 내 한국 초등학생과 중고등학생의 숫자가 2008년에는 6,500명에 이르게 되었다.[2] 2008년 후반기 이후 원화 가치의 하락으로 많은 학생이 한국으로 돌아갔다고 보고되었지만, 2009년 초 약 3,500명의 한국 조기 유학생이 싱가포르에 거주하는 것으로 비공

2 이러한 증가는 싱가포르를 교육 중심지로 선전하는 싱가포르 정부의 마케팅에서 기인하였다. 특히 2003년 이후 싱가포르의 관광청이 서울에 진출하여 자국의 교육 시스템을 홍보하는 데 주력하였고, 그 결과 현재 한국은 중국, 베트남, 말레이시아, 인도네시아, 태국과 함께 싱가포르 교육 시장에 가장 많은 유학생을 공급하는 주요 6대국 중 하나가 되었다(*Channel News Asia*, "More Koreans Enrolling in Schools in Singapore," February 11, 2008).

식 집계되었다.[3] 이후 한국의 경제 불황 등 이유로 조기 유학생의 비율이 전반적으로 감소했다 하더라도 싱가포르는 최근까지 꾸준히 한국 조기 유학생들의 주목을 받아 왔다.[4]

싱가포르로 유학을 온 한국의 조기 유학생들과 동반 가족은 전형적인 초국적 분거 가족의 형태를 이룬다. 예를 들어 북미에 거주하는 홍콩과 대만 출신의 "항해사 가족(astronaut families)"과 미국에 거주하는 "낙하산 아이들(parachute kids)"(Chee 2003; Chiang 2008; Waters 2005, 2006; Zhou 1998), 싱가포르에서 유학하는 중국 본토 출신의 "페이 두 마마(공부엄마)(陪读妈妈; study mothers)"(Huang and Yeoh 2005)에서와 같이 모-자녀 가족이 해외에 거주하고, 아버지는 본국에서 직장을 다니며 재정적 지원을 해 주는 분거 가족의 유형이다. 마찬가지로 싱가포르에서 만난 대부분 조기 유학생들의 경우에도 어머니가 자녀와 함께 싱가포르로 동반 이주를 했으며, 아버지는 한국의 직장에 다니며 경제적 자본을 제공하는 역할을 하는 경우가 절대다수였다. 즉, 어머니는 돌봄의 영역을, 아버지는 경제적 영역을 담당한다는 측면에서 중국계의 교육 이민자들과 한국인 조기 유학생들 사이의 공통점을 찾을 수 있다. 한편 북미나 호주 등지로 유학을 간 경우와는 대조적으로 싱가포르가 같은 아시아 내에 있으며 지리적으로 가깝다는 사실은, 한국과 싱가포르에 떨어져 사는 가족 간의 왕래를 더욱 쉽게 하기 때문에 동남아 국가에서의 조기 유학이 훨씬 "가족 친화적"이라는 담론을 만들어 내기도 하였다(성정

3 *The Straits Times*, "Plight of the Wild Geese Families," March 17, 2009.

4 싱가포르의 조기 유학생들에 대한 공식적인 통계는 확인할 수 없었지만 한국교육개발원의 2012년 통계자료에 따르면 전체적으로 국외에 있는 초중고 유학생의 수가 2009년에 비해 8.8% 정도 감소한 것으로 나타난다. 따라서 싱가포르에 있는 조기 유학생들의 수도 비슷한 비율로 감소했을 것이라고 짐작할 수 있다(한국교육개발원 2012).

현 · 홍석준 2013; 홍석준 · 성정현 2009; Kim 2010).

이러한 맥락에서 어머니들은 대부분 자녀교육에 대한 정보를 부지런히 모으고, 자녀의 성공을 위해 가장 합리적이고 전략적인 선택을 하는 유능한 "매니저"로 묘사된다(Park 2007; Park and Abelmann 2004). 이들은 자녀들이 조기 유학을 언제, 어디로 가야 할지를 결정하고, 자녀들의 학교와 방과 후 활동 등을 계획하고 조정한다(조은 2004). 반면 아버지들은 다른 중국계 교육이민자들의 아버지들과 마찬가지로 매달 해외로 생활비와 교육비를 송금하는 경제적 부양자의 역할을 주로 하게 된다. 이러한 전형적인 부모의 역할에 대한 인식은 기러기 가족을 구성하는 가장 기본적인 조건으로 "아빠의 돈과 엄마의 영어"라는 공식을 만들어 내기도 하였다(조은 2004). 이러한 공식은 경제적 부양자로서의 아버지와 해외에서 자녀들의 교육과 일상생활을 꾸려 나갈 수 있는 (영어) 능력을 갖춘 매니저로서의 어머니라는 부모 간의 역할 분담에 대한 한국사회의 지배적인 담론을 반영한 것이다. 따라서 자녀의 교육을 중심으로 이루어지는 기러기 가족의 부모 간 역할 분담은 첫째, 부부보다는 부모-자녀 관계가 더욱 중시되는 한국의 전통적인 가족의 속성을(이광규 1998: 34), 둘째, 어머니가 양육과 돌봄의 중심이 되어 심리적인 안정을 제공하고, 아버지가 생계부양자로서 사회적 안정을 제공한다는 전통적인 가족 구조(Lee 1997: 65-66)를 그대로 반영하고 있다고 할 수 있다.

생계부양자로서의 아버지라는 역할은 한국사회의 급속한 산업화 속에서 남성-공적 영역, 여성-사적 영역이라는 가족 내 성별 분업이 공고화되면서 더욱 강조되는 경향이 있다. 즉, 공적 영역에 연결되는 남성은 공적 영역에서 일에 몰두하는 도구적 역할이 다른 어떤 역할보다 강조되었고, 이에 따라 가정 내 생활에서 남성의 역할이 없어지는 것은 어쩔 수 없는 일이라고 여겨졌다(백진아 2009). 예를 들어, 1998년에 실시된 한 조사에 따르면 30~40대 남성들은 가족의 사적인 영역에서 그 역할이 거의 사라지게 되는데, 그것은 "일 때문에 너무 바빠서 어쩔 수 없다"는 의견이 대다수였다(이성희 · 한은주 1998). 즉, 현대 한국사회에서 생계부양자로서 남성의 이미지는 남성으로서 또는 아버지로서 가장 중요한 능력과 의무라고 여겨지며, 이에 따라 가정 내의 역할에서는 점차 멀어지게 되는 것이다.

이와 동시에 여성들의 경제 참여가 더욱 활발해지면서 새로운 아버지의 모습이 강조되기도 한다. 그것은 자녀들에게 무한한 관심을 쏟고, 자녀양육을 함께하는 아버지의 역할이다. 이는 가정에서 멀어진 아버지의 위상에 대한 위기의식에서 비롯된 것이기도 하다. 예를 들어 "아버지 됨"과 아버지 역할을 가르치는 많은 "아버지학교"[5]가 성행하게 되었고, 여성가족부에서는 "친구"라는 뜻의 "Friend"와 "아빠"라는 뜻의 "Daddy"를 합쳐 "프렌디(Friendy)"라는 신조어를 만들어 "자녀들에게 친구 같은 아빠", "자녀양육에 적극적인 아빠"로서의 이미지를 장려하기도 하였다.[6] 또한 대중 매체에서 인기리에 방영 중인 남성 연예인들의 육아 프로그램도 "친구 같은 아빠"의 이미지를 전파하는 데 한몫하고 있다.

그러나 중요한 것은 새로운 아버지의 이미지는 남성의 성공적인 커리어가 기본이 되었을 때만 긍정적으로 평가된다는 점이다. 즉, 남성의 생계부양자로서의 역할은 여전히 남성과 아버지로서의 가장 중요한 책

---

5 예를 들어 기독교 단체인 (사)두란노아버지학교운동본부에서 "아버지가 살아야 가족이 산다"는 모토하에 1995년 처음 "아버지학교"를 개설했는데 지난 20년간 총 293,451명의 기혼 남성들이 "아버지학교"를 수료했다고 한다. http://www.father.or.kr/index.action(최종 검색일: 2011년 11월 28일)

6 여성가족부 보도자료, 「대한민국 아빠들 프렌디 되고파!」. http://www.mogef.go.kr/korea/view/news/news03_01.jsp?func=view&currentPage=202&key_type=&key=&search_start_date=&search_end_date=&class_id=0&idx=164357(최종 검색일: 2011년 11월 28일)

무이며, 이에 따라 돌봄과 집안일에 대한 남성의 역할은 여전히 이차적인 것으로 인식되기 때문이다. 예를 들어 최근 대중 매체를 통해 유행하게 된 "딸바보" 또는 "아들바보"라는 명칭은 "바보 같을 정도로" 자신의 자녀들을 사랑하는 아버지를 가리키는 말이다. 그런데 여기서 흥미로운 것은, 이러한 별명은 주로 전문직에 종사하고, 코스모폴리탄적인 성향을 가지며, 동시에 자녀에게 열성적인, 극히 일부의 상층계급 아버지들에게만 해당한다는 점이다. 예로 한 기러기 엄마는 연구자와의 인터뷰 중에 다음과 같이 언급하였다. "애들에게 아주 열성적인 아빠들이 꽤 있어요. 압구정동에 있는 초등학교 운동회에 가 보세요. 딸바보, 아들바보인 아빠들 많아요. 그런 아빠들은 돈도 많고, 시간도 많은 사람이죠." 즉, 자녀에게 열성적일 수 있는 아버지는 "돈도 많고, 시간도 많은" 사람이어야 가능하다는 것이다.

이와 같은 배경에서 보면, 이 글에서 다루는 다섯 명의 아버지들은 극히 예외적인 경우라고 할 수 있다. 한국에서 부성의 가장 중요한 역할인 생계부양자로서의 위치를 포기하고, 자녀들 뒷바라지를 위해 싱가포르로 이주했기 때문이다. 그렇다면 기러기 아빠들은 어떻게 그러한 결정을 내리게 되었을까? 그리고 이러한 자신들의 "비관습적"인 아버지 역할에 대해 어떻게 정당화하고 있을까? 다음에서는 기러기 아빠들의 이주 결정과 그 의미부여 과정을 자세하게 살펴보겠다.

3. '기러기 아빠'로의 선택과 사회적 조건

앞에서도 언급했듯이 한국에서 자녀들의 조기 유학은 일종의 가족 프로젝트가 되며, 가족 구성원들은 자녀들의 성공적인 유학을 위해 긴밀한 협조체계에 들어가게 된다(조은 2004; 최양숙 2005). 이때 자녀의 성공적인 학업 성취와 이를 통한 가족의 계급 상승 또는 계급재생산에의 열망은 가족의 "도구적" 가치를 더욱 강조하게 된다(조은 2004). 즉, 자녀들의 성공을 위해 가족 구성원의 모든 가능한 자원을 극대화해야 한다는 의식이 이러한 초국가적 분거 가족을 성립하게 하는 문화적 논리가 되는 것이다.

연구자가 인터뷰했던 기러기 아빠들도 역시 이러한 도구적 가족의 가치를 그대로 가지고 있는 것처럼 보인다. A씨나 B씨의 경우 한국에서 자영업을 하고 있었으며, 당시 한국의 경기가 침체되어 그다지 좋은 수익을 내지 못하고 있었다고 한다. 반면 그들의 부인은 더욱 안정적인 직장에서 고정된 수입을 얻고 있었다. 따라서 이들은 자신들의 직업을 포기하고, 그 대신 부인의 더욱 안정적인 경제적 자원을 바탕으로 하여 자녀들의 뒷바라지를 담당하게 된다. 이러한 선택에 대해서는 모두 "자녀가 우선"이라는 말로 자신의 선택을 정당화한다. 여기서 주목할 것은 기러기 아빠가 한국에서의 직업을 포기하고, 자녀들의 주된 양육자로 싱가포르로 오게 된 것은 오로지 "자녀들"을 위한 것이지 다른 요인—예컨대 부인의 커리어를 존중한다거나 부인의 수고를 덜어 준다거나—에 의한 것이 아니라는 점을 강조한다는 점이다. 예를 들어 B씨의 경우 한국에서 부인과 맞벌이를 하고 있었기 때문에 두 아들을 싱가포르의 "홈스테이(homestay)"[7] 가정으로 유학을 보냈었다. 그리고 홈스테이 가정과 두 아들 사이에 계속 문제가 생기자 자신이 직접 싱가포르로 가서 아이들을 돌봐야겠다고 결심하게 된다.

7 홈스테이(homestay)란 부모가 자녀들을 동반하지 않고, 자녀들만 이주하여 일종의 하숙집에 기거하면서 조기 유학을 하는 유형이다. 학생들은 매달 일정한 하숙비를 주인에게 지급하며, 주인은 학생의 부모를 대신해서 일종의 보호자(guardian) 역할을 해 준다. 싱가포르의 경우 많은 기러기 엄마가 생활비 도

〈사례 1〉

B: 물론 이제 애들을, 집사람이 이제 한국에서 전화로만, 여기에 홈스테이를 맡기고 그랬었는데 홈스테이에서 애들이 좀 문제가 많이 발생을 했어요. 그래서 애들이 적응하는 게 너무 눈치도 보고, 뭐 에어컨 문제 이런 기타 뭐 이런 것들, 먹는 거에서부터 쭉 이런 것들이 나오니까 그리고 뭐, 그 경비면 애들 둘을 갖다 맡기는 경비면 차라리 여기서 우리가 조그만 방을 하나 얻어서 생활하는 게 낫다 싶어서. 애들 심리 상태나 뭐 이런 것도 나아지고.

연구자: 애들이 많이 싫어했나요? 홈스테이하는 거를?

B: 네. 거기 뭐 할머니[홈스테이 주인]하고도 많이 부딪히고 막 그러더라고요. 뭐 그래서 직접 하기로 마음을 먹었죠. 그때 이제 제일 정리하기 쉬웠던 부분이 저희 집사람은 보험 쪽에서 일했기 때문에 좀 정리하기가 어려웠고 제가 이제 정리를 들어갔죠.

연구자: 어떻게 그렇게 마음을 먹으셨어요?

B: 일단은 한 사람만 희생을 하기로 했었죠. 그때 당시는 제가 저도 이제 (회사생활을) 접고 가게를 하나 하고 있었어요. 그래 갖고선 PC방 같은 걸 하고 있었는데 그래서 적을 두고선 PC방을 하다 보니까 이것도 저것도 좀 어려워서, 그냥 다 정리하고 그러고 나서 이쪽으로 넘어왔죠.

〈사례 1〉에서 살펴볼 수 있듯이 B씨가 자녀들의 어려움에 대해서 언급한 것은 "에어컨"이나 "먹는 것"조차 주인의 눈치를 보아야 한다는 일상적인 것이다. 따라서 B씨가 아이들에게 오기로 결심한 것은 아이들

움을 받고자 자신의 집에 홈스테이 학생을 데리고 있었다.

에게 일상적인 편안함을 제공하려는 목적에서 비롯되었다. 이처럼 정서적 안정과 일상적 편안함의 제공은 기러기 엄마들과의 인터뷰에서도 자주 언급되는 자녀동반의 목적이다. 예를 들어, 홈스테이하던 17세의 남자 고등학생은 자신의 어머니가 한국의 직장을 그만두고 싱가포르로 오게 되자 "(엄마가 오니) 집이 있고, 밥이 있고"라고 얘기한 바 있다(Kang 2012b). 여기서 "집"이란 물리적인 집(house)이 아닌, 편안한 보금자리로서의 집(home)이다(안경주 2013). B씨의 경우에도 기러기 아빠를 결심한 가장 중요한 목적은 아이들에게 편안함과 정서적 안정을 제공하려는 것이다. 하지만 어머니가 가족의 정서적 측면을 담당한다는 전통적인 성별 분업(이광규 1998)과는 달리 기러기 아빠들은 "(아버지와 어머니 중) 하나만" 있으면 아이들에게 편안한 "집"을 제공할 수 있다고 생각한다. 즉, 자녀의 돌봄은 더는 여성과 여성성의 영역에만 한정되는 것이 아니라 부모 중 "누구나" 할 수 있는 것이 된다.

D씨도 위의 B씨와 유사한 생각을 하고 있었다. D씨의 경우는 원래 건축사무소에서 일하다가 인터뷰 당시에는 회계사인 부인의 사무실에서 일을 봐 주고 있었다. 회계사라는 직업의 특성상 특정 시기에 일이 집중되기 때문에 회계사 일이 바쁜 시기에 부인이 한국에서 일하고, D씨는 싱가포르에 거주하며 두 딸을 돌본다. 또한 회계사 일이 한가한 시기에 부인은 싱가포르로 오고, D씨는 한국으로 돌아간다. 이처럼 D씨는 부인과 함께 교대로 싱가포르에 머물면서 아이들을 돌보고 있었다. 그에 따르면 "집안일"이라는 것은 "필요"에 따라 또 "관심이 있으면" 성별과는 상관없이 누구든 할 수 있는 것이다. 다음은 인터뷰 중 집안일을 남성이 잘할 수 있느냐는 질문에 대한 D씨의 답이다.

〈사례 2〉

D: 근데, 관심이에요. [누구든지] 못하는 건 세상에 없어. 여자 남자의 성에서 차이는 없어요. 모든 일에 있어서 누구나 다 할 수 있고, 여자도 다 남자 일 할 수 있고, 남자도 다 여자 일 할 수 있어요.

〈사례 1, 2〉에서 살펴보았듯이 기러기 아빠들은 자녀양육과 가사를 더는 여성의 영역으로 정의하지 않는다. 그 대신 자녀들이 싱가포르라는 낯선 환경에서 적응하고, 공부하기 위해 겪는 어려움을 극복할 수 있게 도와주는 것은 "엄마의 의무"가 아니라 "부모의 의무"라는 것이다. 이처럼 기러기 아빠들에게 돌봄의 영역은 '부모 됨'의 중요한 한 영역이고, 각자 특수한 상황과 관심에 따라서 누구든지 할 수 있는, 성별 분업을 초월한 것이 된다.

한편 이러한 결정 과정을 거쳐 싱가포르로 이주한 기러기 아빠들은 싱가포르 정부가 가지고 있는 젠더이데올로기 때문에 많은 제약을 받게 된다. 보다 구체적으로 살펴보자면, 싱가포르의 이민 정책에 따르면 조기 유학을 오는 미성년 학생들을 합법적으로 동반할 수 있는 사람은 오로지 어머니 또는 할머니뿐이며, 아버지는 학생들의 "합법적"인 동반자가 될 수 없다. 실제로 싱가포르의 출입국관리부(Immigration and Checkpoints Authority)의 규정에 따르면 "학생비자(Student's Pass)를 가지고 싱가포르에서 유학하는 학생이 자녀이거나 손자녀인 여성 방문자들만이 (장기간) 방문비자(Visit Pass)를 신청할 수 있다"고 명시해 놓고 있다.[8]

8 http://www.ica.gov.sg/page.aspx?pageid=174&secid+171(최종 검색일: 2010년

이러한 제약 때문에 기러기 아빠들이 겪는 가장 큰 어려움 중의 하나는 체류 자격에 대한 문제다. 이들은 앞에서 언급했듯이 장기체류비자를 신청할 수 있는 자격이 없으므로 대부분 비자 없이 90일 체류를 인정받는 관광객의 신분으로 입국하여, 3개월마다 인근 국가인 말레이시아나 인도네시아로 나갔다가 다시 입국하는 방법으로 체류를 연장하고 있었다. 반면 그들의 부인들은 사실상 싱가포르에 거주하지 않는다고 할지라도 장기체류비자를 가질 수 있는 역설적인 상황이 된다. 결과적으로 아버지의 단기관광비자로는 자녀들의 싱가포르 학교 입학이나 거주할 집을 구하는 것이 불가능하며, 따라서 장기체류비자가 있는 어머니들이 조기 유학 초기의 적응과정을 모두 담당해야 하는 어려움이 생긴다.

한편 조기 유학 아버지들에 대한 싱가포르의 거주 자격 제한은 오히려 기러기 아빠들에게 직장을 구해 취업 비자를 취득하거나 영주권을 신청하여 "비자 문제를 해결"하도록 노력하게 한다. C씨의 경우, 원래 싱가포르에서 직장을 다니던 부인을 따라 가족 비자(Dependent Pass)로 싱가포르에 체류하였는데, 최근 부인이 한국으로 발령이 나서 귀국하게 된 뒤 아들의 교육을 위해 싱가포르에 남기를 결정하였다. 부인이 싱가포르에서 직장생활을 하던 4년간 가정에서 집안일과 아들의 뒷바라지를 하던 C씨는 부인이 귀국하게 되자 자신의 사업을 시작하게 되었고, 이에 따라 취업 비자를 획득하여 장기체류할 수 있게 되었다. 또한 A씨의 경우에는 관광비자로 들어와서 3개월에 한 번씩 비자를 갱신하며 싱가포르에 체류하다가 얼마 전 딸의 학교를 통해 딸이 영주권을 획득[9]하

5월 13일)

9 싱가포르의 경우 인재를 확보하기 위해 학교별로 우수한 학생들을 대상으로 영주권을 취득할 기회를 부여한다. 이때 학교의 추천을 통해 영주권을 받은

게 되면서 부모의 자격으로 자동으로 영주권을 취득하게 되었다. 하지만 이러한 싱가포르 영주권의 취득은 젠더별로 상이하게 나타난다. A씨의 경우, 딸은 영주권을 신청했지만, 아들은 영주권을 신청하지 않았다. 왜냐하면 남학생의 경우 싱가포르 영주권을 취득하게 되면 한국에서뿐만 아니라 싱가포르에서도 군복무의 의무가 요구되기 때문이다. 따라서 대부분 남학생은 영주권 취득을 꺼리는 경향이 있다. 실제로 B씨의 경우, 두 아들에게 모두 영주권 신청의 기회가 있었으나 영주권을 신청하지 않았고, 그 결과 여전히 3개월에 한 번씩 싱가포르에서 출국했다가 재입국하여 체류 자격을 갱신하는 어려움을 겪고 있었다.

한편 싱가포르로 이주한 아버지들이 겪게 되는 가장 큰 변화는 가족 내 성별 분업이다. 인터뷰한 5명의 아버지는 모두 한국에서는 집안일을 "가끔 거들어 줄 뿐" 온전히 집안일을 한 적은 없었다고 토로하였다. 대부분 직장생활을 하는 부인 대신 다른 여성 가족원들—특히 장모—이 집안일을 도와주는 경우가 많았다. 마찬가지로 이들 기러기 아빠들은 만약 지금이라도 한국에 돌아간다면, 다른 여성 가족원들(장모나 어머니)의 도움을 받을 수 있으므로 자신들이 전적으로 집안일을 하지는 않게 될 것이라고 말하기까지 하였다. 하지만 싱가포르에서 거주하는 현 상황에서는 다른 가족이나 친지들에게 도움을 받을 수 없어서 어린 자녀들을 위해 자신이 집안일을 전적으로 담당하는 것이 당연하다고 생각하고 있었다.

하지만 기러기 아빠들의 초국적 이주에 따른 다른 가족이나 친지로부터의 분리는 이들에게 더욱 많은 "자유"를 부여하기도 한다. 예를 들어, B씨의 부모들은 B씨가 싱가포르로 떠나게 되었을 때 많이 속상해했

학생들의 부모들은 자동으로 영주권을 받을 수 있다.

는데, 그 이유는 B씨가 사업을 그만두고 "집안에서 아이들을 돌보는" 상황이 전통적인 성별 역할 기대와 맞지 않았기 때문이다. 하지만 싱가포르로 이주한 이후 B씨는 자신이 집안일을 한다는 사실에 대해 더욱 자유로움을 느꼈는데, 그는 그 이유로 "내가 누구인지 아무도 모르기" 때문이라고 말하였다. 마찬가지로 A씨도 남성들이 집안일에 적극적으로 참여하는 중국 문화가 지배적인 싱가포르에서 더욱 자유로움을 느낀다고 말하면서 "싱가포르 사람들은 왜 남자가 주중에, 낮에, 남자라면 직장에 있어야 할 시간에 왜 장을 보는지 전혀 상관하지 않는다. 하지만 한국에 있었으면 남자가 낮에 장을 보면 이상하게 쳐다봤을 것"이라고 덧붙였다.

4. '기러기 아빠들'의 전략: 전통적 부성의 이미지 유지하기

앞에서 살펴보았듯이, 자녀들의 일차적인 부양자로서 조기 유학을 동반한 기러기 아빠들의 사례는 전통적으로 가부장제적 성격이 강한 한국의 엄격한 성별 분업(조혜정 1988; Kim 1993)이 초국가적인 이주라는 상황 속에서 어떻게 변형 또는 재편되는지를 보여 준다. 하지만 이처럼 기러기 아빠가 돌봄의 영역을 담당하고 있다는 실제적 변화에도 불구하고 담론적 차원에서는 여전히 생계부양자로서의 아버지 이미지와 남성의 정체성을 유지하려는 다양한 전략을 채택한다. 따라서 여기서는 기러기 아빠들의 담론적 전략을 분석함으로써 이러한 초국가적 가족의 경영이 어떻게 전통적인 젠더 이데올로기를 영속시키고 있는지를 보다 구체적으로 살피도록 하겠다.

첫 번째로 발견되는 전략은 기러기 아빠들이 자신의 싱가포르에서의 비관습적인 역할을 끊임없이 커리어와 공적인 "일"의 영역으로 연결하려는 점이다. 이러한 커리어와 직업의 영역은 전통적으로 부성과 남성성의 가장 핵심적인 요소로 여겨져 왔다(서구의 사례로는 Coltrane 1988; Marsiglio et al. 2000; Thompson and Walker 1989). 따라서 인터뷰했던 5명의 아버지는 모두 싱가포르 이주의 결정은 전적으로 "아이들을 위한 것"이라고 주장했지만, 동시에 자기 일과 직업으로부터 잠시 "휴식을 갖고" "싱가포르에서 새 출발"을 하기 위한 것이라는 점도 강조한다. 사실상 5명의 아버지는 인터뷰 당시에 모두 여러 종류의 공적 영역에서의 활동에 종사하고 있었다. 예를 들어, D씨의 경우는 무직이었던 지난 4년 동안 자신이 다니던 교회에서 봉사활동을 열심히 했으며, 부인이 귀국한 후 자신의 사업을 시작하게 되었다. 마찬가지로 E씨는 프리랜서로 일하며, 동시에 병원에서 파트타임으로 일을 맡아서 하고 있었다. 다른 세 아버지 A, B, C씨 역시 당시 부모를 동반하지 않은 조기 유학생들을 상대로 홈스테이를 운영하고 있었고, 이웃의 다른 기러기 엄마들이 "못 박는 일이나 수리 등 남자들의 일"을 필요로 할 때 도와주기도 하였다. 이와 동시에 이들은 현재 상황이 "싱가포르에서 새로운 사업을 구상하는 과정"임을 언제나 강조하였다.

또 다른 정당화의 전략은 "생계부양자로서의 아버지"라는 보다 규범적인 역할에 상응하는 자신의 이전 모습이나 한국으로 귀국했을 때의 "상상된" 모습을 끊임없이 상기시키는 것이다. 이들은 기러기 아빠로서의 생활을 일시적이고 "어쩔 수 없는" 상황으로 규정하며, 이에 따라 현재의 모습은 단지 임시적인 상태로 정의되는 것이다. 자녀들을 따라 캐나다로 이주해 온 타이완과 홍콩 출신의 아버지를 연구한 워터스(Waters 2010)에 따르면, 이들은 본국에서의 자아와 현재의 자신을 엄격히 분리하고, 캐나다로의 이주를 통해 완전히 "새로운 자아"로의 변환을 이루었다고 강조한다(Waters 2010: 71-72). 이와는 대조적으로 싱가포르로 이주한 한국의 아버지들은 다소 모호한 태도를 보이며, 두 가지의 선택이 가능하다고 본다. 하나는 싱가포르에서 취업 기회를 찾는 것이며, 다른 하나는 한국으로 돌아가는 것이다. B씨의 경우, 싱가포르에서 새로운 사업을 구상 중이라고 말하면서 동시에 한국에서의 자신의 모습을 끊임없이 상기시킨다. 다음은 B씨와의 인터뷰 중에서 발췌한 것이다.

〈사례 3〉

B: 남자는 어느 때 뭘 하더라고 할 수 있다는 그런 거를 애들한테는 보여주고는 있어요. 그런 것들 그래서 아빠가 지금 뭘 하든 간에 언제든지 다시 할 수 있는 기반은 한국에 다 있다.

이처럼 기러기 아빠들은 한국으로 돌아갔을 때의 모습을 상상하거나 이전의 모습을 상기시키면서 싱가포르에서의 자신의 모습을 '일시적'인 것으로 규정한다. 이러한 일시성의 강조는 부분적으로는 싱가포르에서의 조기 유학이 비교적 단기간으로 계획되는 점에 기인하기도 한다. 대부분 학생들은 2~3년간의 짧은 유학을 계획하고 있으며, 이러한 단기간의 유학이라는 특징이 기러기 아빠 생활의 "일시성" 또는 "임시성"으로 연결된다고 할 수 있다.

한편 이러한 일시성은 기러기 아빠들로 하여금 자녀양육과 가사노동을 어머니들과 다르게 경험하게 하는 기반으로 작용하기도 한다. 다수의 기러기 엄마들은 한국에서 학생들이 생활했던 "집"의 친숙함과 일상성을 그대로 초국가적 상황에서 만들어 내는 것을 가장 중요한 동반목적으로 삼고 있다(Kang 2012b). 즉, 기러기 엄마들의 가사노동과 돌봄은 '친숙함'과 '일상성'의 재생산과 연결되어 있는 것이다. 이와는 대조적으로, 기러기 아빠들은 자신의 가사노동과 자녀양육을 "새롭고" "재미있는" 경험으로, 따라서 "즐길 수 있는 것"으로 인식하는 경향이 있다

(예: Coltrane 1998).

일례로 인터뷰했던 다수의 기러기 아빠들이 음식 장만과 요리에 새롭게 흥미와 관심을 보이는 것을 들 수 있다. “일상적인 집밥”을 제공하는 어머니들과는 달리 기러기 아빠들은 요리에 “도전 정신”과 “창의성”을 발휘하곤 한다. 이들은 한국에서 거의 음식을 해 본 적이 없었기 때문에 새롭게 여러 가지 레시피를 모으고, “공부하고”, “실험”해 보아야 하기 때문이다. 대부분 기러기 아빠들은 인터넷으로 레시피를 찾고, 여러 가지를 시도해 본다. 예를 들어 D씨의 부인은 D씨의 요리를 “재미있고, 신나는 실험”이라고 정의 내렸다. 다음은 D씨 부인과의 인터뷰 중에서 발췌한 것이다.

〈사례 4〉

D씨의 부인: 우리 딸들은 아빠가 오면 먹을 거 걱정은 없다고 해요. 애들 아빠가 요리에 관심이 그렇게 많더라고. 여기 있으면 특별히 할 일이 없잖아요. 그러니까 온갖 식자재를 다 사다가 놓고서는 요리를 실험하고, 레시피 다운 받아서 요리를 하고, 온 동네에서 동네방네 돌아다니면서, 먹어 보고. 애들은 마루타가 되는 거죠. (웃음)

하지만 요리에 대한 새로운 관심과 재미에도 불구하고 기러기 아빠들은 전통적으로 여성의 영역이라고 여겨졌던 요리에서 자신을 분리하려는 경향을 보인다. 첫째는, 그들은 자신들이 새롭게 흥미를 갖고 개발하게 된 요리 실력과 지식을 하나의 자본으로 전환하여 이후 자신의 사업과 연결하려는 노력을 한다. 사업 구상 중이라고 밝힌 세 아버지(A, B, D)는 모두 싱가포르에서 음식점 개업을 준비 중이었다. 둘째는, 끊임없이 자신의 요리 실력이 “부인보다는 못하다”는 점을 강조하는 것이다.

D씨의 경우 요리에 관심을 보이고, 재미를 느끼면서도 "맛이야 엄마가 한 것이 훨씬 맛있죠"라고 덧붙이는 것을 잊지 않는다. 즉, 기러기 아빠의 요리 실력은 근본적으로 부족하다는 것을 강조함으로써 여전히 집안일과 요리는 여성의 영역임을 상기시키는 것이다. 이에 따라 기러기 아빠의 음식 장만과 요리는 "부재중인 엄마"를 대신하는 임시적인 것으로 재정의된다.

5. '엄격한 엄마와 자상한 아빠': 자녀교육에 대한 상이한 태도

여기서는 기러기 아빠들이 어떻게 자신들이 지니고 있는 자녀교육에 대한 태도와 가치를 "엄마들"의 교육 방식과 대조시키고 있는지를 살펴보겠다. 앞에서도 잠깐 언급했듯이, 한국 어머니들에 대한 전형적인 이미지는 자녀의 교육에 적극적인 "매니저"다. 이들은 자녀들의 학교생활, 과외활동, 친구들과의 관계들을 포함한 자녀들의 일상적인 활동에 끊임없이 개입하며 통제한다(조은 2004; Park and Abelmann 2004). 인터뷰했던 5명의 아버지 모두 전형적인 '어머니들의 게이트키핑(maternal gatekeeping)'(Allan et al. 1999)에 대해 언급하였다. 즉, 한국에서는 자신들의 아내가 자녀 교육 및 양육에 대해서는 모든 것을 담당하였고, 따라서 자신들은 자녀교육 문제에는 개입하지 못하고 방관자에 불과했다는 것이다.

싱가포르로 이주한 후에도 어머니들은 여전히 자녀들의 일상생활에 활발하게 개입한다. 우선, 기러기 아빠들이 가진 거주 자격의 제한 때문에 가족들의 초기 정착 과정—살 집을 구하고, 자녀를 학교에 등록시키는 일—에서 어머니들의 역할은 필수적이다. 하지만 어머니들은 한국으로 돌아가서도 끊임없이 자녀들의 일상생활과 교육에 개입하는데, 예를 들어 매일 전화로 아이들을 "리모트 컨트롤"하는 것이다(유사한 사례로 Zhou 1998).

하지만 기러기 아빠들은 자신의 양육 방식과 교육 태도는 일상의 세세한 부분까지 개입하고 통제하려는 "매니저 엄마"의 이미지와는 대조된다고 주장한다. 많은 기러기 엄마는 매일 생활계획표를 만들어 아이들의 일상적인 활동을 통제하고, 그것을 지켰는지를 확인하지만, 기러기 아빠들은 그러한 세세한 부분이나 공부 습관보다는 "더 큰 부분", 즉 전체적인 진로라든지 삶의 태도, 사회성, 자립심 등에 신경 쓴다고 말한다. 다음은 B씨와의 인터뷰 중에서 발췌한 것이다.

〈사례 5〉

B: 뭐 하여튼간 대인관계가 좋아야 비즈니스를 하든 뭘 하든 큰 인물이 될 수 있는 거지, 공부만 파고선 뭐 한다고 해서 큰 인물이 될 수 없는 게. 물론 저기 하면 애들 가르치는 거나 뭐 이런 것도 할 수 있지만, 사람이 모여드는 그런 일들은 못 하지 않느냐. 돈은 사람이 벌어들이는 거지 네가 벌어들이는 게 아니다, 주변의 사람들이 해서 벌어들이게끔 해야 되는 거지. 그거를 배워야 된다고 얘기를 하죠.

위의 사례에서 나타나듯이 B씨는 아이들을 교육하는 데 있어서 "대인관계"를 더욱 중시하며, "공부만 파고선 큰 인물이 되지 못한다"고 말한다. 또한 하나하나 세세하게 일러주는 것은 아이들의 자립심을 헤치는 것이 되므로 "알아서 하도록 둔다"고 언급하기도 한다. 이러한 것은 자녀들의 사회성이나 독립성을 더욱 강조하는 것으로서 학습능력과 자기절제능력을 강조하고 이를 위해 세심한 관리가 필요하다고 생각하는 어머니들의 교육관과는 대조를 이룬다. 이러한 아버지와 어머니의 교육관 차이는 초국적 공간에서 더욱 극명하게 나타나는데, 기러기 아빠들의 경우 부인의 통제가 없는 상황에서 자신의 교육관과 소신대로 자녀들을 교육시킬 수 있는 자율성을 가질 수 있기 때문이다.

한편 이처럼 "통 큰 아빠"들의 자녀교육은 부재중인 어머니들에게는 언제나 염려스러운 부분이다. D씨 부인의 경우, 남편이 자녀들에 대해 규율을 엄격히 하지 않고 있으며, 그것은 "무책임"으로 이어진다고 말한다.

〈사례 6〉

D씨 부인: 애기 아빠 같은 경우에는 자라 깨라 뭐 이런 거를 강력하게 얘기 못 하는 편이에요. 자기 자신도 아침에 일찍 못 일어나. (웃음) 그래서 아침에 애 아빠가 못 깨니까, 애들이 학교 갈 준비를 못 하는 거야. 그럼 애 아빠는 그냥 '학교 하루 빠져도 돼' 이러면서…. (웃음)

하지만 기러기 아빠들의 엄격한 규율의 부재를 염려하는 어머니들의 걱정과는 대조적으로 기러기 아빠들과 그의 자녀들은 어머니가 멀리 있을 때 더욱더 편안한 시간을 보낸다. "엄부 자모", 즉 "엄격한 아버지와 자애로운 어머니"라는 전통적인 이미지와는 대조적으로(이광규, 1998; Coltrane 1998; Shwalb et al. 2010), 다수의 기러기 아빠들과 그 자녀들은 "엄마가 왔을 때 더 긴장되고 불편하다"고 토로한다. 어머니들은 자녀들이 얼마나 오래 컴퓨터 게임을 하고, 텔레비전을 시청했는지를 통제하려 하지만, 아버지들은 "너무 과하게만 하지 않으면" 통제할 필요가 없다고 생각한다.

또한 기러기 아빠들은 한국에 있는 어머니들의 '리모트 컨트롤'을 방어하여 자녀들과의 유대감을 높이기도 한다. 다음은 D씨와 D씨의 딸인 주연(가명)을 인터뷰하기 위해 D씨 집을 재방문했을 때 우연히 관찰하게 된 흥미로운 대화 사례다.

〈사례 7〉

D씨의 큰딸(12살) 주연은 다음 날 과학시험을 준비해야 함에도 자신이 취미로 글을 써서 올리는 인터넷 사이트를 연구자인 필자에게 보여 주며 놀고 있었다. 이때 전화가 울리고, D씨가 전화를 받아 주연에게 전해 준다.

① D: 주연아, 엄마다. 또 시작이다. (웃음)
② 주연: (아빠를 쳐다보며, 짜증 난다는 표정으로) 에휴 … (전화를 받고) 여보세요.
③ D: 엄마한테 지금 열심히 공부한다고 그래. 아주 머리가 띵할 정도로. (웃음)
④ 주연: (엄마에게) 응, 알겠어. 지금 공부하고 있어.
⑤ D: 머리가 띵할 정도로! (웃음)
⑥ 주연: (엄마에게) 지금 공부한다니까, 엄마. 머리가 띵할 정도로 공부하고 있어.

〈사례 7〉의 ①에서 알 수 있듯이 D씨 부인의 전화는 일상적인 감독의 행위이며, 여기서 D씨는 주연에게 그것에서 벗어날 수 있도록 심지어 거짓말을 만들고(③), 어머니에게 말하도록 코치하기도 한다(⑤). 이러한 상호작용에서 알 수 있는 것은 '엄부자모'의 전통적 이미지와는 대조적으로 어머니는 엄격한 규율을 강제하는 역할을, 아버지는 친근한 모습을 보여 주고 있다는 것이다. 이처럼 기러기 아빠들은 어머니들이 부재한 사이에 자녀들과 돈독한 유대관계와 '동지애'를 쌓게 된다. 이처럼 더 이해심이 있고, 자녀들에게 친근함을 보이는 새로운 아버지의 이미지는 가부장제적 전통에서 엄격하고 권위 있는, 따라서 두려움을 불러일으키던 전통적 아버지의 모습과는 큰 차이점을 보이게 된다.

6. 나가는 말

자녀들의 교육을 위해 싱가포르로 동반 이주한 기러기 아빠들의 사례연구는 "예외적"인 아버지들이 초국적 이주의 상황에서 어떻게 자신의 '아버지 됨'을 타협하고 있는지를 보여 준다. 또한 이러한 타협을 통해 기러기 아빠들은 전통적인 젠더와 가족 이데올로기에 도전할 뿐만 아니라 동시에 그러한 전통적인 관념들을 유지하고 영속화시키기도 한다는 점을 제시한다. 우선, 가사노동이나 자녀양육과 같은 돌봄의 영역은 더는 여성의 영역이 아닌, 보다 상황적이고 중성적인 활동으로 재정의되면서 기존의 성별 분업에 도전한다. 또한 이러한 아버지들의 자녀양육에 대한 적극적인 개입은 최근에 등장하는 "자녀들에게 열성적인 아버지"의 모습과 일치하는 부분이기도 하다.

하지만 자녀들의 해외 이주에 동반하기 위해 한국에서의 일을 포기해야 하는 사실은, 여전히 생계부양자로서의 아버지 역할이 강조되는 한국사회의 맥락에서 볼 때, 돌봄을 담당하는 기러기 아빠들의 남성성과 '아버지 됨'을 크게 위협하는 요소가 된다. 이에 따라 기러기 아빠들은 자신의 비관습적인 역할을 이해하고, 정당화하기 위해 여러 가지 담론적 전략을 취하게 된다. 예를 들어, 자신의 현재 상황을 일시적이고 어쩔 수 없는 상황으로 재정의하거나 전통적으로 남성의 영역과 연결된 공적 영역으로의 재진입을 구상하기도 한다.

이와 함께 기러기 아빠들은 한국 어머니들의 전형적인 교육 태도, 즉 자녀들의 학업 성적에 대한 집착이나 일상적인 활동의 철저한 통제 등을 지적하고, 그러한 태도가 근시안적임을 비판한다. 그리고 자신들의 교육 방식은 자녀들에게 개인적인 학업 성취보다는 관계성과 사회친화성을 중요시하는 더욱 넓은 시각과 태도를 보인다고 강조한다. 이처럼 어머니 또는 아버지의 교육 방식 및 태도를 단순화하여 대조시킴으로써 기러기 아빠들은 자신이 자녀교육에 개입하는 것을 정당화하고, 심지어 더욱 바람직한 것으로 승격시킨다. 이와 동시에 기러기 아빠들은 자녀들과 활발하게 소통하는 친근한 새로운 아버지의 이미지를 성공적으로 형성해 나갈 수 있다. 이를 통해 기러기 아빠들은 최근 한국사회에서 널리 형성되고 유통되는, 자녀들에게 더욱 관심을 두고, 양육에 적극적으로 개입하는 코스모폴리탄적인 아버지의 이미지로 자신의 모습을 긍정적으로 투사할 수 있는 것이다.

따라서 이 글은 한국 가족의 유연성과 유동성을 보여 주는 또 다른 사례를 제공한다. 이전 연구들은 한국의 어머니들을 가족의 계급재생산의 주요한 원동력으로 보고, 가족 경영에서 생계부양자로서의 아버지와 매니저로서의 어머니라는 성별 협업 체계를 강조했다면(박소진 2009; 조은 2004, 2008; Park and Abelmann 2004), 싱가포르 기러기 아빠의 사례는 가족 내에서의 전통적 성별 분업이 조정되고, 심지어 위반될 수 있다는 사실을 보여 준다. 특히 기러기 아빠는 더는 생계부양자로서가 아니라 자녀양육의 일차적 책임자로서 교육 이주에 참여하게 되며, 이는 "자녀 우선"이라는 전통적 이데올로기를 통해 정당화된다.

하지만 이 연구는 일상적인 가사 영역에서의 성별 분업 실천에서 나타나는 변형에도 불구하고, 그러한 변형이 여전히 "지연된 혁명"(Hochschild 1989)으로 머물러 있음을 보여 준다. 왜냐하면 기러기 아빠가 비관습적인 성별 역할을 담당한다고 해도 전통적인 젠더와 가족

이데올로기를 충분히 도전하고 변형시킬 수 없었기 때문이다. 즉, 실제적인 차원에서 나타나는 성별 역할의 변화에도 불구하고 담론적 차원에서는 여전히 전통적인 가족과 젠더 이데올로기가 작용하고 있었으며, 이 둘 사이의 간극은 기러기 아빠들로 하여금 자신의 새로운 '아버지 됨'에 대해 다중적인 가치와 태도를 보이게 하는 것이다. 따라서 싱가포르의 기러기 아빠에 대한 민족지적 사례는 가족과 '아버지 됨'의 의미는 고정된 것이 아니라 급변하는 세계화 속에서 특수한 초국가적 맥락과 실천에 따라서 변화하는 유동적인 것임을 보여 준다.

참고문헌

두란노아버지학교운동본부 http://www.father.or.kr/index.action(최종 검색일: 2011년 11월 28일).

박소진. 2009.「'자기관리'와 '가족경영' 시대의 불안한 삶」.『경제와 사회』84: 12-39.

박휴용. 2006.「'세계화시대의 영어학습' 열기에 대한 비판적 담론분석: 사회적 기호화 과정의 탐색」.『사회언어학』14(2): 169-196.

백진아. 2009.「기혼 남성의 부성과 가족 경험」.『현상과 인식』33(4): 163-186.

성정현 · 홍석준. 2013.『그들은 왜 기러기가족을 선택했는가: 말레이시아 조기유학 현장보고』. 서울: 한울아카데미.

싱가포르 출입국관리부 http://www.ica.gov.sg/page.aspx?pageid=174&secid+171(최종 검색일: 2010년 5월 13일).

안경주. 2013.「한국 가족주의와 트랜스 국가주의적 홈(home): 트랜스 국가주의적 사회적 장에서의 교육 이주 여성의 삶을 중심으로」.『한국문화인류학』46(1): 235-279.

여성가족부 보도자료 http://www.mogef.go.kr/korea/view/news/news03_01.jsp?func=view&currentPage=202&key_type=&key=&search_start_date=&search_end_date=&class_id=0&idx=164357(최종 검색일: 2011년 11월 28일).

이광규. 1998.『한국가족의 사회인류학』. 서울: 집문당.

이성희 · 한은주. 1998.「기혼남성의 아버지 역할 행동에 대한 연구」.『한국가정관리학회지』16(2): 23-39.

조은. 2004.「세계화의 최첨단에 선 한국의 가족: 신글로벌 모자녀 가족 사례 연구」.『경제와사회』64: 148-173.

조은. 2008.「신자유주의의 세계화와 가족 정치의 지형」.『한국여성학』24(2): 5-37.

조혜영. 2007.『청소년의 조기유학 결정과정과 적응, 초국가적 가족관계 형성에 관한 연구』. 연구보고 05-R37. 한국청소년개발원.

조혜정. 1988.『한국의 남성과 여성』. 서울: 문학과지성사.

최양숙. 2005.『조기유학, 가족 그리고 기러기 아빠』. 경기도: 한국학술정보.

한국교육개발원. 2011.『그림으로 보는 유초중등 교육 1: 조기유학현황』. 통계자료 SM2011-06-01. http://cesi.kedi.re.kr

홍석준 · 성정현. 2009.「조기유학 대상지로 동남아시아를 선택하는 한국인 부모들의 동기 및 사회문화적 배경에 대한 연구: 말레이시아의 사례를 중심으로」.『사회과학연구』 20(4): 239-262.

Bourdieu, Pierre. 1977[1972]. *Outline of a Theory of Practice*. Cambridge: Cambridge University Press.

Channel News Asia. February 11. 2008. "More Koreans Enrolling in Schools in Singapore."

Chee, Maria W. L. 2003. "Migrating for the Children: Taiwanese American Women in Transnational Families." In Nicola Piper and Mina Roces, eds. *Wife or Workers?: Asian Women and Migration*. Pp. 137-156. Lanham MD: Rowan and Littlefield.

Chiang, Lan-Hung Nora. 2008. "'Astronaut Families': Transnational Lives of Middle-Class Taiwanese Married Women in Canada." *Social & Cultural Geography* 9(5): 505-518.

Coltrane, Scott. 1998. *Gender and Families*. Thousand Oaks. CA: Pine Forge Press.

Hocschild, Arlie R. 1989. *The Second Shift*. New York: Penguin Books.

Kang, Jiyeon and Abelmann, Nancy. 2011. "The Domestication of South Korean Pre-College Study Abroad (PSA) in the First Decade of the Millennium." *Journal of Korean Studies* 16(1): 89-118.

Kang, Yoonhee. 2012a. "Singlish or globish: Multiple Language Ideologies and Global Identities among Korean Educational Migrants in Singapore." *Journal of Sociolinguistics* 16(2): 165-183.

Kang, Yoonhee. 2012b. "Transnational Motherhood in the Making of Global Kid." In C. Pluss and K.-B. Chan, eds. *Living Intersections: Transnational Migrant Identifications in Asia*. Pp. 149-166. Dodrecht: Springer.

Kang, Yoonhee. 2015. "Going Global in Comfort: South Korean Education Exodus in Singapore." In A. Lo, N. Ablemann, S. A. Kwon, and S. Okazaki, eds. *South Korea's Education Exodus: The Life and Times of Early Study Abroad*. Seattle, WA: University of Washington Press.

Kim, Jeehun. 2010. "'Downed' and Stuck in Singapore: Lower/Middle Class South Korean wild Geese (kirogi) Children in Public School." *Research in Sociology of Education* 17: 271-311.

Kim, Myung-Hye. 1993. "Transformation of Family Ideology in Upper-Middle-Class Families in Urban South Korea." *Ethnology* 32(1): 69-87.

Kim, Samuel S. 2000. "Korea and Globalization (Segyehwa): A Framework for Analysis." In Samuel Kim, ed. *Korea's Globalization*. Pp. 1-28. Cambridge:

Cambridge University Press.

Kim, Song-Chul. 2001. "Weekend Couples among Korean Professionals: An Ethnography of Living Apart on Weekdays." *Korea Journal* 41(4): 28-47.

Lee, Kwang-kyu. 1997. *Korean Family and Kinship*. Seoul: Jipmoondang.

Lo, Adrienne, Nancy Abelmann, Soo Ah Kwon, and Sumie Okzaki, eds. 2015. *South Korea's Education Exodus: The Life and Times of Study Abroad*. Seattle & London: University of Washington Press.

Marsiglio, William and Paul Amato, Randal Day, and Michael Lamb. 2000. "Scholarship on Fatherhood in the 1990s and Beyond." *Journal of Marriage and Family* 62: 1173-1191.

Park, So Jin. 2007. "Educational Manager Mothers: South Korea's Neoliberal Transformation." *Korea Journal* 47(3): 186-213.

Park, So Jin and Nancy Abelmann. 2004. "Class and Cosmopolitan Striving: Mothers' Management of English Education in South Korea." *Anthropological Quarterly* 77(4): 645-672.

Park, Joseph S-Y and Bae, Sohee. 2015. "School Choice and the Meaning of "Success" among ESA Families in Singapore." In A. Lo, N. Ablemann, S. A. Kwon, and S. Okazaki, eds. *South Korea's Education Exodus: The Life and Times of Early Study Abroad*. Seattle, WA: University of Washington Press.

Shim, Doobo and Park, Joseph S-Y. 2008. "The Language Politics of 'English Fever' in South Korea." *Korea Journal* 48(2): 136-159.

The Straits Times. March 17, 2009. "Plight of the Wild Geese Families."

Thompson, Linda and Alexis J. Walker. 1989. "Gender in Families: Women and Men in Marriage, Work, and Parenthood." *Journal of Marriage and Family* 51(4): 845-871.

Waters, Johanna L. 2005. "Transnational Family Strategies and Education in the Contemporary Chinese Diaspora."*Global Networks* 5(4): 359-377.

Waters, Johanna L. 2006. "Geographies of Cultural Capital: Education, International Migration and Family Strategies between Hong Kong and Canada." *Transactions of the Institute of British Geography* 31(2): 179-192.

Waters, Johanna L. 2010. "Becoming a Father, Missing a Wife: Chinese Transnational Families and the Male Experience of Lone Parenting in Canada." *Population, Space, and Place* 16: 63-74.

Zhou, Min. 1998 "'Parachute Kids' in Southern California: The Educational

Experience of Chinese Children in Transnational Families." *Educational Policy* 12 (6): 682-704.

찾아보기

사항

ㄴ

ㅅ

ㅇ

ㅈ

ㅊ

인명

ㄱ

ㄷ

ㄹ

ㅁ

ㅂ

ㅅ

ㅇ

ㅈ

저자(글 게재순)

정향진

2001년에 미국 미네소타대학교 인류학과에서 박사학위를 취득했으며, 현재 서울대학교 인류학과 교수로 재직 중이다. 심리인류학을 세부전공으로 하여 문화심리, 자아와 감정, 사람됨, 교육, 정신역동, 가족주의, 후기근대성 등의 주제영역에서 연구하고 있다. 미국과 한국에서 현지조사를, 북한에 관해 원거리 연구를 수행해 왔다. 저서로 *Learning to Be an Individual: Emotion and Person in an American Junior High School*(Peter Lang, 2007)이 있고, 가족주의 관련 연구로는 「북한 가족주의 체제의 모성적 토대: 보건의료부문을 중심으로」(『통일과 평화』, 2014), 「담임학급제도에서 나타나는 가족비유와 가족주의: 지속과 변화」(『비교문화연구』, 2014) 등이 있다.

김성철

1991년에 미국 워싱턴대학교에서 사회문화인류학으로 박사학위를 취득했으며, 현재 인제대학교 한국학부 교수로 재직 중이다. 주요 연구 분야는 가족과 친족, 기업문화, 정보화사회다. 가족과 친족 분야 최근 논저로 "Who Are Venerated in Contemporary Domestic Ancestral Rites?: An Aspect of Ritual Change among Urbanites in Korea" (*Korea Journal*, 2014), "Lineage and Society: A Comparison of Korea and China" (*Korean Anthropology Review*, 2017) 등이 있다.

로저 자넬리(Roger L. Janelli)

미국 인디애나대학교 민속학과 및 동아시아학과 명예교수다. 한국의 가족과 친족, 종교, 민속, 기업문화 등의 영역에서 다수의 논문과 저서를 출간했다. 대표 저서로 『조상의례와 한국사회』(임돈희와 공저, *Ancestor Worship and Korean Society*, Stanford University Press, 1982), *Making Capitalism: The Social and Cultural Construction of a South Korean Conglomerate*(임돈희와 공저, Stanford University Press, 1993), "South Korea's Great Transformation(1960~1995)"(임돈희와 공저, 『대한민국학술원논문집』, 2016) 등이 있다.

임돈희

대한민국학술원 회원이며 동국대학교 석좌교수다. 관심영역은 한국의 가족, 친족, 조상의례, 무속, 그리고 무형문화유산 분야다. 유네스코 세계무형유산선정 국제심사위원을 역임했으며, 한국의 종묘제례, 판소리, 아리랑, 김장문화, 제주 해녀문화 등 19개의 종목을 유네스코 무형유산대표목록에 등재시키는 데 주도적인 역할을 하였다. 가족 및 친족 영역의 주요 저서로 『조상의례와 한국사회』(로저 자넬리와 공저, *Ancestor Worship and Korean Society*, Stanford University Press, 1982), "South Korea's Great Transformation(1960~1995)"(로저 자넬리와 공저, 『대한민국학술원논문집』, 2016) 등이 있다.

김은희

1993년에 미국 시카고대학교에서 인류학 박사학위를 취득했으며 친족/가족을 문화적 관념체로 취급하여 친족/가족, 젠더, 아동기, 가족과 기업 등의 주제에 대해 가르치고 연구하였다. 한국학중앙연구원에서 전임연구원으로 재직하며 일제시기의 가족변화에 관한 연구프로젝트를 수행한 바 있다. 주요 논문으로「일·가족, 그리고 성역할의 의미」(『한국 근현대가족의 재조명』, 1993), "'Home is a Place to Rest': Constructing the Meanings of Work, Family and Gender in the Korean Middle Class"(*Korea Journal*, 2001),「대가족 속의 아이들: 일제시대 중상류 층의 아동기」(『가족과 문화』, 2007) 등이 있다. 최근 전통친족과 정치가 맞물려 있었던 조선후기 양반사회의 구조가 어떻게 현대 한국사회에서 재현되고 있는지를 분석한 대중서 『신양반사회』(생각의힘, 2022)를 출간하였다.

권헌익

1993년에 영국 케임브리지대학교에서 사회인류학 박사학위를 취득했으며, 2011년부터 동 대학 트리니티 칼리지에서 사회인류학 Senior Research Fellow로 있다. 서울대학교 인류학과에서 초빙교수로 있었고 현재 동 대학 아시아연구소의 메가아시아 연구단에 참여하고 있다. 근래에는 베트남전쟁과 한국전쟁을 배경으로 냉전의 역사를 종교와 친족의 영역에서 조명하는 연구를 진행해 왔다. 주요 저서로 『전쟁과 가족』(*After the Korean War: An Intimate History*, Cambridge University Press, 2020), 『또 하나의 냉전』(*The Other Cold War*, Columbia University Press, 2010), 『베트남 전쟁의 유령들』(*Ghosts of War in Vietnam*, Cambridge University Press, 2008) 등이 있다.

왕한석

1984년에 미국 캘리포니아대학교(UCLA)에서 박사학위를 취득했으며, 이후 30여 년간 서울대학교 인류학과 교수로 재직하였다(1985~2015). 현재 명예교수다. 한국의 친척용어체계는 주 연구영역 중의 하나이며, 이에 관한 연구로는 대표적으로「한국 친족용어의 내적 구조」(『한국문화인류학』, 1988),「한국 친족호칭체계의 의미 기술」(『한국문화인류학』, 1992),「영남인의 친척용어: 친척용어의 주요 하위체계들에 대한 민족지적 기술」(『민족문화논총』, 2000) 등이 있다. 그리고 현재까지 모두 4권으로 출간된『한국의 언어 민속지』(2009~2016; 교문사, 서울대학교출판문화원) 연구에는 한국 내 10곳이 넘는 여러 지역의 친척용어 목록과 주요 특성들에 대한 분석적 기술이 실려 있다.

김창민

1994년에 서울대학교 인류학과에서 박사학위를 취득했으며, 현재 전주대학교 기초융합교육원 교수로 재직 중이다. 제주도에서 장기간 현지연구를 했으며, 한국의 서남해 도서, 오키나와 등 주로 도서지역 문화연구에 집중하고 있다. 연구 주제는 친족조직, 공동체 의례를 중심으로 문화적 정체성을 파악하는 것이다. 친족 관련 연구로「마을조직과 친족조직에 나타난 혈연성과 지연성」(『민족문화연구』, 2006),「호적중초를 통해서 본 19~20세기 제주도 마을의 궨당관계」(『비교문화연구』, 2010) 등이 있다.

전경수

서울대학교 문리대 및 동 대학원을 거쳐 1982년에 미국 미네소타대학교에서 인류학 박사학위를 취득했다. 2014년에 서울대학교 인류학과에서 정년 퇴임한 후 중국의 귀주대학교 특빙교수(2014~2017)로 재임하였다. 문화이론과 생태인류학에서 주된 저술활동을 했으며, 현재 동아시아 인류학사를 집중적으로 정리하고 있다. 진도를 시작으로 브라질, 베트남, 중앙아시아, 오키나와, 파푸아 등에서 현지작업을 수행하였다. '가족과 혼인'에 관해 오랜 기간 강의했으며,『한국인류학 백년』(일지사, 1999),『문화시대의 문화학』(일지사, 2000),『혼혈에서 다문화로』(공저, 일지사, 2008) 등 다수의 논문과 저서가 있다.

사와노 미치코(澤野 美智子)

2009년에 서울대학교 인류학과에서 석사학위를, 2014년에 일본 고베대학교 국제문화학연구과에서 박사학위를 취득했으며, 현재 일본 리츠메이칸대학교 종합심리학부 준교수로 재직 중이다. 가족, 신체, 의료 등의 주제영역에서 연구하고 있다. 한국 농촌마을과 유방암 환우회, 일본의 중소기업에서 현지연구를 수행해 왔다. 가족에 관한 연구로 『乳がんと共に生きる女性と家族の医療人類学—韓国の「オモニ」の民族誌(유방암과 함께 사는 여성과 가족의 의료인류학: 한국 어머니의 민족지)』(明石書店, 2017), 「ケアの再構成を通した韓国の家族再考—既婚女性の乳がん患者の事例(보살핌의 재구성을 통해 보는 한국 가족 재고: 기혼여성 유방암 환자의 사례)」(『文化人類学』, 2013)가 있다.

김주희

1974년에 서울대학교 문리과대학에서 영문학과 인류학을 수학했으며, 1981년에 미국 노스웨스턴대학교에서 인류학 박사학위를 취득했다. 1983년부터 2016년까지 성신여자대학교에서 재직했다. 현재 성신여자대학교 명예교수다. 가족과 친족, 여성, 심리인류학, 인도문화 등에 대한 연구결과를 발표해 왔다. 주요 저서로 『품앗이와 정의 인간관계』(집문당, 1992), 『인도의 오늘』(공저, 한국외국어대학교출판부, 2002), 『조선전기 가부장제와 여성』(공저, 아카넷, 2004), 『인도여성: 신화와 현실』(공저, 한국외국어대학교출판부, 2005), 『일생의례로 보는 근대 한국인의 삶』(공저, 채륜, 2013), *Dynamics of a Rice Cultivating Village in Korea, 1977-2015*(서울대학교출판문화원, 2018) 등이 있다. 역서로 『이에모또: 일본 사회에 대한 심리 인류학적 접근』(현상과인식, 1985), 『네이븐: 네이븐 의식을 통해 본 뉴기니아 이아트물족 문화』(아카넷, 2002), 『패러사이트 싱글의 시대』(성신여자대학교출판부, 2004) 등이 있다.

강윤희

서울대학교 인류학과를 졸업하고, 2002년 미국 예일대학교 인류학과에서 박사학위를 취득했다. 현재 서울대학교 인류학과 교수로 재직 중이다. 주요 연구 분야는 언어인류학이다. 싱가포르 조기유학생들과 동반 가족의 언어태도 및 언어이데올로기에 대한 연구와 더불어 초국가적 분거 가족과 교육에 대한 연구를 수행한 바 있다. 초국가적 가족에 대한 주요 논문으로 "Going Global in Comfort: Korean Educational Exodus in Singapore"(*South Korea's Education Exodus: The Life and Times of Early Study*, 2015), "'Beat Your Child with a Flower!': Asian Advantage and Educational Connectivity between South Korea and Singapore"(*Asian Journal of Social Science*, 2016), "The

Old Rhetoric of Emergent Motherhoods: Mothers' Heartfelt Care and Children's Education among South Korean Educational Migrants in Singapore"(*Intersections: Gender and Sexuality in Asia and the Pacific*, 2016) 등이 있다.

발간사

서울대학교 비교문화연구소는 ‘한국인류학총서’ 출판을 시작합니다. 이 총서는 한국 인류학계의 우수한 연구 성과를 단행본으로 출판하는 것으로, 그 첫 번째 책으로 『한국 가족과 친족의 인류학: 이론 · 쟁점 · 변화』를 발간하게 되었습니다.

1990년에 설립된 서울대학교 비교문화연구소는 1993년부터 학술지 『비교문화연구』를 발간하는 등 다양한 방면으로 인류학 학술 활동을 지원해 왔습니다. 이번에는 국내 학계의 연구 성과를 집대성하여 보여줄 수 있는 연구총서를 발간하게 되어 기쁘고 자랑스럽습니다. 그동안 선학들과 동학들의 노력으로 인류학계의 연구 역량과 성과가 상당히 축적되었는데도 이를 학계에 널리 알릴 수 있는 우리말로 된 전문학술서는 아직 부족한 실정입니다. ‘한국인류학총서’의 출판으로 인류학자는 물론 인접 분야 전문가들도 우리 인류학계의 연구 성과를 더욱 쉽게 공유할 수 있게 되기를 바랍니다. 또한 인류학 후학들의 교육에도 유익하게 쓰이기를 기대합니다. 나아가서 인류학 후학들이 발전적인 후속연구를 할 수 있는 계기가 된다면 더할 나위 없이 큰 보람이 될 것입니다.

2018년 7월 8일

서울대학교 비교문화연구소장 박순영